Speyer, 4.11.18 nach dem
heutigen Philochat im DR

Lieber Anselm, liebe Barbara,

wenn das Vertikale und das Horizontale
eine Einheit "bilden", wenn manche
Fragen als Geheimnis offen
bleiben – dann ist die radikale
Liebe als Orientierung/Wert/
Norm/Ethik für die Gestaltung
des Lebens auf allen Ebenen
die Größte!!

Herzlich
Helmut

KIRCHE – GOTT – ETHIK

Die Perspektive der Radikalität

Helmut Kaiser

... die Zeit etwas auf den Kopf stellen ... Reformierte Dorfkirche Spiez

Autor

Helmut Kaiser, geboren 1949 in Stuttgart, BRD, drei erwachsene Töchter, Wirtschaftsabitur in Esslingen, BRD. Studium der Theologie und Philosophie in Tübingen. Abschluss des Theologiestudiums in Bern 1977 und Dissertation bei Hermann Ringeling: Die Berggebietsförderung des Bundes. Ethische Interpretation und Handlungsorientierung, Zürich 1987. Bis 1984 Assistent an der Theologischen Fakultät in Bern. Danach Mitarbeiter am Institut für Sozialethik ISE des Schweizerischen Evangelischen Kirchenbundes SEK. Während dieser Zeit in verschiedenen Expertenkommissionen – Gentechnologie, Energie, Neuer Lebensstil – des Bundesrates Schweiz tätig.
Habilitation 1990 über die Grundlegung einer Wirtschaftsethik bei Hans Ruh. Titular-Professor mit Lehrauftrag für Sozial- und Wirtschaftsethik an der Universität Zürich. Seminare während des WEF in Davos seit mehreren Jahren. Von 1989 bis 2013 Pfarrer in Spiez. Erster Aufenthalt bei den Lakota Native Americans in South Dakota 2002.
Partizipierender bei Weltkonferenzen der Kirchen und Mitarbeit in zivilgesellschaftlichen Organisationen.
Seit Anfang 2014 neben weiterer Grundlagenarbeit im Bereich der Wirtschaftsethik starke Konzentration auf Freiwilligen-, Generationen- sowie auch Freizeitarbeit. Reisen nach Marokko, Jordanien, in Gebiete der Native Americans und nach Kuba.
https://sites.google.com/site/kaiserethik/
Reaktionen erwünscht: helmut@kaiserspiez.ch

Zum Buch

Grundlage des Buches ist die Perspektive der Radikalität. Diese bezieht sich *erstens* auf das theologische Denken im Sinne einer konsequenten Aufhebung eines theistischen Verständnisses von Gott in eine radikale Liebe. *Zweitens* meint Radikalität eine einseitige Parteinahme für ein gesundes und zufriedenes Leben heute und morgen, hier und überall für alle. Radikalität ist *drittens* weder Fanatismus noch Extremismus, weder Ausgewogenheit noch Ausgleich. Radikalität drängt vielmehr auf die Realisierung einer Gesellschaft der Gerechtigkeit, des Friedens und der Bewahrung der Schöpfung und ist überzeugt, dass dies nur jenseits von Gewinnmaximierung und quantitativem Wachstum möglich ist. Radikalität wird so zur Vision und Grundhaltung einer nachhaltig lebenswerten Zukunft. *Und:* Theologische und ethische Radikalität bilden eine Einheit.

Für Rosmarie, die Töchter Mirjam mit Martin, Susanne, Madeleine
und die Großkinder Benjamin, Emily und Julian
Spiez, 6.1.2018

Lebens- und Glaubenswelten

Helmut Kaiser

Kirche – Gott – Ethik

Die Perspektive der Radikalität

Shaker Verlag
Aachen 2018

Bibliografische Information der Deutschen Nationalbibliothek
Die Deutsche Nationalbibliothek verzeichnet diese Publikation in der Deutschen Nationalbibliografie; detaillierte bibliografische Daten sind im Internet über http://dnb.d-nb.de abrufbar.

Copyright Shaker Verlag 2018
Alle Rechte, auch das des auszugsweisen Nachdruckes, der auszugsweisen oder vollständigen Wiedergabe, der Speicherung in Datenverarbeitungsanlagen und der Übersetzung, vorbehalten.

Printed in Germany.

ISBN 978-3-8440-5774-4
ISSN 1435-6465

Shaker Verlag GmbH • Postfach 101818 • 52018 Aachen
Telefon: 02407 / 95 96 - 0 • Telefax: 02407 / 95 96 - 9
Internet: www.shaker.de • E-Mail: info@shaker.de

INHALT

Autor	2
Zum Buch	2
Dreieck Kirche, Gott, Ethik	11

A Vorwort   Einleitung   Hinführung   13

Vorwort   15

Einleitung   23
1. Die VIII Kapitel   23
2. Die Perspektive der Radikalität   26
3. Ein Vorwurf   32
4. Vier Fragen als Grundgerüst   34
5. Wem danken und an wen denken   35

Hinführung   37
1. Drei Auslöser   37
2. Die folgenden Überlegungen sind „möglichst" kurzgehalten   41
3. Zu den philosophisch-ethischen „Voraussetzungen"   42
4. Die Weiterführung durch Predigten und Überlegungen zur radikalen Wirtschaftsethik   53
5. Autor   53

B Kirche – Gott – Ethik Ästhetik Menschenbild   57

I Drei gute Gründe für die gesellschaftliche Notwendigkeit der Kirchen   59
   Vorbemerkungen   59

1.	Ein erster guter Grund: Kompetenzinstitution für die verfassungsrechtlich garantierte Religionsfreiheit	63
2.	Ein zweiter guter Grund: Die Kirchen als „republikanisch-ethische" Institutionen	65
3.	Ein dritter guter Grund: Kirchen stellen immer wieder neu die Sinn- und Gerechtigkeitsfrage	67

II	GOTT	71
	Vorbemerkungen	71
1.	Gott: Ein sozialer Tatbestand, Sprachspiel und diesseitig menschlich-kulturell-gesellschaftliches Konstrukt	71
2.	„Gott" als bekenntnismäßiger Glaubenssatz, Opium des Volkes und der Vorrang der Ethik vor der Religion	74
3.	Gott jenseits von Theismus und Atheismus: Gott ist Liebe	77
4.	Beziehung zu Gott mit fünf Konsequenzen und die Trinitätslehre	81
5.	Gott geschieht und ereignet sich in der Geburtlichkeit	94
6.	Drei Ausblicke und noch etwas Biographisches	97

III	Ethik Ästhetik Menschenbild	101
	Vorbemerkungen	101
1.	Schöpfung im Kontext der radikalen Befreiung zu einer umfassenden Lebensdienlichkeit	102
2.	Prophetisches Sehen, Urteilen und Handeln	107
3.	Weisheit als Reflexion im Dreischritt von Erfahrung, Reflexion, Praxis als Grundlage einer konsequenten Verantwortungsethik	110
4.	Jesus	117
4.1.	Das Doppelgebot der Liebe als Grundstruktur und Basisnorm	119
4.2.	Die Tempelreinigung: Radikalität als zornige Liebe	122

4.3.	Radikalität: Kein Fanatismus und kein Extremismus, aber einseitige Parteinahme für Menschen und Grundwerte des Lebens	124
4.4.	Scharfsinniges Sehen statt Sorgen oder Hoffnung wider alle Hoffnung in Gelassenheit	125
4.5.	Ganzheitlichkeit von: Sehen, sich berühren lassen, handeln	127
4.6.	Grenzenloses Lieben	130
4.7.	Grenzen überschreitende Liebe	132
4.7.1.	Fußwaschung: Dienen statt Herrschen	132
4.7.2.	Am Brunnen mit der Samaritanerin: Mit-Menschlichkeit statt Ausgrenzung	134
4.7.3.	Wer ohne Sünde ist, werfe den ersten Stein: Vergeben statt verurteilen	135
4.8.	„Der gekreuzigte Gott"	136
5.	Ästhetik: Wahrnehmen, staunen, genießen, dankbar sein	140
6.	Sinnhorizonte eines Menschenbildes aus jüdisch-christlicher Sicht	145
6.1.	Bilderverbot: Du sollst dir kein Bildnis machen	146
6.2.	Die „Geschöpflichkeit" des Menschen	147
6.3.	Der Gott entsprechende Mensch	148
6.4.	Rechtfertigung des Menschen	150
6.5.	Menschwerdung und Menschsein in Solidarität	151
6.6.	Das Heil des Menschen	153
6.7.	Die Zeitlichkeit des Menschen	155
6.8.	Die Sterblichkeit des Menschen und sein Tod	158
7.	Außer „man" tut's ... „Praxis"-Beispiele für die radikale Liebe	160
8.	Ausblick oder die Not-Wendigkeit von Radikalität	163

C Predigten   165

IV	Predigten	167
	Vorbemerkungen	167

1.	Predigt: Weihnachten 1989	
	Jesus ein Fresser und Säufer	169
2.	Predigt: Karfreitag 29.3.2013	
	Drei Kreuze ...	186
3.	Predigt: Ostern 31.3.2013	
	Gemeinsam unterwegssein – bleiben – zusammen essen:	
	Der Weg nach Emmaus	199
4.	Predigt: Himmelfahrt – Auffahrt 9.5.1991	
	Der Himmel, ein neues Dasein	217
5.	Predigt: Pfingsten 1990	
	Die Engel fliegen in Spiralen, der Teufel nur geradeaus	
	Hildegard von Bingen	229
6.	„Predigt" oder das „10 vor 10" in der Dorfkirche Spiez vom 17. bis 19. September 2013	
	Übergänge	241
7.	Predigt: Totensonntag, 24.11.2013	
	Alles hat seine Zeit ... Prediger 3	259
8.	Predigt: Abschiedsgottesdienst, Sonntag, 15.12.2013 um 9.30 Uhr in der Dorfkirche Spiez	270
9.	Predigt: Christnacht 2013, 23.00 Uhr	
	Eine Herberge suchen, finden, gestalten ...	292
10.	Predigt: Silvestergottesdienst 2013, 23.00 Uhr	
	Alles hat seine Zeit auf den Stufen des Lebens	307

D	**Wirtschaftsethische Grundlegungen**	**321**
V	Wirtschaftsethik und der Beitrag des Protestantismus	323
	Vorbemerkungen	323
1.	Wirtschaft gibt es, weil es den Menschen gibt – Primat der Lebensdienlichkeit	324
2.	Die Perspektive der Lebenswelt und der Betroffenen	326
3.	Die Logik der Humanität oder die ethische Integration der marktwirtschaftlichen Funktionsprinzipien	330

4.	Gott oder Mammon Mt 6,24 – Wir brauchen eine Marktwirtschaft, sind aber keine Marktgesellschaft!	332
5.	Zusammenfassung	335

VI	**Mitleidendes Sehen, prophetisches Urteilen, befreiendes Verändern**	339
	Vorbemerkungen	339
1.	Vom Bekenntnis zum Bekennen	339
2.	Mitleidendes Sehen, prophetisches Urteilen, befreiendes Verändern	342
2.1.	Mitleidendes Sehen muss zur Wut und zum Widerstand werden	343
2.2.	Prophetisches Urteilen und die Frage der Macht und Herrschaft	346
2.3.	Befreiendes Verändern und Widerstand oder das Handeln im Vorletzten	354
3.	Drei wichtige Punkte des Bekennens	356
4.	Zusammenfassung und Ausblick	362
5.	Das „Accra Bekenntnis" des Reformierten Weltbundes von 2004	362

VII	**Von der integrativen zur radikalen Wirtschaftsethik**	373
	Vorbemerkungen	373
1.	Das Konzept der integrativen Wirtschaftsethik und die Fokussierung auf die Lebensdienlichkeit	373
2.	Die bisherigen wirtschaftsethischen Überlegungen und die Basisnorm der Lebensdienlichkeit	375
3.	Das Konzept der radikalen Wirtschaftsethik und die Forderung nach einem konsequent lebensdienlichen Wirtschaften	377
4.	Handlungs- und Aktionsmöglichkeiten der radikalen Wirtschaftsethik	381
5.	In Kürze mit einem Blick in die Zukunft	385

E Perspektive der Radikalität 387

VIII Die Perspektive der Radikalität 389
1. Nochmals: Grundhaltung und Perspektive der Radikalität 389
2. Drei Texte zur Radikalität: Bertolt Brecht, Kurt Marti, Mani Matter 396
3. Wider Armut, Ungerechtigkeit, Zerstörungen des Lebens, Irrationalitäten und für lebensfreundliche Alternativen und eine Vision mit drei Punkten 401

Einen Ausblick wagen ... 407

Anhang
Abbildungen, Literatur,
Personen- und Stichwortverzeichnis 409

Abbildungen 411
Literatur 412
Personen- und Stichwortverzeichnis 425

Die Hinweise im Text beziehen sich auf die durchgehende Gliederung mit römischen Zahlen ab B: I–VIII

```
                    ETHIK
                     /\
                    /  \
                   /    \
                  / Perspektive \
                 /              \
                /      der       \
               /                  \
              /    Radikalität     \
             /                      \
            /                        \
  KIRCHE                                GOTT
```

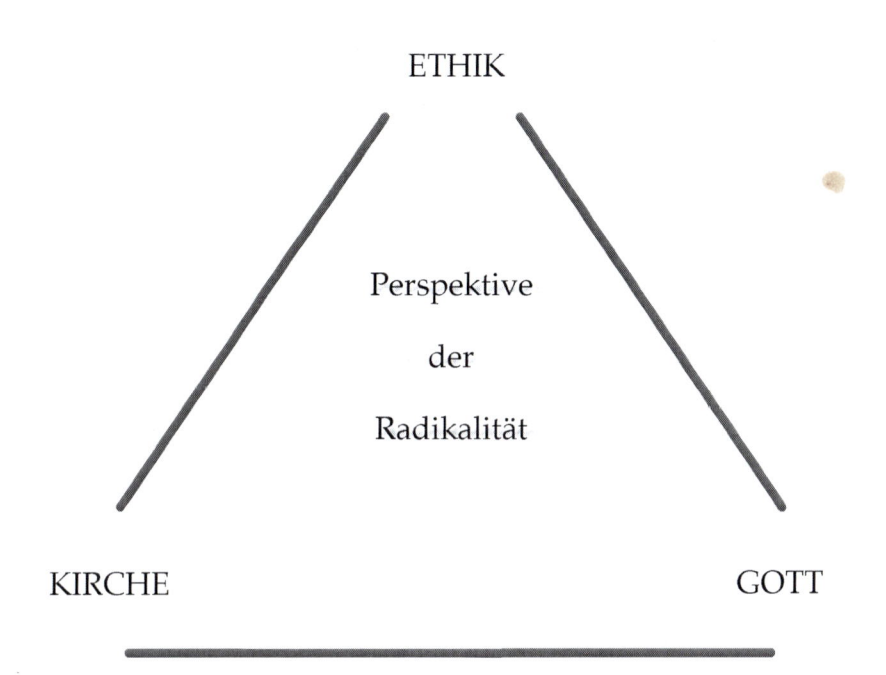

Abb. 1: Dreieck Kirche, Gott, Ethik

Das Dreieck ist die Grundstruktur der vorliegenden Überlegungen:
Erstens beim Thema an sich: Kirche, Gott, Ethik. Dazu gehört die Aufhebung des Theismus durch den Atheismus in die radikale Liebe. Die Kirchen haben diese Liebe als Grundlage. In ihrer institutionellen Ausgestaltung wie in ihrem Handeln in der Gesellschaft.
Zweitens beim prophetischen Sehen, Urteilen und Handeln (III 2.; VI 2.).
Drittens bei der Weisheit als Reflexion von Erfahrung, Reflexion und Praxis (III 3.).
Und *zuletzt* bei der Vision mit drei Punkten (VIII 3.): Ehrfurcht vor allem Leben, Care, Commons.

Inhalt

A

Vorwort   Einleitung   Hinführung

„Wer die Wahrheit nicht weiß, der ist bloß ein Dummkopf. Aber wer sie weiß und sie eine Lüge nennt, der ist ein Verbrecher!"
Bertolt Brecht

„Aufklärung ist der Ausgang des Menschen aus seiner selbst verschuldeten Unmündigkeit. Unmündigkeit ist das Unvermögen, sich seines Verstandes ohne Leitung eines anderen zu bedienen. Selbstverschuldet ist diese Unmündigkeit, wenn die Ursache derselben nicht am Mangel des Verstandes, sondern der Entschließung und des Mutes liegt, sich seiner ohne Leitung eines andern zu bedienen. ‚Sapere aude! Habe Mut, dich deines eigenen Verstandes zu bedienen!' ist also der Wahlspruch der Aufklärung."
Immanuel Kant

„Der Mensch hat gelernt, in allen wichtigen Fragen mit sich selbst fertig zu werden ohne Zuhilfenahme der ‚Arbeitshypothese: Gott'."
Dietrich Bonhoeffer

Vorwort   Einleitung   Hinführung

Vorwort

Es brauchte verschiedene Anstöße, dieses Buch zu schreiben. Dazu gehörten Fragen in Gesprächen, sei dies in einem Philosophiecafé, bei Vorträgen, Seminaren in Davos während des WEF, Tagungen, Amtshandlungen wie Taufe oder Hochzeiten. Diese Fragen waren anregend und herausfordernd.[1] Es wurde die Bitte ausgesprochen: „Schreib doch mal auf, was Du jetzt eben gesagt hast."
Manchmal gab es aber auch Situationen, in denen ich mich geärgert habe. Dazu gehörten Berichte in den Medien über die Aufgaben und Funktion der Kirchen. Es werden leere Kirchen konstatiert und andere sozialdiakonische Leistungen der Kirchen weder genannt noch gewürdigt. Es wird die Sprache Kanaans mokiert. Der Bestsellerautor Erik Flügge hat zum Beispiel mit seinem Buch „Der Jargon der Betroffenheit: Wie die Kirche an ihrer Sprache verreckt" eine hohe Publizität (Mai 2016) erreicht. Mag diese Kritik teilweise zutreffend sein (Sprache, veraltete Bilder, Inhalte, Raum der Kirche), die Kirche in ihren vielfältigen Aufgaben und Dienstleistungen wird damit jedoch überhaupt nicht erfasst. Die Rede von den leeren Kirchenbänken reduziert

---

1   Zitate auf der Kapitelseite:
    Brecht, Bertolt: Das Leben des Galilei, Frankfurt a. M. 2013, Kapitel 9 (eBook Suhrkamp Berliner Fassung 1955/56).
    Kant, Immanuel: Beantwortung der Frage: Was ist Aufklärung? Kapitel 1 (1784).
    Siehe Adorno, Theodor / Horkheimer, Max: Dialektik der Aufklärung, Frankfurt a. M. 1944. Die Aufklärung zerstört sich selbst, weil die Aufklärung auch ein Wirtschaftssystem und eine Technik hervorbrachte, die auf Marktwert und Arbeitsteilung beruhen. Es entsteht ein Technikfetisch, wissenschaftlicher Fortschritt wird verabsolutiert und das technisch Machbare bestimmt das ethisch Richtige. Die szientistisch-wissenschaftlich-technische Vernunft dominiert die ganze Lebenswelt auf eine totalitäre Weise.
    Bonhoeffer, Dietrich: Widerstand und Ergebung. Briefe und Aufzeichnungen aus der Haft, hrsg. von Bethge, Eberhard, München 1970/1951, Aufl. 1., Brief 8.6.1944.

die Kirche auf den Gottesdienst und dann noch auf eine undifferenzierte Weise. Dies ärgert mich immer wieder und der Ärger wird noch dadurch gesteigert, dass dann solche Aussagen mit Garantie eine große mediale Aufmerksamkeit erhalten. Da kann ein Pfarrer oder eine Pfarrerin während Jahren solide durchdachte und kreative Gottesdienste durchführen. Für die Medien ist dies nicht relevant. Diese Worte dürfen ruhig als Medienschelte verstanden werden.
Auch als Predigtbesucher kam ich bei bestimmten Kasualpredigten sehr ins Grübeln. Solches hat mich zwischen Ärgernis und Irritation gesetzt und mein Bedürfnis nach Legitimation gereizt. Oder: Sobald eine Pfarrerin oder ein Pfarrer Andeutungen macht, er oder sie könnte „etwas" atheistisch sein, dann kommt die Presse ins Haus und je nach Jahreszeit wird eine breite Öffentlichkeit hergestellt. In der Regel sind aber solche Diskurse nicht hilfreich, um einer Sache gerecht zu werden. In diesen Zusammenhang gehören auch Aussagen des populären Philosophen, Autors und „Atheisten" Alain de Botton, der über sechs Millionen Bücher verkauft hat. Dazu nur eine einzige Frage und seine Antwort, die meinen Ärger hervorruft: „Aus Ihrer Sicht ist die Weihnachtsgeschichte eine Illusion. Trotzdem können Sie ihr etwas abgewinnen. Wie lösen Sie diesen Widerspruch auf? – Als Atheist sage ich mir: Nicht Gott hat Weihnachten erfunden, sondern die Menschen. Ich muss die Geschichte nicht glauben, um sie interessant zu finden. Es ist wie bei einem Roman oder einem Film: Auch wenn es Fiktion ist, kann mich die Story zu Tränen rühren. Sie muss nicht wahr sein, um sinnstiftend zu sein."[2] Es ärgert mich, dass hier Begrifflichkeiten gebraucht werden wie Illusion, die mit der literarischen Gattung der Weihnachtsgeschichte nichts zu tun haben. Auch die Aussage, wonach nicht Gott Weihnachten erfunden hat, sondern die Menschen, dokumentiert, dass sich *Alain de Botton* noch nicht in die theologische Systematik eingelesen hat und einen Gottesbegriff gebraucht, der nichts

---

2   Botton, Alain de: Interview durchgeführt von Andrea Freiermuth, in: MM Magazin (Migros Schweiz) 51, 19.12.2016 / www.migrosmagazin.ch, S. 35 (S. 32–35) [Stand: 6.1.2018].

mit dem Verständnis von GOTT in der jüdisch-christlichen Tradition zu tun hat. Ebenso geht sein Glaubensbegriff als ein „Fürwahrhalten" von Aussagen, die einer empirischen Überprüfung nicht standhalten, von einem empiristisch verkürzten Vernunftbegriff aus, der in der Wissenschaft schon lange überwunden wurde. In meinem Ärger muss ich jedoch sofort selbstkritisch sagen, dass es die Theologie als Wissenschaft nicht geschafft hat, mit dem Philosophen Alain de Botton in ein sachliches Gespräch zu kommen. Der Story-Begriff könnte ein geeigneter Ansatzpunkt für ein solches Gespräch sein oder ein Gespräch über den Begriff GOTT.

Auf diese Weise hat sich bei mir mehr und mehr eine *Lust* entwickelt, bestimmte Gedanken aufzuschreiben. Der Satz „Wir haben über Gott und die Welt gesprochen" ist oftmals mit dem Vorwurf der Oberflächlichkeit behaftet. Ich denke, dass dies nicht zutrifft. So habe ich, ausgehend von diesem geflügelten Wort, Gedanken zu Kirche, Gott und Ethik aufgeschrieben.

Diese Gedanken werden durch Predigten ergänzt. Weil ich schon immer auch Sozial- und Wirtschaftsethiker mit Überzeugung war und bin, soll auch dieser Bereich ausführlich zur Sprache kommen.

Die *Überzeugtheit* von bestimmten Gedanken und Texten machte es zunächst nicht einfach, eine Auswahl zu treffen! Die Perspektive der Radikalität hat dies jedoch ermöglicht.

Es ist zuerst eine Radikalität im theologischen Denken. Radikale Theologie überwindet das metaphysisch-theistische Gottesbild (GOTT als Macher der Welt; GOTT als außerhalb dieser Welt stehendes Subjekt und handelnder Akteur), tappt nicht in die Falle der „Gott-ist-tot-Philosophie" (Ja, welcher GOTT ist denn tot?), führt keine Verklärung der vorsäkularen Zeit (vor der Aufklärung konnte „man" noch glauben) durch und nimmt die bestehende Wirklichkeit nicht, wie sie ist. Vielmehr wird die erfahrbare Realität mit ihren Widersprüchen, Ungerechtigkeiten, aber auch Hoffnungen in den Horizont einer radikalen Liebe integriert.

Durch diesen speziellen Horizont wird das Bestehende nicht unreflektiert zum Richtigen, vielmehr wird das Wünschenswerte gedacht. Nicht

als einfache und lineare Fortschreibung des Bestehenden, vielmehr als eine neue Sichtweise, welche das Hier und Jetzt aus der Perspektive des Lebenswerten gestaltet. Das Lebenswerte, das Utopische und Visionäre sollen zum Möglichen werden. Das bedeutet:
Radikalität in der Theologie führt zur Radikalität in der Ethik. Vorab gilt bei mir: Radikalität hat mit der eigenen Lebensgeschichte zu tun, wobei mit zunehmendem Alter auch die Radikalität zunimmt.
Die zunehmende Radikalität ist aber besonders durch Tatsachen begründet, dass Armut und Ungerechtigkeit, wirtschaftliches Wachstum und Klimakatastrophe ein das Leben zerstörendes Ausmaß erreicht haben. Das *sehe* und *erkenne* ich, das *sensibilisiert* mich und macht mich *achtsam*, das führt zum *Tun* und zum *Handeln*! Doch was kann ich in dieser Situation *hoffen*?
Es gibt für mich kein abstraktes Prinzip *Hoffnung*, vielmehr gibt es viele *Organisationen, Bewegungen, viele Menschen und Akteure,* welche eine Zukunft gestalten, die von folgenden Zielen, Werten und Grundhaltungen bestimmt sind:
o Lebensqualität für alle und Befreiung vom Überfluss und einem Wachstums, das Leben zerstört und die Ehrfurcht vor allem Leben auflöst.
o In allen Krisen und möglichen Katastrophen nicht die Hoffnung verlieren, vielmehr eine bessere Welt gestalten wollen und auch können.
o Erkennen: „Die Welt ist voller Lösungen." Film Tomorrow: Eine Denkweise, die sich den Sachzwängen entgegenstellt, wird ganz praktisch gelebt. Neues wird erkannt, gewagt und praktiziert.
o Partizipation, Kooperation, Solidarität sowie genossenschaftliche Formen des Wirtschaftens werden grundlegend für das Zusammenleben und Wirtschaften. Eine Globalisierung von Gerechtigkeit wird dann möglich sein, wenn wir uns als eine „human family" verstehen. Wir sind eine Familie und es gibt keine Begründung dafür, dass einzelne Familienmitglieder benachteiligt werden.

o Ideologische Streitigkeiten über links oder rechts, halb-links oder halb-rechts, mitte-links oder liberal-grün werden aufgehoben in ein umfassendes Verständnis von Oikos-Nachhaltigkeit.

Aus Anregungen und Herausforderungen, Ärgernissen und Irritationen, aus Ungerechtigkeiten und Alternativen der Lebensdienlichkeit sind also die folgenden Überlegungen entstanden.

Also nochmals ein Buch zu diesem Thema ... oder einfach der Wunsch, einen Beitrag zu leisten, der die Perspektive der Radikalität im theologischen Denken, bei der Lebensdienlichkeit und Lebensfreundlichkeit weiter stärken will. Zugleich auch ein Buch, das in allen Problemen und Krisen die Möglichkeiten von Veränderungen zu einem „guten Leben" für alle sieht und immer wieder neu sehen will: Wir müssen die Welt verändern, wir können die Welt verändern.

Die *Ausarbeitung des Buches entstand in einer Zeit*, mit der ich niemals gerechnet habe, die mich schockiert und ziemlich durcheinandergebracht hat. Es ist nicht etwa nur der sich in Europa breit entwickelnde Populismus. Ich zitiere dazu Judith Butler, die bekannte amerikanische Philosophin und Philologin, die auf die Frage nach ihrem Geschocktsein durch die Wahl von Donald Trump antwortete:

„Selbstverständlich war es niederschmetternd, mitzuerleben, dass jemand gewählt wird, der androht, Millionen von Menschen zu deportieren. Jemand, der ganz offen sexuelle Gewalt befürwortet und dessen rassistische Ansichten deutlich sind."[3]

Würde, Anstand, Achtsamkeit, so war ich überzeugt, sei unumkehrbar zur Grundlage des Lebens geworden. Klar wusste ich um die Ausnahmen, wie Krieg und Gewalt sie darstellen.

Dass eine Person jedoch zum Präsidenten der USA gewählt werden würde, die all diese Tugenden bewusst missachtet und zerstört, das hielt ich für unmöglich. Jetzt, nachdem dies geschehen ist, bin ich überzeugt, dass dadurch eine gefährliche moralische, politische, ge-

---

3 Butler, Judith: „Der Horizont der Hoffnung hat sich verengt", in: DER BUND. Tageszeitung Schweiz, 5.1.2017, S. 29 (S. 29–30). Butler, Judith: Anmerkungen zu einer performativen Theorie der Versammlung, Berlin 2016.

sellschaftliche Krise entstanden ist. Wenn Sexismus, Rassismus, Rechtsradikalismus, Demütigung von Menschen mit einer Beeinträchtigung[4] mit Hass ohne Scham ausgesprochen und gezeigt werden können und salonfähig geworden sind, dann muss gegen diese Unmoral und Zerstörung von Würde angekämpft werden. Dieses neue „Projekt" hat die folgenden Ziele:

o Die moralischen Grundlagen unseres Zusammenlebens wie Würde, Anstand, Achtsamkeit, Respekt als Grundlage des Zusammenlebens immer wieder *neu betonen*. Es darf kein postfaktisches Zeitalter geben, in dem die Fakten ignoriert werden, die Lüge zur politischen

---

4   Schauspielerin Meryl Streep hielt bei der Verleihung der 74. Golden Globes in Hollywood – 8.1.2017 – eine engagierte Rede gegen Trump. „Wenn die Mächtigen ihre Position benutzen, um andere zu tyrannisieren, dann verlieren wir alle", sagte Streep unter Tränen bei der Entgegennahme des Cecil B. DeMille Preises für ihr Lebenswerk. Die eindrücklichste Szene des Jahres sei für sie nicht in einem Film gewesen, sondern als Trump in einer Wahlkampfrede die Bewegungen eines körperlich Behinderten – eines Journalisten der „Washington Post" – nachgeäfft habe. „Dieser Instinkt, andere zu demütigen, zieht sich in den Alltag von uns allen." (http://www.spiegel.de/kultur/kino/golden-globes-2017-la-la-land-dominiert-toni-erdmann-geht-leer-aus-a-1129101.html.) [Stand: 6.1.2018] Bei diesen Worten von Meryl Streep war die anwesende Prominenz wie erstarrt und wieder fassungslos. Das Gefuchtel von D. Trump war keine Performance des Mitgefühls, sondern eine der Verachtung und der Demütigung.
Der konservative Republikaner Jeff Flake hat im August 2017 ein Buch geschrieben mit dem Titel „Conscience of a Conservative" – Das Gewissen eines Konservativen. Er rechnet darin scharf mit dem Präsidenten Trump ab. Trump, so Flake, sei kaum mehr als ein gewissen- und prinzipienloser Hallodri, der durch seine Lügen, seine Hetze und das von ihm verursachte Chaos die Republikanische Partei in den Ruin treibe und Amerika gleich dazu
(http://www.derbund.ch/ausland/amerika/trump-provoziert-die-revolte/story/22040763) [Stand: 6.1.2018]. Das Verhalten von D. Trump in Bezug auf die Ereignisse in Charlottesville mit seiner Relativierung rechtsextremer Gewalt Mitte August 2017 will ich hier so kommentieren: erbärmlich, unmöglich, eine Schande, völlig inakzeptabel, gefährlich. D. Trump hat sich als Präsident mit seinem Charakter und mit seinen toxischen politischen Positionen unmöglich gemacht. Wer die Grenzen zwischen Gut und Böse bewusst verwischt und nicht kennt, zerstört Humanität und öffnet alle Türen in den Abgrund der Barbarei. Und: Wie geht es nur weiter?

Strategie wird, „alternative Fakten" als zutreffend gelten. Dies ist die Strategie von Despoten, welche das Leben verachten und das Vertrauen als Grundlage des Zusammenlebens zerstören. Ohne Vertrauen (Immanuel Kant, Niklas Luhmann) ist eine wohlgeordnete – rechtsstaatliche – Gesellschaft nicht möglich.

o Ökonomische *Visionen entwickeln*, welche die lebenzerstörenden Ungleichheiten überwinden und eine ökologische Nachhaltigkeit verwirklichen. Gerade in einer Zeit, in welcher der Dieselskandal (s. unten D VII 3) gezeigt hat, dass große Unternehmen kein ethisches Gewissen haben, Gewinninteressen dem Wert der Lebensdienlichkeit vorgeordnet werden, die Politik sich den wirtschaftlichen Interessen unterordnet – Primat der Gewinninteressen statt Primat der Politik und Ethik – und bewusst betrogen, manipuliert und getäuscht wird, braucht es Visionen. Visionen der Lebensdienlichkeit wollen keine Marktgesellschaft, vielmehr ein Wirtschaften auf der Basisnorm der Lebensdienlichkeit.

o Alle gesellschaftlichen Akteure, Kirchen, NGO, Gewerkschaften, die entsprechenden Parteien, die Zivilgesellschaft immer wieder neu lokal, regional, global *vernetzen* und versammeln, welche die ökonomische Vision der Gerechtigkeit, des Friedens und der Nachhaltigkeit in sich und vor sich tragen. Es ist wohl so, dass die Wahl von Trump und sein Regieren eine neue Vernetzung dieser Akteure bewirkt hat.

In all dem ist es aber keinesfalls so, dass mit der Wahl von D. Trump in den USA die universal gültigen Grundwerte des Zusammenlebens nun plötzlich verdunstet sind. Doch zeigt diese Wahl, dass diese Grundwerte immer wieder neu eingefordert, verteidigt, gefestigt und umgesetzt werden müssen. Dies gilt auch für Europa, verstanden als ein Friedensprojekt, das mit den Römischen Verträgen von 1957 begonnen hat. Mein Vater musste noch in den Krieg ziehen. Seit 70 Jahren sichert das gemeinsame Haus, die EU, den Frieden in Europa. Der Brexit wie auch gesellschaftliche Ungerechtigkeiten gefährden dieses Friedensprojekt.

Zum Status des Buches: Das Buch kennt wohl *einen* Grundgedanken, den der Radikalität. Zudem vertrete ich pointiert bestimme Positionen und Grundwerte. Das macht die Stringenz und Kohärenz der vorliegenden Überlegungen aus. Doch die Gedanken und Überlegungen selbst sind keineswegs abgeschlossen. Vielmehr werden von mir Themen, Fragen und Probleme aufgegriffen, die ich weder rezeptbuchartig noch belehrend behandeln, beantworten und lösen kann. Es sind Fragestellungen, die mich schon lange in meiner Lebensgeschichte beschäftigen und mit denen ich mich immer wieder neu befassen werde, mit denen ich nicht abschließend zurande komme, mit denen ich in immer neuen Anläufen ringe. Diese Unabgeschlossenheit ist zugleich eine Offenheit im Denken. Diese Offenheit will zum Mit- und Weiterdenken motivieren.

Diese Offenheit beinhaltet, dass Kommunikation, Argumentation und Begründung, Verständigung und Diskurs, dass Menschenwürde, Gerechtigkeit, Frieden und Bewahrung der Schöpfung Werte und Ziele sind, für die es sich zu kämpfen lohnt. Alleine und mit anderen zusammen.

Das Buch ist also eine Einladung zum hartnäckigen Mit- und Durchdenken, zum *visionären* und *konkreten* Mitkämpfen.

Einleitung

1. Die VIII Kapitel

Die Ausführungen zu KIRCHE, GOTT und ETHIK sind aus konkreten Situationen und Fragen heraus entstanden. Diese werden jeweils vorab genannt.
Die Gedanken zu *„Drei gute Gründe für die gesellschaftliche Notwendigkeit der* Kirchen" *(I)* mögen zunächst apologetisch klingen, doch hoffe ich, dass die Leserin und der Leser nach den ersten Seiten sagen werden: „Ja, das leuchtet ein." Dabei bitte ich die Leserin und den Leser, immer interkonfessionell und interreligiös zu denken. An all diejenigen, die konfessionslos sind oder keiner Religion angehören, geht die Bitte, die angeführten Argumente offen und kritisch zu prüfen.
Bei *GOTT (II)* werden bestimmte Gedanken möglicherweise für Diskussionsstoff sorgen, wenn z. B. ausgeführt wird, *dass allein über die Destruktion des Theismus durch den Atheismus ein humanes „Gottesbild" entfaltet werden kann, und zugleich eine Vorordnung der Menschenrechte vor der Religion eingefordert wird.*
Die Darstellung der *ETHIK (III)* will die Perspektive der Radikalität bestätigen, welche die Grundorientierung der vorliegenden Arbeit darstellt. Hier soll vorab angemerkt werden: Mit der Verbindlichkeit in der ethischen Orientierung wird kein Absolutheitsanspruch erhoben, vielmehr immer die Anerkennung anderer normativer Ansätze mitgedacht. Begriffe wie „christliche Leitkultur" sind immer kritisch zu reflektieren. In diesem Kapitel wird die Ästhetik aufgenommen und die Wahrnehmung des Schönen als eine Grundvoraussetzung für die Ehrfurcht vor allem Leben herausgestellt. Die *acht Sinnhorizonte eines Menschenbildes* aus jüdisch-christlicher Sicht sind grundlegend für alle meine Ausführungen und meine theologische, ethische und politische Existenz.

Die *Predigten (IV)* lassen die Frage zu, inwiefern zwischen der „Theorie" und der „Praxis" ein innerer Zusammenhang besteht und wie, ganz allgemein gesprochen, meine Praxis der Rede aussieht. Das war selbstverständlich nur ein Teil meiner Praxis neben Unterricht, Seelsorge, sozialdiakonischen Projekten, Arbeit in zivilgesellschaftlichen Organisationen in der politischen Gemeinde, universitärer Arbeit. Zudem will ich die Theorie-Praxis-Beziehung nicht überstrapazieren.

(V) Auf einer Tagung des Sozialwissenschaftlichen Instituts (SWI) der Evangelischen Kirche in Deutschland (EKD) in Bochum mit dem Thema „Herausforderungen und Probleme globalen Wirtschaftens – Markt und soziale Verantwortung" wurde von mir der *Beitrag des Protestantismus für die Grundlegung einer Wirtschaftsethik* skizziert. Die Globalisierung wurde auf der einen Seite kontrovers diskutiert, auf der anderen Seite war sie bereits ein Faktum. Der Primat der Lebensdienlichkeit, die Perspektive der Lebenswelt und der Betroffenen sowie die Logik der Humanität als ethische Integration der marktwirtschaftlichen Funktionsprinzipien sind drei systematische Punkte, die der Protestantismus für eine Grundlegung der Wirtschaftsethik leistet. Im Rahmen dieses Vortrages habe ich auch vehement der Meinung widersprochen, dass der Protestantismus wirtschaftsfeindlich sei. Der Protestantismus geht vielmehr davon aus, dass das Wirtschaften die Grundvoraussetzung für das Leben ist. Das bedeutet jedoch, dass jedes Wirtschaften lebensdienlich sein muss.

Dieser Vortrag ist sozusagen mein „Beitrag" zu den Reformationsjubiläumsfeiern im Jahre 2017. In der Evangelischen Landeskirche in Württemberg getauft und konfirmiert, bin ich ein Hybrid-Protestant: lutherisch wie reformiert. Mein Vater, Jahrgang 1919 – als Soldat an der finnisch-russischen Grenze, dann an der Westfront bei Colmar dank einer schweren Verletzung den Krieg überlebt –, war ein „gläubiger Atheist". Die Mutter, 1920 in Graz geboren, war katholisch aufgewachsen und die Großmutter mit Jahrgang 1892 im schwäbischen Pietismus beheimatet. Geprägt durch diesen spannungsreichen familiär-konfessionellen Kontext, sind mir die Reformationsjubiläumsfeiern zu opulent (gewesen). Die Feiern werden dann sinnvoll gewesen sein, wenn sie an die radikale Liebe erinnern, die Jesus als Jude gelebt hat. Diese Erinnerung ist eine gefährliche, weil die Liebe einen radikalen Gegenentwurf darstellte und für die Gestaltung der Zukunft heute immer noch visionär ist.[5]

Im Vortrag „*Mitleidendes Sehen, prophetisches Urteilen, befreiendes Verändern*" *(VI)* kommt die Kirche auf der Ebene des Kantons Bern, Schweiz, zum Zuge. Ein Vortrag, der gerade auch unter der Perspektive der Radikalität ausgewählt wurde und in seinen Ausführungen verallgemeinert werden kann.

Der Aufsatz „*Von der integrativen zur radikalen Wirtschaftsethik*" *(VII)* markiert keinen Paradigmenwechsel in meiner wirtschaftsethischen Konzeption, jedoch erhält mein wirtschaftsethisches Denken mit der Perspektive der Radikalität eine besondere Tiefenschärfe.

Anhand von drei Texten aus der Literatur wird in *Kapitel VIII die Perspektive der Radikalität* auf der ethischen Ebene verstärkend aufgenommen. Diese wird unmittelbar unten vorab erläutert.

Ein kleiner Teil der Ausführungen (KIRCHE, GOTT) wurde auf Facebook teilweise veröffentlicht – ab 27.7.2016 –, um so eine gewisse Öffentlichkeit herzustellen und die entsprechenden Gedanken öffentlich zu teilen, d. h. der Diskussion auszusetzen. Die vorliegenden Ausführungen sind jedoch starke Überarbeitungen.

Die noch unveröffentlichten Predigten wurden Wort für Wort übernommen. Grundsätzlich, das werde ich auch jeweils erwähnen, haben die Ausführungen in aller Verbindlichkeit einen experimentellen und unabgeschlossenen Charakter. Also: Kritik, Ergänzungen und Weiterführungen sind sehr erwünscht.

---

5   Aufgrund dieser Gedanken gefällt mir das Buch von Käßmann, Margot / Bedford-Strohm, Heinrich: Die Welt verändern. Was uns der Glaube heute zu sagen hat, Frankfurt a. M. 2016.

2. Die Perspektive der Radikalität

Die Perspektive der Radikalität muss vorab erläutert werden, weil diese auf der einen Seite die Basis für die vorliegenden Ausführungen darstellt, auf der anderen Seite großen Missverständnissen ausgesetzt ist: *Erstens* bedeutet für mich die Perspektive der Radikalität radikal sein im theologischen Denken. Dabei war für mich Dietrich Bonhoeffer entscheidend, der z. B. folgende Gedanken formuliert hat: „Die etwa im 13. Jahrhundert (ich will mich auf den Streit über den Zeitpunkt nicht einlassen) – beginnende Bewegung in der Richtung auf die menschliche Autonomie (ich verstehe darunter die Entdeckung der Gesetze, nach denen die Welt in Wissenschaft, Gesellschafts- und Staatsleben, Kunst, Ethik, Religion lebt und mit sich selbst fertig wird) ist in unserer Zeit zu einer gewissen Vollständigkeit gekommen. Der Mensch hat gelernt, in allen wichtigen Fragen mit sich selbst fertig zu werden ohne Zuhilfenahme der ‚Arbeitshypothese: Gott'. In wissenschaftlichen, künstlerischen, auch ethischen Fragen ist das eine Selbstverständlichkeit geworden, an der man kaum mehr zu rütteln wagt; seit etwa 100 Jahren gilt das aber in zunehmendem Maße auch für die religiösen Fragen; es zeigt sich, dass alles auch ohne ‚Gott' geht, und zwar ebenso gut wie vorher. Ebenso wie auf wissenschaftlichem Gebiet wird im allgemein menschlichen Bereich ‚Gott' immer weiter aus dem Leben zurückgedrängt, es verliert an Boden."[6] Säkularisierung, Aufklärung, Mündigkeit sind die Stichworte dazu, die ich unten mit Bezug auf Dietrich Bonhoeffer aufnehmen werde (II/8, 10; III 4.8). Zur Erklärung der Radikalität im Denken genügt deshalb hier der Hinweis: Das wissenschaftliche Denken, welches erfahrungsbezogen, begründungsorientiert, a-theistisch ist, wird auch auf den Bereich der Theologie zur Anwendung gebracht und es gibt keinen vernünftigen Grund, dieses Denken für den Bereich der Theologie nicht zuzulassen. Dies bedeutet aber keineswegs, dass Religion oder Glaube in der modernen Gesellschaft verschwunden sind oder aufzuheben sind. Vielmehr muss

---

6   Bonhoeffer, Dietrich: Widerstand und Ergebung. Briefe und Aufzeichnungen aus der Haft, hrsg. von Bethge, Eberhard, München 1970 / 1951, Aufl. 1., Brief 8.6.1944.

gerade die offene, liberale, auf Dialog, Konsens und Argumentation ausgerichtete demokratische Gesellschaft davon ausgehen, dass Religion und Glaube grundlegende Elemente der gesellschaftlichen Integration darstellen. Diese Funktion von Religion gilt nicht für einen religiösen Fundamentalismus, sondern allein für eine offene und tolerante Religion, welche die Aufklärung (Mündigkeit I. Kant, Entzauberung der Welt M. Weber) und die Würde des Menschen (Unantastbarkeit des Menschen, Gerechtigkeit) voraussetzt.

Insofern erzeugt die Radikalität im Denken, wie ich sie verstehe, keine Dichotomie von Vernunft/Säkularisierung/Mündigkeit und Religion/Glaube/Ethik, vielmehr will ich eine „vernünftige" Religion konzipieren. Insofern stimme ich mit Michael Rüegg überein, der mit Bezug auf Jürgen Habermas die folgenden klaren Einsichten formuliert hat:

„Die Haltung zur Religion erweist sich als ein Prüfstein für das moderne Denken."

„Wer gegen die Religion ist, ist auch gegen die Moderne."

„Die religiöse Freiheit ist grundlegend für die westliche Welt. Wer sie verteidigen will, muss ein *gelassenes* Verhältnis zwischen Religion und moderner Gesellschaft verteidigen."[7]

Radikalität im Denken meint in Bezug auf Theologie, Religion und Glauben ein Dreifaches: Religion als eine wichtige Voraussetzung der modernen Gesellschaft (Religions- und Gewissensfreiheit) erkennen. Eine vernünftige (argumentativ, kommunikativ) Religion. Ein gelassenes Verhältnis von Religion und moderner Gesellschaft.

Zweitens: Mit Radikalität kann Extremismus, Radikalismus, Rücksichtslosigkeit, Starrsinn, Gewalt oder Zerstörung verbunden werden. Wenn sich eine Person öffentlich verbrennt, d. h., bereit ist, für eine Idee

---

7   Rüegg, Michael: Krise der Freiheit. Religion und westliche Welt. Plädoyer für ein gelassenes Verhältnis, Basel 2016, S. 57, 59. Damit leistet Rüegg, Michael auch eine Grundsatzkritik an Sloterdijk, Peter: Du musst dein Leben ändern. Über Anthropotechnik, Frankfurt a. M. 2012 (2. Aufl. 2104). Diesem geht es um eine Aufhebung der Religion, weil diese oft zu Gewalt und Terror führe (Rüegg, Michael: Krise der Freiheit, a.a.O. S. 53–57).

zu sterben, dann ist dies eine radikale Handlung. Die Tat eines Selbstmordattentäters, der sich und andere in die Luft sprengt, ist von außen gesehen ein unmenschlicher Extremismus. Aufgrund dieser negativen Assoziationen, welche der Begriff „radikal" auslöst, müsste ich eigentlich auf diesen Begriff als Basis meiner Perspektive verzichten. Was sind nun aber die Gründe für die bewusste Beibehaltung des Begriffs der Radikalität als Perspektive meiner Überlegungen?

Bereits Arthur Rich hat in seiner Grundlegung der Wirtschaftsethik ausgeführt, dass Radikalität weder Extremismus noch Fanatismus, vielmehr die sofortige, konsequente und universale Beachtung des Grundwertes der Lebensdienlichkeit beim Wirtschaften bedeutet.

Radikalität kann bzw. muss die „einseitige Parteinahme" für „hintangestellte" (ökologische Nachhaltigkeit) oder gar „missachtete" Grundwerte (Gerechtigkeit) heißen[8]. Damit nehme ich mit Arthur Rich die wörtliche Bedeutung von radikal (radix = lat. Wurzel) auf, nämlich eine Sache, ein Problem an der Wurzel anzupacken.

Es war Aristoteles, der als einer der Ersten eine Lücke zwischen Theorie und Praxis, zwischen dem ethisch Gesollten und seiner Umsetzung reflektierte. Wir leben in einer Zeit, in welcher meiner Meinung nach diese Lücke besonders groß geworden ist und sich die Einsicht durchsetzt: „So kann und darf es nicht mehr weitergehen!"[9]

Wie also reagieren wir auf diese Lücke? Der Begriff der Radikalität erkennt diese Lücke als lebenswichtiges oder Leben zerstörendes Problem, will unser Denken und Handeln in Bezug auf diese Lücke schärfen und fordert zugleich, diese Lücke zu schließen. Klimawandel, Armut in der Welt, Ungerechtigkeit in den Handelsbeziehungen sind die Fakten dieser Lücke. Die Gefahren einer so verstandenen Radikalität müssen offen genannt werden, nämlich: Die Lücke zwischen

---

8   Siehe Rich, Arthur: Wirtschaftsethik I. Grundlagen in theologischer Perspektive, Gütersloh 1984, S. 190 f.
9   Siehe Kaiser, Helmut: Ökologische Wirtschaftsdemokratie. Wege zu einem lebensdienlichen Wirtschaften im Kontext der Globalisierung, Aachen 2007, S. 52ff.

Zielen/Werten und der Realität *gewaltsam* zu schließen[10]. Dies macht der Märtyrer wie die Selbstmordattentäterin in je unterschiedlicher Weise. Um diese Gefahr noch weiter zuzuspitzen, nehme ich einen Satz auf, den Hannah Arendt zwischen März und April 1953 in ihrem Denktagebuch geschrieben hat: „Es gibt das radikal Böse, aber nicht das radikal Gute. Das radikal Böse entsteht immer, wenn ein radikal Gutes gewollt wird."[11] Die Fixierung auf das Gute kann so ausschließlich, ausgrenzend und absolut werden, dass dann z. B. der gute Zweck die Mittel heiligt und damit das Gute und das „Moralische" böse – lebenszerstörend – werden können.[12] So häuft sich schon seit geraumer Zeit die Meinung, dass es besser sei, auf moralische Vorstellungen überhaupt zu verzichten.[13] Aber: Da für individuelles wie gesellschaftliches Zusammenleben immer Konventionen und Regeln, Werte und Normen, Grundwerte und Menschenrechte (Verfassungen) grundlegend sind, kann und darf nicht jenseits von Gut und Böse gelebt werden. Das

---

10 Schaub, Mirjam: RADIKALITÄT oder DIE KUNST DES UNBEDINGTEN SELBSTGEBRAUCHS in der europäischen Kulturgeschichte. Vortrag an der Universität Hamburg, 18. Februar 2015.
http://www.dgae.de/wp-content/uploads/2015/09/Schaub_Radikalit%C3%A4t.pdf. [Stand: 6.1.2018]
11 Arendt, Hannah: Denktagebuch 1950–1973. Erster Band. April 1953, Nr. 32, hrsg. von Ludz, Ursula / Nordmann, Ingeborg, München u. a. 2016, S. 341.
12 Angeregt zu diesem Gedankengang wurde ich auch durch Strasser, Peter: Ontologie des Teufels. Mit einem Anhang: Über das Radikalgute, Paderborn 2016. Den Mephisto in Goethes Faust leicht verändernd (Kapitel 6 Studierzimmer): „Faust: ... Nun gut, wer bist du denn? Mephistopheles: Ein Teil von jener Kraft, Die stets das Böse will und stets das Gute schafft." Bei Strasser, Peter heißt es: „Der Teufel ist heute jene Kraft, die stets das Gute will und stets das Böse schafft." (S. 115)
13 Schmidt-Salomon, Michael: Jenseits von Gut und Böse: Warum wir ohne Moral die besseren Menschen sind, München 2009 (2. Aufl. 2012). Diese Formulierung kann dahingehend missverstanden werden, dass auf „Ethik" grundsätzlich verzichtet werden muss. Ich denke, dass dies für Schmidt-Salomon, Michael nicht zutrifft. Es geht ihm nicht um die Abblendung von Werten und Zielen, vielmehr im Anschluss an Friedrich Nietzsche um den Abschied vom „moralischen Dreigestirn Schuld – Sühne – Strafe", welches er dem Gut-Böse-Schema zuordnet. So halte ich es ebenfalls für zutreffend, dass durch die Belegung des Fremden, Abweichlers, Gegners mit dem „Signum des Bösen" die Eskalation von tödlicher Gewalt entsteht (Einleitung Kindle Ausgabe).

hat der Schriftsteller von Genesis 2,17 im Ersten Testament klar erkannt: „Aber von dem Baum der Erkenntnis des Guten und Bösen sollst du nicht essen; denn an dem Tage, da du von ihm isst, musst du des Todes sterben." Weil zum Menschsein die „Erkenntnis" des Guten und Bösen gehört, weil das Gute und Böse aber nicht einfach feststeht und klar erkannt werden kann, muss das Gute und Böse immer wieder neu bedacht und überdacht werden.

Die bewusst ausführlich genannte Gefahr, dass das Gute zum Bösen werden kann, muss und kann auf folgende Weise aufgehoben werden: *Erstens* müssen die Ziele/Werte universalisierbar und menschenrechtsbasiert sein. *Zweitens* müssen die Strategien der Veränderung grundsätzlich gewaltfrei und lebensdienlich sein.[14] *Drittens* ist die Lücke zwischen den universalisierbaren Zielen und der Realität für alle sichtbar (klare Ziel- und Indikatorenformulierung) zu schließen. *Viertens* muss diese Lücke für die Betroffenen spürbar und erlebbar mit einem verbindlichen Zeitrahmen geschlossen werden. *Fünftens* sollte die Einhaltung der Ziele einklagbar sein, wohl wissend, dass diese Forderung im Kontext des Neoliberalismus 89 (Deregulierung, Privatisierung, Globalisierung: der freie Markt löst alle Probleme) systemfremd ist. Trotzdem sollten die Einklagbarkeit und die Frage nach der dazu nötigen Organisation gestellt und diskutiert werden.[15]

Dazu als Beispiel die Agenda 2030 der UN, welche auch eine spezifische Zeitangabe macht:

„,Wir sind sind entschlossen, die Menschheit von der Tyrannei der Armut und der Not zu befreien und unseren Planeten zu heilen und zu

---

14 Gerade in der Auseinandersetzung mit dem Islamischen Staat IS wurde die Strategie der Gewaltfreiheit diskutiert und verfochten. Die Politik hat die militärische Strategie gewählt. Die aktuelle Situation zeigt, wie schwierig es ist, den „richtigen" Weg zu wählen. Das Konzept des gerechten Krieges kommt immer wieder zur Anwendung.

15 Also: Bildung eines Internationalen Gerichtshofes für die „Sustainable Development Goals" (SDG). Sowohl bei Ruh, Hans: Ordnung von unten. Die Demokratie neu erfinden, Zürich 2011, S. 124 ff., 130f., 177 ff., wie bei Ulrich, Peter: Zivilisierte Marktwirtschaft. Eine wirtschaftsethische Orientierung, Bern u. a. 2010, S. 162 ff. wird dies indirekt eingefordert.

schützen.' Dieser Satz steht in der Erklärung zur Agenda für nachhaltige Entwicklung, welche die Generalversammlung der Vereinten Nationen am 25. September 2015 in New York beschlossen hat. Kernelement dieser ‚Agenda 2030' sind die 17 Ziele für nachhaltige Entwicklung (SDG), die bis 2030 verwirklicht werden sollen. Es ist offensichtlich: Die Weltgemeinschaft hat sich Grosses vorgenommen. Sie will die Armut in all ihren Formen und überall beenden."[16]

Die Perspektive der Radikalität fragt, inwiefern der Zeitrahmen von 15 Jahren wirklich angemessen ist oder nicht doch zu lang, wenn die Perspektive der Betroffenen eingenommen wird. Das heißt: Es ist eine Tatsache, dass der Zeitrahmen nicht aus der Perspektive der Betroffenen (Menschen, Klima, Tiere) entworfen wird, sondern aus der Perspektive der „Mächtigen", „Wohlhabenden", „Reichen". 15 Jahre sind für all diejenigen zu lange, die heute an Hunger und Armut leiden und sterben. Radikal heißt, diese Perspektive einzunehmen. Wohl wissend, dass es für mich sehr bequem ist, am Mac, auf einem ergonomisch gestalteten Bürostuhl, in einem geräumigen Bürozimmer, diese Perspektive einzufordern.[17]

---

16 https://www.caritas.ch/de/was-wir-sagen/die-caritas-engagiert-sich-fuer-die-agenda-2030/?gclid=CPn0k4rhjtACFUS4GwodzXoFkg. [Stand: 6.1.2018]
Die „Sustainable Development Goals" (SDG) lösen also die 2015 abgelaufenen „Millenium Development Goals" (MDG) ab.
https://sustainabledevelopment.un.org/post2015/transformingourworld.

17 Der Psychologe Jochen Paulus versucht zu erklären, dass Radikalität aus Unsicherheit entstehe. Paulus, Jochen: Radikal aus Unsicherheit, in: bild der Wissenschaft 12-2016, S. 53–57. Dies ist ein ungeeigneter Erklärungsversuch von Radikalität: Alle Personen und Gruppen werden als unsicher psychologisiert: Martin Luther, die aufständischen Bauern während der Reformation, Galilei, die Stürmer auf die Bastille 1789. Dagegen: Nicht abstrakte Unsicherheit hat diese Revolutionen hervorgebracht, vielmehr die Unmenschlichkeit der Machteliten. Dass Unmenschlichkeit, Ungerechtigkeit, Ausbeutung, Gewalt Unsicherheit und existentielle Ängste erzeugen, ist klar. Dies muss klar benannt werden, was bei Jochen Paulus sehr unscharf geschieht. Also: Woher kommt die Unsicherheit? (so Petersen, Karl: Radikal aus Unsicherheit. Leserbrief zu Jochen Paulus, in: bild der Wissenschaft 2-2017, S. 24).

3. Ein Vorwurf

Oftmals musste ich den Vorwurf hören, dass meine Offenheit und Toleranz gegenüber anderen Religionen die eigene jüdisch-christliche Identität infrage stelle. Auch lehne ich jeden Absolutheitsanspruch des jüdisch-christlichen Glaubens ab. Es war die Lektüre von Gotthold Ephraim Lessings (1729–1781) „Nathan der Weise" (1779) mit seiner Ringparabel, die mir schon vor meinem Theologiestudium meine ethisch-anthropologische Grundhaltung literarisch bestätigte: Menschen mit unterschiedlichem Glauben, Juden, Hindus, Christinnen, Muslime oder Buddhistinnen sind zunächst eines: Menschen. In Gesprächen auf meine Toleranz angesprochen, konnte ich – kann ich – sagen: Zufällig wurde ich im Großraum Stuttgart geboren und ich wäre sicher auch ein guter Moslem – so wie ich ein „guter" Christ bin –, wenn ich zum Beispiel in Jordanien geboren wäre. Diese Haltung der Aufklärung und des Humanismus wird durch Ernst Troeltsch (1865–1923), protestantischer Theologe, Kulturphilosoph und echt-liberaler Politiker, mit seinen wissenschaftlichen Arbeiten wie „Die Absolutheit des Christentums und die Religionsgeschichte" (1902) bestätigt. Mit großem Gewinn habe ich Ernst Troeltsch als Vertreter des Historismus gelesen, einem Konzept von Wissenschaft, das eben auch das Christentum aus seinem geschichtlichen Kontext heraus erklärt und somit jeden Offenbarungsgedanken destruierte. Zugleich wurden in meiner Studienzeit (Hermann Ringeling, 1928–2014[18]) auch die Gefahren dieses Wissenschaftsverständnisses diskutiert: Die Geschichte wird zu einer normativen Kraft, d. h., aktuelle geschichtliche Gegebenheiten (Systeme, Personen) werden durch die aktuelle Geschichte ohne Kritik legitimiert.

Wird diese Kritik bedacht, dann konnte ich von G. E. Lessing und E. Troeltsch die Einsicht übernehmen: Es gibt keine einzig wahre Religion, es gibt allein Humanität.

---

18 Ringeling, Hermann: Umbruch der Sitten – miterlebt und mitbetrieben. Ein Ethiker blickt zurück, Zürich 2007.

Dieser Ansatz bei der Ablehnung eines jeglichen absoluten Wahrheitsanspruches einer Religion führt jedoch nicht zu einer Abwertung meiner eigenen / der jüdisch-christlichen Identität, vielmehr zu einer sorgfältigen und argumentativen Ausgestaltung derselben. Anders formuliert: Je toleranter und offener ich gegenüber anderen Religionen bin, desto präziser muss ich die eigene Identität erklären, beschreiben und begründen können. Nur wenn ich die eigene Identität kenne, kann ich mit anderen „Identitäten" ein Gespräch führen: kritisch, erklärend, argumentativ, kommunikativ, gleichwertig. So gelingt eine multikulturelle Gesellschaft, die plural ausdifferenziert ist und die dann auch Differenzen und Probleme klar benennt.[19] Gefragt ist deshalb in der heutigen Zeit nicht weniger Toleranz, sondern mehr kritische Toleranz sowie die Weisheit, die Grenzen der Toleranz überdenken zu können. Die Basis dieser Toleranz ist die Humanität.

---

19 Siehe Strenger, Carlo: Zivilisierte Verachtung. Eine Anleitung zur Verteidigung unserer Freiheit, Frankfurt a. M. 2015. Dazu die Zusammenfassung des Suhrkamp Verlages: „Ein Vierteljahrhundert nach dem Mauerfall ist klar, dass das Ende der Geschichte weiterhin auf sich warten lässt. Stattdessen wirft ein anderes Ereignis aus dem Jahr 1989 lange Schatten: 26 Jahre nach der Fatwa gegen Salman Rushdie stellt uns der Anschlag auf das Satiremagazin ‚Charlie Hebdo' einmal mehr vor die Frage, wie der Westen selbstbewusst für seine Werte eintreten kann – ob nun gegen Fundamentalisten, Populisten oder die antiwestliche Rhetorik eines Wladimir Putin. Während viele Linke und Liberale durch die Logik der politischen Korrektheit gleichsam gelähmt sind, schwingen sich Figuren wie Marine Le Pen und Bewegungen wie Pegida zu Verteidigern des Abendlandes auf. In dieser Situation plädiert Carlo Strenger für eine Haltung der zivilisierten Verachtung, mit der das aufklärerische Toleranzprinzip wieder vom Kopf auf die Füße gestellt wird: Anstatt jede Glaubens- und Lebensform zu respektieren und diskursiv mit Samthandschuhen anzufassen, müssen wir uns daran erinnern, dass nichts und niemand gegen wohlbegründete Kritik gefeit sein darf: ‚Wenn andere Kulturen nicht kritisiert werden dürfen, kann man die eigene nicht verteidigen.'" S. auch das Gespräch mit Carlo Strenger „Die Freiheit muss ständig neu erkämpft werden", in: DER BUND (Tageszeitung Schweiz) vom 29.12.2016, S. 2–3; reformiert. Evangelisch-reformierte Zeitung für die deutsche und rätoromanische Schweiz Nr. 12/Dezember 2016.

4. Vier Fragen als Grundgerüst

Es sind vier Fragen, die mein Begründen, Orientieren, Nachdenken und Handeln bestimmen.[20] In der Einleitung seiner „Logik" zählt Immanuel Kant die drei vom Schluss der „Kritik der reinen Vernunft" bekannten Fragen noch einmal auf und fügt eine vierte an (s. unten III 3.):

o Was kann ich wissen?
o Was soll ich tun?
o Was darf ich hoffen?
o Was ist der Mensch? (s. unten Schluss des Buches „Einen Ausblick wagen")

Die *erste* Frage wird durch die Metaphysik beantwortet. Grundsätzlich geht es bei dieser Frage um die Möglichkeit, die Quellen des menschlichen Wissens zu erkennen. Immer neu ist die Frage zu stellen, wie wir Wissen herstellen können, wie das Wissen wie und von wem gebraucht wird. Es geht um Wissen und Informationen, um Objektivität. Um eine Sache beurteilen, eine Frage beantworten, ein Problem lösen zu können, braucht es ein sachgerechtes Wissen.

Die *zweite* Frage wird durch die Moral beantwortet, welche von der Ethik als Wissenschaft reflektiert wird (III 3.). Grundwerte wie Gerechtigkeit schreiben vor, dass der gleiche Lohn für die gleiche Arbeit für Mann und Frau realisiert werden muss.

Für die *dritte* Frage, so im Anschluss an Immanuel Kant, ist die Religion und sind die Kirchen zuständig. Diese funktionale Zuordnung muss selbstverständlich überkonfessionell gefasst werden. Und: Auch ein Fußballverein erzeugt Hoffnung für die entsprechenden Fußballerinnen und Fußballer.

Die ersten drei Fragen führen zur *vierten* anthropologischen Frage: Was ist der Mensch? Eine komplexe Maschine, die hervorragend funktioniert. Ein weltoffenes Wesen, das in einem dialektischen Wirklichkeits-

---

20 Siehe Kant, Immanuel: Kritik der reinen Vernunft 2, Werkausgabe Bd. IV, hrsg. von Wilhelm Weischedel, Frankfurt a. M. 1981, S. 677.

verhältnis steht. Das Ebenbild GOTTES. Ein „homo homini lupus". Ein Wesen der Solidarität.[21]

Diese vier Fragen stehen in einem inneren Zusammenhang. Wird der Mensch z. B. als hoch aggressives Wesen verstanden, dann führt dies in der politischen Ethik zur Forderung, dass der Einzelne sich dem allmächtigen Souverän unterwerfen muss. Der Mensch als soziales Wesen dagegen führt zu einem „Modus der Vergesellschaftung" auf der Grundlage von Solidarität, Gerechtigkeit und Partizipation.[22]

Anhand dieser vier Fragen können der Leser und die Leserin immer wieder neu erkennen, wann, wo und wie diese Fragen in der vorliegenden Arbeit aufgenommen werden.

5. Wem danken und an wen denken

Die Perspektive der Radikalität ist unbequem, lässt Zerrissenheiten erahnen, lässt auch fragen, wem zu danken und an wen zu denken ist. So formuliere ich nicht einen vielfältigen und allgemeinen Dank, vielmehr danke ich all denjenigen, die mit mir versuchen, diese Perspektive der Radikalität einzunehmen, sich dafür mobilisieren lassen und andere mobilisieren wollen.

Dabei gibt es Menschen, die unter Lebensgefahr über die politische Situation z. B. im Gebiet der Kurden berichten. Oder Fotografen, die noch schwerverletzt Bilder machen, um die Zerstörung der Humanität in Aleppo zu dokumentieren.

Meine Überlegungen wurden in großer Sicherheit und Bequemlichkeit niedergeschrieben. Eine weitere Erfahrung von Zerrissenheit, die mich weiter radikalisiert.

---

21 Zur Frage der Anthropologie Harari, Yuval Noah: Eine kurze Geschichte der Menschheit, München 2013 (6. Aufl.); ders.: Homo Deus. Eine kurze Geschichte von Morgen, München 2017.

22 Ulrich, Peter: Zivilisierte Marktwirtschaft. Eine wirtschaftsethische Orientierung, Bern u. a. 2010 (aktualisierte und erweiterte Neuausgabe), S. 71.

In diesem Dank denke ich besonders an all diejenigen Menschen, die an Ungerechtigkeit und Armut leiden und sterben. Macht- und Hilflosigkeit dürfen nicht das letzte Wort haben. Vielmehr der feste Wille, alle nur möglichen Veränderungen für mehr Gerechtigkeit, Frieden, Bewahrung der Schöpfung herbeizuführen.

Hinführung

1. Drei Auslöser

Der Auslöser für diese Trilogie „Kirche – Gott – Ethik" war dreifach:

(1) Die aktuelle Diskussion über die KIRCHE betreffend Relevanz und Identität, Funktionen und Aufgaben in den aktuellen Gesellschaften in Deutschland oder in der Schweiz.
Es werden drei gute Gründe für die gesellschaftliche Notwendigkeit der Kirchen aufgezeigt, nicht apologetisch, aber selbstbewusst, geschichtsbewusst und zukunftsgerichtet, offen und argumentativ, funktional und lebensdienlich.
Zuerst: Diese Ausführungen beziehen sich bewusst auf die Kirche als Institution. Warum diese Betonung der Organisation Kirche? Zurzeit gibt es auch umfangreiche und neue Überlegungen zum Berufsbild der Pfarrerin und des Pfarrers. Solche sind ganz sicher wichtig und nach fast 25 Jahren im Pfarramt in Spiez Schweiz „weiß" ich auch, was ein guter Pfarrer oder eine gute Pfarrerin ist: Freundlich, umgänglich, lässt sich im Dorf sehen und spricht mit den Leuten, geht regelmäßig auf den Dorfmarkt ... Es schmeichelt zweifelsohne, als Pfarrer oder Pfarrerin so beschrieben zu werden. Und wenn einem gesagt wird: „Ich werde mich nur von dir trauen lassen", oder nach der Pensionierung „Ich habe meinen Pfarrer verloren", dann ist dies eine tiefe Genugtuung. Dies zeigt auf der einen Seite, wie wichtig im Pfarramt die persönlichen Beziehungen sind. Dies ist ganz sicher „effizient" für die Ausgestaltung des Pfarramtes wie für die Kompetenzen der Pfarrerin/des Pfarrers. Gleichzeitig muss jedoch mitgedacht werden, dass durch diese hohe Personalität die Gefahr besteht, dass das Strukturelle – das Amt als Institution oder die Gemeinde als Organisation – eine Abwertung erfährt oder in den Hintergrund rückt bzw. verlustig gegangen ist. Das heißt, dass neben den oben angesprochenen Kompetenzen des Pfarrers

oder der Pfarrerin dem Gemeindeaufbau ein besonderes Gewicht zugemessen werden muss. Beides ist wechselseitig miteinander verknüpft. Gerade beim Gemeindeaufbau, der Organisation und Leitung der Gemeinde gibt es ernsthafte Fragen: Wie viel und welche kirchliche Identität bringen die entsprechenden Personen mit? Wenn der Chef des Nachrichtendienstes der Schweiz Mitglied des Kirchgemeinderates (Exekutive) der Reformierten Kirchgemeinde CH-3700 Spiez *war*, dann hat dies Einfluss auf die Finanz-, Hilfswerk- oder Sozialdiakoniepolitik der Reformierten Kirchgemeinde.

Dann: Die Kirche gilt z. B. nicht mehr als Sprungbrett für eine politische Karriere. Dementsprechend bestehen erhebliche Rekrutierungsprobleme. Der Relevanzverlust der Kirche führt zu einem Qualitätsdefizit mit weitreichenden Folgen und es stellt sich die Frage, wie dieser „Teufelskreis" durchbrochen werden kann.

Ja, ich habe Folgendes als Tipp für eine Sozialarbeiterin gehört: „Bleibe nicht zu lange bei der Kirche, sonst findest du keinen Job mehr außerhalb." Diese Aussage ist viel mehr als Polemik: Eine solche Denkweise zeigt das ernsthafte Problem der Relevanz/Qualität/Attraktivität an.[23]

Und: Meine grundsätzlichen Überlegungen geben keine detaillierten Antworten auf einen kompetenten Aufbau der Gemeinde auf der Grundlage eines theologisch begründeten Verständnisses von Kirche, doch definieren sie das theologisch-gesellschaftliche Grundverständnis – den Rahmen – für einen solchen Gemeindeaufbau.

(2) Konkrete Fragen in der Praxis im Sinne der berühmten Gretchenfrage: Was ist für dich GOTT?

GOTT wird von mir als individuelles und gesellschaftliches Konstrukt begriffen, die Destruktion des Theismus durch den Atheismus wird zur

---

23   Siehe Kunz, Ralph: Die Kompetenz der Gemeinde. Überlegungen zur erweiterten Verwendung des Kompetenzstrukturmodells, in:
Schaufelberger, Thomas / Hartmann, Juliane (Hrsg.): Perspektiven für das Pfarramt. Theologische Reflexionen und praktische Impulse zu Veränderungen in Berufsbild und Ausbildung, Zürich 2016, S. 105–119.

Grundlage eines Nachdenkens über GOTT mit drei wichtigen Einsichten:[24]

- Die Rede von GOTT wird in den Anspruch von universalisierbaren ethischen Kriterien gestellt, womit in den modernen, säkularen, liberalen, aufgeklärten, demokratischen Gesellschaften eine Vorordnung der Ethik (Menschenrechte als Basis) in Bezug auf die Rede von GOTT geschehen ist. „Ethik ist wichtiger als Religion."[25]
- Wenn es keinen theistischen GOTT gibt, dann gibt es auch keine personale Ich-Du-Beziehung zu einem personal vorgestellten Gott. Vielmehr ergeben sich aus dem Verständnis von GOTT als Liebe die folgenden Fragen: Was bedeutet Liebe? Welche Gestaltung der Gesellschaft ergibt sich aus dem entsprechenden Verständnis von Liebe? Damit wird die Aufgabe der Ethik angesprochen! (s. unten III)
- GOTT als Wort unserer Sprache wird es immer geben und muss deshalb immer und immer wieder diskutiert, ideologiekritisch befragt, neu human-ökologisch entworfen werden. Das ist eine enorm wichtige Aufgabe der verfassten Religionsgemeinschaften.

---

24 Siehe Zager, Werner (Hrsg.): Der neue Atheismus. Herausforderung für Theologie und Kirche, Darmstadt 2017. In der Verlagsbeschreibung dieses Buches steht: „Ein neuer Atheismus übt Kritik an jeglichem Gottglauben und beansprucht dabei die Position der Vernunft und Humanität für sich allein."
Dies gilt für mich für den *theistischen* Gottglauben, nicht jedoch für den christologischen z. B. Genau diesen Gedanken werde ich entwickeln. Mit Bezug auf Heinz Zahrnt und Dietrich Bonhoeffer z. B. zeigt Werner Zager auf, dass das aufgeklärte Christentum schon lange die theistische Gottesvorstellung (Kreationisten, Vertreter Intelligent Design, konservative Kreise in den Kirchen) überwunden hat. So Zager, Werner: Das Religions- und Theologieverständnis des neuen Atheismus. Oder: Inwiefern ist der neue Atheismus eine Herausforderung für ein undogmatisches Christentum? In: Zager, Werner (Hrsg.): Der neue Atheismus. Herausforderung für Theologie und Kirche, Darmstadt 2017, S. 27 (S. 9–33).

25 Dalai Lama 2016.

(3) Mindestens sieben Krisen in unserer Gesellschaft und die Notwendigkeit von ETHIK

Mit Hans Ruh und seinem Buch „Ordnung von unten" gehe ich davon aus, dass sieben Krisen das Leben gefährden: Energiekrise (Energiewende wie und wie schnell?), Finanzkrise (2008/2009), Umweltkrise (Klimaerwärmung), soziale Krise (Armut und Ungerechtigkeit), politische Krise (9/11, Kriege, Terror, Anschläge, Panama und Paradise Papers), Religionskrise (Angst vor dem Islam, Gleichsetzung von Islam und Terror), Flüchtlingskrise.

Die *eigentliche* Krise, welche diese Krisen lebensgefährlich macht, besteht für mich jedoch darin, dass die Lösungsversuche für diese Krise von den folgenden Faktoren bestimmt werden:

o Wachstum und Gewinnmaximierung als *ökonomistische Fortschrittskriterien*. Es braucht „Fortschrittskriterien", welche die Gerechtigkeit und Lebensqualität für alle als Grundlage haben. Die SDG (Sustainable Development Goals) der Vereinigten Nationen, welche den MDG (Millennium Development Goals) folgen, sind ein Versuch dazu. Die Umsetzung aber und damit der Zeitfaktor ist ein riesiges Problem. Das heißt:

o Die *Dringlichkeit* der Krisen findet im Neoliberalismus 89, bei dem der Faktor Zeit an sich fehlt, keine Beachtung.

o Der enge *Zusammenhang und die Verflechtung der Krisen* wird zu wenig erkannt: Die Flüchtlingskrise ist zugleich eine Klimakrise (Ausweitung Sahelzone) und soziale Krise (Armut durch historisch und aktuell bedingte ungerechte Austauschverhältnisse). Wohl gibt es eine Globalisierung der Wirtschaft, eine Globalisierung der Gerechtigkeit fehlt jedoch. Die Globalisierung der Information brachte die attraktiven Lebensverhältnisse in Deutschland oder der Schweiz in Länder der Armut und politischer Gewalt. Insofern wirkt unser Lebensstandard wie ein Sog und erklärt teilweise die Migrationsströme in ihrer Motivation.

Aufgrund dieser Analyse stellen sich Sinn- und Gerechtigkeitsfragen. Zudem ist es wichtig, sich seiner eigenen ethischen Identität zu vergewissern, um fair und offen, sachlich und differenziert, positionell und kommunikativ argumentieren zu können.

Dies geschieht unter dem Gesichtspunkt der ETHIK und Ästhetik. Bei diesen Überlegungen wird die radikale Liebe herausgestellt, welche im Kontext des Gedankens der Schöpfung, der Gerechtigkeit und der Weisheit steht. Wohl wissend dabei, dass die Liebe nicht ein Prinzip darstellt, das sich einfach melken lässt. Das meint: Aus der radikalen Liebe lässt sich nicht unmittelbar eine Gesellschaftsordnung ableiten, sie dient vielmehr als Reflexionsinstanz, die jedoch eine normative Verbindlichkeit besitzt. In aller Normativität wird die „Schönheit" als eine wichtige Voraussetzung für die Ehrfurcht vor allem, was lebt, herausgestellt (s. unten III 5.).

2. Die folgenden Überlegungen sind „möglichst" kurzgehalten

Meine Überlegungen haben oftmals die Form von Thesen, und wer sich bei dem einen oder anderen Gedanken an Ludwig Wittgenstein (1889–1951) erinnert – der liegt richtig. Dieser war zu Beginn meiner Studienzeit ein wichtiger Gewährsmann für die *analytische Sprachtheorie* mit der Frage, welchen Sinn Worte haben, und dann, welchen Sinn das Wort GOTT überhaupt hat (s. unten Hinführung 3.).

Diese Ausführungen sind auf keinen Fall abschließend, teilweise experimentell, wollen weitere Fragen auslösen, werden hoffentlich zu Widerspruch führen.

Doch: Die Texte sind mit Überzeugung geschrieben worden, Kritiker und Kritikerinnen müssen mit weisheitlicher und argumentativer Sturheit rechnen.

Die Gedanken verlangen Argumentation und Reflexion und sind bestimmt von der Grundhaltung, dass es gerade in Kirche und Theologie eine „präzise Denkanstrengung"[26] braucht, um der Sache der KIRCHE, von GOTT und ETHIK in ihrem inneren Zusammenhang gerecht zu werden.

---

26   Dalferth, Ingolf U.: Radikale Theologie, Leipzig 2010.

3. Zu den philosophisch-ethischen „Voraussetzungen"

Bis Ende Wintersemester 1973 studierte ich in Tübingen, wohnte zuerst in der Stadt und dann im Evangelischen Stift, einem Ort großer Geister, waren doch Hegel, Hölderlin und Schelling zu ihrer Zeit einmal „Stiftler". Das war etwas Werbung für das „Stift"!

Dabei besuchte ich auch die Vorlesungen des bekannten Tübinger Philosophen Walter Schulz und begriff seine Überlegungen als wegweisend. „Man" konnte Walter Schulz auch an der Imbissstube hinter der Stiftskirche tief in der Nacht noch treffen. Und: Dieser konnte in der einen oder anderen Situation den folgenden Ratschlag geben: Wenn du *Aristoteles* gelesen hast, dann bist du für die ganze Philosophiegeschichte gut gerüstet und wirst auch Kant verstehen. Ohne *Feuerbach und Marx* hängst du in der Luft, ohne *Nietzsche* wirst du niemals jenseits von Gut und Böse kommen, d. h. die bestehende Moral ideologiekritisch in ihrem Entstehen und Bestand betrachten können. Und erst mit der *Sprachanalyse* wird eine kritische Metadiskussion und Wissenschaft möglich sein. Diese hier rekonstruierte Kurzfassung der Ratschläge von Walter Schulz an uns Studierende will ich so ausführen, dass dadurch für mich wichtig gewordene Einsichten für mein Arbeiten deutlich werden. Die Darstellung selbst ist ein erinnerungsmäßiges Konzentrat, eine leichtsinnige Zusammenfassung, eine nachträgliche Rekonstruktion, bei der jedoch die „Wahrheit" die „Dichtung" dominiert!

Zuerst ein paar Gedanken zu Walter Schulz (1912–2000), der uns Studierende beeindruckt hat, weil er es verstand, Themen des aktuellen individuellen Lebens (Sinn und Nihilismus, Leben und Tod, Gut und Böse, Macht und Gerechtigkeit, Glück und Entfremdung, Sorge und Hoffnung) in geschichtliche Erfahrungen/Kontexte zu stellen und mit philosophischen Fragen zu verbinden, und das auf die folgende erfrischende Weise: „Für Ihre Studenten, Herr Schulz, waren Sie die anschauliche Verkörperung des Satzes: Denken ist Bewegung. In Ihren überfüllten Vorlesungen im ‚Kupferbau', dem größten Hörsaal Tübingens, gingen Sie – das Mikrophon im Knopfloch – hinter dem Pult auf und ab und entwickelten dabei die Geschichte der Philosophie von Cusanus bis Carnap in freier Rede. An besonders vertrackten Stellen blieben Sie stehen und strichen sich über die Haare, als wollten Sie den verbleibenden Gedankenrest aus dem Kopf herbei- und herausstreichen. Sie schickten ihm noch einen Witz hinterher und nahmen befreit wieder Ihre Wanderung auf."[27]

Aristoteles (384–322) hat nicht nur die Ethik als Wissenschaft begründet im Sinne einer Reflexion der Erfahrung, er hat zugleich die Ethik als praktische Wissenschaft mit dem Ziel des guten Lebens entworfen und wurde damit zur Grundlage für „mein" ethisches Dreieck (s. unten III 3.). Wohl wurde dem Eudaimonismus der Vorwurf gemacht, nur nach dem eigenen Glück zu streben (Immanuel Kant), doch Fragen des Glücks und der menschlichen Selbstverwirklichung im gesellschaftlichen Kontext sind grundlegend für den ethischen Diskurs. Zudem zeigt eine literarische Wirkungsgeschichte, dass Aristoteles eine enorme Radikalität im Denken erzeugte. Im 1980 erschienenen ersten historischen Kriminalroman „Der Name der Rose" – verfilmt 1986 – des italienischen Philosophen Umberto Eco blättern Benediktinermönche in der Poetik von Aristoteles, deren Blätter vom Klosterbibliothekar vergiftet wurden, weil der Inhalt dieses Buches (Anstiftung zur Lebensfreude) von diesem als höchst gefährlich betrachtet wurde. Durch das Blättern mit dem Befeuchten der Finger über den Mund gelangte das Gift in den Körper der Mönche. Fünf Mönche wurden so ermordet. Das geschah im Jahre 1327.

Es war *Karl Marx* (1818–1883), der die Gesellschaftlichkeit des Glücks über den Begriff der Entfremdung und über die radikale Kritik der Religion – Opium des Volkes – und des Kapitalismus – Ausbeutung, Unterdrückung – entfaltet und damit eine gesellschaftstheoretische Begründung von Gerechtigkeit und Solidarität vorbereitet hat. Gerade in der Zeit nach 1968 waren für die Studierenden diese Überlegungen

---

27 Bott, Marie-Luise: Ein Gespräch mit dem Tübinger Philosophen Walter Schulz, 18. Oktober 1991:
http://www.zeit.de/1991/43/verdaechtige-kreatur-mensch/komplettansicht.
[Stand: 6.1.2018]

grundlegend, eine Zeit der regelmäßigen Demonstrationen, eine Zeit der Transparente, eine Zeit mit Parolen an Mauern wie „Macht kaputt, was Euch kaputt macht". Das ganze studentische Leben war in dieser Zeit bestimmt durch die „Agitation" linker Studentengruppen (AStA: Allgemeiner Studentenausschuss), welche mit guten Gründen zu Demonstrationen gegen das reaktionäre Establishment – „Unter den Talaren der Muff von tausend Jahren" – aufriefen. Oftmals folgten Tausende diesen Protestaufrufen, ganze Straßenzüge waren mit Demonstranten und Demonstrantinnen in Tübingen gefüllt und in den offiziellen Vorlesungen wurden bewusst, gezielt und geplant linke Positionen eingebracht. Das war die Zeit, in der *Ernst Bloch* (1885–1977) vor der Stiftskirche in Tübingen ohne Manuskript frei druckreife Vorträge hielt – assoziativ Gedanken entwickelnd – und sich der großen Aufmerksamkeit der Zuhörer und Zuhörerinnen sicher sein durfte.

Besonders beeindruckend waren die Vorlesungen von Walter Schulz über *Friedrich Nietzsche* (1844–1900): Die Moral in der jüdisch-christlichen Tradition entspringt den Herrschaftsinteressen von „Priestern", ist also eine Herrenmoral und dient der Unterdrückung der Schwachen, die eine Sklavenmoral (Mitleid, Demut, Schwachheit, Gutmütigkeit) entwickeln. Friedrich Nietzsche propagierte jedoch keinen Nihilismus im Sinne einer Ablehnung von verbindlichen Werten, vielmehr ging es Nietzsche in seiner Genealogie der Moral (1887) um eine Umwertung aller Werte: Jenseits einer den Menschen unterdrückenden Moral – die Kirche als Hauptakteur – ging es Nietzsche um Selbstbejahung, Wille zum Leben und Freiheit, ging es Nietzsche um das „echte" und „ursprüngliche" Christentum. Und dann ein Satz, der das Revolutionäre bei Friedrich Nietzsche gerade auch für diejenigen aufzeigte, welche Jürgen Moltmann in dieser Zeit mit seinen Ausführungen zum „Gekreuzigten Gott" hörten: „Bloß die christliche *Praktik*, ein Leben so wie der, der am Kreuz starb, es *lebte*, ist christlich ..."[28] Gerade dieses „*Jenseits* von" wird bei meinen Überlegungen zu GOTT zum Zuge kommen, wenn ich ein Verständnis von GOTT entwerfe, das *jenseits* von Theismus und Atheismus steht (II 10).

---

28 Nietzsche, Friedrich: Antichrist, Kap. 39; Erstveröffentlichung 1895.

Zuletzt wurde mir in dieser Zeit die *sprachphilosophische Diskussion* grundlegend. Die Sprachanalyse untersucht Begriffe unserer Sprache und fragt nach deren Verwendung und Sinn: Wann brauchen wir das Wort „Haus" und welche Bedeutungen hat dieses beim entsprechenden Gebrauch? Dabei drängte in dieser Zeit die Sprachanalyse (Wiener Kreis: Rudolph Carnap, Karl Popper, Ludwig Wittgenstein, Alfred Jules Ayer …) auf Erfahrung, Kognitivismus, Tatsächlichkeit, Logik der Sprache, Wahrheit. Über das Fallen eines Steines entscheiden die Gravitationsgesetze, also die Erfahrung, nicht eine dogmatische Spekulation. Die Kritik an der Metaphysik war radikal, es geschah eine Reduktion auf Logik und das Prinzip der Verifikation bzw. Falsifikation (Karl R. Poppers Kritischer Rationalismus) wurde zum alleinigen Sinnkriterium, an dem sich eine Aussage als richtig, falsch oder sinnlos herausstellte. Sätze von Ludwig Wittgenstein waren wie in Stein gemeißelt: „Gott offenbart sich nicht *in* der Welt." „*Das Rätsel* gibt es nicht." „Wovon man nicht sprechen kann, darüber muss man schweigen." Sinnvoll denken hieß für den Theologen Helmut Kaiser, „die Leiter wegwerfen, nachdem er auf ihr hinaufgestiegen ist", um Gott und das Mystische erkennen zu wollen.[29] Übrigens hatte meine bisherige Biografie verhindert, mich dieser Leiter überhaupt zu bedienen … doch irgendwie war diese Leiter schon sichtbar …

Der Theologie wurde mit der Sprachphilosophie jeglicher Erfahrungsgrund abgesprochen, womit die Theologie ihre Glaubwürdigkeit, Relevanz und Identität im Kontext der Erfahrungswissenschaften verloren hatte. Mit der damit konsequenten Destruktion von Metaphysik und Supranaturalismus war die Rede von GOTT radikal infrage gestellt und es wurde ausgeführt, dass es keinen Unterschied mache zwischen der Aussage „Bla Bla Bla" und „GOTT". Die Sprachanalyse machte, so die Einsicht in dieser Zeit, die Rede von GOTT sinnlos: GOTT als Subjekt, welches handelt, macht und schafft, kann es nicht mehr geben. Auch aktuelle kirchenpolitische Spitzensätze wie „Weil Gott uns bewegt, sind wir von Gott bewegt" sind aus der Perspektive

---

[29] Wittgenstein, Ludwig: Tractatus logico-philosophicus. Logisch-philosophische Abhandlung, London 1921, 6.432, 6.5., 6.54, 7.

der Sprachanalyse Leerformeln.³⁰ Diese sprachphilosophischen Überlegungen wurden zu meinem methodischen Handwerkszeug, wohl in dieser Zeit bereits vermutend, dass sowohl Eberhard Jüngel wie Jürgen Moltmann je auf ihre Weise diesen logischen Positivismus denkerisch-theologisch aufheben und weiterführen können. Einen wichtigen Hinweis dazu: Im Nationalsozialismus wurden die Texte des Wiener Kreises verboten, auch – einige Mitglieder des Wiener Kreises waren jüdischer Herkunft – weil Kritik, Logik, die Frage nach der Wahrheit immer aufklärerisch wirken und so wirre, geschlossene, barbarische Ideologien per se infrage stellen.

---

30 Zeindler, Matthias: Kraft – Tiefe – Dynamik. Vision und Leitsätze, in: Ensemble. Das Magazin der Reformierten Kirchen Bern-Jura-Solothurn Nr. 21 / August 2017, S. 6 (S. 4–9). Die Reformierten Kirchen Bern-Jura-Solothurn haben eine neue Vision entwickelt, die am 10. September 2017 in einem Fest in Bern vorgestellt und gefeiert wurde. Ende Mai 2017 hat die Synode, das Kirchenparlament, der gefundenen Vision mit 156 zu 2 Stimmen bei 9 Enthaltungen definitiv zugestimmt. Die kritischen Stimmen sagen: keine „echte" Vision, Jesus Christus hat keinen expliziten Eingang gefunden oder die Schöpfung fehlt als theologische wie ethische Grundkategorie. Für mich persönlich bilden die 7 Leitsätze der Vision Kirche 21, überschrieben mit „Von Gott bewegt. Den Menschen verpflichtet" (Auf die Bibel hören – nach den Menschen fragen. Vielfältig glauben – Profil zeigen. Offen für alle – solidarisch mit den Leidenden. Die Einzelnen stärken – Gemeinschaft suchen. Bewährtes pflegen – Räume öffnen. Vor Ort präsent – die Welt im Blick. Die Gegenwart gestalten – auf Gottes Zukunft setzen) die bestehende Berner Kirche argumentativ, offen und Spannungsfelder benennend ab. Diese Leitsätze sind somit in einem hohen Maße deskriptiv und entsprechen einer Kirche, die ich zu leben versucht habe. Dies festzuschreiben ist legitim, auch wenn somit die Begrifflichkeit *Vision 21* nicht zutrifft. Die 7 Leitsätze sind eine solide, systematisch ansprechende Beschreibung des Bestehenden und keine Vision. Richtig schwerwiegend ist für mich das Fehlen der „Schöpfung". Nicht einmal beim Leitsatz „Offen für alle – Solidarisch mit den Leidenden" wird die Natur als Leidende aufgenommen. Das Seufzen der Schöpfung (Römer 8, 22-25) bleibt unbeachtet. Das ist ein echter „Sündenfall", theologisch wie ethisch unmöglich und durch nichts zu begründen. Siehe dazu unten 8. Predigt und das Lied von Kurt Marti „In uns kreist das Leben ..." Auch unten S. 279 und VIII 3. (5). Und: Weil die theologischen Spitzensätze apodiktisch eingeführt und postuliert werden, werden all diejenigen, die sich außerhalb dieses bekenntnishaft-existenziellen Sprachspiels bewegen, solche Sätze als unverständlich oder einfach als irrelevant betrachten. Über den metaphysischen Theismus in diesen Sätzen äußere ich mich hier an dieser Stelle noch nicht.

Etwas später wurde für mich auch Jürgen Habermas zur Grundlage meines Denkens wie Handelns. Seine *Theorie des kommunikativen Handelns*, als Gesellschaftstheorie konzipiert, basiert auf der Sprachphilosophie. Die Schlüsselbegriffe dazu: Intersubjektivität durch Sprache, Diskurs, Argumentation, Begründung. Für mich grundlegende und unaufgebbare Einsichten waren und sind: In der nachmetaphysischen Zeit kann es keinen absoluten Wahrheitsanspruch mehr geben, vielmehr werden das Universalisierungs- und das Diskursprinzip zur Grundlage des Denkens und Handelns der Subjekte. Diese kommunikative Vernunft/Rationalität beinhaltet einen grundsätzlichen Anspruch auf *intersubjektive Verständlichkeit*. Diese intersubjektive Verständlichkeit im Kontext des Universalisierungsprinzips wurde für mich zum Maßstab für die Sinn- und Wahrhaftigkeit theologischer Aussagen.[31]

Bei diesen Überlegungen zur Sprachanalyse mache ich einen aktuellen Exkurs: Erik Flügge, Geschäftsführer der Beratungsfirma Squirel & Nuts, berät Politiker und Parteien bei der Kommunikation sowie Städte und Gemeinden bei der Entwicklung von Partizipationsmöglichkeiten. Sein Buch „Der Jargon der Betroffenheit: Wie die Kirche an ihrer Sprache verreckt" (2016) wurde zu einem SPIEGEL-Bestseller und Erik Flügge schreibt dazu: „Ich habe ein Buch geschrieben. Eine launige Streitschrift über die Kirche und ihre Sprache. Es ist ein SPIEGEL-Bestseller geworden, weil man jetzt wieder heimlich darüber lachen kann, welcher Quatsch in der kirchlichen Kommunikation gemacht wird. Man kann das Buch verschenken und darüber reden, was der Flügge sagt. Der Grund für den Erfolg ist, dass nicht nur der Flügge

---

31 Siehe exemplarisch: Habermas, Jürgen: Theorie des kommunikativen Handelns Band 1: Handlungsrationalität und gesellschaftliche Rationalisierung, Frankfurt a. M. 1981; ders.: Theorie des kommunikativen Handelns Band 2: Zur Kritik der funktionalistischen Vernunft, Frankfurt a. M. 1981. Bei der Sprachanalyse, so wie ich sie gelernt habe, geht es um intersubjektive Sinnhaftigkeit. Davon zu unterscheiden ist das *Konzept* der „leichten Sprache" (kurze Sätze, nur eine Aussage in einem Satz, Genetiv wird ersetzt, Konjunktiv vermieden, Verzicht auf bildhafte Worte), dem z. B. in den Katechetischen Blättern KatBl 2017/Heft 4 ein Sonderheft gewidmet ist. Bei diesem Konzept wird primär die „abgehobene" Sprache zu überwinden. Begriffe wie GOTT werden theologisch nicht reflektiert.

sagt, sondern so viele selbst denken und fühlen, dass dieser Theologensprech unangenehm und zuweilen sogar übergriffig ist. Nur das auszusprechen traut sich wieder keiner. Langsam nervt's."[32] Erik Flügge macht es einem nicht einfach, sein Buch zu rezipieren. Bedanken darf ich mich weder für seine Analysen noch für seine Beispiele. Einen Ansatzpunkt bietet seine Feststellung: „Ihr wisst doch, dass diese Sprache unehrlich ist, obwohl sie echt sein sollte."[33] Für mich geht es nicht nur um eine „zeitgemäße" Sprache, darum, bei den Menschen „anzukommen"[34]. Es reicht auch nicht, den folgenden Vorschlag einzulösen: „Sprecht doch einfach über Gott, wie ihr bei einem Bier sprecht. Dann ist das vielleicht noch nicht modern, aber immerhin mal wieder menschlich, nah und nicht zuletzt verständlich."[35] Als Pfarrer ging ich ganz bewusst auf den Markt im Dorf, um den Menschen dort begegnen zu können, und ich wurde hin und wieder als „marktgängig" beschrieben. Somit habe ich die Forderung von Erik Flügge eingelöst. Aber: Es kommt für mich nicht allein auf die „marktgängige" Sprache an, genauso wichtig sind die Inhalte. Das meint. Das Wort GOTT ist nicht nur ein Wort unserer Sprache, welches beim Bier oder auf dem Markt quasi automatisch verständlich wird. Ich muss zugleich dessen Inhalte klären. Genau bei diesem Punkt setzt die eigentliche Brisanz der theologischen Sprache und Rede an. Dass dabei der Kontext „Bier" oder „Markt" hilfreich ist – das kann ich bestätigen. Weil aber Erik Flügge messerscharf austeilt, will ich ihn ebenso hart kritisieren: „Flügge: Da predigen Leute von der Großartigkeit der Schöpfung und sehen so aus, als würden sie unter der Welt leiden. – Da passt doch was nicht. Ein

---

32 Flügge, Erik: Danke, aber langsam nervt's. Ich habe Theologen volle Rotze beleidigt. Und sie bedanken sich dafür, in: zeitzeichen. Evangelische Kommentare zu Religion und Gesellschaft, 11/November 2016, S. 60.
33 Flügge, Erik: Danke, aber langsam nervt's. Ich habe Theologen volle Rotze beleidigt. Und sie bedanken sich dafür, in: zeitzeichen. Evangelische Kommentare zu Religion und Gesellschaft, 11/November 2016, S. 60 (roter Kreis im Text).
34 So in „Über dieses Buch" von Flügge, Erik: Der Jargon der Betroffenheit. Wie die Kirche an ihrer Sprache verreckt, München 2016.
35 Flügge, Erik: Der Jargon der Betroffenheit. Wie die Kirche an ihrer Sprache verreckt, München 2016, Kapitel „Der Brief".

alter Satz aus der Pädagogik heißt: Eine Rolle nimmt man sich und man bekommt sie gegeben. Bei den Pullis aus den 1980ern ist beides der Fall. Man sieht so aus, als hätte man den Anschluss verloren. Nicht selten stimmt's. Wenn so viele in der Kirche ausstrahlen, dass sie keine Lust auf das heutige Leben haben, dann kommen auch nur Alte und Außenseiter in die Kirche. Ist das unser Ziel?"[36] Mag Provokation einen Weckruf intendieren wollen und bewirken können, so gilt: Solche Verallgemeinerungen taugen wohl dazu, zu einem SPIEGEL-Bestseller zu werden, zugleich können solche Aussagen die Realität der vielfältigen konkreten Gemeindearbeit nicht beschreiben, vielmehr nur karikieren und diffamieren. Das eigentlich Ärgerliche für mich persönlich ist: Sachliche und selbstkritische Analysen schaffen es kaum in die Bestsellerliste, populistische Gedanken dagegen umso mehr. Insofern ist Erik Flügge ein echtes Kind unserer Zeit, in welcher die saloppe Fast-Food-Sprache mit populistischen Inhalten eine erschreckende Dominanz und Wirksamkeit erhalten hat. Die Wahlen in den USA am 8. November 2016 bringen genau diesen Trend unheimlich deutlich zum Ausdruck. Mit dieser Kritik an Erik Flügge, hofiert von einer an Auflagezahlen orientierten Presse, habe ich mich und die Kirche keinesfalls gegen Selbstkritik immunisiert, vielmehr muss gerade im Jubiläumsjahr der Reformation 2017 das „Ecclesia semper reformanda est" (Kirche muss ständig reformiert werden) ökumenisch eingelöst werden. Aber die oft schwach-sinnigen und leicht-sinnigen Worte von Erik Flügge kann und will ich nicht tolerieren. Genau hier muss Nachdenklichkeit, Sachverstand, die oft verpönte Intellektualität eingefordert werden. Insofern markiere ich keine anerkennende Übereinstimmung mit Erik Flügge, vielmehr ganz bewusst eine Differenz um der Sache der Kirche willen. In dieser Grundhaltung ist es dann möglich, bestimmte Thesen und Vorschläge von Erik Flügge produktiv und kreativ zu diskutieren: „Im Idealfall würde der Priester bei der Predigt in Zivil auftreten. Weil das aber – Stand heute – nicht möglich ist, sollte er sich zumindest näher an die Gemeinde heranbewegen und

---

36 Gespräch mit Flügge, Erik: http://www.katholisch.de/aktuelles/aktuelle-artikel/verreckt-die-kirche-an-ihrer-sprache [Stand: 6.1.2018].

eventuell Bänke aus dem hinteren Teil der Kirche entfernen, damit die Leute zusammenrücken müssen.[37] Ja, umwerfend sind solche Vorschläge wahrlich nicht – doch können sie Ansatzpunkte für eine systematische Diskussion betreffend Gestaltung des Kirchenraumes bieten.[38]

---

[37] Gespräch mit Flügge, Erik: http://www.katholisch.de/aktuelles/aktuelle-artikel/verreckt-die-kirche-an-ihrer-sprache [Stand: 6.1.2018].

[38] Flügge, Erik hat auch als Sozialforscher über Sinus-Milieus geforscht. Eine These ist dabei, dass die Kirche zurzeit nur bestimmte Milieus erreicht wie Traditionelle oder Bürgerliche. SINUS Markt- und Sozialforschung GmbH wurde 1978 in Heidelberg von den Diplom-Psychologen Dorothea und Horst Nowak gegründet. 2009 wurde die Anteilsmehrheit von INTEGRAL, Wien, übernommen. Die Standorte des Instituts sind Heidelberg, Berlin, Wien und Singapur. Milieuforschung heißt: „Verstehen, was Menschen bewegt: Mit ethnologischer Neugier, Empathie, Respekt, wissenschaftlicher Verlässlichkeit und nicht zuletzt über 30 Jahren Erfahrung erforscht SINUS die Alltagswirklichkeit der Menschen, den soziokulturellen Wandel und seine Bedeutung für Unternehmen und Institutionen." (http://www.sinus-institut.de/ueber-uns/profil/) [Stand: 31.10.2107]

Diese Milieuforschungen können wichtige Einsichten über die gesellschaftliche Realität vermitteln und ich unterstelle anerkennend, dass Erik Flügge versucht hat, die entsprechenden Forschungsergebnisse „populär" zu machen. Die reißerische Art und Weise, „Wie die Kirche an ihrer Sprache verreckt", ist für mich ein ungeeigneter Versuch der Vermittlung wichtiger wissenschaftlicher Einsichten. Aber auch die Milieustudien selbst müssen kritisch betrachtet werden: (1) Sie bilden die Wirklichkeit sehr idealtypisch und vereinfachend ab. (2) Sie sagen nicht, was Kirche ist und sein soll. (3) Sie können sehr problematisch werden, wenn ohne Reflexion auf Kirche, Gott und Ethik Schlüsse gezogen werden nach dem Prinzip: Aus dem Blitz folgt automatisch der Donner. (4) Die Kirche wird systematisch eingeordnet in das Verhältnis von Nachfrage und Angebot mit Nachfrage-Dominanz: Die Kirche produziert, was der Markt/die Milieus will/wollen. (5) Bei den Milieustudien besteht die Gefahr, die Menschen zu kategorisieren und dann spezielle Angebote zu entwickeln. Dies ist hilfreich und sinnvoll, kann aber auch übergeordnete Projekte (Generationenarbeit) verhindern, wenn die Perspektive der Nachfrage dominiert. (6) Die gesamtgesellschaftliche Situation der Kirche bleibt unberücksichtigt. (7) Milieustudien sind keine Heilslehre für die Analyse und Gestaltung der Kirchen, sie sind dann zweckmäßig, wenn die obigen Punkte mitgedacht werden.

Damit sind in aller Kürze meine philosophisch-ethischen „Voraussetzungen" genannt. Auch aktuell kann ich aufgrund dieser biografisch-wissenschaftlichen Erfahrungen und zusätzlichen Nachdenkens in der einen oder anderen Diskussionssituation etwas salopp sagen:
‚Wer nicht durch das Fegefeuer der Religionskritik von Ludwig Feuerbach und Karl Marx gegangen ist, wer die Moral- und Christentumskritik von Friedrich Nietzsche nicht als Muttermilch getrunken hat und wer die Sprachanalyse als metakritisches Handwerkszeug nicht in die Hand nimmt und braucht, der sollte nicht Theologie in Theorie und Praxis betreiben, d. h., nicht Theologie studieren, sich nicht um Theologie bemühen.'
Ziemlich apodiktisch ... aber trotzdem bedenkenswert ...

Und was blieb bei den „Voraussetzungen" vergessen ...
Eine gewisse Zeit wohnte ich in meiner Tübinger Studienzeit im Stift der Evangelischen Landeskirche in Tübingen. Im Evangelischen Stift wohnten – wohnen – nicht nur Theologen und Theologinnen, vielmehr auch Studierende anderer Disziplinen: Germanistik, Psychologie, Medizin. Über die Gespräche mit Psychologen bekam ich einen Zugang zu Sigmund Freud (1856–1939) und Carl Gustav Jung (1875–1961) und dann zur tiefenpsychologischen Exegese (Eugen Drewermann), die für mich in der Methodenvielfalt (historisch-kritisch, historisch-materialistisch, ...) ein unaufgebbares Element darstellt. Die Zeit im Stift, eine Zeit des radikalen Diskurses, sowohl inhaltlich wie auch zeitlich mit langen Nächten.
Von Hans Küng, dem katholischen Theologen, blieb mir nur ein Bild nach einem Vortrag in der Stiftskirche in Tübingen: Er wurde für mich zum Säulen-Küng, weil ich ihn wegen einer Säule, die mir vor den Augen stand, nicht richtig sehen konnte ... Im Laufe des weiteren Studiums und später immer wieder habe ich Hans Küng umfassend gelesen, der einige der „Grundsäulen" der Katholischen Kirche umwarf und das Projekt „Weltethos" (s. unten VII 5.) entworfen und aufgebaut hat.

Damit breche ich den Hinweis auf weitere „Voraussetzungen" bewusst ab und nehme *nur* noch eine Voraussetzung auf, die jedoch in einem ausgeprägten Masse meine Identität ausgebildet hat. *Politischphilosophisch* war diese Zeit in Tübingen bestimmt durch Karl Marx (1818–1883). Und von Ernst Bloch (1885–1977), den ich vor der Stiftskirche Tübingen gehört habe, war ich, waren *wir* begeistert.

Tübingen war in dieser Zeit eine Zeit der Demonstrationen (s. unten IV achte Predigt). Rudi Dutschke (1940–1979), im April 1968 durch ein Attentat schwer verletzt, war als Wortführer der Studentenbewegung der 1968er anerkannt und geschätzt. Eigentlich könnte und müsste ich sehr viel über meine Lebensgeschichte in dieser Zeit schreiben. Ich mache jedoch nur einen kurzen Bezug auf Karl Marx und seine Bedeutsamkeit für die Grundlegung meiner Ethik – und Person. Zuerst: Bei Karl Marx findet sich die Ethik als klassische philosophische Disziplin nicht. Aber: Der durch gesellschaftliche Verhältnisse entfremdete Mensch ist bei ihm die Grundlage seiner Analyse und die Überwindung des entfremdeten Menschen durch die Überwindung des Kapitalismus ist die marxsche normativ-strukturelle Grundlage. Auch wenn durch den realexistierenden „Sozialismus" die Philosophie, Ökonomie und die Gesellschaftstheorie von Karl Marx nachhaltig diffamiert wurde und wird, es gibt bei Karl Marx unabgegoltene und unaufgebbare Motive, Theorieelemente und Vorstellungen von Gesellschaft: Der Mensch mit seinem *Leiden* und die *strukturelle Überwindung* dieses Leidens ist der Kern der marxschen Philosophie und Ökonomie, der Kern des jüdisch-christlichen Glaubens (III), der Kern einer radikalen Wirtschaftsethik mit der Basisnorm der Lebensdienlichkeit (V–VII). Der Mensch mit seinem Leiden steht im Mittelpunkt. Das ist keine abstrakte Anthropologie, vielmehr will Karl Marx solche gesellschaftlichen Verhältnisse herstellen, die gesund und umfassend lebensdienlich sind. Und: Welche Strategien und Wege gibt es zu einer solchen Gesellschaft? Diese Frage stellt sich immer wieder neu: Krisen, Revolutionen, Reformen ...

Und: Ausgehend von Karl Marx, dann weiter über Herbert Marcuse (1898–1979), Erich Fromm (1900–1980) und Georg Lukács (1885–1971)

ergab sich über die Lektüre der Existentialisten (Jean-Paul Sartre, 1905–1980; Albert Camus, 1913–1960) die folgende Grundhaltung:
Ethischer Selbsteinsatz mit dem Ziel der Überwindung der Entfremdung des Menschen durch wissenschaftliches, soziales und politisches Engagement.

4. Die Weiterführung durch Predigten und Überlegungen zur radikalen Wirtschaftsethik

Die Überlegungen zu KIRCHE, GOTT und ETHIK werden weitergeführt durch *Predigten (IV)* und durch *wirtschaftsethische Grundlegungen (V–VII)*. Im letzten Kapitel *(VIII)* wird die *Radikalität* nochmals als Perspektive aufgenommen.
Einleitend wird der jeweilige Beitrag in den Gesamtzusammenhang gestellt.
Radikal lebensdienlich sein ist die Grundhaltung bei allen Beiträgen. Zur Radikalität gehört immer auch die Vision.

5. Autor

Helmut Kaiser, CH-3700 Spiez
Geboren 1949 in Stuttgart BRD, drei erwachsene Töchter, Wirtschaftsabitur in Esslingen BRD, Studium der Theologie und Philosophie in Tübingen, Abschluss des Theologiestudiums in Bern 1977, bis 1984 Assistent an der Theologischen Fakultät in Bern bei Hermann Ringeling mit Dissertation: Die Berggebietsförderung des Bundes. Ethische Interpretation und Handlungsorientierung, Zürich 1987.
Danach Mitarbeiter am Institut für Sozialethik des Schweizerischen Evangelischen Kirchenbundes SEK. Während dieser Zeit in verschiedenen Expertenkommissionen – Gentechnologie, Energie, Neuer Lebensstil – des Bundesrates der Schweiz tätig.

Von 14.7.1989 bis 31.12.2013 Pfarrer in Spiez. Neben den „klassischen" pfarramtlichen Tätigkeiten (Predigen, Abschiedsgottesdienste, Trauungen, Unterricht, Seelsorge) Schwerpunkt im Bereich der Sozialdiakonie (Generationenarbeit, Besuchsdienste) und Ökumene-Mission-Entwicklung (OeME). Dieser Schwerpunkt war sozusagen eine „Praxis" meiner wirtschaftsethischen Grundlagenarbeit. Dazu gehörten konkrete Projekte wie zuletzt das HIFIDI. In der Präambel der Statuten (21.1.2011) heißt es: „Aufgrund des Kirchensonntags der Kantonalkirche Bern-Jura-Solothurn BeJuSo CH im Jahre 1991 zum Thema ‚Christsein zwischen Schuld und Verschuldung' hat die Reformierte Kirchgemeinde in Spiez einen Entschuldungsfonds von 50 000.- eingerichtet. Dieser erlaubte es, zinslose Darlehen an Personen zu sprechen, die in Schulden geraten waren. Die Verantwortung für die Bewirtschaftung dieses Fonds lag beim Ressort Diakonie der Reformierten Kirchgemeinde. Anfragen kamen an die Pfarrämter, diese haben auch die zinslosen Darlehen unter Schweigepflicht vermittelt und verwaltet. Aufgrund der zunehmenden Vielschichtigkeit und Kompliziertheit der Schuldenthematik mit dem Ziel einer sachgerechten Bewirtschaftung des Entschuldungsfonds und der wirksamen und nachhaltigen Hilfe wurde im September 1998 das HIFIDI – Hilfe in finanziellen Dingen – als ökumenisches Projekt auf der Basis von Freiwilligenarbeit organisiert. Ab Januar 2006 wurde das HIFIDI als einfache Gesellschaft organisiert. Mit den vorliegenden Statuten wird das HIFIDI als Verein konstituiert. Für die Katholische und Reformierte Kirchgemeinde Spiez – bisherige Trägerschaft und nun neu Mitglieder des Vereins – war, ist und bleibt das HIFIDI ein wichtiges sozialdiakonisches Projekt. Diese sozial-diakonische Grundhaltung, in den Kirchenverfassungen und Kirchenordnungen der beiden Kirchen verankert, ermöglicht eine umfassende Begleitung der Klienten und Klientinnen. Durch die HIFIDI-Begleitung werden nicht nur Schulden saniert, vielmehr bedeuten diese Langzeitbegleitungen in schwierigen Lebenssituationen auch, dass die Betroffenen schlussendlich ihr Leben wieder selbstständig und in Würde meistern können. Diese achtsame und wertschätzende Perspektive in Bezug auf die Betroffenen ist der

Kern des HIFIDI-Projektes und entspricht den Grundwerten unserer beiden Kirchen."

Habilitation 1990 über die Grundlegung einer Wirtschaftsethik bei Professor Hans Ruh[39] Zürich. Titular-Professor mit Lehrauftrag für Sozial- und Wirtschaftsethik an der Universität Zürich. Ständiges Mitglied der Ethikkommission des Psychiatrie-Zentrums in Münsingen bei Bern/Schweiz. Mitarbeit im Rahmen des Hilfswerkes der Evangelischen Kirchen in der Schweiz HEKS. Mitglied Deutsches Netzwerk Wirtschaftsethik. Vorstandsmitglied Lokale Agenda LA 21 Spiez.

Mehrwöchiger Aufenthalt bei den Lakota-Indianern – korrekt Lakota Native Americans – in South Dakota Juni bis August 2002, um deren Glaubenssystem und Zeremonien kennenzulernen und um auf die Frage eine Antwort zu erhalten, wie es dieser indianischen Kultur und Spiritualität möglich ist, in der USA-Gesellschaft „leben" zu können.

Partizipierender bei der 9. Weltkonferenz des Ökumenischen Rates in Porto Alegre, Brasilien, ab 14. Februar 2006. Teilnehmer an der vereinigten Generalversammlung der Weltgemeinschaft Reformierter Kirchen, die aus dem Zusammengehen des Reformierten Weltbundes (RWB) und dem Reformed Ecumenical Council (REC) entstanden ist: Vom 18. bis 27. Juni 2010 in Grand Rapids (Michigan/USA).

https://sites.google.com/site/kaiserethik/

---

[39] Ruh, Hans: Ich habe mich eingemischt. Autobiografische Notizen, Zürich 2017.

Vorwort   Einleitung   *Hinführung*

B

Kirche
Gott
Ethik   Ästhetik   Menschenbild

„Und Gott der Herr nahm den Menschen und setzte ihn in den Garten Eden, dass er ihn bebaue und bewahre." (Genesis 2,15)

„Dass Friede und Gerechtigkeit sich küssen." (Psalm 85,11)

„Das ‚Für-andere-da-sein' Jesu ist die Transzendenzerfahrung." (Dietrich Bonhoeffer)

I

Drei gute Gründe für die gesellschaftliche Notwendigkeit der Kirchen

Vorbemerkungen

Für die Übersichtlichkeit werden diese drei Gründe vorab genannt:
Ein *erster* guter Grund: Kompetenzinstitution für die verfassungsrechtlich garantierte Religionsfreiheit.
Ein *zweiter* guter Grund: Die Kirchen als „republikanisch-ethische" Institutionen.
Ein *dritter* guter Grund: Kirchen stellen immer wieder neu die Sinn- und Gerechtigkeitsfrage[40] und können in Bezug auf diese Frage eine spezifisch-inhaltliche Antwort geben.

Es wird kein konkreter Gemeindeaufbau entworfen, jedoch eine soziologisch-theologische Grundlegung der Kirche als Organisationsform des jüdisch-christlichen Glaubens im Kontext der aktuellen Gesellschaft geleistet. Bei „Kirche" sind die bestehenden Kirchen beider Konfessionen in Europa gemeint. Theologisch bin ich bei Dietrich Bonhoeffer beheimatet (Kirche als Dasein für andere), ohne den ich nicht Theologie studiert hätte. Der Kontext der Ökumene (Gerechtigkeit, Frieden, Bewahrung der Schöpfung als Grundwerte kirchlichen Handelns; Barmen II), die Teilnahme an ökumenischen Konferenzen,

---

40 Siehe Bonhoeffer, Dietrich: Widerstand und Ergebung. Briefe und Aufzeichnungen aus der Haft, hrsg. von Bethge, Eberhard, München 1970/1951 Aufl. 1, Brief vom 3.8.1944.

ist grundlegend.[41] In den Texten zu GOTT und ETHIK werden das Kirchenverständnis wie die Ethik weiter ausgeführt.

Die Kirchengeschichte zeigt, was die Kirche geleistet hat und wo und wann sie völlig versagt hat. Es gilt aktuell: Die Kirchen haben aus ihrem Versagen z. B. im Dritten Reich ein für alle Mal gelernt, dass die Menschenrechte, dass Gerechtigkeit, Frieden und die Bewahrung der Schöpfung von der Kirche radikal und prophetisch eingefordert werden müssen. Dazu gehört die Auseinandersetzung mit dem Schreiben von Papst Franziskus „Evangelii Gaudium" und der Feststellung: „Diese Wirtschaft tötet." Gemeint ist das Wirtschaften des derzeitigen kapitalgrundgelegten Wirtschaftssystems.[42]

Der politische, ökonomische, gesellschaftliche Kontext kann beschrieben werden mit den Stichworten Säkularisierung, Individualisierung und Ökonomisierung. In Bezug zur Kirche wird von einer Deinstitutionalisierung gesprochen. Diese Stichworte sind das Ergebnis aus der Retraite des Fachbereiches OeME (Oekumene, Mission, Entwicklung) der Kirche Bern Jura-Solothurn, Schweiz, vom 2.9.2016.

Säkularisierung[43]. Die Kirche steht wohl baulich oft noch mitten im Dorf, aber sie ist nicht mehr die bestimmende Institution in unserer Gesellschaft. Seit den 60er-Jahren des letzten Jahrhunderts wird von einer tiefgreifenden Verweltlichung/Säkularisierung gesprochen. Diese Verweltlichung bedeutet, dass die Menschen gegenüber Kirche und Religion kritisch geworden sind. Kirchliche Dogmen werden hinterfragt, radikal infrage gestellt oder als irrelevant betrachtet. Die Pille hat sich durchgesetzt, die Unfehlbarkeit wird hinterfragt, Sterben durch EXIT (Sterbehilfeorganisation in der Schweiz) wird ethisch legitim. Die Kirche bestimmt nicht mehr darüber, ob sich die Erde um die Sonne

---

41 Marsh, Charles: Dietrich Bonhoeffer. Der verklärte Fremde. Gütersloh 2015. Und: Wind, Renate / Kuch, Michael: Dietrich Bonhoeffer und Maria von Wedemeyer – die Geschichte einer Sehnsucht in Texten und Tönen, Gütersloh 2015.

42 Siehe Kaiser, Helmut: Von der integrativen zur radikalen Wirtschaftsethik, in: Neue Wege. Beiträge zu Religion und Sozialismus, 7/Juli/8/August 2015, S. 215–219.

43 Stolz, Jörg / Ballif, Edmée: Die Zukunft der Reformierten. Gesellschaftliche Megatrends – kirchliche Reaktionen, Zürich 2010.

dreht oder umgekehrt. Es hat sich eine umfassende Verwissenschaftlichung durchgesetzt. Wir leben in einer Informationsgesellschaft mit neuen Technologien und einer umfassenden Digitalisierung: Computer, Handy, Internet. Aufschwung säkularer Konkurrenz für die Kirchen: Freizeitangebote (Clubs, Chöre, Reisen) oder spirituelle Aktivitäten (Selbsterfahrung, Wellness, Esoterik).

Individualisierung. Mit dieser Verweltlichung ist eine starke Individualisierung verbunden. Selbstbestimmung, Eigenverantwortung, Flexibilität sind die wichtigen individuellen Werte. Dazu gehört der folgende Wertewandel: Statt Tradition, Pflicht (Pflicht- und Akzeptanzwerte), Bindungen Kreativität, Spontaneität, Genuss, Abenteuer, Selbstverwirklichung (Emotionalität, Individualität). Es entstehen neue Lebensformen, sogenannte Lebensstil-Milieus. Zu dieser Entwicklung gehört die Wiederkehr der Religion: Die Menschen sind durch die Verweltlichung keinesfalls a-religiös geworden, vielmehr konnte festgestellt werden, dass die Religion vielfältige Formen ausgebildet hat: Naturreligion, Esoterik sind die Stichworte. Es geschah also keinesfalls eine Abkehr von der Religion, vielmehr eine differenzierte, individuelle, vielfältige, selbst gestaltete Zuwendung zur Religion. Religiöser Pluralismus und Zunahme der Konfessionslosen. Zahlen für Deutschland: 1970 betrug der Anteil der Konfessionslosen 4 % (ohne DDR). Im wiedervereinigten Deutschland liegt im Jahr 2015 dieser Anteil bei 34 %. Anteil der Katholiken 30 %, der Protestanten 29 %.[44]

---

[44] Siehe Leonhardt, Rochus: Reformation und Recht. Zum protestantischen Erbe in der gegenwärtigen Rechtswirklichkeit, in: ZEE 3/Juli bis September 2016, S. 210 (S. 201–213). Rochus Leonhardt zeigt auch kritisch auf, dass erst dann, als das weltliche Recht von der religiösen Wahrheitsfrage entkoppelt wurde, Frieden möglich wurde (Augsburger Religionsfriede 1555). Das heißt: Durch die Reformation sind konfessionelle Differenzen entstanden und die damit generierte Wahrheitsfrage führte zu kriegerischen Auseinandersetzungen im Kontext spezieller machtpolitischer Konstellationen. Erst ein säkulares, religionsneutrales Recht, „das oberhalb der widerstreitenden konfessionellen Wahrheitsansprüche angesiedelt ist", führte zum Frieden (a. a. O., S. 205). Fazit: Die 500-Jahre-Jubiläums–reformationsfeiern sollten mit einem kritischen Blick das Erbe der Reformation

Ökonomisierung bedeutet, dass die Prinzipien des Wirtschaftens wie Effizienz, Leistung, Gewinn, Nutzen alle Bereiche unseres Lebens dominieren. Diese ökonomischen Prinzipien, eingebettet in ein neoliberales Konzept von Wirtschaften – Neoliberalismus 89: nach der Wende – funktionieren nicht mehr nur im Bereich der Wirtschaft, vielmehr in allen Lebensbereichen: Erziehung, Ausbildung, Gesundheit, Politik, Kultur. Jürgen Habermas spricht in diesem Zusammenhang von einer Kolonialisierung der Lebenswelt durch ökonomische Imperative. Dabei wird Fortschritt auf Wachstum, Vernunft auf Effizienz und Freiheit auf Marktfreiheit reduziert. Dies bedeutet, dass Sinn- und Gerechtigkeitsfragen abgeblendet werden und keinen grundlegenden Stellenwert mehr haben. Aus der Perspektive des Neoliberalismus 89 richtet der Markt alles.[45]

Deinstitutionalisierung der Kirchenreligion: Die Institution Kirche ist weniger wichtig geworden. Jeder und jede wurde sozusagen zu einem religiösen Sonderfall. Jeder und jede bastelt sich seine/ihre eigene Religion im Sinne eines Patchworks zusammen. Diese Entwicklung ist ein wichtiger Ausdruck von Eigenverantwortung und Selbstbestimmung, von Aufklärung und Mündigkeit. Sie hat aber auch ihre Risiken: Die einzelnen Personen verlieren die konfessionelle Orientierung und Heimat, sie springen je nach dem von einer religiösen Sondergemeinschaft zur anderen, sie befinden sich in einem religiösen Stress, es entsteht eine religiöse Unübersichtlichkeit mit Missbrauchsgefahren. Man bezeichnet diese Entwicklung als *„Deinstitutionalisierung* der Kirchenreligion".

Es gibt eine Makro- (weltweit, Ökumene), Meso- (Landeskirchen, Schweizerischer Kirchenbund, Kantonalkirchen; EKD, Landeskirchen in Deutschland) und eine Mikroebene (Gemeinde) der Kirche. Auf allen

---

    betrachten und nicht vorschnell „positive Wirkungen" der Reformation konstatieren und bejubeln.
45 Siehe Kaiser, Helmut: Ökologische Wirtschaftsdemokratie. Wege zu einem lebensdienlichen Wirtschaften im Kontext der Globalisierung, Aachen 2007; Ulrich, Peter: Zivilisierte Marktwirtschaft. Eine wirtschaftsethische Orientierung, Bern u. a. 2010.

drei Ebenen war/bin ich tätig oder habe bestimmte Erfahrungen gemacht. Die vorliegenden Gedanken beziehen sich auf die Mesoebene.
Zu Beginn habe ich von den verfassten Kirchen gesprochen, reformiert, evangelisch, katholisch. Die folgenden systematischen Überlegungen gelten jedoch für alle Religionsgemeinschaften. In Deutschland leben rund vier Millionen Muslime, das sind rund 5 % der Gesamtbevölkerung. In der Schweiz sind es rund 400 000 Muslime bei einer Gesamtbevölkerung von acht Millionen. Der Islam, auch wenn dies kontrovers diskutiert wird, gehört zur Schweiz / zu Deutschland. Diese Zahl ist keine Quantité négligeable.
Damit ist zugleich gesagt, dass *alle* Kirchen-, Konfessions- und Religionsgemeinschaften der jeweiligen Verfassung unterworfen – Primat der Verfassung – und dafür verantwortlich sind, dass die verfassungsrechtlich vorgegebene Religionsfreiheit ohne Einschränkung anerkannt und umgesetzt wird.
Zusätzliches zu meiner Person: Nach rund 25 Jahren Tätigsein als Pfarrer in der Reformierten Landeskirche Spiez/Bern/CH in den verschiedenen Lebensbereichen kann ich umfassend, sachlich und kritisch beschreiben, was die Kirche vor Ort Hilfreiches tut. Die Tätigkeit an der Universität Zürich, Lehrauftrag für Sozial- und Wirtschaftsethik, ermöglicht es mir, grundsätzlich über Kirche, Religion, Ethik in Geschichte und Gegenwart mit Blick auf die Zukunft der Gesellschaft nachzudenken. Zur Grundlegung von Wirtschaftsethik siehe Peter Ulrichs *Integrative Wirtschaftsethik* im Sinne von Grundlagen einer lebensdienlichen Ökonomie (2008).

1. **Ein erster guter Grund: Kompetenzinstitution für die verfassungsrechtlich garantierte Religionsfreiheit**

In den Gesellschaften in Europa – ganz allgemein formuliert – bestehen ein säkularer Staat, ein religiöser Pluralismus und ein politischer Liberalismus. Die Wirtschaft ist seit der Wende von 1989 durch einen Neoliberalismus 89 bestimmt, dessen Organisationsprinzipien

Privatisierung, Deregulierung und Globalisierung sind. Die ethische Dimension ist dabei verloren gegangen bzw. Fortschritt wurde in Wachstum, Vernunft in Effizienz und Freiheit in Marktfreiheit aufgelöst.[46]

Die Trennung von Staat und Kirche ist bei diesen „säkularen" Gesellschaften ein Grundmerkmal und gerade die jüngsten Entwicklungen in der Türkei lassen diese Trennung für einen humanen Staat wichtig werden. Diese Trennung auf der Grundlage der Säkularisierung lässt jedoch zugleich die Frage stellen, die von Jürgen Habermas prägnant formuliert wurde: „Wie viel Religion verträgt der liberale Staat?"[47]

Auf die Frage nach der Quantität der Religion will ich nicht eingehen, doch kann grundsätzlich festgehalten werden, dass es Religion faktisch gibt und dass die Anschlussfrage dann lautet: Wie soll diese Religion ausgestaltet sein? Stichworte dazu: Offen, tolerant, aufgeklärt, befreiend, identitätsfördernd, gesellschaftsintegrierend, menschenwürdebasiert und lebensdienlich (s. dazu GOTT/ETHIK). Es sind die Kirchen oder andere religiöse Gemeinschaften, welche die Verantwortung haben, eine solche Religiosität auszubilden. Genau diese Verantwortung wird durch unsere Verfassung garantiert wie auch eingefordert.

Dies macht den besonderen Stellenwert der Kirchen im Gesamtgefüge der Gesellschaft aus: Die Kirchen haben laut Verfassung den Auftrag, die Religionsfreiheit offen, tolerant und in Menschenwürde zu gestalten. Insofern haben die Kirchen einen exklusiven Status, der jedoch mit viel Sorgfalt betrachtet werden muss. Diese Exklusivität bedeutet eine hohe Verantwortlichkeit in Bezug auf die Ausgestaltung von Religion. Keinesfalls dürfen dadurch Abwertungen erfolgen wie: „Ein Fußballverein ist weniger wert als eine kirchliche Gruppierung". Hier

---

46 So auch Ulrich, Peter: Integrative Wirtschaftsethik. Grundlagen einer lebensdienlichen Ökonomie, Bern u. a. 2008. (4. überarb. Aufl., 1997 erste Aufl.).

47 Habermas, Jürgen: Wie viel Religion verträgt der liberale Staat?, in: Religion, Liberalität und Rechtsstaat. Ein offenes Spannungsverhältnis, hrsg. von Schwarz, Gerhard u. a., Verlag Neue Zürcher Zeitung, Zürich 2015, S. 47–52.

muss in der funktionalen Verschiedenheit die Gleichwertigkeit bestehen.

Die Kirchen sind somit eine verfassungsrechtlich begründete Kompetenzinstitution für die Religionsfreiheit. Es braucht kompetente Institutionen, welche die Religionsfreiheit verkörpern und gestalten. Solche Institutionen sind die Kirchen mit ihren Ausbildungsstätten wie theologische Fakultäten, mit diakonischen Projekten, mit Organisationen auf Makroebene (gesamtgesellschaftlich), Mesoebene (Landeskirchen) und Mikroebene (Gemeinde), mit vielfältigen Angeboten in allen Bereichen des Lebens und der Lebensgeschichte.[48]

2. Ein zweiter guter Grund: Die Kirchen als „republikanisch-ethische" Institutionen

Dieser zweite gute Grund muss mit viel Sorgfalt gelesen und erläutert werden, weil bestimmte Begriffe wie „bürgerlich" großen Missverständnissen ausgesetzt sind. Zuerst ein längeres Zitat von Johann Hinrich Claussen, Kulturbeauftragter des Rates der EKD und Leiter des EKD-Kulturbüros in Berlin.

„Im Grunde versucht die evangelische Kirche das umzusetzen, was Immanuel Kant in seinem Spätwerk ‚Die Religion innerhalb der Grenzen der bloßen Vernunft' (1793) skizziert hat. In kritischer Fortschreibung reformatorischer Einsichten forderte er, dass die Kirchen keine Heilsanstalten oder Nebenregierungen sein sollten, sondern ‚ethisch-bürgerliche Gesellschaften'. Als religiös-ethische Zwischen-Institutionen gestalten sie den öffentlichen Raum zwischen dem Staat und dem Privaten so, dass hier eine allgemeine und freie ethische Urteilsbildung entsteht. Wie wichtig solche Zwischen-Institutionen sind, merkt man zumeist erst, wenn sie fehlen. Die Verrohung, wie man sie in Teilen Ostdeutschlands, aber nicht nur dort, erlebt, hat auch damit zu tun, dass es zwischen Staat und Privatbereich kaum noch ‚ethische

---

48   Oben wurden diese Ebenen im europäischen Rahmen etwas anders definiert.

Gemeinwesen' gibt, sondern nur das Internet, die große Erregungsmaschine. Wolfgang Schäuble hat es kürzlich in der Frankfurter Allgemeinen Zeitung ähnlich formuliert: ‚Für unsere Demokratie ist die Religion eine wichtige Quelle politischen Engagements. Deshalb hat der Politiker ein Eigeninteresse an einem starken politischen Protestantismus, solange dieser sich als Akteur in der pluralen Bürgergesellschaft versteht.'"[49]

Ein wichtiger Hinweis ist die soziologische Einsicht, wonach es neben dem Individuum und dem Staat eine Vielzahl von Organisationen und Institutionen gibt, die den öffentlichen Raum gestalten. Viele von uns sind Mitglieder von Vereinen oder Parteien. Dazu gehören auch die Kirchen. Genau diese Zwischen-Institutionen bilden Werte, Handlungsweisen und Normen aus, an die sich ihre Mitglieder halten. Wer in einem Fußballverein mitwirkt, der hält sich an das Vereinsrecht, der beachtet Regeln der Fairness, der praktiziert Hilfsbereitschaft und Solidarität. In Vereinen wird viel Freiwilligenarbeit geleistet, ohne die eine Gesellschaft nicht funktionieren kann.

Genau dieser Sachverhalt ist mit dem Begriff „bürgerlich-ethisch" beschrieben. Bürgerlich nicht abwertend verstanden als bünzlig (= helvetisch), spießbürgerlich, reaktionär, sondern im Sinne von republikanisch: Der Mensch als soziales Wesen, mündige Bürgerinnen, partizipativ, gerechtigkeitsbasiert, werteorientiert.

Es ist interessant, dass der Bundesfinanzminister der BRD, Wolfgang Schäuble, bei dieser gesellschaftlichen Einordnung – Akteur in der pluralen Bürgergesellschaft – der Kirchen zitiert wird. Das heißt, dass die Kirchen notwendige Akteure sind als republikanisch-ethische Zwischeninstitutionen.

---

49 Claussen, Johann Hinrich: in: zeitzeichen. Evangelische Kommentare zu Religion und Gesellschaft, 6/Juni 2016, S. 39.

3. Ein dritter guter Grund: Kirchen stellen immer wieder neu die Sinn- und Gerechtigkeitsfrage

Die Kirchen sind nicht einfach wertneutrale Institutionen, welche eine tolerante Religion kompetent verwalten. Sie vertreten eine Botschaft, die sich mit den drei Begriffen Gerechtigkeit (G), Frieden (F) und Bewahrung der Schöpfung (S) inhaltlich bestimmen lässt. Bei der Gerechtigkeit geht es primär um die Benachteiligten und eine prophetische Kritik an den Ursachen von Armut und Ungerechtigkeit. Beim Frieden wird auch die Feindesliebe mitgedacht und die Bewahrung der Schöpfung gilt global heute und in Zukunft (s. dazu die radikale Liebe unten III 4.).

Es ist keinesfalls so, dass die Kirchen in ihrer langen Geschichte diese drei Ziele immer verfolgt haben. Oftmals war das Gegenteil der Fall. Der Kern der Botschaft der Kirchen besteht jedoch in diesen drei Zielen, womit die Kirchen die folgende Aufgabe haben: Unter der Perspektive und im Anspruch von GFS sehen, urteilen und handeln: Sachgerecht sehen, was an Problemen wahrhaftig vorhanden ist. Radikal urteilen in Bezug auf das Gesehene und dann eine klare ethische Position begründen. Ein Handeln entwerfen, welches die Probleme wirklich löst. So sind die Kirchen Institutionen, die laufend die Sinnfrage wie die Gerechtigkeitsfrage stellen.[50] Ist das rein quantitative Wirtschaftswachstum sinnvoll oder lebenszerstörend? Wie sehen die Produktionsbedingungen meines iPhones aus, das ich tagtäglich brauche? Auf wessen Kosten und mit welchen Folgen haben wir in Westeuropa ein solch hohes Bruttosozialprodukt? Warum sprechen wir vom Klimawandel und nicht von einem Klimaskandal? Warum gibt es einen Hass des Südens auf den Norden?

Mit diesen Fragen vertritt die Kirche eine Theorie von Gesellschaft, die in ihrer Ausdifferenzierung in gesellschaftliche Bereiche (Wirtschaft, Politik, Kultur, Erziehung, Religion, ... / Niklas Luhmann) durch eine

---

50 Wie Ulrich, Peter: Integrative Wirtschaftsethik. Grundlagen einer lebensdienlichen Ökonomie, Bern u. a. 2008 (4. überarb. Aufl., 1997 erste Aufl.).

Wertebasis grundgelegt und integriert wird bzw. werden muss (Jürgen Habermas; Theorie des Kommunitarismus). Diese Wertebasis kann mit GFS (Gerechtigkeit, Friede, Bewahrung der Schöpfung) bestimmt werden. Selbstverständlich gehören die Menschenrechte zu dieser unsere Gesellschaften integrierenden Wertebasis wie auch Konventionen und Tugenden im Alltag (Fairness, Höflichkeit, Anstand, Rücksicht). Die Kirchen sind für diese Wertebasis *mit*-verantwortlich: lokal, regional, national, global. Im Nah- wie im Fernhorizont.[51]

Mit diesen drei guten Gründen für die gesellschaftliche Notwendigkeit der Kirchen ist, wie bereits oben erwähnt, die „Kirche" weder ekklesiologisch noch soziologisch umfassend beschrieben. Im Folgenden werde ich dies auch keinesfalls nachholen wollen. Nur die Fragestellung des Soziologen Hans Joas will ich kurz aufnehmen: „Kirche als Moralagentur?"[52] In seiner Einleitung konstatiert Hans Joas, dass die Kirchen in Deutschland aktuell eine hohe öffentliche Aufmerksamkeit erhalten, sei diese wohlwollend oder auch kritisch. Neben dieser oft personenzentrierten Aufmerksamkeit auf protestantischer Seite (Wolfgang Huber, Friedrich Wilhelm Graf, Margot Käßmann, Heinrich Bedford-Strohm) gibt es jedoch auch eine kritische Haltung gegenüber der Institution Kirche, wobei Hans Joas vor allem die Katholische Kirche im Blick hat: Sexueller Missbrauch, Finanzgebaren des Bischofs von Limburg, Vertuschungen. Was also, so Hans Joas, ist ein angemessenes Verständnis von Kirche in einer Zeit, „in der immer mehr Menschen keinen Sinn darin sehen, einer anzugehören, gleichwohl aber die Kirchen eine beträchtliche und selbstbewusste Rolle in den moralischen und politischen Auseinandersetzungen spielen"? Ein angemessenes Verständnis von Kirche besteht für Hans Joas in dieser Situation nicht in einer „Konzentration auf Fragen der Sexualmoral" oder auf „moralisch gezielte Interventionen in der Öffentlichkeit"

---

51 Kaiser, Helmut 26.7.2016/4.9.2016 auf Facebook/überarbeitet. Diese Hinweise sollen deutlich machen, dass dieser Text in einem speziellen Prozess entstanden ist und somit auch weiterentwickelt werden kann, darf und muss.
52 Joas, Hans: Kirche als Moralagentur?, München 2016, Einleitung.

(Rechtfertigung der Flüchtlingspolitik der Regierung Merkel), vielmehr sollten die Kirchen eine „mutige Elementarisierung" der christlichen Botschaft leisten. Dazu gehört die Liebe: „Gerade der supramoralische Charakter der Liebe spricht gegen eine Verengung des Glaubens und der Kirche auf Moral."[53]

Das heißt in den Worten von Hans Joas zusammengefasst:
- Keine demonstrativ politische Präsenz, weil durch eine solche nur der Parteienstreit wiederholt und abgebildet wird und die Liebe als suprapolitische christliche Botschaft ihre Eigenständigkeit verliert und partikular wird.
- Die karitativen und diakonischen Leistungen der Kirchen erhalten eine stärkere Wirkung, wenn sich die Kirche ganz bewusst nicht als Moralagentur versteht, sich vielmehr auf das konkrete Hilfehandeln konzentriert.
- Die Kirchen müssen in der eigenen Institution und in ihrer Beziehung zueinander einen brüderlichen bzw. geschwisterlichen Umgang umsetzen gemäß den Worten, die Paulus zugeschrieben werden: „Habt Geduld und sucht in der Liebe miteinander auszukommen." (Eph 4,2)

Vorab will ich würdigen, dass aus der Perspektive der Soziologie eine Klärung des Verständnisses von Kirche versucht und vorgeschlagen wird. Auch will Hans Joas bewusst über alle konfessionellen Differenzen hinweg herausarbeiten, was denn der Grund dafür war, dass mit einer großen Begeisterung und Wirkung der christliche Glaube eine 2 000-jährige Geschichte bewirkt hat. Insofern ist es richtig, wenn Hans Joas den Ephesertext als das Universale und Elementare des christlichen Glaubens beschreibt, wozu sicher auch 1. Korinther 13,13 gehört: Nun aber bleiben Glaube, Hoffnung, Liebe, diese drei; aber die Liebe ist die größte unter ihnen.

Aber: Hans Joas, Jahrgang 1948, der ein fundierter Kenner des amerikanischen Pragmatismus, ein Ernst-Troeltsch-Fachmann (Historismus) ist und sich besonders auch mit der Religion in der modernen Gesellschaft mit ihrem Wertewandel (Säkularisierung,

---

53 Joas, Hans: Kirche als Moralagentur?, München 2016, Schluss (Kindle Ausgabe).

Autonomie) beschäftigt hat, löste bei mir ein echtes Déjà-vu-Erlebnis aus:

Erstens: Die Kirchen sollen den elementaren Glauben verkündigen und die Liebe auf keinen Fall in ethische Kriterien und Maximen fassen. Der bekannte Zürcher Sozialethiker Arthur Rich (1910–1992) entwickelte genau solche Kriterien, um orientieren, würdigen, kritisieren, gestalten zu können. *Zweitens:* Die Kirchen sollen auf keinen Fall prophetisch werden und dem Rad nicht in die Speichen greifen. Dietrich Bonhoeffer (1906–1945) forderte dies um der Liebe willen. Vielmehr ist es die Kernaufgabe der Kirchen, sich auf die karitative und diakonische Arbeit zu konzentrieren.

Drittens: Gott sei Dank folgen Wolfgang Huber, Margot Käßmann, Heinrich Bedford-Strohm und auch Papst Franziskus diesen Ratschlägen von Hans Joas nicht und verstehen die Kirchen gerade auch als Akteure, welche die Liebe demonstrativ, radikal und konkret urteilend einfordern. Wenn dies im Jahr der Reformationsfeiern 2017 gemeinsam getan wird, dann wird deutlich, dass bei allen innerkirchlichen Problemen, bei theologischen und kirchenpolitischen Differenzen, drei Ziele grundlegend geworden sind: Gerechtigkeit für alle, Frieden weltweit und die nachhaltige Bewahrung der Schöpfung.[54] So sind die Kirchen eine wirksame und gesellschaftlich notwendig GFS-Agentur.

Zuletzt betone ich wiederholend: Aufgrund meiner fast 25-jährigen Praxis im Pfarramt weiß ich, welche „Dienstleistungen" die Kirche als Gemeinde vor Ort vollbringt. Die Kirche mit ihren vier Ebenen (lokal, regional, national, global) ist deshalb immer so auszugestalten, dass sie in ihrer institutionellen Ausgestaltung und in ihrer Wirksamkeit der radikalen Liebe entspricht (III 4.).

---

54 Kaiser, Helmut 26.7.2016 / 4.9.2016 auf Facebook; umfassend überarbeitet.

II

GOTT

Vorbemerkungen

Im Rahme einer Taufe wurde ich vor kurzem gefragt, was denn unter GOTT zu verstehen sei. „Eigentlich" wollte ich in Bezug auf diese Frage nichts schreiben, weil für mich nach rund 25 Jahren Tätigsein im Pfarramt (CH-3700 Spiez) diese Frage in meiner Praxis – Gebete, Predigten, ... – eine Antwort fand ...
Nun hat es mich doch gereizt. In wenigen Gedanken, kurz und dann anschwellend gefasst, will ich schreiben, was GOTT für mich heißt. Gedanken, keinesfalls abgeschlossen. Sie sollen Fragen auslösen, infrage stellen, zum Weiterdenken animieren, aber doch grundsätzlich befreiend sein und Vertrauen stiftend wirken:

1. Gott: Ein sozialer Tatbestand, Sprachspiel und diesseitig menschlich-kulturell-gesellschaftliches Konstrukt

(1) Das Wort GOTT gibt es in allen Sprachen, und somit ist das Wort GOTT erstens universal und ein anthropologischer Grundtatbestand. Gott als Wort unserer Sprache ist ein unbestreitbarer sozialer Tatbestand. Sicher ist es richtig, dass nicht von allen Menschen das Wort GOTT in den Mund genommen wird. Der Ausruf „Oh mein Gott" ist jedoch bei bestimmten Ereignissen weit verbreitet. Und auch der Fluch mit dem Wort GOTT, entweder genannt oder mitgedacht, ist weitverbreitet und menschlich. Richtig ist jedoch, dass das Wort GOTT im Kontext der Säkularisierung immer weniger ein sinnvolles Wort unserer Sprache ist. Für das Wort GOTT werden Ersatzbegriffe im Kontext von Spiritualität und Religiosität gebraucht.

(2) Wenn das Wort GOTT ein Wort unserer Sprache ist und je nach Gebrauch im Kontext eines Sprachspiels gebraucht wird, dann gilt für das Wort GOTT, dass es gelernt wird. Als Menschen lernen wir unsere Muttersprache, die kann Deutsch, Französisch, Englisch, Italienisch, Hebräisch, Griechisch, Russisch, Arabisch, Chinesisch usw. sein. Mit der Sprache lernen wir das Wort GOTT. Das heißt: Das Wort GOTT ist sprachliches Konstrukt der menschlichen Sprache. Insofern gibt es GOTT allein als ein Konstrukt der Sprache. Es gibt also kein Subjekt GOTT außerhalb, jenseits oder unabhängig von unserer sozialen, gesellschaftlichen, kulturellen Wirklichkeit. GOTT kommt also keine eigenständige Existenz außerhalb unserer erfahrbaren Wirklichkeit zu. Die Existenz GOTTES ist eine Existenz in unserer Erfahrungswelt. Was bedeutet dies?

(3) Wenn GOTT als diesseitiges sprachliches Konstrukt begriffen wird, dann stellt sich die Frage, wie dieses Konstrukt in Geschichte und Gegenwart ausgeformt wurde und immer wieder wird. Welches Menschenbild kommt bei GOTT zum Ausdruck? Welches Bild von Gesellschaft widerspiegelt jeweils das Wort GOTT? Von wem wird wie das Wort GOTT gebraucht oder zu welchen Zwecken missbraucht? Welche Wissensstrukturen enthält das Wort GOTT? Welche offiziellen oder persönlichen Bekenntnisse brauchen das Wort GOTT? Welche Erfahrungen und Vorstellungen sind mit GOTT verbunden? Diese Fragen zeigen, dass das Wort GOTT als Wort unserer Sprache ein Konstrukt menschlichen Bewusstseins, ein Artefakt gesellschaftlicher, kultureller Verhältnisse, philosophischer Voraussetzungen und Denkweisen ist.

In der Diskussionsrunde des Philosophiecafés Spiez vom Oktober 2017 wurde pointiert formuliert:
„Nicht GOTT schafft den Menschen, sondern der MENSCH schafft Gott."
Neurologische, entwicklungspsychologische und religionswissenschaftliche Einsichten bestätigen dies.[55]

---

55 Das Philosophiecafé der Spiezer Agenda gibt es seit 2003. Die Spiezer Agenda ist die lokale Umsetzung der Agenda 21 von Rio de Janeiro 1992. Das Philosophiecafévorbereitungsteam

(4) Wenn GOTT ein menschlich-kulturell-gesellschaftliches Konstrukt ist, dann muss es eine Vielzahl von Bildern von GOTT geben. Diese Vielfalt impliziert die gefährliche Frage nach dem einzig richtigen Gottesbild. Welches Bild von GOTT ist das richtige und wahre? Diese Fragestellung bzw. absolute Antworten darauf sind der Nährboden von Intoleranz und Gewalt. Immer dann, wenn ein absoluter Wahrheitsanspruch erhoben wird, gibt es Ausgrenzung, Unterdrückung und Barbarei. Gerade Offenbarungsreligionen sind dieser Gefahr in einem hohen Maße ausgesetzt. Die Einsicht, dass GOTT ein menschlich-kulturell-gesellschaftliches Konstrukt ist, führt dazu, dass Pluralität, Toleranz, Liberalität die Grundlage – conditio humana – einer humanen Gesellschaft sein müssen. Die Toleranz selbst wird dann und dort Grenzen setzen müssen, wo die Würde des Menschen gefährdet ist.

Tatsache ist, dass heute immer mehr Menschen auf den Gebrauch des Wortes GOTT verzichten und unmittelbar und ohne den Rekurs auf GOTT von Menschenwürde, Gerechtigkeit, Bewahrung der Schöpfung und Frieden sprechen. Diejenigen, die in einer bestimmten Glaubenstradition aufgewachsen, kirchlich sozialisiert worden sind oder bewusst einer Religion zugehörend sind, werden sich auf das Wort GOTT beziehen, wird für diese eine Bedeutung haben. Andere brauchen diesen Bezug nicht und legitimieren z. B. ihr Handeln über die Menschenrechte. Die Segnung des neuen Gotthardbasistunnels am 1. Juli 2016, bei der auch ein „Konfessionsloser" – in der Presse manchmal unüberlegt als Atheist bezeichnet – dabei war, zeigt dies auf eine eindrückliche Weise. Die Streitigkeiten im Vorfeld – Schweizer Evangelischer Kirchenbund SEK: auch ein reformierter Pfarrer/eine Pfarrerin muss dabei sein – brachten exemplarisch überwunden geglaubte konfessionelle Streitigkeiten zum Ausdruck. Wichtig ist der Hinweis: Die Berufung auf GOTT hat keinen Mehrwert in Bezug auf die Berufung auf die Menschenrechte.

---

besteht aus: Andrea Frost (Juristin), Gerlinde Michel (Schriftstellerin), Pieter Zeilstra (Bundesamt für Verkehr Schweiz BAV), Helmut Kaiser.

2. „Gott" als bekenntnismäßiger Glaubenssatz, Opium des Volkes und der Vorrang der Ethik vor der Religion

(5) Wenn ich persönlich von GOTT als einem menschlich-kulturell-gesellschaftlichen Konstrukt ausgehe, dann kann ich auch offen über das entsprechende Bild von GOTT sprechen. Wenn jemand sagt, dass GOTT die Welt in 7 Tagen geschaffen hat und zugleich die Evolutionstheorie ablehnt, dann werde ich dazu anmerken: Deine Vorstellung von GOTT ist ein bekenntnismäßiger Glaubenssatz, der jedoch die Evolutionstheorie keinesfalls außer Kraft setzt. So ist es auch nicht tolerierbar, wenn Kreationisten die Evolutionstheorie in der Schule verbieten wollen. Das heißt: Ein für eine Person wahrer Glaubenssatz kann naturwissenschaftlich falsch sein. Ein solcher Glaubenssatz, der naturwissenschaftliche Einsichten für falsch erklärt, darf aber niemals universalisiert werden. Galileo Galilei hat uns das ein für alle Mal ins Stammbuch geschrieben.

Ein anderes Beispiel: Wenn eine Person sagt, dass GOTT Jesus leiblich auferweckt hat, dann ist dies ebenfalls ein bekenntnismäßiger Glaubenssatz, der keine medizinisch-biologische Aussagen macht oder einen Mehrwert besitzt in Bezug auf die Aussage: Das Leben und Handeln von Jesus, sein radikales Verständnis von Frieden (Feindesliebe), seine grenzenlose Liebe (gerade für die Ausgegrenzten) und Gerechtigkeit (besondere Berücksichtigung der Benachteiligten) ist für mich die Grundlage meines Handelns. Ein wichtiger Unterschied ist zu nennen: Die bekenntnismäßige Aussage ist zunächst allein verständlich und nachvollziehbar für Personen, die sich in diesem speziell religiösen Sprachspiel – Vorstellungsform, mit der Christen und Christinnen ihren Glauben begründen – bewegen. Die ethisch orientierte Aussage ist grundsätzlich argumentativ und kommunikativ. Theologie als Wissenschaft kann selbstverständlich bekenntnismäßige Aussagen wie „Gott hat Jesus auferweckt" argumentativ und kommunikativ erklären.[56] Dies gilt auch für die Schöpfungsberichte am Anfang des Ersten Testaments. Es gilt also zu beachten: Bekenntnismäßige (GOTT hat Jesus

---

56   Siehe z. B. Dalferth, Ingolf U.: Der auferweckte Gekreuzigte, Tübingen 1994.

auferweckt) oder heilstheologische (GOTT hat die Welt in 7 Tagen erschaffen) Aussagen kann die Theologie als Wissenschaft allgemein verständlich machen.

(6) Mit diesen Gedanken ist GOTT weder erledigt noch tot noch bewiesen noch seine Relevanz aufgezeigt. Doch: Die Diskussion über GOTT wird es immer geben, solange es Menschen gibt, weil GOTT ein Konstrukt des Menschen in seinem jeweiligen Kontext ist. Mit GOTT ist viel Unheil und Krieg angerichtet worden und wird es immer noch, GOTT kann Trost und Heil, Befreiung, Gerechtigkeit und Frieden bedeuten. Die Frage muss gestellt werden: Wie also, wenn überhaupt von GOTT reden? In der Schweizerischen Bundesverfassung wird GOTT in der Präambel genannt, jeder USA-Politiker endet seine Rede mit „GOD bless America". Viele Menschen beten zu GOTT ganz persönlich. Viele Menschen benutzen GOTT nicht mehr. Diese Vielfalt ist die Grundlage einer humanen Gesellschaft. Deshalb will ich an die Rede von GOTT und mit GOTT den folgenden Anspruch stellen: Wenn GOTT zu Humanität führt, dann ist dieses Verständnis von GOTT eben menschlich. Wenn GOTT zu Gewalt und Barbarei führt, dann ist dieses Verständnis von GOTT radikal abzulehnen. Es zeigt sich: Die Rede von GOTT wird in den Anspruch von universalisierbaren ethischen Kriterien gestellt, womit in den modernen, säkularen, liberalen, aufgeklärten, demokratischen Gesellschaften eine Vorordnung der Ethik (Menschenrechte als Basis) in Bezug auf die Rede von GOTT geschehen ist. Das ist die Errungenschaft einer Gesellschaft, welche sich auf rechtsstaatlichen Prinzipien gründet und die Religionsfreiheit rechtlich verankert hat. Dies ist brisant: Weil mit GOTT Heil wie Unheil geschehen ist und weiter geschehen wird, weil GOTT also ambivalent sein kann, weil GOTT für eigene Interessen instrumentalisiert werden kann, die Menschenrechte jedoch klare ethische Vorgaben machen (Würde des Menschen ist unantastbar), hat sich diese Vorordnung der Menschenrechte vor GOTT ergeben und muss eingefordert werden. Der Dalai Lama hat dies in seinem Appell „Ethik ist wichtiger als Religion" genau aus diesen Gründen gefordert. Die hohe Zahl der Auflagen dieses SPIEGEL-Bestsellers ist zugleich eine religionssoziologische

Aussage: Weil im Namen der Religionen seit Jahrtausenden Gewalt eingesetzt wird und Kriege geführt werden, Religionen oft intolerant sind, sagt der Dalai Lama, „dass wir im 21. Jahrhundert eine neue Ethik jenseits aller Religionen brauchen"[57].

Diese Gedanken können bei Dietrich Bonhoeffer (1906–1945) ihren Ausgangspunkt nehmen und werden aktuell unter verschiedenen Gesichtspunkten (Islam, Burkaverbot) diskutiert.[58] Fakt ist: GOTT ist in der heutigen Zeit kein gesamtgesellschaftliches „Steuerungsmedium" oder eine allen Menschen für das Leben Orientierung gebende Vorstellungsform mehr, vielmehr gültig und wirksam allein für bestimmte Institutionen (Kirchen) oder Individuen (z. B. Christen und Christinnen).

(7) Diese Überlegungen lassen sich weiter zuspitzen in Bezug auf GOTT: Religions- und kirchensoziologische Untersuchungen zeigen, dass die Kirchlichkeit eines Landes in einem hohen Maße vom Wirtschaftsniveau abhängt. Durch Wohlstand gibt es eine Vielzahl von „Selbstverwirklichungsmöglichkeiten", welche die Religion als Sinnangebot überflüssig machen. „Je reicher ein Land ist, desto geringer ist die Wahrscheinlichkeit, dass die Menschen sich zu Gott flüchten, dass sie an Gott glauben und beten."[59] Mag diese Aussage stark an eine Neuauflage von L. Feuerbach erinnern, sie lässt sich empirisch belegen: Existentielle Unsicherheit, Armut, Ungerechtigkeit führen zu GOTT, materielle Sicherheit ermöglicht mehr Verwirklichung in Beruf, Familie, Freizeit. „Und wenn die Menschen mehr nichtreligiöse Verwirklichungsbedingungen haben, gehen die religiösen Bindungen zurück."[60]

---

57 Der Appell des Dalai Lama an die Welt: Religion ist wichtiger als Religion, Salzburg 2015/13. Aufl. 2016, S. 15.
58 Religion, Liberalität und Rechtsstaat. Ein offenes Spannungsverhältnis, hrsg. von Schwarz, Gerhard u. a., Verlag Neue Zürcher Zeitung, Zürich 2015.
59 Pollack, Detlef: Versuchen, den Bestand zu halten. Gespräch mit dem Münsteraner Religionssoziologen Detlef Pollack über die zunehmende Konfessionslosigkeit der Kirchen und wie die Kirchen darauf reagieren sollen, in: zeitzeichen. Evangelische Kommentare zu Religion und Gesellschaft, 9/September 2016, S. 38 (S. 38–44).
60 Pollack, Detlef: Versuchen, den Bestand zu halten, a. a. O., S. 39.

3. Gott jenseits von Theismus und Atheismus: Gott ist Liebe

(8) Für mich als langjährigem Pfarrer stellen diese Fakten eine grundsätzliche Frage an die Kirche, an deren Identität und Relevanz: GOTT ist in unseren hochentwickelten Gesellschaften überflüssig geworden. GOTT sei Dank braucht es ihn/sie nicht mehr ... Dazu kommt, dass nur noch von einer Minderheit ein personales Gottesbild vertreten wird. Alternative Formen von Religiosität wie Esoterik, Reiki, Bachblütentherapie oder Energietraining[61] werden umfassend gelebt und heben GOTT auf in neue Formen von Sinn und Orientierung. Ist mit diesen empirischen Untersuchungen die KIRCHE irrelevant geworden? Mitnichten, und die Begründung dafür ist:

Bei all diesen Fakten betreffend GOTT ist die Hochschätzung der Kirche mit den folgenden Argumenten sehr groß: Im Osten von Deutschland z. B. sagen 50 %, dass das Christentum das Fundament unserer Kultur ist. Im Westen liegt diese Zahl bei 75 %. Und dann: „Hoch geschätzt wird von den Konfessionsangehörigen und Konfessionslosen auch, dass sich die Kirche durch Diakonie und Caritas für die Schwachen, Armen und Kranken einsetzt. Auch bei der Erziehung spielt die Kirche für die Mehrheit der Deutschen eine positive Rolle."[62]

Daraus ergibt sich der folgende zentrale Anknüpfungspunkt für die zukünftige Gestaltung der Kirche: Die Kirche begründet sich in der gesellschaftlichen Wirklichkeit nicht über ein personales Gottesbild, über GOTT, sondern durch ihre Ethik der Liebe, Fürsorge und Gerechtigkeit. Selbstverständlich wird und kann die Kirche diese Ethik über Jesus begründen, der im Kontext des Ersten und Zweiten Testaments steht. Diese Begründung geschieht etsi deus non daretur[63], und die so entworfene Ethik ist kommunikativ und argumentativ.

---

61 So Pollack, Detlef: Versuchen, den Bestand zu halten, a. a. O., S. 39.
62 Pollack, Detlef: Versuchen, den Bestand zu halten, a. a. O., S. 40.
63 „... als ob es Gott nicht gäbe." Bonhoeffer: Dietrich: Widerstand und Ergebung. Briefe und Aufzeichnungen aus der Haft, hrsg. von Bethge, Eberhard, München 1970/1951, Aufl. 1, Brief vom 16.7.1944.

(9) Welche Rolle nimmt die Theologie als Wissenschaft bei diesem Verständnis von Kirche ein? Die Theologie hat sich als eigenständige Wissenschaft etabliert und ausdifferenziert: Alttestamentliche und neutestamentliche Wissenschaft, Kirchengeschichte, Systematische Theologie, Praktische Theologie, Religions- und Kirchensoziologie, Religionswissenschaft, Ethik.
Es wurden eigene Theorien und Forschungsmethoden ausgebildet, und wie bei jeder Wissenschaft gilt: Sprache, Theorien, Begriffe, Paradigmen sind nicht einfach interdisziplinär verständlich: Wenn der Systematiker der Theologie eine Theorie über „Der auferweckte Gekreuzigte" schreibt, dann wird der Physiker vom CERN dies nicht einfach verstehen können. Wenn dieser dann vom LHC (Large Hadron Collider[64]) berichtet, dann werden viele Nichtphysiker/-innen und Nichtphysiker zuerst einmal bei Wikipedia nachschlagen und dann möglichst schnell einen Besuch im CERN organisieren, um einen Zipfel dieser Technik zu erfassen.
Nun zur anfangs gestellten Frage: Die Theologie als Wissenschaft in ihrer Vielschichtigkeit ist grundlegend dafür, um das oben entwickelte Verständnis von Kirche erklären, begründen und weiterentwickeln zu können. Zudem ist jede Wissenschaft eine notwendige Reflexionsinstanz, welche Aufklärung, Selbstkritik, Offenheit, Weiterentwicklung und Praxisrelevanz ermöglicht.

(10) Bei diesem Verständnis von GOTT als Konstrukt macht es einen Unterschied, ob ich GOTT als eine Erfindung, als eine Illusion oder als eine Sinninterpretation von Mensch, Gesellschaft, Zeit bestimme. „Das ist doch bloß eine Erfindung." Mit dieser Begrifflichkeit rücke ich das Wort GOTT in die Nähe eines willkürlichen Hirngespinstes. Das gilt ebenso für die Bezeichnung von GOTT als Illusion oder als Opium des Volkes (Ludwig Feuerbach 1804–1872, Karl Marx 1818–1883). GOTT in diesem Verständnis ist eine falsche Wahrnehmung von Wirklichkeit,

---

64 Während der Revision des LHC konnte Helmut Kaiser mit verschiedenen Gruppen von Spiez/Bern den „offenen" LHC im CERN Conseil Européen pour la Recherche Nucléaire/Genf besuchen (2013/2014).

GOTT wird gebraucht, um Leiderfahrungen zu betäuben. Wenn GOTT als Sinninterpretation verstanden wird, dann ist GOTT ein Konstrukt, das dem Leben dient, das dem Menschen Orientierung, Befreiung, Halt, Trost, Vertrauen gibt. Das Erste/Alte Testament enthält kein dogmatisch abgeschlossenes Bild von GOTT: Schöpfergott, Gott der Befreiung (Exodus-Erfahrung). In den Psalmen des Ersten Testaments kommt eine große Vielfalt von GOTT zur Sprache, es geht immer um menschliche Grunderfahrungen wie Klage oder Lob. Bei den Propheten wird GOTT als Gerechtigkeit und dem Leben dienende Gemeinschaft verstanden. Hiob hadert mit dem allmächtigen Gott und unterwirft sich dann seiner Schöpfer-Herrlichkeit. Beim Weisheitslehrer Kohelet wird wohl die Allmacht GOTTES noch nicht angezweifelt, doch die Feststellung „Alles hat seine Zeit" (Prediger 3,1–8) führt konsequenterweise dazu, das Leben ohne GOTT zu gestalten: „Da merkte ich, dass es unter ihnen nichts Besseres gibt, als fröhlich zu sein und es gut zu haben im Leben." (Prediger 3,12). Aufgrund dieser Vielfalt im Verständnis von GOTT im Ersten Testament, zu dem das Bilderverbot gehört – Du sollst dir kein Gottesbild machen (Exodus 20,4), werde ich einen Gesichtspunkt aufnehmen, der für mich im Ersten Testament in Bezug auf die Vorstellung von GOTT zentral geworden ist. Mose fragt nach dem Namen Gottes und erhält von GOTT die folgende Antwort: „Ich bin der ‚ich-bin-da'." (Exodus 3,14). Oder: „Ich werde (für dich) da sein." Mit GOTT ist also für das Volk Israel die Erfahrung verbunden, dass GOTT da ist, wenn er gebraucht wird: Befreiung aus Ägypten z. B.[65] Mit diesem Verständnis von GOTT als „Da-sein-für" ist für mich die Anschlussstelle zum *christlichen* Gottesverständnis gefunden, denn bei Jesus ist GOTT in einer besonderen Kurzform Liebe (1. Johannes 4,16). GOTT in der jüdisch-christlichen Tradition ist also LIEBE. Deshalb gilt: Niemand kommt zum Vater denn durch mich. (Joh 14,6 Lutherübersetzung) Niemand kommt zum Vater außer durch mich.

---

65 Evangelischer Erwachsenenkatechismus. Suchen – glauben – leben, hrsg. im Auftrag der Kirchenleitung der VELKD von Brummer, Andreas u. a., Hannover 2010 (8. Aufl.), S. 46. Siehe auch Halbfas, Hubertus: Der Glaube – erschlossen und kommentiert, Ostfildern 2010, S. 179–234. Nach der Gottesfrage behandelt H. Halbfas „Jesus von Nazareth und der Christus des Glaubens".

(Einheitsübersetzung Joh 14,6) Niemand kommt zum Vater, es sei denn durch mich. (Joh 14,6 Zürcher Bibel neu) Nur durch mich gelangt ihr zu Gott, der Quelle allen Lebens (Joh 14,6; Bibel in gerechter Sprache). Diese vierfache Zitierung will das Revolutionäre und Radikale[66] beim jüdisch-christlichen Gottesbild aufzeigen: GOTT ist nichts geheimnisvoll Abstraktes, sondern konkret, fleischgeworden, berührbar, menschlich. Ausgangspunkt und Grundlage ist die historische Gestalt des menschlichen Jesus von Nazareth.[67] GOTT in dieser Tradition ist also weder theistisch noch atheistisch, vielmehr christozentrisch, auf Jesus bezogen. Das theistische Verständnis von GOTT begreift diesen jenseitig und spekulativ, allmächtig und autoritär, alles beherrschend und lenkend, leidensunfähig und a-menschlich. Mit guten Gründen hat der Atheismus dieses Verständnis von GOTT für immer destruiert. Insofern stehe ich bei der Destruktion des Theismus fest auf der Seite des Atheismus. Indem ich aber über den Atheismus den Theismus aufhebe, gelange ich, in der jüdisch-christlichen Tradition stehend, zu einem Verständnis von GOTT, das sich auf die Geschichte, das Handeln und Wirken von Jesus bezieht. GOTT also jenseits von Theismus und Atheismus. Dieser hier deklarierte Bezug bedeutet keineswegs, dass damit eine absolut gültige Wahrheit beansprucht wird. Im Gegenteil: Es zeichnet ja Jesus aus, dass er auf absolute Wahrheitsansprüche verzichtet. Durch diese Überlegungen wird es grundlegend, Jesus in seinem Handeln, Wirken, in seinem Tod am Kreuz, in seiner Identität zu behandeln. Dazu gehört auch, was Menschen nach seinem Tod erfahren haben, wie sie dies mit welchen Worten und Bekenntnissen interpretiert haben. Dies wird separat gemacht. Doch so viel sei vorab gesagt: Einen GOTT, den es gibt, gibt es nicht ... und: GOTT ist Liebe, wenn GOTT allein über Jesus bestimmt werden kann. Dieser Gedankengang erklärt, warum die Urchristen als A-Theisten kritisiert und diffamiert wurden. Diese Kritik beschreibt exakt den Kern des christlichen Glaubens. Das personale Gottesverständnis, von immer

---

66 Siehe auch Dalferth, Ingolf U..: Radikale Theologie, Leipzig 2010, S. 187–192.
67 Siehe Dalferth, Ingolf U.: Der auferweckte Gekreuzigte, Tübingen 1994, S. 186, 189, 197.

weniger Personen aktuell gelebt, bleibt einem theistischen Verständnis von GOTT verhaftet, das subjektiv gültig und vertrauensbildend sein mag. Doch aus der Perspektive von Dietrich Bonhoeffer hält dieses der Vernunft (erklären, begründen, argumentativ, mündig gewordene Welt) nicht stand, er spricht von einer „religiösen Arbeitshypothese" (Ludwig Feuerbach, 1804–1872), von einem „salto mortale zurück ins Mittelalter", welches durch Heteronomie und Klerikalismus bestimmt war.[68] Zudem widerspricht das personal-theistische Bild von GOTT dem oben vierfach zitierten Satz: Niemand kommt zum Vater denn durch mich. (Joh 14,6 Lutherübersetzung)

4. Beziehung zu Gott mit fünf Konsequenzen und die Trinitätslehre

(11) Dieses sich auf Jesus beziehende Verständnis von GOTT hat logischerweise tiefgreifende Auswirkungen auf die „Beziehung" zu GOTT.
Erstens: Die Rede zu GOTT als GOTT DEM VATER verlangt nach anderen *Gebetsformen* wie „GOTT, grenzenlose Liebe". Hier bei diesem Thema wird Ingolf U. Dalferth so differenziert (Gebetspraxis, Innenperspektive, Gebets- und Lebensvollzug, Jesus und ich als Betender/Betende hat bzw. habe ein praktisches Gottesverständnis und keinen theoretischen Gottesgedanken[69]), dass ich mich als Helmut Kaiser, auch im Raum des schwäbischen Pietismus (Stuttgart) aufgewachsen, an Sprachspiele des schwäbischen Pietismus erinnert fühle. Das Gebet scheint also die Nagelprobe für mein GOTTES-Verständnis zu sein. Ulrich Barth, emeritierter Professor für Systematische Theologie in Halle/Saale, spricht in diesem Zusammenhang von einer

---

68 Bonhoeffer, Dietrich: Widerstand und Ergebung. Briefe und Aufzeichnungen aus der Haft, hrsg. von Bethge, Eberhard, München 1970/1951, Aufl. 1, Brief vom 8.6.1944, 16.7.1944.
69 Dalferth, Ingolf U.: Der auferweckte Gekreuzigte, Tübingen 1994, S. 119 ff.

„Transformation" des Weltbildes: „Bis in die frühe Neuzeit galten Wunder- und Vorsehungsglaube als tragende Prämissen christlichen Wirklichkeitsverständnisses: Gott lenkt alles Geschehen durch seinen allwissenden Willen und kann durch außerplanmäßige Aktionen jederzeit in den Lauf der Dinge eingreifen. Mit dem Aufkommen der klassischen Physik tritt an deren Stelle die Idee des Naturgesetzes. Ihr zufolge bildet die Naturordnung einen durchgängig bestimmten Gesetzeszusammenhang, der keinerlei Ausnahmen oder Lücken zulässt."[70] Die Destruktion der theistischen Gottesvorstellung durch die oben beschriebene Transformation des Weltbildes verändert radikal das Verständnis des Gebets: „Wie soll ich mich mit einem Wesen unterreden, von dem ich zugleich weiß, dass sein Status und Charakter als eines personalen Gegenübers nur symbolischer Art ist, und zwar das Produkt meiner eigenen Symbolisierung? Kant hat das Gebet darum konsequenterweise als ein Gespräch des Menschen mit sich selbst verstanden."[71] Ein solches Selbstgespräch kann zweifelsohne sinnvoll, heilend und tröstlich sein. Ich persönlich habe dies bei meiner Großmutter so erlebt, wenn ich sie – im schwäbischen Pietismus beheimatet – laut in ihrem Zimmer beten hörte bzw. *sah*.[72] Doch mit Immanuel Kant wird die Radikalität der Perspektive aufrechterhalten: „Dass ein Mensch beim Beten laut redet, als habe er ‚jemand außer sich vor Augen', erregt leicht ‚den Verdacht, dass er eine kleine Anwandlung von Wahnsinn habe.'"[73] Also: Das Gebet mit einer theistisch-anthropomorphen Gottesvorstellung, das heteronome Verständnis von GOTT und die dazu entsprechende Praxis des Glaubens im „Pietismus"

---

70 Barth, Ulrich: Buch mit sieben Siegeln. Warum wir im 21. Jahrhundert nicht mehr einfach so beten können, in: zeitzeichen. Evangelische Kommentare zu Religion und Gesellschaft, 11/November 2016, S. 33 (S. 33–36).
71 Barth, Ulrich: Buch mit sieben Siegeln, a. a. O., S. 33.
72 Manchmal schaute ich durch das Schlüsselloch in ihr Zimmer und sah sie beten. So kam ich auf den Begriff *„Schlüssellochpietismus"*. Diese Begrifflichkeit beschreibt besser als 100 wissenschaftliche Bücher über den Pietismus meine Erfahrungen mit dem Pietismus. Pietismusforscher wie Dellsperger, Rudolf: Zwischen Offenbarung und Erfahrung. Gesammelte Aufsätze zur historischen Theologie, Zürich 2015, mögen mir verzeihen.
73 Barth, Ulrich: Buch mit sieben Siegeln, a.a.O., S. 34.

können für mich als mündiges Individuum nicht die Grundlage meines Glaubens abgeben. Ein „Gebet", das auf diese Voraussetzung verzichtet und ein Sprachspiel ist, welches meine Hoffnungen, meinen Dank, meine Ängste, meine Freude, meine Wut oder Empörung, meine Lebensfreude zum Ausdruck bringt, ist eine sinnvolle und heilende Grundhaltung. Ein solches Sprachspiel des „Gebets" kann ein Lied, ein Gedicht sein oder eine Formulierung wie bereits oben erwähnt: „GOTT, Zeit, die ich erlebe. Ich danke für die gute Pizza, die ich gestern Abend mit Freunden zusammen genießen konnte ..." Bittgebete mit einem Erhörungsautomatismus sind damit sinnlos und gefährlich. Dazu nur ein Beispiel, ein Gebet, das ich von einem Prediger einer fundamentalistischen religiösen Sondergruppe gehört habe: „Ich bete jetzt für Frau NN, die einen Hirntumor hat, dass sie gesund werden möge." Was ist, wenn diese Frau an ihrem Tumor stirbt? Falsch gebetet? Hat die Frau zu wenig geglaubt? Ist die Krankheit eventuell eine Strafe Gottes, wie dies bei der Krankheit Aids von fundamentalistischen Gruppen gesagt wurde? Die Unmöglichkeit wie Unmenschlichkeit eines solchen Bittgebetes ist damit aufgewiesen.

Diese systematischen Überlegungen zum Gebet reflektieren meine Gebetserfahrungen, die ich zusätzlich nennen werde:

Meine bereits erwähnte Großmutter (1892–1968) praktizierte die pietistische Form des Gebets, bei der jedoch nicht ein abstrakter theistischer GOTT, vielmehr Jesus das Gegenüber war. Sicher kam auch GOTT als anthropomorphes Gegenüber zum Zuge, doch JESUS stand eindeutig im Mittelpunkt. Dazu gehörte die Lektüre der Losungen und es war die Großmutter, welche das Tischgebet einforderte, je nach dem mit einem kräftigen Handschlag auf den Tisch: „Herr Jesus, sei du unser Gast und segne, was du uns bescheret hast ..." Sie war es auch, die uns Kinder – wie auch die katholische Mutter –, vor dem Einschlafen fragend rief: „Hast du schon gebetet?"

> „Müde bin ich, geh' zur Ruh',
> schließe beide Augen zu.
> Vater, lass die Augen dein
> über meinem Bette sein."

Ab wann ich dann mit einem Ja geantwortet habe, ohne es zu tun – das kann ich nicht mehr rekonstruieren. Grundsätzlich war diese Gebetserfahrung eine vertrauensvolle, ordnende, eindrückliche.
Im *evangelikalen-pietistischen schwäbischen CVJM* habe ich das freie Gebet als Abschluss der Bibellektüre erlebt, mit gemischten Gefühlen praktiziert und dann scharf kritisiert. Zuerst kam das Spiel (Fußball, Indiaca) an einem Abend und dann das Zusammensein zur Andacht entweder im Freien oder im Kirchturmzimmer. Dieses Gebet war durch und durch theistisch geprägt, und als ich als Gymnasiast mich sehr kritisch äußerte, wurde mir nahegelegt, keine Andachten mehr zu übernehmen. In der Zeit des Wirtschaftsgymnasiums hatte ich einen Religionslehrer, der mit uns die französischen Existentialisten (Camus, Sartre) las und diskutierte: Der Mensch lebt in einer Welt des Absurden, dem kein Sinn zugeschrieben werden kann. Der Mensch des Absurden kann nur Atheist sein, denn der Gedanke eines allmächtigen, allwissenden, liebenden Gottes kann nicht in Einklang gebracht werden mit dem Elend, dem Leid, dem Absurden in der Welt. Ebenso gibt es kein Weiterleben nach dem Tod. Diese Gedanken von diesen übernehmend, wurde ich bald als Kommunist und Atheist etikettiert. Das war sozusagen das Ende meiner Gebetszeit. Sicher habe ich noch den einen oder anderen Gottesdienst besucht, doch es kam eine lange gebetslose Zeit für mich, bis ich selbst zum Berufsbeter wurde!
Der Berufsbeter: Das persönliche Gebet mit einem theistischen Gegenüber ist mir fremd und unmöglich geworden. Wohl konnte und kann ich es als kommunikative Selbstreflexion würdigen, bei der das eigene Leben reflektiert wird, bei der das Leben mit seinen vielfältigen Erfahrungen ausgesprochen wird. Als Mensch der Aufklärung konnte und kann ich jedoch nicht *mit* einem personifizierten, transzendenten

GOTT sprechen, höchstens theoretisch *über* ihn.[74] Das heisst: Ein personalistisches/theistisches Gebet und auch *Hybrid*formulierungen davon wie „Du, Gott, grenzenlose Liebe" sind für mich nicht möglich. Weil das personalistische Gottesverständnis desolat geworden ist, kann es für mich auch kein Gespräch mit einem personalistischen Gott geben:

> *Was soll mir euer Hohn*
> *Ueber das All und Eine?*
> *Der Profeſſor iſt eine Perſon,*
> *Gott iſt keine.*[75]
> J.W. v. Goethe (1749–1832)

Meine Sprachform ist a-theistisch und a-personalistisch wie: Gott, Quelle des Lebens. Gott, umfassendes Lieben. Gott, Gerechtigkeit für alle. Gott, umfassendes Vertrauen. Gott, Geheimnis der Welt. Gott, gute Macht, mich wunderbar tragend und umfassend (Dietrich Bonhoeffer). Ein solch transpersonalistisches Verständnis von GOTT im Gebet reflektiert existentielle und gesellschaftliche Lebenserfahrungen, bringt je nach Situation Ängste, Wünsche oder Hoffnungen zum Ausdruck.

Hier nehme ich eine heikle Sache auf: Eine theistische Sprachform muss nicht auf einen theistischen Glauben verweisen. Diese Unterscheidung kann folgendermaßen beschrieben werden: unwissend, widersprüchlich, unehrlich, strategisch. Die Grundhaltung „Honest to God" muss jedoch diese Widersprüchlichkeiten überwinden (s. unten II 6.).
Anders ist jedoch das Gebet im Gottesdienst mit einer festen Liturgie. Dieses schafft Gemeinschaft, Vertrauen, Sicherheit, Vergewisserung und Hoffnung. Diese Gebete habe ich immer a-theistisch formuliert. In

---

74   Siehe Bernet, Walter: Gebet. Mit einem Streitgespräch zwischen Ernst Lange und dem Autor, Stuttgart / Berlin 1970.
75   Goethe, Johann Wolfgang von: Goethe's poetische und prosaische Werke in Zwei Bänden, Stuttgart und Tübingen 1836, Bd. 1, S. 131https://play.google.com/books/reader?id=A7g9AAAAYAAJ&printsec=frontcover&output=reader&hl=de&pg=GBS.PP1. [Stand: 6.1.2018]

der eigenen Familie haben wir ein Lied als Tischgebet gesungen. Nach turbulentem Schulschluss, Hunger, Zeitdruck bewirkt ein solches „Gebet" eine Ruhe schaffende Ordnung ...

Das Gebet bei auf den Tod kranken Menschen schafft eine besondere Achtsamkeit für diese Situation des Lebens vor dem Sterben: Die Spannung zwischen Leben und Tod; die mögliche Angst vor dem Sterben; die Gewissheit, dem Tod näher als dem Leben zu sein; Irreversibilität des Sterbens; das Abschiednehmen ... Sterbende Menschen erfahren, wenn sie es wünschen, im Gebet (Worte, Kerze, ...) ein sie in dieser Situation tragendes Vertrauen. Oft habe ich bekannte Worte wie das Gedicht von Dietrich Bonhoeffer „Von guten Mächten wunderbar geborgen ..." gebetet. Solche Worte, solche Gebete sind tröstend und heilvoll.

Eine geradezu berührende Erfahrung sind Gebete bei Konferenzen zum Beispiel des Ökumenischen Rates, wenn alle in ihrer Sprache das „Unser Vater" sprechen. In einer solchen Gebetspraxis scheint eine Welt auf, in der Friede und Gerechtigkeit herrschen. Die manchmal evangelikal-fundamentalistisch-charismatische Grundhaltung ist in einer solchen Grundstimmung der Solidarität und Gemeinschaft kein Problem!

Meine Gebetspraxis ist also vielfältig. Die persönlichen Erfahrungen wie die theologisch-systematischen Gedanken dazu sind eindeutig: Wohl gibt es keinen personifizierten, transzendenten GOTT als ansprechbares Gegenüber im Gebet, gleichwohl ist das Gebet sinnvoll und heilsam, indem es zu Selbstbesinnung führt, Vertrauen schafft, Gemeinschaft bildet. Das heißt in aller radikalen Klarheit: Ein GEBET ist nur dann sinnvoll und wahrhaftig, wenn es a-theistisch grundgelegt ist. Das pietistische Gebet, welches keine *Gottesbeziehung* kennt (!!!), vielmehr eine *Jesusbeziehung*, entspricht dieser Klarheit. Diese Feststellung ist sehr vereinfachend, kann jedoch den Grundgedanken des A-theismus meiner Überlegungen verdeutlichen. Zudem ist die Jesusbeziehung in dem von mir erlebten Pietismus sehr einseitig: Jesus wird total verinnerlicht. Dies ist aus meiner Sicht nicht falsch, doch falsch ist dabei die antiintellektuelle, auf Bekehrung fixierte, oft auf konservative Moral beschränkte Grundhaltung.

Eine *zweite Konsequenz* kann ich an einem Beispiel aus meiner pfarramtlichen Praxis erläutern:

Telefon, es ist Frau NN … „Ihre fast 90-jährige Mutter müsse unbedingt etwas mit mir besprechen." Ich machte einen Termin ab, konnte jedoch eine halbe Stunde früher dort sein, so dass ich ganz alleine mit dieser Frau sprechen konnte. Sie wollte dabei eine klare Antwort auf eine einzige Frage: „Komme ich in den Himmel, auch dann, wenn ich dies [Schwangerschaftsabbruch] … getan habe?" Meine Antwort war ein klares Ja.

Es ist ein Ja des christlichen Glaubens, dass uns das ewige Heil unabhängig von all dem, was wir sind und haben, getan oder unterlassen haben, zukommt: Allversöhnung, es gibt keine Hölle, kein Gericht, kein Fegefeuer! Als die Tochter der Frau pünktlich zu der mit mir verabredeten Zeit ins Haus kam, war sie über meine Anwesenheit etwas überrascht. Doch meine Gesprächspartnerin sagte mit einer ganz bewussten, mich zu Spekulationen anregenden Deutlichkeit: „Das Wichtigste haben wir bereits besprochen!" Diese Frau ist nicht lange nach diesem Gespräch – nach drei Tagen bekam ich die Nachricht von ihrem Tode, keine Krankheit – gestorben.

Die Diskussion über dieses Thema Gericht/Fegefeuer/Hölle, die Literatur über die Allversöhnung ist so umfangreich und komplex (s. nur Karl Barth), dass ich mich nicht wage, darauf einzugehen. Für mich als Seelsorger und Ethiker genügte jedoch die Kritik, dass das Gericht/die Hölle/das Fegefeuer der Disziplinierung, Unterdrückung der Menschen diente und durch den Ablass Geld generiert wurde (Sobald das Geld im Kasten klingt, die Seele aus dem Fegefeuer springt[76]), für meine theologische Grundhaltung der Allversöhnung, die radikal heilsam ist, wie die obige Erfahrung zeigt.

---

[76] These 27 der 95 Thesen (1517) von Martin Luther heißt: „Menschenlehre verkündigen die, die sagen, dass die Seele (aus dem Fegefeuer) emporfliege, sobald das Geld im Kasten klingt."

Drittens: Ausgehend vom a-theistischen Gottesverständnis und dem christologischen Verständnis von GOTT hat sich die Frage nach GOTT als dem Schöpfer der Welt „erledigt". Oder doch nicht, weil sich philosophisch nichts einfach erledigt. Es bleiben Fragen, die der Schriftsteller, Kabarettist und Liedermacher Franz Hohler (geb. 1943) auf seine Weise stellt:

> „*Die Schöpfung*
> Am Anfang war nichts außer Gott.
> Eines Tages bekam er eine Gemüsekiste voller Erbsen.
> Er fragte sich, woher sie kommen könnte, denn er kannte niemanden außer sich.
> Er traute der Sache nicht ganz und ließ die Kiste einfach stehen, oder eher schweben.
> Nach sieben Tagen zerplatzten die Hülsen, und die Erbsenkugeln schossen mit großer Gewalt ins Nichts hinaus.
> Oft blieben dieselben Erbsen, die in einer Hülse gewesen waren, zusammen und umkreisten sich gegenseitig.
> Sie begannen zu wachsen und zu leuchten, und so wurde aus dem Nichts das Weltall.
> Gott wunderte sich sehr darüber. Auf einer der Erbsen entwickelten sich später alle möglichen Lebewesen, darunter auch Menschen, die ihn kannten. Sie schrieben ihm die Erschaffung des Weltalls zu und verehrten ihn dafür.
> Gott wehrte sich nicht dagegen, aber er grübelt bis heute darüber nach, wer zum Teufel ihm die Kiste mit den Erbsen geschickt haben könnte."[77]

Die Frage nach der Entstehung der Welt stellt die Frage nach dem Verständnis von GOTT auf eine ernsthafte Weise. GOTT als der Schöpfer der Welt kann begriffen werden als Mysterium (Franz Hohler), als Geheimnis (Eberhard Jüngel), intelligenter Designer (evangelikal-fundamentalistisch religiöse Sondergruppen).

---

[77] Hohler, Franz: Das Kurze. Das Einfache. Das Kindliche, München 2010, S. 18–19.

Der Physiker vom CERN[78] steht mit seinen Experimenten mit dem Large Hadron Collider (LHC, Teilchenkollisionen) wohl nur noch Sekundenbruchteile vor dem Urknall. Doch *vor* den „Urknall" schaffen es die Physiker und Physikerinnen *noch* nicht, weil die aktuelle Physik als Objekt ihrer Forschungen Materie braucht, die es vor dem Urknall nicht gab. Insofern sind Ewigkeit (Zeit) und Unendlichkeit (Raum) nicht erfassbar und wir grübeln wie GOTT bei Franz Hohler: „... aber er grübelt bis heute darüber nach, wer zum Teufel ihm die Kiste mit den Erbsen geschickt haben könnte."

Weil GOTT als erste Ursache wegen des unendlichen Regresses[79] zu denken unmöglich ist, bleibt die Frage nach der ersten Ursache unbeantwortet, womit GOTT als erste Ursache nicht denkbar ist. GOTT als Schöpfer der Welt kann deshalb nicht unter dem Gesichtspunkt der ersten Ursache, vielmehr als Sinn-Konstrukt, als Sinninterpretation verstanden werden, bei dem es um ein spezifisches Verständnis von Welt und Mensch geht (Anthropologie, Ethik; s. unten III 1., 6.).

Die *vierte Konsequenz* ist ebenfalls einschneidend: Die Frage der Personalität in Bezug auf GOTT wird aufgehoben durch den ethischen Einsatz (Selbsteinsatz/institutioneller Einsatz) für die Liebe. Dieses „Dasein für andere" hebt jedes religiöse (ein höchstes, mächtigstes, bestes Wesen) Verständnis von GOTT auf und ermöglicht so eine Nachfolge, welche sich voll und ganz auf die Nächstenliebe konzentriert und zur radikalen Nächstenliebe befreit. In dieser radikalen Liebe besteht die Transzendenzerfahrung, weil: „Das ,Für-andere-da-sein' Jesu ist die Transzendenzerfahrung."[80] Wenn es keinen theistischen GOTT gibt, dann gibt es auch keine personale Ich-Du-Beziehung zu einem personal vorgestellten Gott. Vielmehr ergeben sich aus dem Verständnis von

---

78   Conseil Européen pour la Recherche Nucléaire. Europäische Organisation für Kernforschung. Gründung 29. September 1954.
79   Eine erste Ursache lässt immer wieder neu die Frage nach der Ursache der ersten Ursache stellen. Dieses Rückschreiten ins Unendliche einer unendlichen Reihe ist sinnlos.
80   Bonhoeffer, Dietrich: Widerstand und Ergebung. Briefe und Aufzeichnungen aus der Haft, hrsg. von Bethge, Eberhard, München 1970/1951, Aufl. 1, Brief vom 3.8.1944.

GOTT als Liebe die folgenden Fragen: Was bedeutet Liebe? Welche Gestaltung der Gesellschaft ergibt sich aus dem entsprechenden Verständnis von Liebe? Die GOTTES-Frage wird auch hier zur Frage der Ethik.

Die *fünfte* Konsequenz bezieht sich auf ethische Argumentationen mit Bezug auf GOTT: Ich bringe eine geradezu idealtypische Argumentation: „Ich gehe davon aus, dass Gott uns das Leben als Geschenk gibt. Mit diesem kostbaren Geschenk sollen wir dankbar und verantwortlich umgehen. Ich bin aber genauso überzeugt, dass wir die Freiheit haben, das Geschenk abzugeben, wenn es zu einer nicht mehr tragbaren Belastung wird. Gott zwingt uns nicht zum Leben. Das gilt für mich auch im Falle eines Suizids."[81] Bei dieser Argumentation wird GOTT als Begründungsinstanz gebraucht, bei der in dieser Form ein theistisches Gottesbild die Grundlage abgibt. GOTT ist also außerhalb der WELT. Die Differenziertheit der Argumentation auf der ethischen Ebene macht deutlich, wie stark dieses theologisch-ethische Konstrukt „Gott gibt uns das Leben als Geschenk" von der Diskussion des selbstbestimmten Sterbens beeinflusst ist. Auf der einen Seite wird versucht, an der heilstheologischen Aussage „Das Leben als Geschenk Gottes" festzuhalten. Auf der anderen Seite muss die Selbstbestimmung auch im Sterben aus ethischen wie rechtlichen Gründen ernst genommen werden. Die Konstrukthaftigkeit von GOTT wird somit sehr deutlich offenbart, womit zugleich der theistische GOTT beispielhaft destruiert ist. Wird aber trotzdem noch ein theistisches Gottesbild – metaphysisch, GOTT als handelndes Subjekt – für die Begründung und Orientierung ethischen Verhaltens gebraucht, dann wird dies sinnlos und gefährlich zugleich. Gefährlich deshalb, weil auf eine Instanz rekurriert wird, die absolut, autonom und somit gegenüber aller Kritik immunisiert ist. Dies trifft für alle Argumentationen in dieser sprachlichen Form zu.

Die folgenden Überlegungen zur sogenannten Trinitätslehre führen die Destruktion des theistischen Gottesbildes weiter und bestätigen, dass

---

81 Rüegger, Heinz: Der Tod kommt längst nicht mehr allein, in: reformiert. Evangelisch-reformierte Zeitung für die deutsche und rätoromanische Schweiz Nr. 8/August 2017, S. 3.

über GOTT in der jüdisch-christlichen Tradition nur über JESUS gesprochen werden kann.

(12) „Und wie hältst Du's mit der Trinitätslehre?" Die Trinitätslehre ist die Vorstellung, dass sich GOTT in der Dreieinigkeit von Gott Vater, Sohn und Heiligem Geist offenbart. Immer wieder neu wird darüber diskutiert, inwiefern sie zum jüdisch-christlichen Glauben gehört: Als Denkmodell, Glaubensgrundhaltung, unabdingbare Grundlage des Lebens in der jüdisch-christlichen Tradition. In den verschiedenen Glaubensbekenntnissen bekennen wir den dreieinigen GOTT (s. unten VI). Zwei völlig gegensätzliche Positionen zur Dreieinigkeit GOTTES will ich zunächst zitieren:

„Am 27. Oktober 1553 wurde der spanische Humanist Michel Servet (1511–1553) auf dem Scheiterhaufen in Genf verbrannt. Sein Vergehen: Er hatte in einem fulminanten Buch die Trinitätslehre hinterfragt. Der Prozess, der gegen ihn nach seiner Verhaftung in Genf angestrengt wurde, war zwar offiziell kein theologischer, sondern ein politischer Prozess, aber im Hintergrund zog der Reformator Johannes Calvin die Fäden. Das macht die Sachlage so unverzeihlich, Calvin, der Flüchtling, wurde der Verfolger, und seine spätere Versicherung, er habe versucht, das Rösten bei lebendigem Leibe zu verhindern, lässt sich nicht belegen. An der Frage der Trinität entschied sich die Frage der Toleranz. Die jüngst neu aufgelegten Schriften des Humanisten Sebastian Castellio (1515–1563), ein Verteidiger von Servet wie später Stefan Zweig, zeigen unzweideutig, mit welcher historischen Schuld dieser Begriff belastet ist. Wer die Trinität verteidigt, muss sehr gute Gründe haben."[82] Klaas Huizing, Professor für Systematische Theologie in Würzburg, kann und will auf die Trinitätslehre verzichten und versteht Jesus als Weisheitslehrer, für dessen Verständnis es die Trinitätslehre nicht braucht. Oder schärfer formuliert: In der nachmetaphysischen Zeit ist dieses Denkmodell für das Verständnis von Jesus unbrauchbar. Die

---

82 Huizing, Klaas: In der Sackgasse. Die Dreieinigkeit widerspricht dem biblischen Zeugnis, in: zeitzeichen. Evangelische Kommentare zu Religion und Gesellschaft, 6/Juni 2017, S. 30 (S. 31–32). Dieses Heft hat die Trinitätslehre als Schwerpunktthema auf S. 22–39.

Gegenposition dazu kann ich mit Kurt Marti, dem bekannten Liederpfarrer, formulieren: „Vielleicht ist die Vorstellung einer Dreieinheit Gottes das genialste Denkbild der christlichen Theologie, dessen Potentialität noch lange nicht ausgeschöpft ist. Es wagt, Beziehungsvielfalt und Macht-Teilung in der Gottheit zu denken, so dass man in ihm auch Prinzipien wie Gewaltentrennung, Mitsprache, Mitbestimmung vorgezeichnet finden kann."[83] Jürgen Moltmann hat bereits 1981 von einer „sozialen Trinitätslehre" gesprochen und in einem aktuellen Interview kann er sie zitierend als „vollendete Gemeinschaftslehre" bestimmen.[84] Meine Position dazu: Aufgrund meines atheistisch-christologischen Verständnisses von GOTT kann ich die Trinitätslehre historisch als notwendig und sinnvoll erklären, diese in einem Glaubensbekenntnis als gemeinschaftsbildendes und befreiendes Sprachspiel des Bekenntnisses aussprechen und dann mit Jürgen Moltmann, „Ich lebe in der Trinität", übereinstimmen, wenn GOTT die Liebe ist (1. Johannes 4,8.16). Das heißt: Ich glaube nicht an die Trinitätslehre oder an GOTT, vielmehr heißt das paulinische „in Christus sein"[85] ein Leben, das von einer radikalen Liebe bestimmt ist

---

83 Marti, Kurt: Heilige Vergänglichkeit. Spätsätze, Stuttgart 2010, S. 29.
84 Moltmann, Jürgen: „Ich lebe in der Trinität". Gespräch mit dem Systematischen Theologen Jürgen Moltmann über seine Erkenntnisse und Erfahrungen im weiten Raum der Trinität, in: zeitzeichen. Evangelische Kommentare zu Religion und Gesellschaft, 6/Juni 2017, S. 36 (S. 36–39). Dieses Heft hat die Trinitätslehre als Schwerpunktthema auf S. 22–39. Siehe auch Zeindler, Matthias: Zwischen verlorener und erhoffter Heimat. Beheimatung im Kontext von Schöpfung, Versöhnung und Erlösung, in:
Ekué, Amélé Adamavi-Aho / Mathwig, Frank / Zeindler, Matthias: Heimat(en)? Beiträge zu einer Theologie der Migration, Zürich 2017, S. 124 ff. (S. 81–150). Mit Bezug auf Karl Barth spricht Matthias Zeindler bewusst die Thematik der *Gottheit* Jesu Christi an, die im kirchlichen Reden „häufig vernachlässigt" wird. Aus der theologischen Grundlegung ergeben sich schlüssige sozialethische Einsichten. Vorausgesetzt wird dabei das dogmatische Konstrukt der Trinitätslehre. Auf die Trinitätslehre darf auf keinen Fall verzichtet werden! Siehe dazu z. B. Herms, Eilert: Systematische Theologie. Das Wesen des Christentums: In Wahrheit und aus Gnade leben, Bd. 1–3, Tübingen 2017.
85 „Wenn also jemand in Christus ist, dann ist er eine neue Schöpfung: Das Alte ist vergangen, Neues ist geworden." (2. Kor 5,17). „... nicht mehr ich lebe, sondern

(s. unten III 4.). Für dieses Verständnis von Menschsein im Kontext von Geschichte, Gesellschaft und Natur braucht es heute keine Trinitätslehre mehr, jedoch einen konsequenten Bezug auf die radikale Liebe, die Jesus gelebt hat und von der die Evangelien im Kontext des Ersten Testaments berichten. Wohl mag die Trinitätslehre ein sinnvolles historisch-systematisches Hintergrundwissen für diese Liebe darstellen, auch die gesellschaftskritische Interpretation von Kurt Marti ist theologisch grundlegend. Mein Ansatz bei der von Jesus gelebten radikalen Liebe führt mich jedoch zu einem Verzicht auf das trinitarische Denkmodell systematischer Theologie. Bewusst benenne ich diese radikale Liebe nicht mit dem Modewort „Narrativ der Liebe", weil diese Liebe nicht harmlose Geschichten auslöste, vielmehr über das Kreuz eine große Radikalität der Veränderung in sich trägt. Ausgangs- und Zielpunkt ist die Liebe.[86]

Aufgrund dieser Überlegungen ist es für mich nicht möglich, über GOTT (Theologie) ohne JESUS (Christologie) nachzudenken, wie dies Holm Tetens in seinem schmucken Büchlein „Gott denken" macht: „Das genuin Christliche am Christentum, nämlich die heilsgeschichtliche Bedeutung, die Christen dem Leben und Sterben des Jesus von Nazareth zuschreiben, bleibt ausgespart ... Die Kernaussage des Christentums, dass Gott in Jesus von Nazareth selber Mensch geworden sei und durch Christi Kreuzestod und Auferstehung alle

---

Christus lebt in mir. Soweit ich aber jetzt noch in dieser Welt lebe, lebe ich im Glauben an den Sohn Gottes, der mich geliebt und sich für mich hingegeben hat." (Gal 2,20) Es gibt über 150 Stellen in den paulinischen Schriften, in denen das „in Christus" direkt oder sinngemäß formuliert wird. „Wenn jemand in Christus ist", dann gilt die Hoffnung: „Was kann uns scheiden von der Liebe Christi? Bedrängnis oder Not oder Verfolgung, Hunger oder Kälte, Gefahr oder Schwert?" (Röm 8,35) Dabei gilt die Liebe als die Größte (1. Kor 13,13).

86 Mit diesen Überlegungen bin ich mir selbstverständlich bewusst, dass auf der Ebene der Ökumene die trinitarische Diskussion immer noch eine große Relevanz hat. Es gibt eine lateinische und eine orthodoxe Christenheit. Doch vielleicht gelingt es, die Trinität in der Linie von Kurt Marti (Beziehungsvielfalt) und Jürgen Moltmann (soziale Trinität) gemeinsam zu entwickeln und zu denken und die radikale Liebe als Grundlage jüdisch-christlichen Glaubens zu begreifen.

Menschen errettet habe, verstehe ich nicht wirklich."[87] Immer wieder betone ich, dass das Sprechen über GOTT in der jüdisch-christlichen Theologie das Sprechen über Jesus mit seinem Leben voraussetzt (s. oben B II 10.) und ich deshalb eine ETHIK auch über JESUS entwerfe (s. unten III 4) mit dem Hinweis, dass Jesus Jude war.

Das heißt auch, dass ich ohne JESUS die Kernaussage des Christentums nicht verstehen kann. Insofern verstehe ich das Nichtverstehen von Holm Tetens.[88]

5. Gott geschieht und ereignet sich in der Geburtlichkeit

(13) Auch wenn die nun folgenden Überlegungen relativ kurz sind, ist deren Bedeutung grundlegend und lässt erahnen, in welche Richtung ich auch denke (s. unten VIII 3.): Die „Menschwerdung" Gottes in Jesus ist ohne Maria, eine Frau und eine Geburt, nicht möglich.[89] Zuerst

---

87 Tetens, Holm: Gott denken. Ein Versuch über rationale Theologie, Stuttgart 2015/3. Aufl., S. 10 f.
88 In seinem Dank schreibt Holm Tetens, dass selbst gute Freunde irritiert bis befremdet sind über seine „theistische Wende" (Tetens, Holm: Gott denken, a. a. O., S. 94). Für mich macht Holm Tetens jedoch keine theistische Wende, sondern eine „existentielle", wenn er sinngemäß schreibt, dass der folgende Satz „Wir sind Geschöpfe des gnädigen Gottes, der unser Heil will" wohl kühn, aber keinesfalls absurd ist. (Tetens, Holm: Gott denken, a. a. O., S. 90) Das ist ein Satz der glaubenden Existenz, also weder theistisch, agnostisch noch metaphysisch, vielmehr konkret hier und jetzt tröstlich und heilsam, sinnvoll und befreiend, also existentiell vertrauensvoll. Damit kommt der Philosoph unmittelbar in die Nähe von Dietrich Bonhoeffer.
89 Die Marienverehrung – Mariä Himmelfahrt 15. August 2017 – erinnert an diesen Sachverhalt. Dazu der folgende Hinweis: In der ehemaligen Marienwallfahrtskirche Scherzligen bei CH-3700 Thun wurden 2003 im Chor der romanischen Kirche unter fünf Schichten Verputz Marienfresken freigelegt und die Kirche nach fast 500 Jahren wieder als „Notre-Dame von Scherzligen" gewürdigt. 2009 wurde erstmals das flimmernde Lichtphänomen gesehen, welches jedes Jahr zur Zeit des ursprünglichen Kirchweihtags Mariä Himmelfahrt bei Sonnenaufgang direkt über dem gotischen Chorbogen erscheint. Gleicht es einer Frauengestalt mit einer Krone? Und weshalb fällt zugleich ein Strahl dieses Lichts auf das erste Marienbild an der Nordwand des Kirchenschiffs? So Nägeli, Markus: Maria – Fragezeichen?, in: Berner

werde ich bewusst auf eine Definition von „Menschwerdung Gottes" von Wikipedia zurückgreifen, weil Wikipedia-Definitionen einen hohen Verallgemeinerungsgrad in sich tragen: „Die *Menschwerdung Gottes* stellt eine theologische, dogmatische Lehre des Christentums dar. Sie gehört zum Kern aller christlichen Glaubenstraditionen. Sie heißt auch *Fleischwerdung* Gottes (Inkarnation, von lat. *caro*, Fleisch) und trennt das Christentum von den zwei anderen abrahamitischen Religionen Islam und Judentum. Das Judentum sieht darin eine Verletzung der Zehn Gebote (Du sollst neben mir keine anderen Götter haben) und bezeichnet es als Avoda sara (wörtlich: ‚falscher Dienst', hebräisch: Götzendienst). Im Islam wird diese Vorstellung als eine der möglichen Formen von Götzenanbetung (Schirk) gesehen."[90]

Zentral für den christlichen Glauben und sein Gottesbild ist, dass GOTT in Jesus Mensch geworden ist. Auf die Streitigkeiten über die Göttlichkeit von Jesus und die Menschlichkeit von GOTT gehe ich hier nicht ein. Es gilt dogmatisch: Wahrer Mensch und wahrer Gott. Die folgenden Überlegungen sind wohl kurz, jedoch grundlegend für eine theologische Ethik: Unbestritten ist, dass Jesus von Maria, einer Frau, geboren wurde. Zum Verständnis von GOTT gehört also die Geburtlichkeit. Geburtlichkeit heißt Leben, neues Leben. Es ist der Verdienst der feministischen Theologie, dies herausgestellt zu haben, mit weitreichenden Folgen. In aller Kürze werde ich für einen Bereich der Ethik die Relevanz des Ausgangspunktes bei der Geburtlichkeit aufzeigen: „Wer uns Menschen von unserem realen Anfang, dem Geborensein

---

Oberländer Zeitung, 12.8.2017, S. 27. Die Wertschätzung der Maria kommt auch in den 7 Freuden Marias zum Ausdruck, welche Meilensteine im Leben der Mutter Jesu sind: Verkündigung durch den Erzengel Gabriel, anschließende Heimsuchung bei ihrer Verwandten Elisabeth, die Geburt Jesu, die Anbetung der drei Könige, das Wiederauffinden des zwölfjährigen Jesus im Tempel, die Auferstehung Jesu und die Aufnahme Mariens in den Himmel. Dementsprechend gibt es auch die sieben Schmerzen Marias: Darstellung Jesus im Tempel mit der Weissagung Simeons, Flucht nach Ägypten, der Verlust des zwölfjährigen Jesus im Tempel, Begegnung mit Jesus auf dem Weg nach Golgatha, die Kreuzigung und das Sterben Jesu, die Beweinung sowie die Grablegung Jesu.

90 https://de.wikipedia.org/wiki/Menschwerdung_Gottes. Zum Begriff der Fleischwerdung s. Johannesevangelium 1. [Stand: 6.1.2018]

herdenkt, merkt schnell, dass wir nicht vom Geld, sondern in erster Linie von Zuwendung, von Care leben. Das bedingungslose Grundeinkommen setzt in einer geldzentrierten verkehrten Welt ein Zeichen: es macht die geburtliche Abhängigkeit aller Menschen sichtbar und antwortet angemessen auf sie."[91]

Die ethisch bedeutsamen Stichworte bei der Geburtlichkeit heißen: Liebe, Vertrauen, Fürsorge, Zuwendung, Care. Weil die Geburtlichkeit zum christlichen Gottesbegriff gehört, wird GOTT durch diese Erfahrungen konstituiert. Und: Zur Geburtlichkeit gehört die Frau. Zum Verständnis von GOTT in der christlichen Tradition gehört also elementar der anthropologische Tatbestand der Geburtlichkeit. Damit sind zugleich wichtige Themen der ETHIK angesprochen. Dabei ist zu beachten, dass aus natürlichen Gegebenheiten wie der Geburt nur über eine sorgfältige ethische Reflexion ethische Grundhaltungen, Prinzipien, Werte, Normen gewonnen werden können.[92] Der Ansatz bei der Geburtlichkeit bedeutet ein radikal neues Denken, auch wenn dieses an sich selbstverständlich ist.

---

91 So Praetorius, Ina: Zusammenfassung der Beiträge:
(https://www.grundeinkommen.de/wp-content/uploads/2016/09/BGE-Feministische-und-postpatriarchale-Perspektiven.pdf) [Stand: 6.1.2018] des Buches Blaschke, Ronald / Praetorius, Ina / Schrupp, Antje (Hrsg.): Das bedingungslose Grundeinkommen. Feministische und postpatriarchale Perspektiven, Sulzbach 2016, S. 33.
Praetorius, Ina: Wirtschaft ist Care oder: Die Wiederentdeckung des Selbstverständlichen. Ein Essay von Ina Praetorius, in: Band 16 der Schriftenreihe Wirtschaft und Soziales. Herausgegeben von der Heinrich-Böll-Stiftung 2015.
Hier will ich noch ein eindrückliches Buch über Maria, die Mutter von Jesus, erwähnen: Römer-Gerner, Angela: In mir die ganze Schöpfung. Mit Maria den eigenen Weg entdecken, Freiburg u. a. 2014.

92 Das secundum naturam vivere und das secundum rationem vivere gehören zusammen.

6. Drei Ausblicke und noch etwas Biographisches

Ausblick 1:
Es ist ein Thema, das bei mir wie bei vielen anderen in der Theologie zu kurz kommt: Spaß und Humor. Dazu eine kurze Geschichte, wie sie der bekannte schwäbische Autor Thaddäus Troll aufgeschrieben hat:
„Ein Betrunkener geht über einen Steg und begegnet der Gefahr mit einem Stoßseufzer: ‚O du liaber Gott, laß me no guet iber dui Brik komm mit meim Balle!' Kurz vor dem rettenden Ufer packt ihn der Übermut: ‚Liaber Gott, 's wär au ohne di gange!'
In diesem Augenblick stolpert er und hagelt in den Bach. Er schüttelt mißbilligend den Kopf: ‚Liaber Gott, du kôsch au gar koi Schpäßle vertrage."[93] Wie hat „Gott" wohl auf diese „Mißbilligung" unseres Schwaben geantwortet? Mit einer ernsthaften theologischen Abhandlung? Auslachend und bloßstellend von oben herab? Mit einem zustimmenden Humor? Persönlich denke ich, dass „Gott" mit einem humorvollen Schmunzeln reagiert hat ... Dieser Antwort will ich mich später einmal widmen.

Ausblick 2:
Meine ebenfalls in einer „überschaubaren" Kürze gemachten Ausführungen zu einer theologischen Ethik beziehen sich sowohl auf das Erste wie auf das Zweite Testament und werden die Radikalität der Liebe in den Mittelpunkt stellen.[94] Zu dieser Radikalität gehört der „gekreuzigte Gott" (Jürgen Moltmann) bzw. der für mich wichtige theologische Schlüsselsatz bei Dietrich Bonhoeffer: „... nur der leidende Gott kann helfen."[95] Weil diese theologischen Aussagen grundlegend

---

93 Troll, Thaddäus: Deutschland deine Schwaben. Vordergründig und hinterrücks betrachtet, Hamburg 1970, S. 44.
94 Helmut Kaiser 5.9.2016/15.9.2016/17.9.2016 auf Facebook/vorliegender Text stark überarbeitet.
95 Bonhoeffer, Dietrich: Widerstand und Ergebung. Briefe und Aufzeichnungen aus der Haft, hrsg. von Bethge, Eberhard, München 1970/1951, Aufl. 1, Brief vom 16.7.1944.

sind für das Handeln, wird dieses Verständnis von GOTT bei der Ethik (III 4.8.) behandelt.
Wer vorab und zusätzlich eine solide und umfangreiche protestantische Wirtschaftsethik lesen will, der sei verwiesen auf: Oermann, Nils Ole.[96]

Ausblick 3:
Die Aufhebung des theistischen Verständnisses von GOTT in die radikale Liebe bedeutet nicht, dass die Frage nach GOTT beantwortet ist. Zwei Fragen mindestens bleiben offen: Was ist Unendlichkeit (Raum) und was ist Ewigkeit (Zeit)? Bei einem Besuch im CERN – Conseil Européen pour la Recherche Nucléaire – in Genf stellte sich die entscheidende Frage, die immer noch offen ist: „Was war vor dem Urknall? Es ist die paradoxe Frage nach einer Zeit vor der Zeit. Gewiss eine unmögliche Frage, auf die es aber trotzdem ein paar mögliche Antworten gibt. Eine erste lautet: Es gibt kein Vorher. Eine Zeit vor der Zeit ist prinzipiell nicht möglich. So wie auch nichts nördlich des Nordpols liegen kann. Die Frage nach dem Vorher ist deshalb sinnlos. Das jedenfalls meinen heute viele Kosmologen. Und wir stehen da mit unserer sinnlosen Frage und sind etwas ratlos. Eine zweite Antwort ergibt sich aus der ersten: Vor dem Urknall war nichts. Das reine Nichts. Kein Sein und keine Materie, keine Zeit und kein Raum. Einfach rein gar nichts. ..."[97] Das heißt: Anfang wie Ende, zeitlich wie räumlich, sind ein Mysterium. Das bedeutet für mich ein Dreifaches:
o Wenn die Frage nach dem Vorher sinnlos ist, dann konzentriere ich mich auf das Leben im Hier und Jetzt. Es soll ein sinnvolles und gutes Leben für mich und für alle sein.
o Diese Konzentration auf das Hier und Jetzt schließt ein, dass ich über das Universum nachdenke und dabei die Perspektive von Lorenz Marti einnehme: „Was das Universum über das Glück des Daseins

---

96 Oermann, Nils Ole: Anständig Geld verdienen? Eine protestantische Wirtschaftsethik, Freiburg u. a. 2014; Rezension in: ZEE 3/2016 (Juli – September), S. 217–220 von Karl-Wilhelm Dahm.
97 Marti, Lorenz: Eine Hand voll Sternenstaub. Was das Universum über das Glück des Daseins erzählt, Freiburg i. Br. 2012, S. 21.

erzählt." Dazu gehört der ganze Kosmos mit seinen Sternen und Planeten, die Galaxien.

o Diese Dimension des Unendlichen, den „Sinn und Geschmack für das Unendliche" (Friedrich Schleiermacher 1768–1834), die Bedeutung des Kosmos und des Universums für das Glück des Menschen, die Mystik, das ist ein Thema, das ich hier nur andeute. Für mich führen diese Gedanken, die Lorenz Marti ausgeführt hat, zu der Einsicht wie auch zur Erfahrung: „Die geheimnisvolle Urkraft dieser Welt ist die Liebe."[98] Die radikale Liebe wird zur Grundlage meiner Ethik.

Etwas Biographisches
Die obigen Überlegungen zu GOTT sind keinesfalls neu. Im Januar 1969 kam die 14. Auflage des bekannten Buches von John A. T. Robinson heraus: Gott ist anders / Honest to God heraus (s. oben II 4.). Im Folgenden drucke ich eine von mir bearbeitete Seite dieses Buches ab. Das ganze Buch wurde von mir Ende der 60er-Jahre auf diese Weise durchgearbeitet und wurde für mich zu einem Grundlagenbuch in der Anfangsphase meines Theologie- und Philosophiestudiums.
John A.T. Robinson stellte GOTT als das „Wesen da draußen" radikal infrage, zitierte Dietrich Bonhoeffer und Paul Tillich und trat mit dem Anspruch auf, dass alle theologischen Aussagen in Aussagen übersetzt werden können, die mich als Menschen in meiner Existenz betreffen. Insofern war John A. T. Robinson dem klassischen Atheismusvorwurf ausgesetzt, obwohl er konsequent christologisch dachte: Der Satz „Niemand kommt zum Vater denn durch mich" (Joh 14,6) wird zur

---

[98] Marti, Lorenz: Eine Hand voll Sternenstaub. Was das Universum über das Glück des Daseins erzählt, Freiburg i. Br. 2012, S. 25, 218. Eine subtile Betrachtung des „Mystikers" Meister Eckhart (1260–1328) bietet Kurt Marti in seiner Geschichte „Ein Gespräch im Himmel": Karl Barth (1886–1968) und Meister Eckhart treffen sich auf einem Spaziergang im Himmel. Marti, Kurt: Fromme Geschichten, Stuttgart 1994, S. 123–126. Das Thema „Engel" wird in der vorliegenden Arbeit nicht systematisch behandelt, „nur" narrativ aufgenommen (s. Personen- und Stichwortverzeichnis).

Grundlage seiner Theologie, die ich schon in dieser Zeit übernommen habe.⁹⁹

> Macht wieder herzustellen. Das Bedauerliche in diesem Falle ist, daß der Teufel und seine Gehilfen, die Hölle und das Fegfeuer nicht in die metaphysische Terminologie übersetzt werden konnten, wie das mit dem Gottesbegriff möglich gewesen war. Deshalb ging dieses Element dem Christentum praktisch verloren, sehr zum Schaden für die wirkliche Tiefe des Evangeliums.
>
> Das alte Denksystem ist also nur allmählich verdrängt worden. Nachdem es wissenschaftlich unmöglich geworden war, leistete es der Theologie doch weiterhin gute Dienste; die Vorstellung von einem Gott „über der Welt" war immer noch lebendig, auch als man sie schon seit Jahrhunderten nicht mehr wörtlich nahm. Heute allerdings sehen wir uns meiner Meinung nach einer doppelten Krise gegenüber. Der letzte, in vieler Hinsicht überzeugende Schlag der modernen Wissenschaft und Technik gegen das Bild von einem Gott, der sich im *wörtlichen* Sinne „außerhalb der Welt" befindet, wurde zur selben Zeit geführt, in der man entdeckte, daß auch die Vorstellung von einem Gott, der sich im *metaphysischen* Sinne „außerhalb der Welt" befindet, eher ein Stein des Anstoßes als eine Hilfe für den Glauben geworden war. So sehen wir uns heute in doppelter Hinsicht genötigt, diese gedankliche Konstruktion aufzugeben und mit ihr jeden Glauben an „Gott" überhaupt.
>
> Es geht hier nicht nur um die Frage, wie rasch dies zu geschehen habe. Die Abschaffung eines Gottes „außerhalb der Welt" stellt einen sehr viel radikaleren Bruch mit der Vergangenheit dar, als die einstige Umorientierung von einem Gott „über" zu einem Gott „außerhalb" der Welt. Denn dieser frühere Übergang spielte sich im wesentlichen nur im sprachlichen Bereich ab, er war lediglich

Im Vorwort zu seinem Buch steht: „Rückblickend wird man mir einmal als Fehler anrechnen, dass ich längst nicht radikal genug war."¹⁰⁰

Die Vorstellung eines Gottes, der sich im wörtlichen Sinne wie metaphysisch „außerhalb der Welt" befindet, war mich schon in dieser Zeit irrelevant.

Meine atheistische Destruktion des theistischen GOTTES führt zu einer jüdisch-christlichen ETHIK, welche durch eine radikale Liebe grundgelegt ist. Ist dies radikal genug?

---

99 Robinson, John A. T.: Gott ist anders / Honest to God, München 1969/14. Aufl. (1. Aufl. 1963), S. 79. Der englische Titel ist für mich aussagekräftiger als der deutsche.

100 Robinson, John A. T.: Gott ist anders / Honest to God, München 1969/14. Aufl. (1. Aufl. 1963), S. 20, 26 Bild.

III

Ethik   Ästhetik   Menschenbild

Vorbemerkungen

In meinen Überlegungen zu KIRCHE und GOTT wurde verschiedentlich auf JESUS verwiesen. Sowohl bei meinem Verständnis von KIRCHE wie von GOTT nimmt JESUS eine grundlegende Stellung ein. Doch dieser Bezug auf Jesus greift zu kurz. Als Ethiker wurde ich einmal in einem Seminar gefragt, worin denn mein *moral point of view* bestehe, was also meine ethischen Grundlagen seien. Diese Frage werde ich im Folgenden exemplarisch und etwas ausführlicher aufnehmen. Dies ist *meine* Perspektive, die verallgemeinert werden kann, aber keinesfalls verabsolutiert werden darf.

Vorab der folgende Hinweis: *Theologische Ethik* beschränkt sich nicht auf die christliche Perspektive mit einem exklusiven Bezug auf JESUS. Zur theologischen Ethik gehört unabdingbar und wesentlich der Bezug auf das Erste, das Alte Testament. Erstes und Zweites Testament gehören auf eine differenzierte Weise zusammen. Damit nehme ich indirekt Bezug auf den Streit, den der Berliner Theologe Notger Slenczka ausgelöst hat, als er formulierte, dass das Alte Testament nicht zum Kanon der kirchlichen Bibel gehöre.[101]

Die Ausführungen zur Ethik lassen sich zusammenfassen in den folgenden Satz: *Erstes und Zweites Testament oder von den Schöpfungserzählungen über die Profeten, die Weisheit … zu Jesu:*

---

101 Siehe zeitzeichen. Evangelische Kommentare zu Religion und Gesellschaft, Hefte Jahrgang 2015; besonders erwähnt: Crüsemann, Frank: Das Alte Testament als Wahrheitsraum des Neuen. Die neue Sicht der christlichen Bibel, Gütersloh 2011.

1. Schöpfung im Kontext der radikalen Befreiung zu einer umfassenden Lebensdienlichkeit

Die beiden *Schöpfungsberichte* zu Beginn des Ersten Testaments stellen primär keine Protologie (Erklärung, wie ist die Welt entstanden ist) dar, vielmehr machen sie grundsätzliche Aussagen über den Menschen, das Verhältnis zwischen den Menschen und über das Verhältnis des Menschen zu seiner „Umwelt". Zuerst ist zu beachten, dass die Erschaffung der Welt ein *Sprachgeschehen* ist: GOTT sprach ... (Genesis 1,3 ff.) Sprache meint Kommunikation und Dialog und ist das Gegenteil von Gewalt, Macht, Unterdrückung und Herrschaft. Diese Gedanken lassen sich in Beziehung setzen zur Theorie des kommunikativen Handelns von Jürgen Habermas. Ausgehend von der Sprachtheorie entwickelt dieser seine Theorie des kommunikativen Handelns als Gesellschaftstheorie, bei der Intersubjektivität, Kommunikation, Entscheidungen kraft des besseren Arguments die Grundlagen der gesellschaftlichen Integration abgeben. Wohl gibt es eine Ökonomisierung der Gesellschaft durch die Funktionsprinzipien des Wirtschaftens (Leistung, Konkurrenz, Gewinn, Macht = System). Eine Demokratie, basierend auf Werten wie Gerechtigkeit (= Lebenswelt), muss jedoch eine solche Durchökonomisierung aufheben. Unsere Gesellschaft darf keine *Marktgesellschaft* sein, sie darf nur eine *Marktwirtschaft* haben (Peter Ulrich). Werden zum Beispiel in der Schule allein ökonomische Funktionsprinzipien (Leistung) wirksam, dann gibt es nur noch funktionale Ausbildung (Schule als verlängerter Arm der wirtschaftlichen Interessen) und die *ganzheitliche* Bildung (Pestalozzi: Kopf, Herz, Hand) geht verloren.

Im Schöpfungsbericht ist der Gedanke der Kommunikation (dialogisch, herrschaftsfrei) für die Gestaltung der Gesellschaft grundgelegt.

Dann: Die Welt und den Menschen als „Geschöpf Gottes" zu bestimmen bedeutet, dass der Mensch in seinem Handeln nicht allmächtig sein soll, *dass dem Menschen vielmehr Grenzen gesetzt sind.* Dem Gedanken der Geschöpflichkeit entspricht eine Ethik der Selbstbegrenzung[102] bzw., positiv formuliert, eine Verantwortung gegenüber allem, was lebt (Albert Schweitzer). Diese Ethik der Verantwortung wird systematisch entworfen durch den inneren Zusammenhang der beiden Schöpfungsberichte zu Beginn des Ersten Testaments: Im älteren Schöpfungsbericht, der in der Bibel dem jüngeren nachgeordnet ist, wird die Aufgabe des Menschen mit bewahren, behüten und bebauen beschrieben (Genesis 2,15). Beim jüngeren Schöpfungsbericht, der sogenannten Priesterschrift, den man auf die Zeit des Exils (6. Jh. vor Chr.) datiert, wird von einem Unterwerfen und Beherrschen im Blick auf die Natur gesprochen (Genesis 1,28). Diese beiden Grundhaltungen wurden vom Redaktor der beiden Schöpfungsberichte bewusst zusammengestellt. Nicht im Sinne eines Wechselspiels von Bebauen und Beherrschen, vielmehr implizieren die beiden Schöpfungsberichte den folgenden ethischen Imperativ: Das Beherrschen muss immer ein Bewahren sein. Mit dem Sabbatgebot werden zudem die Grenzen des Nutzens markiert. An einem Tag wenigstens wird auf das Nutzen bewusst verzichtet. Die Grenzen des Nutzens, angetrieben von Allmacht oder Gier, werden auch in der Turmbaugeschichte von Babel eindrücklich thematisiert (Genesis 11). Mag es sich bei dieser Erzählung auch um eine ätiologische Sage handeln, welche die Sprachenvielfalt erklärt. Es handelt sich zugleich um eine Verfehlungsgeschichte: Allmacht, Grenzenlosigkeit, Überheblichkeit, Machbarkeit ohne Grenzen. Die Bestrafung ist nicht mehr die Zerstörung der Menschheit durch die Sintflut, vielmehr „nur" noch die Verwirrung der Sprache. Auch bei dieser Erzählung wird der herausragende Stellenwert der Sprache sichtbar.

In ökonomischen Kategorien formuliert: Das Nutzen muss ein Erhalten sein. In der aktuellen Diskussion über die ökologische Nachhaltigkeit

---

102 Link, Christian: Leitartikel von Link, Christian: Was bedeutet Schöpfung heute? https://www.theologie-naturwissenschaften.de/startseite/leitartikelarchiv/schoepfung-heute.html. [Stand: 6.1.2018]

spricht man von Kreislaufwirtschaft mit der Messgrösse des ökologischen Fußabdruckes. Dieses Verständnis von Wirtschaften geht davon aus, dass wir nur eine Erde haben. Zurzeit besteht in den westeuropäischen Wirtschaften und in den USA ein Wirtschaften, das mit drei Erden rechnet. Der ethische Imperativ der beiden Schöpfungsberichte lässt sich stringent mit dem Konzept der Kreislaufwirtschaft operationalisieren.

Der Gedanke der Grenzen – s. die Grenzen des Wachstums/Club of Rome in den 70er-Jahren – ist in den Schöpfungsgeschichten des Ersten Testaments zentral. Bei Jürgen Habermas wird in seiner Gesellschaftstheorie die Abgrenzung von Lebenswelt und System erörtert mit der Forderung, dass die Lebenswelt sich gegen das System behaupten muss, den ökonomischen Funktionsimperativen sind Grenzen zu setzen. Dazu Jürgen Habermas: Ob dies möglich ist, „ist eine Frage, die theoretisch nicht zureichend beantwortet werden kann und daher in eine praktisch-politische Frage gewendet werden muss"[103].

Es stellt sich die Frage, ob das Konzept der Grenzsetzung den allein richtigen theoretischen Ansatz für eine Gesellschaftstheorie bildet. Meines Erachtens müsste das System so ausgestaltet werden, dass es an sich und in sich gerecht und ökologisch nachhaltig ist. So argumentiert Peter Ulrich in seiner grundlagenkritischen integrativen Wirtschaftsethik.

Diese Frage wird m. E. von den Propheten aufgeworfen (s. unten III 2.) und zugleich wird diese Frage in Anlehnung an Jürgen Habermas ins Praktisch-Politische gewendet. Diese Fragestellung ist insofern radikal, als dass sie auf eine Gesellschaft *jenseits* von Wachstum verweist, das für das kapitalbasierte Wirtschaften grundlegend ist.

Die Erzählungen der Genesis/Schöpfung (1. Buch Mose des Ersten Testaments) erhalten eine zusätzliche Radikalität dadurch, dass der Genesis der Exodus (2. Buch Mose des Ersten Testaments) folgt:

---

103 Habermas, Jürgen: Die nachholende Revolution. Kleine Politische Schriften VII, Frankfurt a. M. 1990; zit. nach Horster, Detlef: Habermas, Jürgen, in: Bedorf, Thomas / Gelhard, Andreas (Hrsg.): Die deutsche Philosophie im 20. Jahrhundert. Ein Autorenhandbuch, Darmstadt 2013, S. 131 (S. 128–132).

„Das Exodusbuch erzählt die Geschichte eines Herrschaftswechsels: Das Volk Israel verlässt die Herrschaft des Pharaos und kommt unter die Herrschaft Jhwhs. Die (für moderne Leser) doppelte Bedeutung des hebräischen Wortes 'bd (‚dienen') lässt diese thematische Linie deutlich hervortreten. Im ersten Teil des Buches sind die Israeliten 'ăvādîm (= Sklaven, Knechte) des Pharaos, im zweiten 'āvǝdû (‚dienen', ‚kultisch verehren') sie ihrem Gott Jhwh. Nicht zwei weltliche Herrscher stehen einander gegenüber, auch nicht ägyptische Götter und Jhwh, sondern Pharao und Jhwh."[104]

An diese Befreiungsgeschichte wird immer wieder erinnert, z. B. bei der Formulierung der Zehn Gebote (Exodus 20). Diese Befreiung aus der Unterdrückung und Ausbeutung war eine Grunderfahrung des Volkes Israels. Auch wenn diese Erfahrung der Befreiung zur problematischen Kategorie der „Erwählung" – Israel, das auserwählte Volk – mit einem exklusiven Anspruch führte, so gehört zur „Schöpfung" unabdingbar die „Befreiung": Befreiung von Macht und Herrschaft, von Ausbeutung und Unterdrückung. Befreiung von Strukturen, welche Mensch, Tier und Natur zerstören.

Dieser Machtwechsel, dieser Gedanke der Befreiung findet exemplarisch seinen Ausdruck auch im Zweiten Testament in den folgenden drei Texten.

Der *erste Text* bezieht sich grundsätzlich und allgemein auf die Mächtigen:
46 Da sagte Maria: *Meine Seele* preist die Größe des Herrn,
47 und mein Geist *jubelt über Gott, meinen Retter.*
48 Denn *auf die Niedrigkeit seiner Magd hat er geschaut.*
Siehe, von nun an *preisen mich selig* alle Geschlechter.
49 Denn der Mächtige *hat Großes* an mir getan,
und *sein Name ist heilig.*

---

104 https://www.bibelwissenschaft.de/wibilex/das-bibellexikon/lexikon/sachwort/anzeigen/details/exodusbuch/ch/fe3e13595ee49c747ed5ad36d74692f0/ [Stand: 6.1.2018].

50 *Er erbarmt sich* von Geschlecht zu Geschlecht
über alle, die ihn fürchten.
51 Er vollbringt *mit seinem Arm* machtvolle Taten:
Er zerstreut, die im Herzen *voll Hochmut sind;*
52 *er stürzt die Mächtigen* vom Thron
und *erhöht die Niedrigen.*
53 *Die Hungernden beschenkt er mit seinen Gaben*
und lässt die Reichen leer ausgehen.
54 *Er nimmt sich seines Knechtes Israel an*
und denkt an sein Erbarmen,
55 *das er unseren Vätern* verheißen hat,
Abraham und seinen Nachkommen auf ewig.
(Lukas 1,46–55: Magnificat / Marias Lobgesang)

Es ist bemerkenswert, dass eine Frau, *die* Maria, bei ihrem Besuch bei Elisabeth, einer zweiten Frau, eine solche radikale Machtkritik leistet und dass der Evangelist Lukas, im Kontext einer patriarchalen Gesellschaft, diesen „Lobgesang" in Bezug auf den Sturz der Mächtigen zitiert als Vorgeschichte zur Geburt von Jesus. Das bedeutet: Jesus wird diese radikale Kritik an den Mächtigen weiterführen (s. unten III 4.2.: Tempelreinigung).
Der *zweite Text* stellt die Macht und Herrschaft des Geldes (Gewinnmaximierung z. B. als alleiniges Ziel) radikal infrage:
„Niemand kann zwei Herren dienen; denn entweder wird er den einen hassen und den anderen lieben, oder er wird einem anhangen und den anderen verachten. Ihr könnet nicht Gott dienen und dem Mammon."
(Matthäus 6,24)
Der *dritte Text* bezieht sich auf die Befreiung der ganzen Schöpfung (Römer 8,21 f.):
„21 Auch die Schöpfung soll von der Sklaverei und Verlorenheit befreit werden zur Freiheit und Herrlichkeit der Kinder Gottes.
22 Denn wir wissen, dass die gesamte Schöpfung bis zum heutigen Tag seufzt und in Geburtswehen liegt."

Mit diesen Überlegungen wurde bereits vorab ein Hinweis auf das Zweite Testament gemacht und ein wichtiger Bezug zwischen dem Ersten und Zweiten Testament unter dem Gesichtspunkt der Befreiung, Herrschaft, Macht hergestellt.

2. Prophetisches Sehen, Urteilen und Handeln[105]

Die Begrifflichkeit prophetisches Sehen, Urteilen und Handeln nimmt bewusst Bezug auf die Propheten des Ersten Testaments und meint eine radikal-kritische Gesellschaftsanalyse. Ich gebe dazu ein Beispiel und nehme Bezug auf das Urteil, das der Prophet Amos über seine Zeit gefällt hat. Es war eine herbe Zeit und Sozialkritik, welche sich auf die zentralen Lebensbereiche Gesellschaft, Recht, Gottesdienst und Politik bezieht. Dazu nur ein paar wenige Beispiele, um die Struktur und den Inhalt dieser sozialkritischen Situationsanalyse verdeutlichen zu können:

Amos, der selbst Landwirt war, verlässt seine judäische Heimat und tritt im Norden um 760 für die Anliegen der Armen und Entrechteten ein, indem er auf eine schroffe Art und Weise den Gegensatz von Reichtum und Armut, Städtern und Bauern sieht und anklagt. Mit aller Klarheit nennt Amos die *Akteure der Unterdrückung* und stellt sich auf die *Seite der Unterdrückten:*

„Ihr [Ihr = Akteure der Unterdrückung] *liegt auf Betten aus Elfenbein, ausgestreckt auf euren Ruhebetten.*
Zum Essen holt ihr euch Lämmer aus der Herde und die gemästeten Kälber."
(Am 6,4)

Diese Lebensweise kostet enorm Geld und für Amos ist offensichtlich, woher das Geld kommt:

„Ihr unterdrückt den Armen [Die Armen: Subjekte der Unterdrückung] *und nehmt das Korn mit großen Lasten von ihnen."* (Am 5,11)

---

105 OeME-Herbsttagung 2010. Kurt Marti – ein Bekenntnis. Reformierte Kirche Bern-Jura-Solothurn, Mai 2011. Siehe unten VI 2.2. ausführlicher.

In Bezug auf die Frage nach den dazu notwendigen ethischen Maßstäben wird deutlich, dass die Sozialkritik bei Amos sich ethisch „orientiert" an der Unterdrückung der *dallim* (Armen). Amos stellt verurteilend fest, dass um Silber (Geld) der saddiq (Unschuldige) verkauft wird und der Arme wegen ein paar Sandalen, dass die Köpfe der *dallim* (gering Begüterten, die Armen) zur Erde getreten und der *däräk* (Weg; Einheit von Lebenswandel und Lebenslauf; Möglichkeit zu gelungenem Leben und heilvoller Existenz) der Frommen hinabgebeugt und damit ein sinnvolles Leben verunmöglicht wird (Am 2,6–16). Gleichzeitig werden die Damen des Hofes als Basanskühe (damals hochgeschätzte Zuchtviehart) charakterisiert (Am 4,1-3), womit Amos den Rahmen dessen sprengt, was damals an prophetischen Auftritten – die Frauen der herrschenden Schicht als feiste Rindviecher – möglich war: In ihrem rücksichtslosen Luxusleben zertreten die Frauen wie übersättigte Rinder ihre Weide, nämlich die unteren Volksschichten (die dallim), von denen aller Existenz schlussendlich abhängig ist.[106]

Die Kritik der Verhältnisse von *Amos* ist stets „konkret und eindeutig". Das heißt: Im Kern seiner Gesellschaftskritik steht das Unrecht einer Gruppe, die dallim (sozial abgrenzbare Schicht von Kleinbauern, 2. Könige 24, 14) oder Elende (äbjonim) heißt. Die Mitglieder dieser Gruppe werden fünfmal als äbjon (Bedürftiger; 2,6; 4;1; 5,12; 8,4.6), viermal als dal (gering Begüterter; 2,7; 4,1; 5,11; 8,6), zweimal als 'anaw (demütig Frommer; 2,7; 8,4) und einmal als 'aschuq (Ausgebeuteter; 3,9; 4,1) bezeichnet. Diese Gruppe, die sich gemeinschaftstreu (saddiq), fromm und gottergeben ('anaw) verhält, ist der Raffgier der Mächtigen wehrlos ausgeliefert, wird von ihr „hinabgebeugt", verliert ihre selbständige Existenz. Dabei wird Amos nicht etwa nur durch ein humanes Mitgefühl zu einer solchen Sozialkritik motiviert, auch nennt er keinen Schuldigen beim Namen oder prangert Einzelpersonen oder Einzeltaten an, bietet ebenfalls keine Moralpredigten, in denen z. B. ein Mangel

---

106 So Koch, Klaus: Die Profeten I. Assyrische Zeit, Stuttgart u. a. 1987/2. Aufl., S. 56 ff.; s. Koch, Klaus: Die Entstehung der sozialen Kritik bei den Profeten. Die Profeten I. Assyrische Zeit, Stuttgart u. a. 1987 (2. Aufl.), S. 242.

an sozialer Rücksicht beklagt wird. Vielmehr denkt Amos gesellschaftlich, hat das gesamte „System" im Blick, nämlich eine gesellschaftliche Entwicklung der Ungerechtigkeit und Ausbeutung, welche eine die Gesellschaft tragende Schicht betrifft und zu zerstören droht.[107] Die Gesellschaft als System und Gemeinschaft ist demzufolge in Gefahr.

Prophetisches Sehen, Urteilen sagt:[108]
Das könnte den Herren der Welt ja so passen,
wenn erst nach dem Tode Gerechtigkeit käme;
erst dann die Herrschaft der Herren,
erst dann die Knechtschaft der Knechte
vergessen wäre für immer,
vergessen wäre für immer.

Das könnte den Herren der Welt ja so passen,
wenn hier auf Erden stets alles so bliebe;
wenn hier die Herrschaft der Herren,
wenn hier die Knechtschaft der Knechte
so weiterginge wie immer,
so weiterginge wie immer.

Doch ist der Befreier vom Tod auferstanden,
ist schon auferstanden und ruft uns jetzt alle
zur Auferstehung auf Erden,
zum Aufstand gegen die Herren,
die mit dem Tod uns regieren,
die mit dem Tod uns regieren.

Aus diesem Sehen und Urteilen ergibt sich ein Handeln, welches Unrecht, Macht und Herrschaft zu überwinden trachtet. Weil Macht

---

107 So Koch, Klaus: Die Entstehung der sozialen Kritik bei den Profeten, a. a. O., S. 238, 242, 244, 247; ders., Die Profeten I, a. a. O., S. 60 f.
108 Gesangbuch der Evangelisch-Reformierten Kirchen der deutschsprachigen Schweiz, Basel 1998, Lied Nr. 487/Kurt Marti, Berner Pfarrer und Schriftsteller.

keinesfalls mit Verantwortung gekoppelt ist, wirtschaftliche Macht vielmehr lebensfeindlich ist, muss Macht überwunden werden. Die folgenden Fragen müssen beantwortet werden:
Wer hat wie viel Macht?
Wer nimmt seinen Einfluss wie wahr?
Welche Rolle spielt dabei das Geld?
Welche Mechanismen der Macht bei Banken, Großunternehmen, beim Gewerbe, in der Politik auf allen Ebenen haben sich etabliert?
Diese Fragen können mit Bezug auf die Propheten gestellt werden. Ueli Mäder hat diese in seinem Buch „macht + ch. Geld und Macht in der Schweiz" theoretisch und mit verschiedenen Fallstudien und Gesprächen bearbeitet. [109]

3. **Weisheit als Reflexion im Dreischritt von Erfahrung, Reflexion, Praxis als Grundlage einer konsequenten Verantwortungsethik**

Ausgehend von der folgenden Definition von Weisheit will ich meine Gedanken zur Weisheit unter dem Gesichtspunkt des ethischen Dreiecks entfalten: „‚Weisheit' benennt im Ersten Testament wie im gesamten Alten Orient das Bemühen, die die Menschen umgebende Wirklichkeit zu ordnen, zu erfassen und zu erklären und sich so in der Welt geborgen zu wissen. Es geht um die Regeln, nach denen das Leben in allen seinen Beziehungen abläuft. Wer diese Regeln kennt und beachtet, dem ist gelingendes Leben sicher. Weisheit bewegt sich dabei immer im Horizont der Schöpfung, ist also, selbst wenn dies nicht explizit angesprochen wird, stets theologisch verortet. Grundüberzeugung der Weisheit Israels ist die, dass sich die eigenen Taten und das Schicksal entsprechen, der sogenannte Tun-Ergehen-Zusammenhang ... Diese Überzeugung ist in der weisheitlichen Literatur des Ersten Testaments stets präsent, entweder in vorausgesetzter Zustimmung oder, in den

---

[109] Mäder, Ueli: macht + ch. Geld und Macht in der Schweiz, Rotpunktverlag Regensburg 2015.

Zeugnissen der Krise der Weisheit, in kritischer Hinterfragung oder Ablehnung."[110]

(1) Weisheit als Ordnungsprinzip der Wirklichkeit und ihre spezifischen Argumentationsstrukturen, Sprichworte, Lehrgedichte:[111]
In den Sprichworten werden verschiede *Argumentationsstrukturen* dargestellt, etwa die Analogie, Prov 26,14: „Wie die Tür in der Angel sich dreht, so der Faule auf seinem Lager". Daneben findet man Antithesen, Prov 10,17: „Wer Zucht bewahrt, geht den Weg zum Leben, wer aber Rüge missachtet, der geht in die Irre", und Paradoxien, Prov 11,24: „Mancher gibt viel und wird doch noch reicher, mancher ist geizig über Gebühr und wird nur ärmer". Ein Sonderfall sind die Makarismen/Seligpreisungen, die ein bestimmtes Verhalten als besonders preiswürdig herausstellen, vgl. Ps 1,1: „Wohl dem Mann, der nicht wandelt im Rat der Frevler …". Oftmals sprechen diese Sprüche auch eine Mahnung oder Warnung aus, vgl. Prov 16,3: „Befiehl dem Herrn deine Wege, so werden deine Pläne gelingen" (vgl. EG 361). Hier ist das ursprünglich einzeilige Sprichwort bereits durch eine zweite Zeile ergänzt. Neben solchen Zweizeilern gibt es auch Mehrzeiler, vgl. Prov 24,1 ff. oder die Beschreibung des Trinkers in Prov 23,29–35. Die ein- oder zweizeiligen Sprüche konnten dann auch, wohl aus lerntechnischen Gründen, zu thematisch geordneten Gruppen zusammengestellt werden, vgl. Prov 26,1 ff. über den Toren.

Besonders häufig sind die (Volks-)*Sprichworte* (מָשָׁל, *mašal*), die auch in erzählenden Texten des Ersten Testaments vorkommen, vgl. Ri 8, 21: „Wie der Mann, so seine Kraft", oder, als Antithese formuliert 1. Sam 16, 7: „Der Mensch sieht auf den äußeren Schein, der Herr aber sieht auf das Herz". Diese Sprichworte wollen eine Erfahrung standardisieren, zur Allgemeingültigkeit erheben und so eine Orientierungsmöglichkeit

---

110 http://www.bibelwissenschaft.de/bibelkunde/themenkapitel-at/weisheit/: meist wörtlich zitiert [Stand: 6.1.2018].

111 http://www.bibelwissenschaft.de/bibelkunde/themenkapitel-at/weisheit/ [Stand: 6.1.2018].

in vergleichbaren Situationen geben. Sprichworte können aber auch zwei Verhaltensweisen gegenüberstellen, von denen die eine nachzuahmen, die andere zu meiden ist, vgl. Prov 10,5: „Wer im Sommer einsammelt, handelt klug, wer aber schläft in der Ernte, handelt schändlich".

In einer weiteren Entwicklungsphase wurden dann ganze *Lehrgedichte* oder Weisheitsreden abgefasst, wie sie sich etwa in Prov 1–9 oder Hi 28 finden, aber auch aus der Umwelt Israels bekannt sind. Sie wollen das Wissen über die Wirklichkeit bündeln und so umfassend Geborgenheit im Kosmos vermitteln. Die späteren Weisen in Israel bildeten darüber hinaus noch andere Gattungen zur Vermittlung ihres Wissens aus, so etwa Beispielerzählungen (Dan 1, Tobit) oder Lehrbriefe (Aristeasbrief).

(2) Ethisches Dreieck

Diese kurze Darstellung des weisheitlichen Denkens will ich zuerst unter dem Gesichtspunkt ethischer Methodik systematisieren: Seit Aristoteles wird die Ethik als Wissenschaft verstanden als Reflexion des Ethos und der Moral (bestehende Sitten und Moralgestalten, Konventionen, Normen, Regeln). Was aber ist der Gegenstand, sind die Grundfragen und die Ziele der Ethik?

Womit hat es die Ethik zu tun? Was ist ihr Gegenstand?

Ethik ist nicht ein allgemeines Nachdenken über Ethos und Moral, über menschliche Handlungen und Institutionen. Sie fragt immer nach der moralischen Qualität, d. h., sie fragt danach, was eine Handlung z. B. zu einer moralisch guten Handlung macht oder wann eine Institution menschengerecht ist. Ethik befasst sich in diesem Zusammenhang mit Begriffen wie das Gute, Pflicht, Sollen, Erlaubnis und sie führt Bewertungen durch, die sich am moralisch Guten orientieren. Die deskriptive Ethik beschreibt, die normative Ethik sagt, was gelten soll (normativ, präskriptiv), die Metaethik ist eine kritische Selbstreflexion sowie eine Reflexion der Grundbegriffe und Theorien der Ethik. Ethik ist eine Integrationswissenschaft, welche individuelles (Individualethik; Verantwortung für meine Gesundheit), personales (Personalethik: Verantwortung für den Mitmenschen) und institutionelles Handeln (Stakeholder-Verantwortung eines Unternehmens für Mitarbeiterinnen, Natur, Konsumenten) konsequent und unauflösbar in Beziehung zu ethischen Werten setzt.

Die Grundfrage und Grundunterscheidung der Ethik
Was sollen wir tun? (Immanuel Kant 1724–1804) Diese Grundfrage steht im Zusammenhang mit den Fragen: Was ist lebensförderlich? Was ist für das Leben gut? Was ist das gute Leben? Klassisch: Ethik fragt nach dem Guten in Abgrenzung – Grundunterscheidung – vom Bösen, erkennt die kulturelle Bedingtheit des Guten und Bösen, macht auf Be-Wertungen aufmerksam, beschreibt diese und macht sie transparent. Bei Immanuel Kant steht die Frage „Was soll ich tun?" im Kontext der folgenden Fragen (s. oben Einleitung 4.):
o Was kann ich wissen? Sachgerechtigkeit, Information, wie ist Erkenntnis möglich?
o Was soll ich tun? Handeln und Entscheiden. Worin besteht das gute Leben? Normen, Prinzipen.
o Was darf ich hoffen? Utopie, Hoffnung, Transzendieren.
o Was ist der Mensch? Anthropologie.

Ziele der Ethik?
Erstens: Ziel der Ethik als Wissenschaft ist die Aufklärung der menschlichen Praxis hinsichtlich ihrer moralischen Qualität: Mit welchen Werten wird das Handeln begründet und in welchem Verhältnis stehen die Werte zu Interessen und Motiven? Dies gilt für individuelles Handeln (Individualethik) wie für Institutionen (Sozialethik).
Zweitens: Einübung in (a) ethische Argumentationsweisen (Deontologie, Teleologie, Verantwortungsethik), (b) Begründungsgänge (Stufenmodell des moralischen Urteilens, ethische Begründungen) und (c) Klärung von ethischen Normen, Prinzipien und Werten wie Gerechtigkeit, Freiheit, Menschenwürde.
Drittens: Aus diesem Verständnis von Ethik als Wissenschaft ergibt sich der Dreischritt von Erfahrung, Reflexion und Praxis:

Reflexion:
Beschreiben, begründen,
urteilen, bewerten,
überdenken

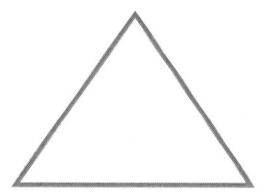

△

Erfahrung:　　　　　　　　**Praxis:**
Welt; bestehende Normen,　　Orthopraxie,
Werte, Institutionen,　　　　Lebensdienlichkeit
Ordnungen

Abb. 2: Dreieck der ethischen Reflexivität

Weisheitliches Denken basiert auf diesem Dreischritt, auf diesem Dreieck der ethischen Reflexivität.[112]

(3) Verantwortungsethik
Ein zweiter Punkt der Systematisierung des weisheitlichen Denkens ergibt sich aus der Krise dieses Denkens. Grundlegend war, wie oben erwähnt, der Tun-Ergehen-Zusammenhang. Die Weisheit ging davon aus, dass sich aus dem Handeln, dem Tun das Ergehen ableiten lässt. Ein Mensch, der rechtschaffen und gut handelt, dem wird es gut ergehen. Das Hiobbuch und dann der Prediger, beide nachexilisch, zeigen auf, dass es diesen Zusammenhang nicht mehr gibt. Damit ist

---

[112] Siehe Kaiser, Helmut: ‚Ethische Rationalität': Konzept einer sach- und menschengerechten Risikobetrachtung. Vortrag 7.2.1990 an der ETH Zürich, in: Chakraborty, S. / Yadigaroglu, G.: Ganzheitliche Risikobetrachtungen. Technische, ethische und soziale Aspekte, Verlag TÜV Rheinland Köln, 1991, S. 04-15/S. 04-1-04-74; Kaiser, Helmut: Ökologische Wirtschaftsdemokratie. Wege zu einem lebensdienlichen Wirtschaften im Kontext der Globalisierung, Aachen 2007, S. 230 ff.

die Weisheit mit ihrem Ziel, die Wirklichkeit denkerisch bewältigen zu können, in eine Krise geraten.[113]

Die erfahrungsmäßige Auflösung des Tun-Ergehen-Zusammenhangs führte zur sogenannten Theodizeefrage. Gott wurde befragt, warum er das ungerechte Leid oder Böses zulasse. Bei Hiob geht GOTT nicht auf dessen Anklagen ein, Hiob unterwirft sich GOTT und erkennt, ohnmächtig und unwissend zu sein. Was Hiob bleibt, ist ein Staunen über die Schönheit der Natur und ein demütiges Unterordnen in Bezug auf die Größe Gottes. Kohelet kann diese Antwort auf die Theodizeefrage nicht übernehmen:

„Für ihn ist alles ‚eitel', besonders der Versuch der Menschen, im Weltenlauf Sinn entdecken zu wollen. Fromme und Gottlose haben dasselbe Geschick (Kohelet 8, 9–7), Gottes Wollen ist nicht zu erkennen. Als einzige Lösung bietet Kohelet an ‚fröhlich zu sein bei seinem Tun, das ist sein Teil, denn wer will ihn dazu bringen, sich zu freuen über das, was nach ihm kommt' (3,22), vgl. 9, 7ff.: ‚Geh, iss mit Freuden dein Brot und trink deinen Wein mit fröhlichem Herzen, denn längst hat Gott dein Tun gebilligt ... denn in der Unterwelt, wohin du gehst, gibt es kein Schaffen oder Planen, keine Erkenntnis oder Weisheit.' Die Perspektive des Predigers ist demnach allein auf das Diesseits ausgerichtet."[114]

Genau bei diesem Tun-Ergehen-Zusammenhang kann moderne Ethik als Wissenschaft anknüpfen. Stichwort Konsequenzialismus.[115] Jeder Akteur, jede Akteurin, sei dies ein Individuum oder eine Organisation, hat bei seinem Handeln Motive, Interessen, Ziele, Werte. Gleichzeitig werden beim Handeln auch die Folgen beachtet. Kennzeichnend für den Konsequenzialismus ist weiterhin, dass er bei der Handlungsbeurteilung nicht nur die beabsichtigten, sondern auch die *unbeabsichtigten*,

---

113 So http://www.bibelwissenschaft.de/bibelkunde/themenkapitel-at/weisheit/
114 http://www.bibelwissenschaft.de/bibelkunde/themenkapitel-at/theodizee/ [Stand: 6.1.2018].
115 Siehe Bleisch, Barbara / Huppenbauer, Markus: Ethische Entscheidungsfindung. Ein Handbuch für die Praxis, Zürich 2011, S. 54 ff.

aber *absehbaren* Folgen – die sogenannten „Nebenfolgen" – berücksichtigt, und zwar in der Regel mit demselben Gewicht wie die beabsichtigten Folgen. In früheren Zeiten hat die Landwirtschaft z. B. ihre Produktivität durch den Einsatz von chemischen Düngemitteln enorm gesteigert mit der Folge einer enormen Gewässerverschmutzung. Wirtschaftliches Wachstum bei uns führt zum Klimawandel, zu einer Klimakatastrophe, zu unmenschlichen Arbeitsbedingungen bei der Smart-Phone-Herstellung. Die Atomkraftwerke produzieren über Jahrtausende von Jahren atomaren Müll. Dies wurde nie ernsthaft als Folge bedacht. Das technologische Credo „Das werden wir schon lösen" ist unverantwortlich und macht die Technik zu einer gefährlichen Heilslehre, ohne auch im Geringsten die politischen Rahmenbedingungen (Kontrolle, Macht) zu überdenken. Das ist ein Skandal der Vernunft, unverantwortlich, unmöglich. Ebenso wird die Möglichkeit/Wahrscheinlichkeit eines GAUS an das Ende der Zeitachse verschoben. Dies ist eine völlig irrationale Denk- und Handlungsweise. Die Eintretenswahrscheinlichkeit ist wohl sehr niedrig, doch kann der Fall des Eintretens mit einer lebenszerstörenden Schadenshöhe *jederzeit* erfolgen. Es sind kurzfristige ökonomische Gewinn-Interessen, welche eine solche lebensgefährliche Irrationalität erzeugen. Wir leben aktuell in einer neoliberalen Marktgesellschaft 89 (nach der Wende: Deregulierung, Privatisierung, wirtschaftliches Wachstum, Gewinnerzielung prioritär) mit dem politischen Rahmen der Demokratie, welche auf der Basis einer extrem lebensgefährlichen Risikotechnik steht.[116]

So fehlt eine politische und ökonomische Weisheit, welche die genannten Irrationalitäten offenbart und überwindet.

Der weisheitliche Tun-Ergehen-Zusammenhang wird heute nicht mehr zur GOTTESFRAGE, vielmehr zur überlebensrelevanten Systemfrage. Beide Fragen sind jedoch überlebenswichtig.

---

116 Zerstörung der natürlichen Lebensgrundlagen durch Klimawandel, mögliche GAUs, Mobilität, die zum Stillstand führt; s. Beck, Ulrich; s. Kaiser, Helmut: ‚Ethische Rationalität': Konzept einer sach- und menschengerechten Risikobetrachtung. Vortrag 7.2.1990 an der ETH Zürich, in: Chakraborty, S. / Yadigaroglu, G.: Ganzheitliche Risikobetrachtungen. Technische, ethische und soziale Aspekte, Verlag TÜV Rheinland Köln, 1991, S. 04-18/S. 04-1–04-74.

Es geht um eine Verantwortungsethik, welche Folgenabschätzungen durchführt, die ethische Bezugspunkte wie Menschenrechte, Gerechtigkeit/Frieden/Bewahrung der Schöpfung, Nachhaltigkeit oder ökologischer Fußabdruck haben. Insofern erhält der weisheitliche Tun-Ergehen-Zusammenhang durch die Verantwortungsethik (Max Weber) eine aktuelle vernunftgemäße Interpretation. Zum weisheitlichen Denken gehört eine umfassende Verantwortungsethik, welche mögliche Folgen antizipiert und die aktuellen Entscheide bestimmten lässt von der Einschätzung der Folgen wie: Es ist unverantwortlich, atomaren Müll 100 000 Jahre lagern zu müssen.

4. Jesus

In der Profangeschichte gibt es nur einen kurzen Hinweis darauf, dass ein Mann namens Jesus hingerichtet wurde: Der jüdische Historiker Flavius Josephus erwähnt Jesus in seinen Antiquitates Judaicae (um 93) zweimal. Der römische Geschichtsschreiber Tacitus schreibt um 117 in seinen Annales von Christen, denen Kaiser Nero die Schuld am Brand von Rom (64 n. Chr.) zuschreibt, den folgenden Satz: „Der Mann, von dem sich dieser Name herleitet, Christus, war unter der Herrschaft des Tiberius auf Veranlassung des Prokurators Pontius Pilatus hingerichtet worden."
Wenn auch Jesus als Grundlage für „meine" Ethik gewählt wird, dann gilt es vorab zu bedenken: Es gibt nur äußerst knappe Hinweise auf Jesus in den nichtchristlichen Quellen. Umso umfangreicher sind die christlichen Texte. Und konstatiert werden muss die historische Tatsache, dass mit Jesus eine Staatsreligion mit Kirche gegründet wurde, obwohl Jesus dies sicher nicht beabsichtigte.
Wie also ist es möglich, aus den Evangelien eine Ethik (Menschenbild, Tugenden, Werte, Normen, Handlungsorientierungen, Motive) von Jesus herauszuarbeiten? Fest steht, dass die Evangelien keine Biographie von Jesus schreiben wollten, die Evangelien vielmehr von einer je spezifischen Christologie ausgehen und von diesem Ausgangspunkt

aus in Geschichten, Gleichnissen, Erzählungen, Wundertaten das Leben Jesu „beschreiben". Oder wie Ingolf U. Dalferth die Absicht der Evangelien zusammengefasst hat: „Diese zeichnen den Lebensweg des gekreuzigten Jesus in kerygmatischer [verkündigend, Verkündigung] Absicht nach und beantworten die christologische Identitätsfrage damit – nicht nur, aber in wesentlicher Hinsicht – narrativ ... ."[117] Das heißt: Wohl schreiben die Evangelien keine Biographie von Jesus, doch geben sie so nebenbei ein paar verlässliche Daten seines Lebens. Zudem kann über die Erzählungen der Evangelien das Lebens*zeugnis* von Jesus rekonstruiert werden, wohl wissend, dass die Evangelien und dann auch Paulus ihr je eigenes theologisches Programm haben.[118] Ob Jesus wirklich in Bethlehem geboren wurde, ist unsicher. Dass er aufgrund seines Wirkens (der Sabbat ist für den Menschen da ...; Solidarität mit den Schwachen und Ausgestoßenen ...) von der politischen und religiösen Obrigkeit/Macht zum Tode am Kreuz verurteilt wurde, das ist sicher:

Das Leben Jesu, seine umfassende, radikale und grenzenlose Liebe, seine Kritik an Macht und Herrschaft, führte ihn ans Kreuz.[119]

---

117 Dalferth, Ingolf U.: Der auferweckte Gekreuzigte, Tübingen 1994, S. 87.
118 so Dalferth, Ingolf U.: Der auferweckte Gekreuzigte, Tübingen 1994, S. 91.
119 Ein kurzer, grundlegender biographischer Hinweis soll hier gemacht werden. Ich habe im Sommersemester 1972 in Tübingen eine Seminararbeit über Rudolf Bultmann 1884–1976 geschrieben und auch noch Ernst Käsemann 1906–1998 persönlich kennengelernt, der bei R. Bultmann 1931 in Marburg promovierte. Thema in dieser Zeit war das Verhältnis zwischen dem historischen Jesus und dem kerygmatischen Christus. Das Interesse am historischen Jesus war für mich immer eine brennende Frage (auch für E. Käsemann), wohl wissend, dass eine Biographie von Jesus nicht herstellbar ist. Das war ja auch das Ergebnis der Leben-Jesu-Forschung von Albert Schweitzer 1875–1965, die R. Bultmann mit seinem „Programm der Entmythologisierung" übernommen hat mit der folgenden Einsicht: Glaube ist der Ruf zu einem radikal neuen Lebens- und Selbstverständnis. Der von mir kursiv formulierte Satz bringt dies zum Ausdruck. Mit R. Bultmann individuell (existentiell) und mit E. Käsemann sozialethisch (politisch) verstanden. Siehe dazu den immer wieder zitierten Satz von R. Bultmann: „Man kann nicht elektrisches Licht und Radioapparat benutzen, in Krankheitsfällen moderne medizinische und klinische Mittel in Anspruch nehmen und gleichzeitig an die Geister- und Wunderwelt des Neuen Testaments glauben. Und wer meint, es für seine Person tun zu

Dies vorausgesetzt, werde ich Grundsätzliches der Ethik von Jesus herausstellen. Doch wie kann ich das „Grundsätzliche" erfassen? Oder: Ist es möglich, die Ethik von Jesus in wenigen Sätzen zusammenzufassen? Die Texte selbst geben auf diese Frage eine einleuchtende Antwort, wird doch das Doppelgebot als das wichtigste Gebot bezeichnet.

4.1. Das Doppelgebot der Liebe als Grundstruktur und Basisnorm

Mit Paulus, der eine Systematik des christlichen Glaubens entwickelt und zudem Konfliktsituationen in den von ihm gegründeten Gemeinden zu „managen" hat, wird die Liebe gerade in tiefgreifenden Konfliktsituationen als die Größte bezeichnet (1. Kor 13,1–13). Hier soll kurz, um die Liebe als Basisnorm zu begründen, dieser bekannte Text von Paulus kurz aufgenommen werden.

In unserer Tradition bezeichnen wir Paulus als Apostel. In der Sprache des modernen Managements war Paulus ein Gründer und Organisator von Gemeinden.

Paulus unternahm verschiedene Reisen. Auf seiner 2. Missionsreise im Jahr 51 hat Paulus die Gemeinde in Korinth gegründet. Nachdem er weitergezogen war, hörte er von Ephesus aus, dass in seiner Gemeinde große Konflikte ausgebrochen waren. Es ging um den Streit über den richtigen Glauben:

Die einen sagten, dass man alles verkaufen müsse, um ein guter Christ zu sein.

---

können, muß sich klarmachen, daß er, wenn er das für die Haltung des christlichen Glaubens erklärt, damit die christliche Verkündigung in der Gegenwart unverständlich und unmöglich macht." Bultmann, Rudolf: Neues Testament und Mythologie. Das Problem der Entmythologisierung der neutestamentlichen Verkündigung (1941), in: Bartsch, H.-W. (Hg.): Kerygma und Mythos, Band 1 (1948), 4. Aufl. Hamburg, 1960, S. 18 (15–48). Christlicher Glaube muss existentiell verstehbar sein bzw. gemacht werden.

Andere behaupteten, dass nur der, der in Zungen reden könne, ein wahrer Christ sei.

Dritte meinten, nur derjenige, der sich selbst verbrenne, sei ein richtiger Christ.

Paulus erkannte, wie gefährlich dieser Streit für das Fortbestehen seiner Gemeinden war und wie unmenschlich dieser werden konnte. Paulus hatte noch kein Telefon, oder Handy oder E-mail zur Verfügung. Er schrieb einen Brief, der zudem wochenlang unterwegs war.
Umso wichtiger war dann jedoch ein solcher Brief, wenn er ankam. Paulus hat Wichtiges erkannt: Der Streit um den wahren Glauben bringt nicht weiter. Er schafft nur Verletzungen. Die Antwort ist klar: Einzig, was nützt, ist die Liebe – sonst nichts! Weil die Liebe als Grundlage für das Leben gilt, in allem, was geschieht, in allen Entwicklungen, wird dieser Text als das Hohelied der Liebe bezeichnet.
Die Liebe als Aufbau- wie Konfliktmanagementprinzip
Und nun zum wichtigsten Gebot: Jesus wurde die Frage nach dem wichtigsten Gebot gestellt und seine Antwort lautete (Markus 12,28–34):
„29 Das erste ist: *Höre, Israel, der Herr, unser Gott, ist der einzige Herr.*
30 *Darum sollst du den Herrn, deinen Gott, lieben mit ganzem Herzen und ganzer Seele,* mit all deinen Gedanken *und all deiner Kraft.*
31 Als zweites kommt hinzu: *Du sollst deinen Nächsten lieben wie dich selbst.* Kein anderes Gebot ist größer als diese beiden."
In diesem Doppelgebot gibt es 3+ Dimensionen/Relationen des Menschseins:

Mensch-Gott: Religion, Spiritualität, Transzendenz, ...
Mensch-Ich: Freiheit, Selbstverwirklichung, Gewissen, Verantwortung, ...
Mensch-Mitmensch: Solidarität, Zusammenarbeit, care, Konflikte, ...
Mensch-Mitwelt: Natur (Pflanzen, Tiere), gestalten als bewahren, Nachhaltigkeit, Kreislaufwirtschaft, ...

Anhand dieser 3+ Grunddimensionen/Grundrelationen lässt sich eine komplexe christliche Ethik entwerfen. Insofern war und ist dieses Doppelgebot der Liebe für mich die kohärente Grundstruktur einer christlichen Ethik, wie sie zum Beispiel Arthur Rich in seiner zweibändigen Wirtschaftsethik (1984/1991) ausgearbeitet hat. Auch die Inhalte eines Unterrichtskonzeptes lassen sich über das Doppelgebot der Liebe strukturieren und begründen. Den möglichen Vorwurf, einem platten *Agapismus* zu huldigen, verstehe ich nicht als Kritik, vielmehr als Hinweis, den Kern der Ethik von Jesus erkannt zu haben. Zudem wird die Liebe nicht im Sinne von „Seid nett miteinander" interpretiert, vielmehr wird das Eschatologische bei Jesus (Verkündigung des kommenden „Reiches Gottes") im Sinne einer radikalen Liebe verstanden.
So wird in den folgenden Ausführungen eine spezifische Verbindlichkeit sichtbar, die auch das Argument entkräftet, dass aus der Bibel alles herausgelesen werden kann, was „man" so will. Zu dieser Verbindlichkeit – versus Willkür, Unverbindlichkeit, Beliebigkeit – gehört eine Radikalität in der Liebe, im Frieden, in der Gerechtigkeit, die für die aktuelle Gestaltung der Kirchen eine große Herausforderung darstellt, der zu begegnen oft gescheut wird. Durchgehendes Stichwort ist also „Radikalität":

4.2. Die Tempelreinigung: Radikalität als zornige Liebe

Es gibt im christlichen Glauben eine radikale und zornige Liebe. Dazu der Hinweis auf den Text Markus 11,15–25 (Mt 29,9–13) mit der Überschrift „Die Tempelreinigung". Jesus kehrt in den Tempel ein und wirft die Geldwechsler und Händler ohne zu zögern aus dem Tempel hinaus. Seine Begründung: Der Tempel ist ein Haus des Gebets für alle und keine Räuberhöhle. Was ist mit dieser Tempelreinigung passiert und welche Voraussetzungen sind zu beachten, um die Radikalität und Brisanz dieses Geschehens zu erfassen?

Zuerst gilt es zu beachten, dass der Tempel das Zentrum der politischen und kirchlichen Macht darstellt. Er ist der zentrale Staatsapparat zur Zeit von Jesus und seine wirtschaftliche Wichtigkeit ergibt sich aus dem Abgabesystem. Selbstverständlich ist er auch das Zentrum des religiösen Lebens. Durch das Eintreiben der Steuern und den Verkauf der Opfergaben war der Tempel der Schnittpunkt ökonomischer, wirtschaftlicher und religiöser Macht und damit der Ort, an dem auch Ausbeutung und Unterdrückung der Bevölkerung institutionalisiert war. Der Tempel wurde zu einem gut funktionierenden Unterdrückungs- und Ausbeutungsinstrument.[120] Welche Reichtümer dort angehäuft waren, zeigt ein Bericht des römischen Geschichtsschreibers Josephus über die plündernden römischen Soldaten bei der Zerstörung des Tempels im Jahre 70 n. Chr.: „Mit Beute waren alle Soldaten so beladen, dass in Syrien der Preis für das Pfund Gold um die Hälfte sank."[121]

Die „Tempelreinigung" – „Ihr habt das Haus des Gebets zu einer Räuberhöhle gemacht" (Mk 11,15–17) – von Jesus war deshalb keine unbedeutende Aktion, sondern rührte an den Machtstrukturen der Gesellschaft: Verkäufer, Händler, Geldwechsler und Taubenverkäufer

---

120 Füssel, Kuno: Drei Tage mit Jesus im Tempel. Einführung in die materialistische Lektüre der Bibel, Münster 1987, S. 64.
121 Josephus, BJ, VI, 6. Kap., Nr. 1, S. 449 / zitiert nach Füssel, Kuno: a. a. O., S. 35.

zeigen, in welchem Ausmaß der Tempel mit Handel und Geld verknüpft ist, durch die der Tempel zu einer „Räuberhöhle" (Jer 7,11) gemacht wird.

Im äußeren Vorhof des Tempels befand sich ein Markt, der unter priesterlicher Oberhoheit und Aufsicht stand. Hier konnten die ortsfremden Pilger die im Gesetz vorgeschriebenen Opfergaben kaufen, statt sie von zu Hause mitbringen zu müssen. Dies führte zu einer regen Handelstätigkeit, von der der Tempel auf eine doppelte Art und Weise profitierte. Jeder Gläubige musste von den hauptamtlichen Tempelhändlern für die Darbringung des Opfers verschiedene Tiere und Früchte kaufen, um das so gekaufte Opfer dann wieder dem Tempel als Gabe zu schenken. Ebenso entwickelte sich im Rahmen der Bezahlung der Tempelsteuer oftmals ein betrügerisches Verhalten. Da für die Bezahlung der Tempelsteuer nur der hochwertige tyrische Silberhalbschekel zulässig war, ließ die Tempelverwaltung fremde und weniger wertvolle Münzen (z. B. mit weniger Silbergehalt) in diesen umwechseln, wozu sie ab dem Monat Adar (vom 15. Februar an) bis zum Osterfest (Zeit der Eintreibung der Tempelsteuer) Geldwechsler anstellte, mit denen Jesus sich dann anlegte. Der öffentliche Beifall, den Jesus bei seiner Tempelreinigung erhalten hat, lässt vermuten, dass diese Geldwechsler die Leute meist übers Ohr gehauen haben.[122]

Nutznießer bei dieser Geschäftemacherei sind die Hohepriester. Jesus treibt die Vertreter der Profitmacherei wie einst die Dämonen aus und solidarisiert sich mit den kleinen Leuten, die von dem Geldapparat des Tempels ausgebeutet werden. So erstaunt es nicht, dass die Tempelherren (Oberpriester und Schriftgelehrte) überlegen, wie sie Jesus umbringen könnten. Es geht um die Sicherung ihrer Profite und um ihre Macht. Beides wird durch Jesus gefährdet und das Volk hat dies sehr aufmerksam registriert. Für Jesus ist der Tempel ein Haus des Gebets für alle Völker (Jes 56, 7).

Durch Tempelreinigung und durch die Vertreibung der Wechsler und Händler aus dem Tempelvorhof bestand die ernsthafte Gefahr, dass

---

[122] So meist wörtlich Füssel, Kuno: Drei Tage mit Jesus im Tempel. Einführung in die materialistische Lektüre der Bibel, Münster 1987, S. 49 f.

damit das Gleichgewicht des gut eingespielten und funktionierenden Systems der damaligen Volkswirtschaft empfindlich gestört würde. Von daher ist es verständlich, dass genau diejenigen, die von diesem System besonders profitierten, nach diesem Vorfall den Entschluss fassten, Jesus zu töten (Mk 11,18).[123]
Die Überwindung von lebenszerstörender wirtschaftlicher Macht gehört somit zum Christsein heute.

4.3. Radikalität: Kein Fanatismus und kein Extremismus, aber einseitige Parteinahme für Menschen und Grundwerte des Lebens

Die Geschichte von der Tempelreinigung zeigt die Radikalität von Jesus. Dies ist ein Grundzug im Leben, Verhalten und Wirken von Jesus. Ein südamerikanischer Jesuit beschreibt Jesus in dieser Radikalität auf die folgende Weise:
„Jesus gehörte nicht der Priesterschaft an, war auch nicht abgesondert, sondern ein normaler Mann aus dem Volk; er stellte den Menschen über den Sabbat, aß zusammen mit den Ungläubigen und Sündern, fasste Aussätzige an, woraufhin er nach dem Gesetz unrein wurde, wusch sich nicht vor den Mahlzeiten, erklärte alle Speisen für rein, diskriminierte die Frau nicht und untergrub das ganze System von Verboten, indem er erklärte, das einzige, was den Menschen verunreinige, sei das Böse, das aus seinem Herzen stamme."[124]
Diese Radikalität von Jesus ist kein Fanatismus oder Extremismus[125], jedoch eine deutliche, mutige, konsequente – bis zum Tod – Parteinahme für Menschen, die unterdrückt und verachtet werden. Insofern steht Jesus in der Tradition der alttestamentlichen Propheten, welche sich mit

---

123 Siehe Schröder, Heinz: Jesus und das Geld. Wirtschaftskommentar zum Neuen Testament, Karlsruhe 1981/3. Aufl., S. 71–83.
124 Trigo, Pedro: Schöpfung und Geschichte, 1989, in: Edel, Gottfried: Predigthandbuch München 1998, 6/2.2., S. 66 f.
125 Siehe Rich, Arthur: Wirtschaftsethik I. Grundlagen in theologischer Perspektive, Gütersloh 1984, S. 190 ff.

aller Überzeugungskraft für Gerechtigkeit und Menschlichkeit eingesetzt haben. In der heutigen Zeit braucht es mehr zornige und mehr prophetische Liebe. Denn eine solche radikale Liebe bedeutet, eine Sache bei den Wurzeln zu packen. Fehlt diese radikale, zornige und prophetische Liebe, gewöhnen wir uns an die dauernden Überschreitungen der Ozonwerte, gewöhnen wir uns an die Arbeitslosen, gewöhnen wir uns an die zunehmende Gewalt, gewöhnen wir uns an die Kluft zwischen Arm und Reich. Dieser hier dargestellte Gedanke wird konzeptionell mit den folgenden Begrifflichkeiten gefasst: Perspektive der Betroffenen, Option für die Armen. Diese Begrifflichkeiten sind Grundbegriffe der Theologie der Befreiung mit grundlegender Relevanz im Kontext des aktuellen globalen neoliberalen Wirtschaftens.[126]

Es gilt, die drei Schritte Empörung, Engagement und Vernetzung zu gehen.[127]

4.4. Scharfsinniges Sehen statt Sorgen oder Hoffnung wider alle Hoffnung in Gelassenheit

Unsere Gesellschaft, welche sich auf der einen Seite der Rationalität, Effizienz, dem Denken und der Aufklärung verschrieben hat, zeigt auf der anderen Seite eine tiefe Irrationalität. In dieser Zeit mischen sich Hoffnungen und Ängste, Unsicherheiten und Festgefügtes, mögliche Gefahren und Lösungen, Entwicklungen und Risiken zu einem besonderen Zeitgeist der Unruhe, der Rastlosigkeit, Weltuntergangsstimmungen, Allmachtsphantasien und der Ratlosigkeit.

In dieser Zeit braucht es ein Differenzierungsvermögen, welches im bekannten Text der Bergpredigt, überschrieben mit „Von der falschen und rechten Sorge" (Mt 6,19–34), gefordert wird.

---

126 Siehe dazu die 5 Bände „Die Reformation radikalisieren", hrsg. von Duchrow, Ulrich u. a., Münster 2015; Für die Globalisierung der Gerechtigkeit, Reformierte Kirche Bern-Jura-Solothurn. Policy des Synodalrates 2003.
127 Hessel, Stéphane, Berlin ab 2010. Hessel, Stéphane, Empört Euch! Berlin 2011.

Es sind zwei Worte in diesem Text, die aufgenommen werden sollen: sorgen und sehen.[128] Der Text fordert den/die Hörer/-in auf, sich nicht zu sorgen. Sorgen bedeutet die angstvolle Bewegung auf mich selbst zu. In der Flüchtlingskrise ist genau diese Angst vorherrschend und führt zu hohen Stimmanteilen rechtspopulistischer Parteien. Paradoxerweise ist gerade in Regionen mit einem niedrigen Anteil von Flüchtlingen diese Angst am größten. Beim Sorgen geht es um Selbsterhaltung, um Sicherung und Versicherung, darum, eine Sache oder das Leben in den Griff zu bekommen. Wer sich sorgt, ist ausschließlich fixiert auf eine bestimmte Sache, auf die Kleider, auf das Essen zum Beispiel. In all diesem Sorgen aber wird es nicht möglich sein, das Leben auch nur um eine Elle zu verlängern. Es bringt nichts, sich angstvoll zu sorgen. Das Sorgen führt im Gegenteil zu einem verkrampften und angstvollen Leben. Ich meine, dass unser alltäglicher Umgang mit der Zeit Ausdruck dieser Sorge-Haltung ist.

Das zweite Wort heißt „sehen". Es ist das Gegenteil von sorgen. Wer sieht, wer die Lilien auf dem Felde sieht, der hält inne, der richtet seinen Blick auf die Außenwelt. Wer sieht, öffnet seine Augen für die Schönheiten der Natur, wer sieht, verschließt jedoch nicht seine Augen vor allem Lebensbedrohlichen. Wer sieht, richtet seine Augen über die Berge von Sorge, die ihm den Blick verstellen.

Ein solches Sehen hat drei Merkmale:

Es ist ein Sehen, welches in aller Hoffnungslosigkeit hoffnungsvoll ist. In einem solchen Sehen kommt die Hoffnung wider alle Hoffnung zum Ausdruck. Damit ist kein frommer Leichtsinn gemeint, welcher das Schlechte und Böse im Leben übersieht, sondern die Hoffnung, dass uns nichts trennen mag von der Liebe Gottes, die in Jesus Christus konkret geworden ist (Römer 8,38).

Es ist ein Sehen, welches den Menschen frei von Sorgen macht und ihn gelassen werden lässt. Glaube ist kein Fürwahrhalten von abstrakten Sätzen oder Dogmen, Glaube ist ein Geschehen des Vertrauens, der Entsicherung, der Gelassenheit.

---

128 So Weder, Hans: Die Rede der Reden. Eine Auslegung der Bergpredigt heute, Zürich 1985, S. 205 ff.

Es ist ein Sehen, welches visionär ist: „Ein Volk ohne Visionen geht zugrunde." (Sprüche 29,18). Wer konzentriert ist auf das Machbare, auf das Bestehende, auf das, was vor seinen Füßen liegt, ist wohl ein guter Realist. Was wir heute brauchen, sind Visionen, welche den Horizont des Bestehenden überschreiten.

Das Sorgen in diesem Bergpredigttext beschreibt das Sorgen in der heutigen Zeit. Sorgen ist notwendig, um leben zu können. Sorgen der Menschen müssen gehört werden. Doch das Sehen wird in der heutigen Zeit durch das Sorgen verschüttet. Christsein heute heißt, das scharfsinnige Sehen auferstehen zu lassen, es vom Sorgen zu entrümpeln. Es ist eine große Aufgabe der Kirchen, den Menschen unserer Zeit ein solches *Sehen* erfahren zu lassen und ein solches zu vermitteln.

4.5. Ganzheitlichkeit von: Sehen, sich berühren lassen, handeln

Ganz bewusst habe ich Tätigkeitsworte gewählt und keine Substantive, weil ich meine, dass christlicher Glaube ein dynamisches Geschehen ist und nichts Statisches. Also: statt Liebe eben lieben!
Es sind drei Worte, die in der heutigen Zeit eine besondere Bedeutung erhalten, Worte, welche das Wirken von Jesus beschreiben und das Christsein heute ausmachen:

(1) Sehen
Die heutige Zeit wird oftmals als eine Wegsehgesellschaft charakterisiert. Eine Frau wird auf offener Straße ausgeraubt und die vorbeigehenden Passanten meinen, dass da eine Frau mit irgendeinem Mann Streit hat. Ein Mann kann mehrere Wochen tot in seiner Wohnung liegen, ohne dass es die Nachbarn merken. Die zunehmende Anonymität in unserer Zeit oder die Angst, in Konflikte hineingezogen zu werden, lassen sehr schnell wegsehen. Es gibt zu diesem Wegsehen eine Geschichte im Zweiten Testament, welche sowohl das Wegesehen wie das Hinsehen enthält. In der Geschichte vom barmherzigen

Samariter (Lukas 10,25–37) geht zuerst ein Priester und dann ein Levit (Kultdiener) an dem unter die Räuber Gefallenen vorbei. Erst der Samariter sorgte für den halbtot Daliegenden. Zur Nächstenliebe gehört das Hinsehen, nicht das Wegsehen, womit ich beim zweiten Wort bin:

(2) Sich berühren lassen
Der barmherzige Samariter hat die Not des auf der Straße liegenden Menschen gesehen, er hielt an und half ihm. Er ließ sich von diesem Menschen und seinem Elend berühren. „Sich berühren lassen":
wenn ich zusehen muss, wie gewalttätig zum Beispiel Schüler/-innen sein können;
wenn Menschen als Menschen zweiter Klasse behandelt werden;
wenn eine junge Frau mit ihrem behinderten Kind allein gelassen wird;
wenn Menschen auf der Flucht ertrinken;
wenn ich die Zerstörungen in Aleppo sehe;
wenn Firmen von Glencore in Sambia giftige Gase ausstoßen und Frauen dadurch sterben.

Sich berühren lassen heißt, einen Menschen als Menschen mit seinen Fragen, Ängsten, Sorgen und Nöten an sich herankommen lassen. Sich berühren lassen heißt betroffen sein, sich aus dem Gleichgewicht bringen lassen, die Gleichgültigkeit aufgeben. Es gibt einen Text im Neuen Testament, in welchem sich Jesus berühren ließ.
In der Geschichte von der blutflüssigen Frau (Markus 5,25–34) wird uns davon berichtet, dass diese Frau, seiend im Fließen des Blutes zwölf Jahre lang, unendlich viel gelitten hat. Medizinisch ist damit die Menstruation gemeint, diese Frau wurde durch ihre Blutungen unrein, sie war eine Ausgestoßene und niemand mehr hatte mit ihr Kontakt. Diese Frau lebte nur noch biologisch, sozial war sie bereits gestorben. Ihre einzige Hoffnung bestand darin, in die Nähe Jesu zu kommen, und sie schaffte es, sein Gewand zu berühren. Jesus spürte diese Berührung und er fragte: „Wer hat mich an den Kleidern berührt?" Seine Jünger lenkten ab und meinten, dass das Volk die Menschen auf ihn gedrückt

habe. Doch Jesus spürte, dass diese Berührung für diese Frau lebenswichtig war: Er ließ sich berühren und die Frau wurde geheilt.[129] Sich berühren lassen, Tabugrenzen überschreiten, den Panzer der Gleichgültigkeit um sich herum ablegen, Gefühle zulassen. Das gehört zur „Ethik" von Jesus.

(3) Handeln
Die Not des Mitmenschen sehen und sich davon berühren lassen. Das überwindet jede Gleichgültigkeit. Wesentlich für den christlichen Glauben und das Christsein heute ist für mich dann auch die Tat. Es ist schon eine Gefahr des christlichen Glaubens, dass er sich in schöne, tröstende, zusprechende Worte auflöst. Wenn Goethe seinen Faust sagen lässt: „Im Anfang war die Tat" (Szene Studierzimmer Tragödie I. Teil), dann hat er Wesentliches des christlichen Glaubens aufgegriffen. Die Geschichte vom Weltgericht bestätigt dies (Matthäus 25,31–46): „Dann wird der König denen auf der rechten Seite sagen. Kommt her, die ihr von meinem Vater gesegnet sind, nehmt das Reich in Besitz, das für euch bestimmt ist.
Denn ich war hungrig, und ihr habt mir zu essen gegeben;
ich war durstig, und ihr habt mir zu trinken gegeben;
ich war fremd und obdachlos, und ihr habt mich aufgenommen;
ich war nackt, und ihr habt mir Kleider gegeben;
ich war krank, und ihr habt mich besucht;
ich war im Gefängnis, und ihr seid zu mir gekommen.
Dann werden ihm die Gerechten antworten: Wann haben wir dich hungrig gesehen und dir zu essen gegeben...
Darauf wird der König antworten: Was ihr für einen meiner geringsten Brüder getan habt, das habt ihr mir getan."

Das Sehen genügt nicht. Allein das konkrete Handeln schafft neues Leben, ist lebensdienlich und lebensförderlich. Zum Sehen und Berühren lassen gehört als Drittes das Handeln! In 1. Johannes 3,18 wird diese

---

[129] Siehe immer noch ausgezeichnet Trummer, Peter: Die blutende Frau. Wunderheilung im Neuen Testament, Freiburg u. a. 1991.

Einsicht im folgenden Satz zusammengefasst: „Lasset uns nicht lieben mit Worten, sondern mit der Tat und mit der Wahrheit." Liebe ohne Taten ist blutleer. Doch wie sieht dieses *Lieben* grundsätzlich aus?

4.6. Grenzenloses Lieben

Es ist unbestritten, dass lieben das zentrale Tätigkeitswort des christlichen Glaubens ist:
„Gott ist die Liebe, und wer in der Liebe bleibt, der bleibt in Gott und Gott in ihm." (1. Johannes 4,16).
„Du sollst deinen Nächsten lieben wie dich selbst." (Markus 12,31; Leviticus 19,18).
„Lasset uns nicht lieben mit Worten, sondern mit der Tat und mit der Wahrheit." (1. Johannes 3,18).
„Nun aber bleiben Glaube, Hoffnung, Liebe, diese drei; am größten unter diesen aber ist die Liebe." (1. Korinther 13,13).

Liebe und lieben ist in der heutigen Zeit zu einem Allerweltwort geworden und ein Stück weit auch verkommen. Deshalb werde ich in wenigen Worten ein paar Besonderheiten der christlichen Liebe herausstreichen:

Ich, der Nächste, der Fernste und der Fremde:
Christliche Liebe ist niemals exklusiv, sondern universal.[130] Sie gilt für mich, den Nächsten und den Fernsten. Wenn ich mich liebe, dann komme ich nicht umhin, auch meinen Nächsten zu lieben. Dabei enthält die Nächstenliebe die Erfahrung der Einheit aller Menschen, der menschlichen Solidarität, des menschlichen Einswerdens. „Da ist nicht Jude noch Grieche, da ist nicht Sklave noch Freier, da ist nicht Mann noch Frau; denn ihr seid alle einer in Christus." (Galater 3,28). Gerade auch im Alten Testament wird die Liebe zum Fremden gefordert: „Wenn bei dir ein Fremder in eurem Land lebt, sollt ihr ihn nicht

---

130 Siehe Fromm, Erich: Die Kunst des Liebens, Frankfurt a. M. 1991/1956, S. 58 ff.

unterdrücken. Der Fremde, der sich bei euch aufhält, soll euch wie ein Einheimischer gelten, und du sollst ihn lieben wie dich selbst; denn ihr seid selbst Fremde in Ägypten gewesen." (Leviticus 19,33 f.) Jesus selbst hat in Mt 5,43 (sogar Feindesliebe; 5,39: Wange) und Lukas 10,27–37 (barmherziger Samariter) die Nächstenliebe auf alle Menschen ausgedehnt.

Menschen, Tiere, Pflanzen:
Christliche Liebe bezieht sich auf den Menschen, auf die Tiere wie auf die Pflanzen, d. h., auf die ganze Schöpfung. Alle sind Geschöpfe Gottes und stehen deshalb im Bereich der Liebe, die Leben schafft und erhält. Paulus hat in seinem Brief an die Römer die Hoffnung auf Erlösung der Welt durch die Liebe so ausgedrückt: „Auch die Schöpfung soll von der Sklaverei und Verlorenheit befreit werden zur Freiheit ... Denn wir wissen, dass die gesamte Schöpfung bis zum heutigen Tag seufzt und in Geburtswehen liegt." (Römer 8,21 f.)

Gestern, heute, morgen:
Christliche Liebe gilt heute, sie gilt morgen und in ferner Zukunft. Es ist besonders die Fernsicht, welche die christliche Liebe auszeichnet. Sie ist nicht auf das Gestern oder Heute fixiert, sondern überschreitet die Grenzen der Zeit.
Christsein heute muss dieses Lieben in seiner Radikalität ernstnehmen, ein Lieben, das keine Grenzen kennt und gerade in dieser Grenzenlosigkeit so schwierig ist. Das ist die Herausforderung der christlichen Liebe, eine Zumutung gewiss, doch alles andere ist ein billiges Lieben. Es wird Außergewöhnliches gefordert.[131]

---

131 Siehe Weder, Hans: Die Rede der Reden. Eine Auslegung der Bergpredigt heute, Zürich 1985, S. 137, 151.

4.7. Grenzen überschreitende Liebe

Die Liebe überschreitet Grenzen. Drei Grenzüberschreitungen werden im Folgenden jeweils mit Wort-Gegensatzpaaren benannt. Mit dieser Grenzen überschreitenden Liebe ist ein spezieller Punkt der Perspektive der Radikalität genannt:

4.7.1. Fußwaschung: Dienen statt Herrschen

Mit Johannes 13 beginnt im Johannesevangelium die Passionsgeschichte von Jesus, die Zeit also, in der wir jetzt stehen. Eigentümlicherweise steht im Johannesevangelium hier in diesem Text nicht die Einsetzung des Abendmahls im Zentrum. Vielmehr wird uns die Szene von der Fußwaschung (Joh 13,1–20) ausführlich berichtet. In dieser Szene gibt es ein paar wichtige Geschehnisse:
(1) In schlichten Worten wird uns berichtet, dass Jesus vom Mahl aufstand, sein Gewand ablegte und sich mit einem Leinentuch umgürtete. Dann goss Jesus Wasser in eine Schüssel. Diese Beschreibung bewegt sich voll und ganz im Bereich des Normalen und Alltäglichen. Die Waschung der Füße stand in der Regel vor dem Mahl und wurde von einem Sklaven, der mit einem Leintuch umgürtet war, vollzogen. In Israel konnte ein jüdischer Sklave den Dienst der Fußwaschung verweigern, ein fremdstämmiger aber nicht. Einem anderen die Füße waschen. Das galt als ein sehr niedriger Dienst, der von Sklaven vollzogen wurde.
(2) Das Besondere, Außergewöhnliche, den Rahmen des Normalen Sprengende an der Geschichte liegt jedoch darin, dass Jesus nun selbst die Fußwaschung vornimmt. Wenn man weiß, dass die Fußwaschung allein von Sklaven ausgeführt wurde bzw. ausgeführt werden musste, dann verstehen wir, dass die Jünger und Jüngerinnen schockiert waren. Wie konnte sich der Meister so tief erniedrigen und sich zum Sklaven machen? Im Bewusstsein der Jünger war diese Handlung von Jesus eine Unmöglichkeit, sie waren schockiert und reagierten mit Unverständnis.

(3) Als Jesus zu Petrus kam, um diesem die Füße zu waschen, spricht dieser aus, was alle anderen denken: Er weigert sich, den Dienst Jesu anzunehmen. Es ist der folgende Dialog mit Petrus, in dem Jesus seine Fußwaschung deutet. Jesus reagiert ganz ernst und deutet seine Antwort kurz und bündig: Wenn du diesen Dienst von mir nicht annimmst, dann gehörst du nicht zu mir. Dann hast du noch nicht begriffen, wer ich bin und was ich will.

Für die Jünger war diese Antwort keinesfalls verständlich. Zu stark waren sie noch in den Normen ihrer Zeit gefangen und zu groß dachten sie von Jesus als dem Meister und Herrn. Die Erniedrigung, die Jesus als fußwaschender Sklave auf sich nahm, sprengte ihr Vorstellungsvermögen. Petrus und die Jünger konnten es sich nicht vorstellen, dass der Meister, den sie verehrten, zu dem sie aufschauten, nun vor ihnen kniete und ihnen die Füße wusch.

(4) *Knien:* Ich stelle mir Jesus vor, der sich niederkniete und seinen Jüngern und Jüngerinnen die Füße gewaschen hat. Es ist die Haltung des Kniens, auf die ich mein Augenmerk richten möchte. Welche Situationen kennen wir, in welchen wir knien? Es gibt Arbeiten, bei denen es praktisch ist, auf die Knie zu gehen. Sei dies im Garten oder im Haushalt. In diesen Situationen gibt es ein praktisches Knien. Das Knien von Jesus war jedoch ein anderes Knien, ein Knien, welches Beziehungen veränderte. Wir erinnern uns zum Beispiel an den 1992 verstorbenen Willy Brandt, an seinen Kniefall am Ehrendenkmal für die Toten des Warschauer Ghettos [7. Dezember 1970], der eine neue Ostpolitik mit Polen einleitete. Oder wir erinnern uns an den Kniefall des Papstes bei seinen Besuchen. Sonst jedoch ist der Kniefall im Sinne von Jesus weitgehend aus unserem Alltag verschwunden. Solche Demutsgebärden haben in einer Gesellschaft der Stärke, der Selbstbeherrschung keinen Platz mehr oder werden sehr schnell als Fremdverehrung und Selbstaufgabe interpretiert.

Insofern ist das Knien uns fremd geworden und wir können uns nicht vorstellen, dass sich ein Chef vor seinen Mitarbeitern und Mitarbeiterinnen hinkniet und ihnen die Füße wäscht. Ein solcher Führungsstil ist eine Unmöglichkeit.

Doch es geht ja nicht allein um eine Fußwaschung in einem wörtlich-pragmatischen Sinne. Die Fußwaschung ist eine Haltung, in welcher jegliche Überlegenheit aufgegeben wird, in welcher sich der Überlegende dem Unterlegenen gleichstellt oder sogar unterordnet. Insofern müssten wir die Fußwaschung immer wieder praktizieren im Sinne der Transformation von asymmetrischen zu symmetrischen Beziehungen.

(5) *Dienen statt Herrschen* Bei dieser Fußwaschung muss sich der Einzelne, der diese Handlung vollbringt, niederknien: Das Knien ist eine Grundhaltung, in welcher jegliche Überheblichkeit aufgegeben, in welcher jegliche Überlegenheit aufgegeben wird. Wer diese Haltung annimmt, der ist auch bereit zum Dienen. Zum Knien gehört das Dienen. Jesus kam auf die Erde, nicht um sich dienen zu lassen, sondern um zu dienen. Genauso wie das Wort „knien" hat das Wort „dienen" einen Kursverlust erfahren. Wer dient, so die Kritik, lässt sich ausnützen und unterdrücken. Diese Kritik ist schon richtig, weil viele Menschen, gerade auch Frauen, in ihrem Dienst ausgenützt und unterdrückt wurden. Dienen im Sinne Jesu heißt jedoch, sich konsequent für die Menschlichkeit einzusetzen. Dienen darf nicht mit zudienen oder verdienen verwechselt werden, sondern meint den Dienst am anderen. Dienst und Dasein für andere. Das ist das Verständnis von Kirche bei Dietrich Bonhoeffer.

4.7.2. Am Brunnen mit der Samaritanerin: Mit-Menschlichkeit statt Ausgrenzung

Eine Grenzüberschreitung besonderer Art geschieht in der Geschichte von der Begegnung Jesu mit der Samaritanerin am Brunnen. Jesus begegnet der Samaritanerin am Brunnen und bittet diese: „Gib mir zu trinken!" Die Samaritaner wurden in der jüdischen Gesellschaft als Menschen zweiter Klasse behandelt, daher fragt die Frau völlig ungläubig und überrascht: „Wie kannst du als Jude mich, eine

Samariterin, um Wasser bitten?" (Johannes 4,1–10).[132] Ein Lehrspruch hieß z. B.: „Wer Brot der Samariter isst, der ist wie einer, der Hundefleisch frisst." Jesus überschreitet diese menschenverachtenden Grenzen der Volkszugehörigkeit, nicht von einer Position der Stärke aus, sondern als einer, der bescheiden und bittend daherkommt. Statt Ausgrenzung geschieht hier eine Begegnung, die befreit, die einschließt, es wird die Inklusion gelebt. In der Zeit der Flüchtlingsströme ist diese Haltung der Mit-Menschlichkeit lebenswichtig für all die Menschen, die zu uns kommen und ihr Leben in bloßer Nacktheit gerettet haben.

4.7.3. Wer ohne Sünde ist, werfe den ersten Stein: Vergeben statt verurteilen

Eine Frau wurde zu Jesus gebracht mit den Worten: „Meister, diese Frau wurde beim Ehebruch auf frischer Tat ertappt. Mose hat uns im Gesetz vorgeschrieben, solche Frauen zu steinigen. Nun, was sagst du?" Jesus bückte sich nieder, zeichnete in den Sand und sagte nach weiterem hartnäckigem Fragen: „Wer von euch ohne Sünde ist, werfen als Erster einen Stein auf sie!" (Johannes 8,1–11).
Eine Frau wird inflagranti erwischt. Das Gesetz ist klar. Keine Frage nach dem Mann, der dabei beteiligt war. Doch Jesus überschreitet das bestehende Gesetz der rechtmäßigen Vergeltung und stellt sich mit einer einzigen Frage auf die Seite der Frau. Und: Was hat Jesus in den Sand gezeichnet? Liebe ... neues Leben ... Nicht die bestehenden Gesetze sind in dieser Situation wichtig, sondern das Leben der Frau. Diese Frau hat ihre Auferstehung konkret im Hier und Jetzt erfahren. Es ist gut vorstellbar, dass diese Frau auch am Kreuz stand, als Jesus starb. Und es waren Menschen wie diese Frau, die nach dem biologisch-medizinischen Tod von Jesus am Kreuz im Bekenntnis sagten: Jesus lebt, Jesus ist auferstanden. Die konkrete Erfahrung von „Auferstehung" im eigenen Leben ließ sie erkennen, bekennen, weitersagen und handeln: „Wir

---

132 So Schulz, Rudolf: Dem Leben Raum geben. Wegmarkierungen, Neukirchen-Vluyn 1989, S. 45 ff.

alle leben nun das, was Jesus an uns und für uns getan hat, weiter." So entstand Nachfolge, so entstanden die urchristlichen Gemeinden.

4.8. „Der gekreuzigte Gott"

Nach den Gedanken zur Ethik von Jesus, welche die radikale Liebe beschrieben, soll eine theologisch-systematische Einsicht vermittelt werden, die das Verständnis von GOTT betrifft. Ich greife dabei auf Gedanken zurück, die ich im Gottesdienst – „Altes erhalten – Neues wagen" – zur Wiedereröffnung der Reformierten Dorfkirche Spiez am 1. Advent 2010 gemacht habe:
„Was ist eigentlich das Neue in unserem jüdisch-christlichen Glauben? Bei der Antwort auf diese Frage schaue ich zurück in die Vergangenheit, und da ist ein Buch für mich wichtig geworden, das immer noch meine theologische Identität ausmacht – ein relativ altes Buch und zugleich ein immer wieder neues. In diesem Buch kam für mich das wahrlich Neue im christlichen Glauben zum Ausdruck.
Dieses Buch trägt den Titel ‚Der gekreuzigte Gott' (Jürgen Moltmann). Als ich dieses Buch im Jahre 1971 vorgelesen bekam [J. Moltmann in seiner Vorlesung in Tübingen] und ich es dann selbst gelesen habe, war dies für mich absolut neu. Ich hatte mir Gott immer als allmächtig vorgestellt oder im schwäbischen Pietismus vorgestellt bekommen. Und dann hörte und las ich, dass Gott am Kreuz gestorben ist. Es gibt also keinen allmächtigen Gott, es gibt keinen allwirksamen Gott, der schicksalhaft alles vorhersieht und vorherbestimmt. Gott ist kein Superman oder Harry Potter, der alles kann und alles zum Guten bestellt und das Böse mit links einfach besiegt.
Der christliche Gott ist vielmehr ein Gott, der gekreuzigt wurde, der schwach und ohnmächtig geworden ist, es gibt allein den Gott, der am Kreuz ohnmächtig gestorben ist.
Der Autor dieses Buches ‚Der gekreuzigte Gott' Jürgen Moltmann machte dann die ethische Aussage, dass Christen und Christinnen auf der Seite aller Menschen stehen, die in ihrem Leben gekreuzigt werden.

Gekreuzigt durch Armut, Ausbeutung, Hunger, seelische Probleme, gekreuzigt durch Ausschaffungen, Ausgrenzungen und Ausmerzungen.
An diesen gekreuzigten Gott glaube ich. Diesen gekreuzigten Gott bekennen wir in unserem Glaubensbekenntnis! Bei diesem Glauben an den gekreuzigten Gott wird daran erinnert, dass aktuell rund 100 000 Menschen pro Tag an Hunger oder dessen Folgen sterben. Und auch das Klima wird gekreuzigt!
Das Neue beim christlichen Glauben ist also ein Leben jenseits von Hunger, Armut, Ausbeutung, jenseits von Ausschaffung und Ausgrenzung, jenseits von der Zerstörung unserer Schöpfung. Das Neue beim christlichen Glauben meint ein Leben in Gerechtigkeit, Frieden und Bewahrung der Schöpfung."
Mit diesen Ausführungen in einem Festgottesdienst, die meine theologische Existenz begründeten und begründen, stelle ich einen Bezug zu meinen Ausführungen zu GOTT her. Dieses Verständnis von GOTT hat theologisch prinzipielle Konsequenzen:
(1) Der theistische GOTT wurde gekreuzigt. Dietrich Bonhoeffer spricht davon, dass nur der „leidende" und „ohnmächtige" Gott uns helfen kann.[133] Der allmächtige GOTT wurde durch die von Jesus gelebte Liebe aufgehoben. Einer Liebe, die in Jesus mit seinen Worten und Taten erfahrbar, sichtbar, beschreibbar geworden ist. Einer Liebe, die nach seinem Tod nicht vergessen wurde, sondern welche Menschen, die mit Jesus zusammen waren, die Heil und neues Leben durch ihn erfuhren, weiterlebten und zu der sie sich bekannten. Dieses Jesus-Nachfolgen wurde von den Jesus-Nachfolgern und -Nachfolgerinnen mit dem prägnanten bekenntnismäßigen Sprachspiel „Jesus ist auferstanden – Jesus wurde von GOTT auferweckt" in Worte gefasst und kommuniziert. Die Jesus nach dessen Tod Nachfolgenden wussten um die Bedeutung dieses Bekenntnisses, wir heute müssen es erklären und interpretieren.

---

133 Bonhoeffer, Dietrich: Widerstand und Ergebung. Briefe und Aufzeichnungen aus der Haft, hrsg. von Bethge, Eberhard, München 1970/1951, Aufl. 1, Brief vom 16.7.1944.

(2) Im Zentrum steht durch den gekreuzigten GOTT das Kreuz. Das Kreuz war kein zufälliges Ereignis, es war die notwendige Folge der radikalen Liebe, die Jesus gelebt hat (s. oben III 4.): Für die Mächtigen der Zeit war diese Liebe eine Gefahr. Das Kreuz stand draußen vor der Stadt, vor dem Tor von Jerusalem, beim Hügel Golgatha mit den drei Kreuzen. Dort wurde Jesus mit zwei anderen Verbrechern hingerichtet. Zur Zeit von Jesus war die Hinrichtungsstätte *draußen vor dem Tor* (Hebräerbrief 13,14: „... *denn wir haben hier keine bleibende Stadt, sondern die zukünftige suchen wir.*") der Stadt Jerusalem.

(3) Draußen vor dem Tor – was ist das für ein Ort? Dietrich Bonhoeffer hat diesen Text des Hebräerbriefes sinngemäß so ausgelegt: Draußen vor dem Tor *ist* Jesus bei den Ausgestoßenen und Ausgegrenzten, bei den Entwurzelten und Verachteten, bei den Leidenden und Unterdrückten. Ist er bei der Frau, die häusliche Gewalt erfährt, ist er in der Familie, bei der der Vater stellenlos geworden ist, ist er bei der Frau, deren Partner durch einen Motorradunfall schwer verletzt wurde ...

Der Ort des Kreuzes sind die Flüchtlingsströme, ist ein Flüchtlingsboot auf dem Mittelmeer, ist Aleppo oder ist Birma, wo die muslimische Minderheit der Rohingya einer brutalen Verfolgung durch das buddhistische Militär ausgesetzt ist.

... Die Kirche bei Dietrich Bonhoeffer verstanden als *Dasein für andere* hat all diese Orte im Blickfeld.[134] Der gekreuzigte GOTT ist kein apathischer GOTT, dem das Leiden von Menschen gleichgültig ist. Vielmehr ist der gekreuzigte GOTT bei den aktuell Gekreuzigten und leidet mit diesen. Dieses Mit-Leiden – nicht Mitleid haben – impliziert den Imperativ, alle Verhältnisse umzustoßen und zu überwinden, welche die Ursache eines solchen Leids sind. Bewusst wird hier eine sprachliche Nähe zu Karl Marx erzeugt, der als „kategorischen Imperativ" formuliert hat: „... alle Verhältnisse umzuwerfen, in denen

---

134 Bonhoeffer, Dietrich: Widerstand und Ergebung. Briefe und Aufzeichnungen aus der Haft, hrsg. von Bethge, Eberhard, München 1970/1951, Aufl. 1, Brief vom 3.8.1944. Das ist eine Theologie der Befreiung.

der Mensch ein erniedrigtes, ein geknechtetes, ein verlassenes, ein verächtliches Wesen ist."[135]

(4) Dieses Verständnis von GOTT ist radikal in verschiedener Hinsicht: Erstens radikal im theologischen Denken, d. h., es wird über GOTT nicht mehr metaphysisch und theistisch spekuliert, vielmehr wird aus der Perspektive der Erfahrung (das Handeln, Wirken von Jesus; Erfahrungen, die seine Jünger und Jüngerinnen mit Jesus gemacht haben; Erfahrungen und Bekenntnisse nach dem Tod von Jesus) die bestehende Welt (Erfahrung mit der Welt) radikal neu in der Perspektive der radikalen Liebe gesehen. So verstehe ich den Satz, den Ingolf U. Dalferth in seiner Radikalen Theologie geschrieben hat: „Radikale Theologie ... beschreibt keine neuen Phänomene (Erfahrung), sondern beschreibt alle Phänomene neu (Erfahrung mit der Erfahrung), entfaltet also einen neuen Blickpunkt (Standpunkt und Horizont), von dem her alle Phänomene neu zu sehen und zu verstehen sind."[136] Wie schon verschiedentlich betont, ist dieser neue Standpunkt wohl innerhalb des theologischen Denkens verbindlich, im Kontext der Interdisziplinarität jedoch ein Standpunkt neben anderen, der sich argumentativ und kommunikativ behaupten darf und muss. Mit dieser Argumentation ist die Theologie jedoch auch eine Erfahrungswissenschaft mit einem spezifischen Deutungs-, Sinn- und Integrationshorizont: Mit der radikalen Liebe wird die Wirklichkeit *gesehen*, beschrieben. Mit der radikalen Liebe werden Probleme *beurteilt* und mit der radikalen Liebe erhalten Gestaltungen der Gesellschaft (*Praxis*) eine *Orientierung*.

(5) Die obigen Gedanken, besonders auch die systematischen Ausführungen von Ingolf U. Dalferth, können dahingehend missverstanden werden, hoch abstrakt zu sein, obwohl ihnen eine prinzipielle Radikalität inhärent ist, wie ich es in immer wieder neuen Anläufen mit der radikalen Liebe zu erklären versuchte.

Deshalb nur ein Beispiel für die praktische Radikalität dieses Denkens, bei dem der Begriff der AGAPE eine zentrale Rolle spielt: Bei der ÖRK-

---

135 Marx, Karl: Zur Kritik der Hegelschen Rechtsphilosophie. Einleitung / 1843–1844.
136 Dalferth, Ingolf U.: Radikale Theologie, Leipzig 2010, S. 235.

Vollversammlung 2006 in Porto Alegre, an der ich teilnehmen konnte, wurde in den Programmrichtlinien beschlossen, dass der AGAPE-Prozess in den nächsten sieben Jahren weitergeführt und erweitert wird. Was heißt AGAPE? Alternative Globalisation Adressing People and Earth (Alternative Globalisierung im Dienst von Menschen und Erde). Mit der Begrifflichkeit AGAPE wird die Liebe in Fülle als theologischer Standpunkt gewählt, welche im Kontext des Ersten wie Zweiten Testaments steht. Im Grundlagenpapier des ökumenischen AGAPE-Prozesses wird eine Wirtschaft im Dienst des Lebens gefordert.[137] Dazu gehört eine Kritik am neoliberalen Wirtschaftssystem 89, ökologische Gerechtigkeit und eine Wirtschaft der Solidarität. Diese Hinweise genügen, um die Radikalität im obigen theologisch-ethischen Ansatz aufzuweisen.

5. Ästhetik: Wahrnehmen, staunen, genießen, dankbar sein

Ethik hat es mit Normen, Werten, mit einem Sollen zu tun, mit Reflexionen und Begründungen. Und wenn wir an Immanuel Kant (1724–1804) denken, der ethisches Denken in einem hohen Maße mit seinem kategorischen Imperativ bestimmt hat und von dem gesagt wurde, dass die Königsberger ihre Uhren nach seinem Morgenspaziergang stellen konnten – Kant war aber pünktlich *und* gesellig zugleich –, dann assoziieren wir mit Ethik: eine rigide Sache, anspruchshaft und vorscheibend, blutleer ... Dieses Bild von Ethik soll kurz und deutlich revidiert werden:
Richtig ist, dass zur Ethik die Vernunft im Sinne von erklären, begründen und argumentieren gehört. Gleichzeitig bezieht sich die Ethik auf das Leben in seiner ganzen Vielschichtigkeit, wozu Leben und Tod, Gesundheit und Krankheit, Frieden und Krieg, Vergangenheit und

---

[137] AGAPE – Alternative Globalisation Adressing People and Earth. Alternative Globalisierung im Dienst von Menschen und Erde. Hintergrunddokument. Team für Gerechtigkeit, Frieden und Schöpfung. Ökumenischer Rat der Kirchen, Genf 2005.

Zukunft gehören. Ethik will ein gutes Leben mit all seinen Ausgestaltungen.

Zu dieser weiteren Dimension der Ethik gehört die Ästhetik[138], die Lehre oder die Wahrnehmung des Schönen. Vorab zum Einstieg: Wer die Schönheit z. B. der Natur wahrnimmt, der will sie in ihrer Diversität – Biodiversität – erhalten, genießen, immer neu wahrnehmen. Und eine das Leben zerstörende Gefahr: Wenn das Schöne ideologisiert wird, dann gibt es z. B. den lebenszerstörenden Begriff des Entarteten.

Die folgenden Gedanken beziehen sich auf die Schönheit der Natur und benutzen auch die Sprache der Meditation:

Und Gott sah, dass es sehr schön war
Die Schönheit in der Natur lässt vermuten, dass der Verfasser des *Schöpfungsberichtes* auch hätte schreiben können: Und Gott sah, dass es sehr schön war.
Und Psalm 104 schwelgt regelrecht in der Erfahrung jener Schönheit:
„Lobe den Herrn,
meine Seele / Herr, mein Gott, du bist sehr herrlich; du bist schön und prächtig
geschmückt, / Licht ist dein Kleid, das du anhast."
Ja, die Schönheit in der Natur hat uns Menschen schon immer fasziniert. Das ist die Ästhetik GOTTES in der Natur.
Die Schönheit der Natur. Wer eine Blume betrachtet, sei dies eine Rose, eine Sonnenblume, eine Dahlie, der kann sehen und wahrnehmen: Jedes der Blütenblätter enthält eine zarte Farbmaserung, die kontrastreich und harmonisch durch die Staubgefäße ergänzt wird. Ein vollkommenes Kunstwerk, eine vollkommen in sich ruhende Schönheit.
Wohin wir auch schauen, jede Blüte entfaltet aus ihrer Mitte ein unendlich harmonisches, abwechslungsreiches Farb- und Formenspiel zwischen Blütenblättern, Staubgefäßen und Stempel. Oder nehmen wir

---

[138] Siehe Ruh, Hans: Ordnung von unten. Die Demokratie neu erfinden, Zürich 2011, S. 150 f.

das Blatt eines x-beliebigen Baumes in die Hand und schauen uns seine Maserung an: Wie wunderbar passen Blattumrandung und Rispen zusammen!
Das Platanenblatt, tausendfältig vom Baum hervorgebracht, ist vollkommen/perfekt in Maserung und Form.
Die Schönheit der Natur. Wenn ich eine Traube in der Hand halte. Die Form, die Farbe der Traube, die Anordnung der Trauben. Diese Schönheit fordert auf zum Genießen. Jede einzelne Traube wird zu einem Genuss.

Wenn die Dichter schwärmen
Wer sich auf eine solche Betrachtung und auf ein solches Genießen einlässt, der kann dem Dichter Hugo von Hofmannsthal (1874–1929, Wien) nur zustimmen: „Wüsst ich genau, wie dies Blatt aus seinem Zweige herauskam, Schwieg ich auf ewige Zeit still: denn ich wüsste genug."
Es sind ja gerade die Dichter und Schriftsteller, welche die Schönheit der Natur beschrieben haben.
Der russische Schriftsteller des 19. Jahrhunderts F. M. Dostojewski (1821–1881) schreibt im Blick auf diese Schönheit in der Natur einen Text, der wie ein Liebesgedicht an die Schöpfung anmutet:

Liebet die ganze Schöpfung Gottes!
Sowohl den ganzen Erdball,
wie auch das kleinste Sandkorn.
Jedes Blättchen liebt, und jeden Sonnenstrahl!
Liebet alle Dinge!
Wenn ihr das tut,
so werden sich auch in ihnen
die Geheimnisse Gottes offenbaren.
Und wenn das geschieht,
so werdet ihr Ihn selbst
von Tag zu Tag mehr erkennen.
Und schließlich werdet ihr Ihn
und die ganze Welt
in einer einzigen großen Liebe umfassen.

Es ist die Schönheit in der Natur, die Dostojewski diese Worte schreiben und dichten ließ.
Diese Erfahrungen sind für uns nachvollziehbar. Diese Schönheit ist eine umfassende und Lieder wie das von Paul Gerhardt „Geh aus, mein Herz, und suche Freud ..." bringen dies eindrücklich zum Ausdruck.

Staunen und innehalten
In der wunderbaren Schönheit in der Natur erfahren wir GOTT als Geheimnis der Welt. Ich werde diese Schönheit erfahren, wenn ich staune, innehalte und stille werde:
Ich werde stille und staune und lasse mit meinem Blick auf das Blatt eines Baumes seine filigrane Schönheit auf mich wirken.
Ich sehe staunend am Baum einen Apfel reifen, erkenne seine Entwicklung von der Blüte zur Frucht und begreife und erahne seine Entwicklung.
Ich betrachte eine Sonnenblume in ihrer ganzen Schönheit mit ihren kräftig-gelben Blütenblättern und erkenne, dass die Sonne die Quelle allen Lebens ist.
Ich verweile bei einer Gletschermühle auf der Griesalp [Berner Oberland] und lasse mich in Gedanken zurückversetzen, als die ganze Schönheit der Gletscher noch hier an diesem Ort vorhanden war.
Ich werde andächtig stille beim Anblick des Sternenhimmels in klaren Sommernächten und lasse mich von der unendlichen Schönheit des Kosmos gefangen nehmen. Ich lasse mich faszinieren vom Licht eines Sternes, der mir jetzt leuchtet und vielleicht längst verglüht ist.
Ich lasse mich beeindrucken von unserem Niesen, einem Berges, geboren aus dem Zusammenstoß von Kontinenten.
Überall und zu jeder Zeit erfahre ich die Schönheit der Natur. Eine Schönheit, die eingebettet ist in den ganzen Kosmos. Was die Schönheit ausmacht in der Natur ist dies: Nichts muss hinzugefügt und nichts muss weggenommen werden. Alles ist in sich stimmig, alles ist natürlich, die Schönheit der Natur hat sich evolutionär entwickelt, die Schönheit in der Natur ist vielfältig, die Biodiversität macht die Schönheit in der Natur aus und ein Apfelbaum sagt nicht zur Platane: Ich bin

schöner als du. Die Schönheit in der Natur hat keinen absoluten Wahrheitsanspruch auf Schönheit, die Schönheit in der Natur liegt in ihrer Diversität und Besonderheit.

Der Blick der Ästhetik
Der Blick der *Ästhetik* ist eine Wahrnehmung des Staunens, der Achtsamkeit, des Genießens, des Freuens, des Dankens. Ästhetik steht über den Verwertungsinteressen des Kapitals, stellt alle Nützlichkeit, monetäre Verwertbarkeit infrage und richtet unser Denken und Handeln auf das Schöne, z. B. der Natur. Insofern beinhaltet die Ästhetik, gerade in der Gestalt des Naturschönen, eine grenzenlose Verantwortung gegenüber allem, was lebt (Schweitzer, Albert). So sind Ethik und Ästhetik unauflösbar miteinander verschränkt.[139]
Bei meinem mehrwöchigen Aufenthalt bei den Lakota-Indianern – Lakota Native Americans – in South Dakota im Sommer 2002 wurde mir der folgende Satz gesagt, der eindrücklich die unterschiedlichen Blickwinkel charakterisiert: „White men show up to a river and have to put a dam on it. They must change for use."
Der Blick der Schönheit befreit vom Imperativ des Nutzens.

Ästhetik und Sinn als Sinnlichkeit
Zum Nachdenken über das Leben gehört die Frage nach dem Sinn des Lebens. Diese Frage wird immer wieder gestellt, sie ist wichtig, diese kann zermürben. Es war und ist ein Ziel meines Arbeitens mit Menschen, diese Frage zu entlasten, weil sie so belastend und schwergewichtig sein kann. Wilhelm Schmid entwickelt dazu einen sinnvollen Gedankengang. Er versteht Sinn als Sinnlichkeit. Das heißt: Der Sinn ergibt sich aus der Sinnlichkeit, aus der Wahrnehmung mit all meinen Sinnen. Ich sehe die reifen Tomaten im Garten und das Wasser läuft mir im Munde zusammen. Ich höre am frühen Morgen die Vögel singen und halte inne. Ich zerreibe mit meinen Fingern die Lavendelblüten und rieche dann deren feinen Duft. Paul Gerhard (1607–1676) hat diese Sinnlichkeit in seinem bekannten Lied „Geh aus, mein Herz, und suche

---

139 Siehe Adorno, Theodor W.: Ästhetische Theorie, Frankfurt a. M. 1970.

Freud" eindrücklich zum Ausdruck gebracht. Ästhetik, Sinn und Sinnlichkeit sind für mich eins und die abstrakte Frage nach dem Sinn des Lebens erhält durch die ästhetische Sinnlichkeit eine konkrete, erfahrbare, Freude schaffende Antwort.[140]

6. Sinnhorizonte eines Menschenbildes aus jüdisch-christlicher Sicht

In acht Punkten werde ich in großer Kürze Sinnhorizonte eines Menschenbildes aus christlicher Sicht beschreiben. Dabei werden spezifisch theologische Sprachmuster gebraucht wie GOTT, Auferstehung, Geschöpflichkeit, Schöpfung. Dies sind Sprachmuster der Theologie, die grundsätzlich kein theistisches Gottesbild voraussetzen, vielmehr Denk- und Sprachspiele einer Theologie sind, wie ich sie bei A II GOTT kritisch dargestellt habe. Daraus ergibt sich, dass diese Konstrukte, diese Sprachspiele, für Nicht-Theologen und Nicht-Theologinnen erst verständlich gemacht werden müssen. Zudem kann ich nicht verlangen, dass diese übernommen werden. Doch denke ich, dass die Unterscheidung in die heilstheologisch-anthropologische und die normative Ebene das Verständnis erleichtern bzw. ein argumentatives interdisziplinäres Gespräch möglich machen kann.

Der jeweilige Punkt gliedert sich in zwei Abschnitte. Im ersten wird die anthropologisch-theologische Aussage vorgestellt und erläutert. Dann wird im zweiten deren normative Bedeutung beschrieben.

---

[140] Schmid, Wilhelm: Das Leben verstehen. Von den Erfahrungen eines philosophischen Seelsorgers, Berlin 2016, S. 67–70.

1. Bilderverbot: Du sollst dir kein Bildnis machen
2. Die „Geschöpflichkeit" des Menschen
3. Der Gott entsprechende Mensch: imago dei
4. Rechtfertigung des Menschen
5. Menschwerdung und Menschsein in Solidarität
6. Das Heil des Menschen
7. Die Zeitlichkeit des Menschen
8. Die Sterblichkeit des Menschen und sein Tod

6.1. Bilderverbot: Du sollst dir kein Bildnis machen

(a) heilstheologisch-anthropologische Aussage: Wenn die theologische Ethik über das Menschenbild redet, dann muss sie zuerst mit einer grundsätzlichen Warnung beginnen: Die Qualifizierung des Menschen als Mensch darf sich niemals an empirisch objektive Kriterien binden lassen. Dies ist die Absicht des Bilderverbotes „Du sollst dir von Gott kein Bildnis machen" im Ersten Testament (Ex 20,4), welches gerade auch für den Menschen gilt, welcher als Ebenbild Gottes bezeichnet wird: Durch das Bilderverbot wird die Einmaligkeit und die Unversehrtheit des Menschen geschützt. Bilder definieren, grenzen ein, machen verletzende ideologische Zuschreibungen.

(b) normative Aussagen: Vorstellungen von „lebenswert" und „lebensunwert" sind aufgrund dieses Bilderverbotes unzulässig. Wer sich von einem Menschen ein Bild macht, der schubladisiert ihn, grenzt ihn ein und aus. Wer diesen Eingrenzungen und Definitionen nicht entspricht, wird sehr schnell zu einem Un-Menschen, der den üblichen Schemata und Normen nicht entspricht. Der Mensch als Subjekt verschwindet damit, er wird zu einem bloßen Objekt, über das verfügt wird, das bestimmten Bildern unterworfen wird, das sich bestimmten Bildern anpassen muss oder angepasst wird. In vielen Bereichen besteht diese Gefahr des Bildermachens: pränatale Diagnose, beim Sterben, „Flüchtlinge", „Behinderte" statt „Menschen mit Beeinträchtigungen".

6.2. Die „Geschöpflichkeit" des Menschen

(a) heilstheologisch-anthropologische Aussage: Die theologische Ethik begreift den Menschen als „Geschöpf Gottes" und spricht von der Welt als Schöpfung. Dies meint erstens für heutiges Denken: Wir alle machen die Erfahrung, dass wir uns nicht selbst schaffen können, sondern dass jedem von uns bei der Geburt sein Leben gegeben – geschenkt – wird. Im Laufe unseres Lebens erfahren wir dann, dass wir auf andere angewiesen sind, von anderen Liebe, Geborgenheit, Vertrauen und Annahme erfahren. Wir erhalten unsere Identität in der Begegnung mit anderen, die uns etwas geben, uns herausfordern oder auch infrage stellen. Geschöpflichkeit ist die menschliche Grunderfahrung, dass wir Menschen unsere Identität zugesprochen erhalten, wobei diese Zusprechung sehr ambivalent sein kann. Zweitens bedeutet die Begrifflichkeit „Welt als Schöpfung" eine umfassende Verantwortlichkeit gegenüber dieser Schöpfung.

(b) normative Aussage: Dieses theologische Verständnis des Menschen als eines „Geschöpfes" bedeutet für ethisches Handeln Folgendes: Der Mensch, der sich als ein Geschaffener begreift, der seine Geschöpflichkeit ernst nimmt, ist vom Zwang der selbstherrlichen Selbsterzeugung befreit. Dies beinhaltet eine Kritik jeder Machbarkeits- und Verfügbarkeitsideologie und die Einsicht in Grenzen der Verfügbarkeit. Der Mensch ist davon befreit, sich selbst herstellen zu müssen. Das Leben ist vielmehr ein verdanktes und zu verdankendes Leben. Die Idee der Machbarkeit menschlichen Lebens wird aufgrund dieses Menschenbildes radikal infrage gestellt. Ein konkretes Beispiel: Die Bundesrätliche Expertenkommission „Humangenetik und Reproduktionsmedizin" formuliert entsprechend diesem christlichen Menschenbild: „Der Mensch ist Geschöpf, nicht Schöpfer seiner selbst. Deshalb sind Eingriffen in das Genom des Menschen enge Schranken zu setzen ..."[141] Mit der Geschöpflichkeit des Menschen ist z. B. die genetische Integrität des Menschen gefordert, womit die Grenzen der

---

141 Expertenkommission des Bundesrats für Humangenetik und Reproduktionsmedizin, Bern, 19. August 1988, S. 48.

Verfügbarkeit markiert werden können und ausgehandelt werden müssen. Würde dieser Satz auch heute, gut 30 Jahre später, immer noch so formuliert werden können? Ich denke, die Machbarkeit, Verfügbarkeit, Gestaltbarkeit gerade im medizinisch-technischen Bereich kennt keine Grenzen der Verfügbarkeit. Umso wichtiger ist es, diese Reflexivität immer wieder neu einzufordern.

Zur Geschöpflichkeit im Sinne der Welt als Schöpfung gehört die ökologische Solidarität, die Ehrfurcht vor allem Lebendigen, die Verantwortung gegenüber der Schöpfung in der unauflösbaren Spannung von beherrschen und bewahren.

6.3. Der Gott entsprechende Mensch

(a) heilstheologisch-anthropologische Aussage: Der Gott entsprechende Mensch heißt in der Bibel „Ebenbild Gottes" (Gen 1,26 f.) und bedeutet ein Zweifaches: Erstens ist es eine „Tatsache", dass Gott des Menschen gedenkt und sich seiner erbarmt (Psalm 8), d. h., dass jeder Mensch in seiner Individualität so wichtig genommen wird, dass Gott als der Schöpfer allen Seins sich an den Menschen erinnert. „Gott gedenkt" und „Gott erbarmt" sind Sprachmuster, welche eine unbedingte und kategorische Bedeutsamkeit des Menschen zum Ausdruck bringen. Kein Mensch ist zu klein oder zu unwichtig, um nicht beachtet zu werden. Zweitens bedeutet die imago dei „Gott schuf den Menschen nach seinem Bilde, in dem er die Menschen schuf", dass der Mensch ein geselliges Wesen ist: „Des Menschen Gottebenbildlichkeit impliziert also dessen sozietäre Struktur."[142]

(b) normative Aussage: Der Artikel 1 der „Allgemeinen Erklärung der Menschenrechte" vom 10. Dezember 1948 lautet: „Alle Menschen sind frei und gleich an Würde und Rechten geboren." Die Achtung der

---

142 Jüngel, Eberhard: Der Gott entsprechende Mensch, in: Neue Anthropologie Bd. 6: Philosophische Anthropologie/Erster Teil, hrsg. von Gadamer, Hans-Georg und Vogler, Paul , Stuttgart 1975, S. 342–372.

Menschenwürde ist also die letzte und oberste Legitimation der staatlichen Gesetzgebung. Wenn von der Würde des Menschen gesprochen wird, dann kann ein wichtiger Gesichtspunkt der Menschenwürde mit Bezug auf den Philosophen I. Kant (1724–1804) genannt werden. Denn dieser hat die Würde des Menschen folgendermaßen kategorisch formuliert: „Handle in Beziehung auf ein jedes vernünftiges Wesen (auf dich selbst und andere) so, dass es in deiner Maxime zugleich als Zweck an sich gelte."[143] Kein Mensch, so Immanuel Kant interpretierend, soll also von einem anderen Menschen als Mittel gebraucht werden. Der Mensch ist Zweck an sich und ist nicht das, was aus ihm gemacht wird. So bedeutet Menschenwürde die Identität des Menschen jenseits von Zwecken anderer Personen oder der Gesellschaft und verbietet jede Instrumentalisierung des Menschen durch Menschen.

Dieses Verbot der Instrumentalisierung des Menschen garantiert dessen Selbstbestimmung über die eigene Lebensführung. Wo das einzelne Individuum in seiner Einzigartigkeit und Unverwechselbarkeit als Mittel zum Zweck gebraucht wird, da wird es nicht als Subjekt behandelt, sondern wird einem fremden Willen unterworfen und damit zu einem Objekt willkürlicher Manipulation gemacht. Wird also der Einzelne „benutzt" und der Verfügung durch andere unterworfen, dann ist die Würde des Menschen außer Kraft gesetzt. Die Würde des Menschen beinhaltet im Prinzip das Recht des Einzelnen, über sich selbst bestimmen zu können und seinen Lebensplan selbst wählen zu dürfen, was im Kern ausschließt, dass andere aufgrund ihres Lebensideals darüber entscheiden, ob jemand leben soll, darf oder nicht und wie seine genetische Konstitution auszusehen hat. Der Leitgedanke, den Menschen nicht als Mittel zu gebrauchen, betont die Individualität, Subjektivität und das Selbstbestimmungsrecht, über welches nicht von anderen verfügt werden darf.

---

143 Kant, Immanuel: Grundlegung zur Metaphysik der Sitten, Werkausgabe Bd. VII, hrsg. von Weischedel, Wilhelm, Frankfurt a. M. 1978 (4. Aufl.), S. 71.

6.4. Rechtfertigung des Menschen

(a) heilstheologisch-anthropologische Aussage: Eine zentrale Frage des Menschen ist die nach seiner Anerkennung bzw. Rechtfertigung. Wir alle brauchen Anerkennung, Lob und Bestätigung. Im alltäglichen Leben erhalten wir eine solche Bestätigung durch das, was wir leisten und tun. Zum Beispiel im Bereich der Arbeit eben durch die vollbrachte Arbeit. Ein anderer erhält Anerkennung durch ein gutes Essen, das er seinen Gästen gekocht hat. Ein Sportler durch eine überragende Leistung, eine Schülerin durch einen besonders guten Aufsatz oder ein Kind, wenn es ein schönes Bild gemalt hat.

Für die christliche Anthropologie wesentlich ist, dass wir ohne jegliche Bedingung anerkannt und bejaht werden, einfach so, wie wir sind. Diesen Gesichtspunkt der Anerkennung ohne irgendeine Leistung hat besonders Apostel Paulus betont. „Denn wir sind der Überzeugung, dass der Mensch gerecht wird durch Glauben, unabhängig von Werken des Gesetzes." (Röm 3,28). Damit werden gute Werke nicht etwa abgelehnt, doch gerade Martin Luther hat mit aller Dringlichkeit und Eindeutigkeit betont, dass der Wert des Menschen sich nicht aus dem ergibt, was der Mensch tut und lässt, leistet oder nicht leistet, hat oder nicht hat, ist oder nicht ist. Der Mensch ist Mensch unabhängig davon, was er leistet, wie er aussieht, was er denkt und fühlt. Er wird ohne Bedingungen, Prüfungen und Kriterien so angenommen, wie er ist. Der Mensch ist ein immer angenommener Mensch, und davon gibt es grundsätzlich keine Ausnahme.

(b) normative Aussage: Die Konsequenzen dieses Menschenbildes in Bezug auf die Rechtfertigung des Menschen sind: Dem Menschen kann nie seine Menschlichkeit abgesprochen werden, mag er körperlich oder geistig noch so behindert sein, mag er arm oder reich sein, ein Mörder oder ein Gutmensch.[144] Es gilt eine uneingeschränkte und durch nichts einschränkbare Anerkennung und Wertschätzung des Menschen. Die Würde des Menschen ist unantastbar, sie ist dem Menschen inhärent

---

144 Siehe Jüngel, Eberhard: Entsprechungen: Gott – Wahrheit – Mensch. Theologische Erörterungen, München 1980, S. 318–321.

und nicht kontingent, also von äußeren zufälligen Faktoren (Geschlecht, Hautfarbe, Einkommen) abhängig. Dies gilt gerade auch in einem advokatorischen Sinne. Das heißt: Die so geforderte grundsätzliche Anerkennung jedes menschlichen Lebens bedeutet, dass die Würde des Menschen auch für denjenigen gültig ist, der diese noch nicht selbst oder nicht mehr vertreten kann. Man spricht in diesem Zusammenhang von einer „advokatorischen Ethik" und meint damit: „Wo die Betroffenen selbst nicht in den Diskurs einbezogen werden können, muss die Diskursgemeinschaft sich gewissermaßen in deren Haut versetzen, ihre Interessen antizipativ in die Debatte einzubeziehen und bei der Konsensbildung zur Geltung zu bringen."[145]

6.5. Menschwerdung und Menschsein in Solidarität

(a) heilstheologisch-anthropologische Aussage: Jesus hat in seiner Solidarität zu den Menschen seiner Zeit diesen eine Identitätserfahrung ermöglicht, welche Vertrauen, Freiheit und Verantwortung eröffnete. In diesem Sinne kann von einer „solidarischen Identitätserfahrung" gesprochen werden, die in der Lebensgeschichte von Jesus ihren Grund hat.[146]

---

145 Bayer, Kurt: Genetik. Probleme der Technisierung menschlicher Fortpflanzung, Reinbek bei Hamburg 1987, S. 229.
146 „Jesus ging es darum, jeden Menschen vorbehaltlos anzunehmen und ihm sein Menschsein zuzuerkennen, auch wenn dies letzten Endes negative Konsequenzen für ihn – den Tod am Kreuz – haben sollte." Spescha, Plasch: Energie, Umwelt, Gesellschaft, Freiburg 1983, S. 51. Siehe dazu all die Jesus-Begegnungen: Befreiende Begegnung (Lk 19,1–10), unerwartete Begegnung (Lk 7,36–50), verweigerte Begegnung (Mk 6,1–6), einladende Begegnung (Mk 10,17–22), ermutigende Begegnung (Lk 24,13–35), grenzüberschreitende Begegnung (Joh 4,1–10) (s. Steiner, Anton / Weymann, Volker: Jesus Begegnungen, Basel u. a. 1977; Schulz, Rudolf: Dem Leben Raum geben. Wegmarkierungen, Neukirchen-Vlyun 1989, S. 45–52).

Ausgangspunkt der theologischen Ethik ist, trinitarisch innertheologisch begründet[147] (s. oben B II 12), die Menschwerdung in Solidarität bzw. die solidarische Identitätserfahrung, welche das Menschsein des Menschen unter dem Aspekt der Solidarität und nicht primär unter dem des Eigeninteresses sieht, ohne dass damit das Eigeninteresse ausgeschaltet wäre. Die Einheit von Gottes-, Nächsten- und Selbstliebe macht darauf aufmerksam (Matthäus 22,36–40).[148]

(b) normative Aussage: „Menschwerdung in Solidarität" bedeutet die Verknüpfung von Theorieelementen der modernen Identitätstheorie mit Grundinhalten des christlichen Glaubens. Die Identitätstheorie geht davon aus, dass die Identitätsbildung des Menschen interaktionell erfolgt (G. H. Mead), wobei die Basis des Vertrauens für das Gelingen menschlichen Daseins die Voraussetzung abgibt.[149] Die Menschwerdung des Menschen spielt sich also nicht unter den Bedingungen des Eigeninteresses ab, sondern im Gegenteil, sie setzt Vertrauen und gegenseitige Anerkennung voraus. Die Identitätstheorien von G. H. Mead und E. H. Erikson lassen daran keinen Zweifel. Damit ist noch nicht der Altruismus begründet oder eine Fürsorge-Moral verwirklicht,

---

147 Siehe Moltmann, Jürgen: Der gekreuzigte Gott. Das Kreuz Christi als Grund und Kritik christlicher Theologie, München 1972: Der in Jesus Christus menschgewordene Gott erniedrigt sich und nimmt so das ganze Menschsein ohne Grenzen und Bedingungen an (S. 265). In dieser Erniedrigung solidarisiert sich Gott gerade mit denjenigen, die in der gottverlassenen Welt leiden müssen. Der Weg Jesu zum Kreuz ist keine dogmatische Formel, sondern die Folge seines Wirkens (S. 120).

148 Hier weise ich auf Hans Weder hin, der in seiner Diskussion der Goldenen Regel ausgeführt hat, dass die Zuwendung als fundamentaler Lebensvorgang das Ethische begründet (Weder, Hans: Die „Rede der Reden". Eine Auslegung der Bergpredigt heute, Zürich 1985, S. 234). Es ist Jesus gewesen, der in seiner solidarischen Zuwendung seinen Mitmenschen Leben gegeben hat.

149 Siehe Hunold, Gerfried W.: Identitätstheorie: Die sittliche Struktur des Individuellen im Sozialen, in: Handbuch der Christlichen Ethik, hrsg. von A. Hertz u. a., Freiburg u. a. 1978, S. 186 ff. (S. 177–195). Für mich ist es wichtig, dass dieser Gedankengang bereits Ende der 70er Jahre entfaltet wurde. Diese Argumentation erhält nach der Wende 89 mit dem dann entstehenden Neoliberalismus 89 (Globalisierung, Deregulierung, Privatisierung) eine neue Bedeutung, wird doch die Sozialität des Menschen durch eine Dominanz des „Egos" (Ich-Gesellschaft) infrage gestellt.

jedoch die Voraussetzung für die Ich-Identität interaktionell bestimmt. In der Beziehung, in der Interaktion ergibt sich die Identität des Einzelnen, wobei Beziehungen des Vertrauens, der Geborgenheit und der Anerkennung zu einer „gesunden" Ich-Identität (Handlungsfähigkeit, Sicherheit, Zufriedenheit, Sinnerfahrung) führen.

Bei diesem Verständnis von Identität und Menschsein steht nicht der Eigennutz und der im eigenen Interesse handelnde Mensch im Mittelpunkt, vielmehr die Erfahrung einer solidarischen Ich-Identität bzw. die Menschwerdung in Solidarität. Oder anders formuliert: Eine Gesellschaft lässt sich nicht auf dem Prinzip des Eigeninteresses aufbauen, sondern allein auf der Erfahrung der solidarischen Ich-Identität. Damit wird die Verfolgung des Eigeninteresses oder ein eigennütziger Altruismus nicht ausgeschlossen, doch die Verfolgung von Eigeninteresse darf nicht auf Kosten der anderen gehen.

6.6. Das Heil des Menschen

(a) heilstheologisch-anthropologische Aussage: Heil bedeutet die Unversehrtheit der menschlichen Existenz und Lebensverhältnisse und ist somit ein Zustand der Vollendung von Wahrheit, Güte, Freiheit, Gerechtigkeit und Liebe. Ausgehend von der Geschöpflichkeit des Menschen ist das Heil die „Gegenwart Gottes", d. h. die Abwesenheit von Hass, Zerstörung, Verzweiflung, Ausbeutung, Hunger, Not, Krankheit und Tod. Im Alten Testament ist das Heil als Gegenwart Gottes die Rettung von den Feinden Israels, die Überwindung von Krankheit, Not und Tod (Psalmen), die Befreiung aus der Knechtschaft (Exodus) und der Einzug in ein Land, wo Milch und Honig fließt. Das Heil bezieht sich auf die individuelle Unversehrtheit wie auch auf Unversehrtheit gesellschaftlicher Verhältnisse, in denen der Einzelne lebt. Langes Leben, reiche Nachkommenschaft, gutes Weide- und Ackerland sind als Segensverheißung Ausdrücke für „Heil" und unversehrtes Leben. Im Zweiten Testament übernimmt der Begriff des „Reiches Gottes" die Inhalte des alttestamentlichen Heilsbegriffs. Dazu

gehört die Überwindung von physischen und psychischen Leiden, wobei die Wunderheilungen keine medizinischen Heilungen an sich darstellen. Vielmehr erfährt der Kranke/die Kranke im medizinischen Unheil Heil durch die Nähe und die Begegnung mit Jesus.

(b) normative Aussage: Der theologische Begriff des Heils kann zunächst einmal unschwer auf normativer Ebene mit dem umfassenden Gesundheitsbegriff der WHO von 1948 in Beziehung gesetzt werden: „Gesundheit ist der Zustand vollkommenen körperlichen, geistigen und sozialen Wohlbefindens." Diese Definition bedeutet, dass der Mensch allein in einer gesunden „Umwelt" gesund sein, sich wohlfühlen kann. Zwischen körperlichen, seelischen und sozialen Krankheitsursachen bestehen enge Zusammenhänge. Es sind also solche gesellschaftlichen Zustände herzustellen, welche den Menschen nicht *krank*, sondern eben *gesund* machen. Wer z. B. um die psychischen Probleme von Langzeitarbeitslosen weiß, für den ist dieser Gesundheitsbegriff eine traurige Wahrheit. Die soziale Planung der Gesundheit ist ein wichtiges und konsequent zu realisierendes Ziel.[150]

Die Gefahren eines absoluten Gesundheitsbegriffes können am Beispiel der genetischen Testmöglichkeiten aufgezeigt werden: Die Erfahrung von Schmerz, Krankheit und Tod als integraler Bestandteil des menschlichen Lebens verschwindet und wird durch einen absoluten Gesundheitsbegriff ersetzt, der in der Tat jedoch nicht realistisch ist. Deshalb gilt: Zum menschlichen Leben gehört wesentlich die Erfahrung von Schmerz, Krankheit, Gebrechen und Tod. Wichtig ist deshalb die Fähigkeit, mit Gebrechen und Krankheiten umzugehen und mit ihnen zu leben. Die Fähigkeit, mit den gesundheitlichen Unzulänglichkeiten zu leben, umfasst den Menschen in seinen körperlichen, geistigen und seelischen Aspekten. Dagegen ist im Testgedanken und somit in den genetischen Tests ein absoluter und perfekter Gesundheitsbegriff enthalten, von dem aus gesehen alles Kranke nur noch abgewertet werden und nur noch als Abnormität erscheinen kann. In Wirklichkeit ist jedoch eine solche Vorstellung von Gesundheit ein Fetisch, ein

---

150 Mattig, Thomas: Healthy Economy. Neue Denkformen für eine gesunde Wirtschaft, Zürich 2014.

zauberkräftiges, übernatürliches Ding, das so in der konkreten Lebenswirklichkeit nicht existiert. Die Unmenschlichkeit der perfekten Gesundheit liegt darin, dass sie den Schmerz, das Leiden, die Gebrechlichkeit, die Krankheit ausgrenzt und damit all diejenigen diffamiert, welche der absoluten Gesundheit nicht genügen.

Diese Kritik darf jedoch auf keinen Fall die Bemühungen um „gesundmachende" und heilsame gesellschaftliche Verhältnisse einschränken!

6.7. Die Zeitlichkeit des Menschen

(a) heilstheologisch-anthropologische Aussage: Theologische Ethik geht von der anthropologischen Einsicht aus, dass die Zeit nicht zerstört werden kann, weil dies den Tod des Menschen bedeuten würde. „Der Mensch ist nur solange da, als er Zeit hat. Und er ist darin Mensch, dass er Zeit hat. Dass der Mensch nicht nur in der Zeit da ist, dass vielmehr die Zeit, in der er da ist, zugleich seine Lebenszeit ist, konstituiert das Wesen des Menschen. Der Mensch ist ein zeitliches Wesen."[151] Insofern hat die Zeit keinen Selbstzweck, sie dient dem Menschen zur Erfüllung seiner Geschichte:[152] Der Mensch ist ein zeitliches Wesen.

(b) normative Aussage: Ein menschliches Zeiterleben wird nicht gelingen, wenn wir alle Uhren abhängen und auf die Seite legen, jedoch durch eine Befreiung der Zeit aus den ökonomischen Imperativen (Zeit ist Geld bedeutet: Funktionalisierung, Instrumentalisierung, Technisierung, reine Nützlichkeit, Kontrollierbarkeit, Machbarkeit). Dazu gehört:

Zeitsouveränität: Die Ökonomisierung der Zeit bedeutet, dass die bestehenden Zeitstrukturen, Zeitzwänge und Zeitnöte oftmals eine spezifische „Form von Gewalt" darstellen, und zwar genau dann, wenn

---

151 Jüngel, Eberhard: Tod, Stuttgart und Berlin 1971, S. 148.
152 Jüngel, Eberhard: Tod, a.a.O., S. 149. Siehe auch Ende, Michael: „Momo" und Gronemeyer, Marianne: Das Leben als letzte Gelegenheit. Sicherheitsbedürfnisse und Zeitknappheit, Darmstadt 1993, S. 106: Zeitgewinn und Weltschwund.

Zeitregelungen, Zwänge, Hektik und Zeitdruck die Identität des Menschen gefährden und zerstören. Deshalb ist die Frage unabdingbar, wer über Zeit verfügt und inwiefern Zeitstrukturen aufgezwungen werden. Die Frage der Zeit ist zugleich eine Frage der politischen und ökonomischen Macht. Insofern gehört zu einem menschlichen Zeiterleben die Wiederaneignung der Zeit, die Selbstbestimmung über die Zeit, also Zeitsouveränität. Dazu gehört zum Beispiel die Gestaltung der Arbeit unter besonderer Berücksichtigung des Zeitfaktors oder die zunehmende Zahl der Stellenaufteilungen, um so den individuellen Zeitwünschen gerecht zu werden. Die Forderung nach einer Einführung eines bedingungslosen Grundeinkommens will teilweise diese Wünsche umsetzen.

Vielfalt an Zeitgestalten: Zeitsouveränität setzt voraus, dass wir eine Vielfalt in den Zeitgestalten herstellen: organische (naturgemäße Abläufe), zyklische (wiederkehrende Ereignisse/Feste), lineare und abstrakte Zeit (Planbarkeit der Zeit). Innerhalb der hochentwickelten Industriegesellschaften hat sich eine Vorherrschaft der abstrakten Zeit herausgebildet, welche die anderen Zeitstrukturen dominiert bzw. überwältigt. Das heißt, die früher kontrovers diskutierte Sonntagsarbeit[153] ist heute vielerorts zu einer Selbstverständlichkeit geworden. Es ist jedoch keineswegs so, dass die organische Zeit- oder zyklische Zeitgestalt historisch überholte Zeitgestalten wären. Vielmehr sind diese Zeitgestalten zu leben, zu beleben und die abstrakte Zeitlogik zu überwinden. Dazu gehören die Rites de Passage, Feste in der Lebensgeschichte oder im Jahreszyklus.

Fülle der Zeit: Die ökonomische Zeit als eine abstrakte zeitliche Messbarkeit und Strukturierung ersetzt die Zeit als ein konkretes Geschehen. Durch die Möglichkeit, mit der App „skiline" meine gefahrenen Kilometer mit den Höhemetern zu messen, besteht die Gefahr, dass das Skifahren als Sport, der Freude macht, den Körper ertüchtigt, der herausfordert, verloren geht. Die Fülle der Zeit meint,

---

[153] Siehe Peter, Hans-Balz: Sonntagsarbeit – Prototyp einer wirtschaftsethischen Frage, in: Das Ethos der Liberalität. Festschrift für Hermann Ringeling, hrsg. von Germann, Hans Ulrich u. a., Freiburg i. Ue./Br. 1993, S. 299–314.

dass diese Freude wiederhergestellt wird jenseits der Messbarkeit. Das Erlebnis, das Ereignis des Skifahrens wird wieder zur Grundlage des Skifahrens und es geschieht eine konkrete Ankoppelung an die Lebenswelt.

Diese Ankoppelung entspricht dem christlichen Daseinsverständnis. Charakteristisch für das Selbstverständnis des biblisch-israelitischen Menschen ist dessen „bewusst erlebtes Eingebundensein in Natur und Geschichte"[154]: Alles hat seine Stunde. Für jedes Geschehen unter dem Himmel gibt es eine bestimmte Zeit (Kohelet 3). Die Zeit, schreibt A. M. Klaus Müller als Physiker, ist der „universale Horizont alles Geschöpflichen"[155]. Zur Zeitlichkeit des christlichen Daseinsverständnisses gehört wesentlich das Eingebundensein des Menschen in die Wirklichkeit und ihr Geschehen. Die Zeit ist gleichbedeutend mit ich-haftem Leben und Erleben, mit betroffen sein von dem, was um mich herum geschieht. Zeit ist also Geschichtlichkeit, welche jedoch nicht im momentanen Erleben aufgeht. Vergangenheit, Gegenwart und Zukunft werden vielmehr so miteinander verknüpft, dass die Gegenwart als Gegenwart der Zukunft begriffen wird. So bedeutet Zeit zugleich den Entwurf eines universalen Zukunftshorizontes, wozu das Offenhalten der Zukunft wie die Hoffnung auf eine neue Welt gehört.

Das ökonomische Zeitverständnis (Zeit ist Geld; sparen, messen, kontrollieren) wird durch ein historisches (verstehen) und existentielles (Betroffensein und Ausgesetztsein) ergänzt.[156] Zum Erlebnis- und Ereignischarakter der Zeit gehört die Lebensweisheit „Nimm dir Zeit

---

154 Siehe Schulte, Raphael: Zeit und Ewigkeit, in: Christlicher Glaube in der modernen Gesellschaft Bd. 22, Freiburg u. a. 1982, S. 134 (S. 117–186): Die Erfahrung der Zeit-Fülle gehört wesentlich zum christlichen Zeitverständnis, wobei die Zeit „seit" Kreuz und Auferstehung Jesu Christi ausgesprochen als Christus-Zeit begriffen wird.

155 Müller, A. M. Klaus: Geschöpflichkeitsdefizite in Naturwissenschaft und Theologie, in: ders. u. a.: Schöpfungsglaube heute, Neukirchen-Vluyn 1985, S. 49 (S. 9–85).

156 Müller, A. M. Klaus Die präparierte Zeit, Stuttgart 1972, S. 210 f.; s. auch Oblau, Gotthard: Gotteszeit und Menschenzeit. Eschatologie in der Kirchlichen Dogmatik von Karl Barth, Neukirchen-Vluyn 1988, S. 96: Barths Kritik an einem instrumentellen Zeitbegriff.

und nicht das Leben"[157]. Aus der Erfahrung der Tödlichkeit von Zeiterfahrungen des Stresses und der Hektik ergibt sich die Entdeckung der Langsamkeit sowie eine Lebenshaltung der „Sorglosigkeit" – Sorget euch nicht um euer Leben (Lk 12,22–34). Aus der Einsicht heraus, dass technische Entwicklungen auf den verschiedensten Gebieten einer ethischen Reflexion bedürfen, welche Zeit kostet, wird die bewusste Verlangsamung in der Realisierung technischer Möglichkeiten gefordert.

Das irrationale ökonomische Risikoverständnis erhält durch dieses Verständnis von Zeit eine radikale Kritik (s. oben III 3./3).

6.8. Die Sterblichkeit des Menschen und sein Tod

(a) heilstheologisch-anthropologische Aussage: Die Rede über die Sterblichkeit des Menschen und seinen Tod muss von der Höchstschätzung des Lebens ausgehen. Diese entspringt dem Glauben an GOTT als dem Ursprung und der Fülle des Lebens. Leben, so Eberhard Jüngel, bedeutet im Ersten Testament (AT) ein Verhältnis haben, ein Verhältnis zu Gott, der Quelle allen Lebens, ein Verhältnis zum Nächsten, ein Verhältnis zur Schöpfung. Der Mensch kann diese Verhältnisse zerstören oder erhalten und verlebendigen. Jeden Versuch, diese Verhältnisse zu zerstören, nennt das Erste Testament „Sünde": „Sünde drängt in die Verhältnislosigkeit. Sie macht beziehungslos. Der Tod nun ist das Fazit dieses Dranges in die Verhältnislosigkeit. Insofern ist der Tod anthropologisch nicht nur und nicht erst am Ende des Lebens,

---

[157] Diese Lebensweisheit kann über die Philosophie Martin Heideggers erläutert werden. Die Zeitlichkeit, so M. Heidegger, bestimmt das Wesen des Menschseins. In der menschlichen Existenz kommen die Modi der Zeit zum Ausdruck, in der entschlossenen Zuwendung zur Zukunft (zum Tod), in dem damit verbundenen Zurückkommen auf die Nichtigkeit (Gewesenheit) und in der daraus entspringenden Kraft des existentiellen Augenblicks: Endlichkeit, Todesbewusstsein und Zeitlichkeit gehören bei Heidegger eng zusammen (s. Stegmüller, Wolfgang: Hauptströmungen der Gegenwartsphilosophie. Eine kritische Einführung, Stuttgart 1969, S. 150 ff.; Altner, Günter: Die Überlebenskrise in der Gegenwart, a. a. O., S. 205 ff.).

sondern im Drang nach Verhältnislosigkeit als wirksame Möglichkeit jederzeit da."[158] Der Tod gehört also nicht als eine abstrakte ureigenste Möglichkeit zum Menschen, vielmehr ist der Mensch mitten im Leben vom Tod durch die Verhältnislosigkeit bedroht bzw. erfährt den Tod, wenn er in einer Verhältnislosigkeit leben muss. Der Tod bedeutet all das, „was dem Menschen als Dunkelheit des Daseins widerfährt, als Schuld, Leiden und Verzweiflung."[159] „Auferstehung" bedeutet deshalb nicht eine Leugnung der menschlichen Sterblichkeit, jedoch die Überwindung des Todes als Verhältnislosigkeit. Wenn Menschen durch und in der Begegnung mit Jesus mitten in ihrem Leben vom Tod z. B. durch Ausgrenzung (Samaritanerin, Oberzöllner Zachäus) befreit werden, geschieht die „leibliche" (konkret, sozial) Auferstehung, von der Paulus spricht.

(b) normative Aussage: Im Ersten Testament, im Psalm 90,12, wird eine wichtige Bitte ausgesprochen: „Herr, lehre und bedenken, dass wir sterben müssen, auf dass wir klug werden." Das Bedenken des Todes und der Sterblichkeit führt zu einer großen Achtsamkeit und Ehrfurcht gegenüber dem Leben hier und jetzt. Wenn ich die Begrenztheit und die Endlichkeit meines Lebens wahrnehme, dann führt dies zu einer bewussten Gestaltung des Lebens mit der Perspektive eines Lebens in Frieden, Gerechtigkeit und der Bewahrung der Schöpfung. Die Logik des Todes wird durch die Logik des Lebens aufgehoben. So kann dem christlichen Verständnis von Tod auch das Zielbild des natürlichen Todes[160] (Werner Fuchs) zugeordnet werden. Das heißt, dass sämtliche Bedrohungen des Lebens durch einen vorzeitigen und unnatürlichen Tod (Krieg, Gewalt, Atomunfälle Tschernobyl oder Fukushima wie Hunger, Ausbeutung, Krankheit) überwunden werden müssen. Insofern sind die Christen „Protestleute gegen den Tod" (Christoph Blumhardt), die daran leiden, dass Menschen eines unnatürlichen

---

158 Jüngel, Eberhard: Tod, Stuttgart/Berlin 1971, S. 99.
159 Leuenberger, Robert: Der Tod. Schicksal und Aufgabe, Zürich 1973 (2. Auflage), S. 82.
160 Siehe Fuchs, Werner: Todesbilder in der modernen Gesellschaft. Frankfurt a. M. 1973. Reutlinger, Christoph: Natürlicher Tod und Ethik. Erkundungen im Anschluss an Jankélévitch, Kierkegaard und Scheler, Göttingen 2014, S. 13.

Todes sterben und alle ihre Kräfte dafür einsetzen, solche Lebensbedingungen zu schaffen, welche Leben ermöglichen: „Zwischen der Verkündigung des Todes Jesus Christi und der Fürsorge für einen natürlichen Tod besteht ein unmittelbarer Zusammenhang. Das bedeutet allerdings eine sehr bestimmte Arbeit an den unser Leben regulierenden Weltverhältnissen. Der natürliche Tod muss erarbeitet werden, politisch, sozial, medizinisch."[161]
Dieses Zielbild des natürlichen Todes setzt Frieden, Gerechtigkeit und die Bewahrung der Schöpfung voraus.

7. Außer „man" tut's ... „Praxis"-Beispiele für die radikale Liebe

Sicher, es ist etwas leichtsinnig, die theologische Ethik in dieser Kürze darstellen zu wollen:
Schöpfungsberichte, die Prophetie, die Weisheit und dann Jesus. Für mich waren und sind diese Gedanken die Grundlagen meines Denkens und Handelns, die Basis meiner Ethik. Diese Grundlegung von Ethik bietet mir verschiedene Anschlussstellen an philosophische, politische, ökonomische, soziologische und ethische Theorien.
Mitzudenken ist selbstverständlich die Wirkungsgeschichte dieser Ethik, sind die verschiedenen Entwürfe und Konzepte einer jüdisch-christlichen Ethik[162]. All diese Konzepte mit ihren Systematisierungen (Kriterien und Maximen bei Arthur Rich; Integrationskategorien Schöpfung, Eschatologie, Versöhnung, Rechtfertigung beim HCE; ethische Reflexion von ausdifferenzierten Teilgebieten HET) werden sich jedoch immer wieder an die Ursprungsgeschichte erinnern müssen und können, bei der ein Wort grundlegend ist: Liebe als lieben ...

---

161 Jüngel, Eberhard: Tod, a. a. O., S. 167.
162 Rich, Arthur; Handbuch der christlichen Ethik HCE, hrsg. von Hertz, Anselm / Korff, Wilhelm / Rendtorff, Trutz / Ringeling, Hermann, Gütersloh 1978–1982; Huber, Wolfgang u. a.: Handbuch der Evangelischen Ethik HET, München 2015.

Bei diesem Tätigkeitswort *lieben* ist es geradezu zwingend, konkrete Modelle des Handelns zu nennen, um so den Weg zu markieren, der beschritten werden sollte, welcher die radikale Liebe verbindlich und konkret macht. Wie bereits erwähnt, sind diese Modelle nicht einfach Deduktionen aus dem Begriff der LIEBE (III 0), können jedoch aus dem vielschichtigen Verständnis der Liebe begründet, erklärt und erschlossen werden. Kurze Hinweise sollen an dieser Stelle genügen:

(1) Im Buch „Die Welt der Commons"[163] werden Theorie und Praxis einer neuen Politik jenseits von Politik und Markt beschrieben, welche ein lebensdienliches Wirtschaften zur Grundlage haben. Es erstaunt, wie viele Projekte gelebt werden. Das macht Mut und Hoffnung in aller Empörung über Zerstörungen von Mensch und Natur und kann teilweise die Energie der revolutionären Ungeduld in Strategien der Veränderung umsetzen.

(2) In der Schweiz mit einer direkten Demokratie besteht die politische Möglichkeit, über Volksinitiativen eine Zukunft zu gestalten, welche eine lebensdienliche (ökologisch nachhaltige, partizipative) Wirtschaft zur Grundlage hat. Auch wenn solche Initiativen kaum eine Chance der Annahme haben, wird durch diese eine Diskussion ausgelöst, in der deutlich wird, wie eine lebensdienliche Gesellschaft einmal gestaltet sein müsste. Damit habe ich zugleich gesagt, dass die Veränderungen viel zu langsam und zu träge ablaufen und die Frage der „Effizienz" der Demokratie an sich gestellt ist: Die Probleme wachsen schneller als die Problemlösungen. Dieses Defizit in der Problemlösegeschwindigkeit stellt eine das Leben gefährdende Krise der Demokratien da, welche im Kontext des Neoliberalismus 89 funktionieren.

Trotz dieser demokratietheoretischen Grundsatzfrage werden im Folgenden drei lebensdienliche Initiativen erwähnt:

Bedingungsloses Grundeinkommen. Abgelehnt am 5. Juni 2016 mit 23 % Zustimmung. Stimmbeteiligung 47 %.

Grüne Wirtschaft, welche eine Kreislaufwirtschaft fordert mit dem Ziel, den ökologischen Fußabdruck bis 2050 so zu beschränken, dass er auf die Weltbevölkerung hochgerechnet *eine* Erde nicht überschreitet. Die

---
163 Helfrich, Silke u. a.: Die Welt der Commons, Bielefeld 2015.

Abstimmung am 25. September 2016 hatte folgendes Ergebnis: 36,4 % Ja und 63,6 % Nein bei einer Stimmbeteiligung von 43 %.
Vollgeldinitiative. Das Buchgeld auf unseren Bankkonti macht 90 % des ganzen Geldes aus. Von der Nationalbank hergestelltes Bargeld: nur 10 %. Mit dem von den Banken selbst gemachten Buchgeld wird auch spekuliert, es entstehen große Finanzblasen. Gewinne gehören den Banken. Die Verluste werden sozialisiert, d. h., die Steuerzahler bzw. der Staat interveniert als Retter. Die Initiative will, dass allein die Nationalbank Geld drucken darf. So wäre eine staatlich-demokratische Gestaltung des Finanzwesens eher möglich. Der Abstimmungstermin ist noch nicht festgelegt.
Diese drei Initiativen beziehen sich auf die Wirtschaftsfaktoren Arbeit, Wirtschaft, Kapital und machen Vorschläge für eine Transformation unseres Wirtschaftens auf der Basis der Lebensdienlichkeit.
(3) Diese Praxisbeispiele, die visionär entworfen, über die Lebensdienlichkeit begründet und in demokratischen Prozessen abgelehnt wurden, zeigen zugleich, dass in unseren Gesellschaften in Europa und den USA ausgeprägte Machtstrukturen vor*herrschen*. Ausgehend von dieser Tatsache zitiere ich die Schlussfolgerungen im AGAPE-Grundlagenpapier, welche auf der Ebene des Ökumenischen Rates der Kirchen formuliert wurden:
„Wir als Kirchen gemeinsam sollten uns also klar für Gott und gegen den Mammon entscheiden und uns für eine Ökonomie des Lebens aussprechen:
Wir bekräftigen, dass die Erde und alles, was sie beinhaltet, Gottes Gabe ist, ein Geschenk aus Liebe und Fürsorge für alle Teile der Schöpfung, ob belebt oder nicht.
Wir sind uns bewusst, dass zwischen der Schöpfung und der menschlichen Gesellschaft eine Wechselbeziehung besteht und dass unser Zusammenleben in dieser Wechselbeziehung entweder durch nachhaltige Nutzung gefördert oder durch übermässigen Missbrauch zerstört wird.
Wir bekräftigen unsere Hoffnung, dass eine gerechte Weltwirtschaft auf der Grundlage kreativer Alternativen der Menschen überall auf der

Welt möglich ist, ja in manchen Gemeinschaften, die auf Gütergemeinschaft und Ressourcenverteilung aufgebaut sind, bereits existiert. Hier erkennen wir kleine Inseln ohne eigennützige Jagd nach Reichtum. Die Gerechtigkeit und Liebe Gottes ruft alle Kirchen auf, ihrer eigentlichen Berufung zu folgen und kleine Initiativen auf der Suche nach Alternativen in allen Regionen zu unterstützen. Die Kirche kann von solchen lokalen Initiativen nicht nur lokal lernen, sondern auch nützliche Schlüsse ziehen für ihre Suche nach globalen Alternativen.
Wir sind uns bewusst, dass dieser Transformationsprozess von uns als Kirchen verlangt, dass wir für die Opfer des Projekts der neoliberalen Globalisierung rechenschaftspflichtig sind. Ihre Stimmen und Erfahrungen sind ausschlaggebend dafür, wie wir dieses Projekt im Lichte des Evangeliums sehen und beurteilen. Das bedeutet, dass wir als Kirchen aus den verschiedenen Regionen füreinander verantwortlich sind und dass diejenigen unter uns, die sich in der Nähe der Machtzentren befinden, der Loyalität mit den leidenden und unterdrückten Brüdern und Schwestern die oberste Priorität einräumen müssen."[164]

8. Ausblick oder die Not-Wendigkeit von Radikalität

Die heutige Zeit mit ihren sieben Krisen (siehe Einleitung) verlangt einen neuen Horizont des Sehens, Urteilens und Handelns.
Die Frage nach dem Verständnis von GOTT führte über die atheistische Destruktion des theistischen GOTTES zu einer jüdisch-christlichen ETHIK, welche durch eine radikale Liebe grundgelegt ist. Diese Liebe ist grundlegend für die KIRCHE, deren gesellschaftliche Notwendigkeit einleuchtet, ohne dass Absolutheitsansprüche formuliert werden. Doch bin ich überzeugt, dass die Kirche, wenn sie

---

[164] AGAPE – Alternative Globalisation Adressing People and Earth. Alternative Globalisierung im Dienst von Menschen und Erde.
Hintergrunddokument. Team für Gerechtigkeit, Frieden und Schöpfung Ökumenischer Rat der Kirchen, Genf 2005, S. 51.

die Radikalität ernst nimmt, einen wichtigen Beitrag für die lebensdienliche Gestaltung unserer Gesellschaft leisten kann und auch muss. Das Hauptwort ist und bleibt: Radikale Liebe. Zur Radikalität der Liebe gehört das Handeln, Liebe drängt zum Tun. Liebe ist ohne Aktion nicht denkbar. Zur Radikalität der Liebe gehört unabdingbar der „ethische Selbsteinsatz"[165], zur Radikalität der Liebe gehört deren sozialethische Umsetzung.[166]

---

165 Schulz, Walter: Philosophie in der veränderten Welt, Pfullingen 1972, S. 634, 703 ff. Siehe Stichwort: Selbsteinsatz, ethischer.
166 Siehe Rich, Arthur: Wirtschaftsethik I/II, Gütersloh 1984/1990; Ruh, Hans / Ulrich, Peter / Peter, Hans-Balz / Kaiser, Helmut.

C

Predigten

„Ein Prediger soll Zähne im Maul haben,
beißen und salzen und jedermann die Wahrheit sagen.
Denn so tut
Gottes Wort, dass es die ganze Welt antastet, Herrn und Fürsten, und jedermann ins
Maul greift, donnert und blitzt und stürmt gegen große, mächtige Berge, schlägt drein,
dass es raucht, und zerschmettert alles, was groß, stolz und ungehorsam ist."
Martin Luther

„Selig sind, die Frieden stiften; denn sie werden Gottes Kinder heißen. Selig sind, die
um der Gerechtigkeit willen verfolgt werden; denn ihrer ist das Himmelreich."
(Mt 5,9 f.: Bergpredigt)

„I have a dream that one day even the state of Mississippi, a desert state, sweltering
with the heat of injustice and oppression, will be transformed into an oasis of freedom
and justice."
Martin Luther King, 28. August 1963, at the Lincoln Memorial, Washington D. C.

IV Predigten

IV

Predigten

Vorbemerkungen

In fast 25 Jahren Pfarramt in Spiez habe ich viele Predigten erarbeitet, gehalten.[167] Nach den grundsätzlichen Überlegungen zu KIRCHE, GOTT und ETHIK entstand das Bedürfnis, in die gehaltenen Predigten hineinzuschauen und eine Beziehung zwischen der „Reflexion" und der „Praxis" herzustellen. Wie ist die Kohärenz zwischen Theorie und Praxis? Welche theologischen Sprachspiele habe ich gewählt? Ist die Perspektive der Radikalität sichtbar? Aufgrund dieser Fragen entstand der Entschluss, neben der Reflexion auch gehaltene Predigten abzudrucken. Doch welche? Bei dieser Frage habe ich es mir einfach gemacht:

Die erste Einschränkung erfolgte *zeitlich* auf das erste und das letzte Jahr: die Jahre 1989 und 2013. Dazwischen hatte selbstverständlich vieles *seine Zeit* und es brauchte schon auch Mut für diese Beschränkung. Die Verliebtheit in bestimmte Texte war und ist doch erheblich.

Zweitens habe ich mich auf besondere Anlässe konzentriert wie *Festtage* oder spezifische Angebote wie „mein" *10 vor 10*. Festtage wie Weihnachten, Karfreitag, Ostern, Himmelfahrt oder Pfingsten tragen generell theologisch Brisantes in sich und offenbaren prägnant die Theologie des Predigers bzw. der Predigerin.

Drittens habe ich inhaltlich rein gar nichts verändert. In allen Holprigkeiten, Defiziten, aber auch Einfällen soll eine ungeschminkte Praxis deutlich werden, deren Kontext im Einzelnen nicht mehr

---

167 Zitat von Martin Luther oben:
http://www.sonntagsblatt.de/news/aktuell/2015_42_01_01.htm.
[Stand: 6.1.2018]

rekonstruierbar und erklärbar ist. Die Texte haben so einen gewissen *Werkstattcharakter*.

Für die *Bibeltexte* brauchte ich die Einheitsübersetzung und die Lutherbibel mit Blicken in die Zürcher Bibel, die Bibel in gerechter Sprache und in die Urtexte.

Somit hoffe ich, dass der Leser und die Leserin die „Wollust" am Predigen von der ersten bis zur letzten Predigt spüren ... Nach diesen Vorbemerkungen geht es unmittelbar zur „Sache":

Erste Predigt: Weihnachten 1989
Jesus ein Fresser und Säufer

Orgeleingangsspiel

Begrüßung
Im Anfang war das Wort, [gr. logos, mit kosmologischer Bedeutung]
und das Wort war bei Gott, und Gott war das Wort.
Das Wort war das wahre Licht
Und das Wort ward Fleisch.
(Joh 1,1 und 14)

Mit diesen Versen aus dem Johannesevangelium begrüße ich Sie alle zum heutigen Weihnachtsgottesdienst ganz herzlich und ich freue mich, dass der Kirchenchor uns mit seinen Liedern durch diesen Gottesdienst führen wird.

Die Verse aus dem Johannesevangelium sind uns wohlbekannt, gleichzeitig sind es geheimnisvolle Worte. Im Anfang war das Wort, und das Wort war bei Gott und Gott war das Wort, das Wort war das wahre Licht und das Wort ward Fleisch.

Wort – Licht – Fleisch: Das sind Begriffe, mit denen uns das Johannesevangelium seine Botschaft vermitteln will. Ich werde mit Ihnen aus diesen Worten ein Bild entstehen lassen, das Sie vor Ihren Augen haben können, ein Bild, das Sie in Ihren Alltag begleiten soll. Oder präziser gesagt: Es sollen drei Bilder sein, die ich mit kürzeren Meditationen „malen" will.

Lied 111, 1–3
Nun singet und seid froh
[noch altes Kirchengesangbuch der Evangelisch-reformierten Kirchen der Deutschsprachigen Schweiz]

Meditation I
Das erste Bild: Ehre sei Gott in der Tiefe
Wir alle kennen den Lobgesang der Engel aus der Weihnachtsgeschichte von Lukas 2,1–3. Er ist uns vertraut und klingt in vielen Weihnachtsliedern an: Ehre sei Gott in der Höhe. Ich möchte Ihnen eine Legende vorlesen, in der darüber berichtet wird, dass es genau wegen dieses Lobgesanges heftigen Streit unter den Engeln gab, weil die einen Engel dieses „Ehre sei Gott in der Höhe" anders singen wollten. Doch hören wir, wie die Engel sich gestritten haben:
„So war das mit den Engeln" von Theodor Leonhard:
Streit war ausgebrochen unter den Engeln. Die besten Sänger hatte ihr Herr zu einem Chor zusammengestellt. Mit feierlicher, fast etwas erregter Stimme hatte er sie mit einem besonderen Auftrag versehen: Sie sollten, weit fort, bei der Geburt seines Sohnes singen. Auf dem Weg dorthin war nun Streit unter ihnen ausgebrochen. Zwei kleine Engelchen, auf der untersten Stufe der Engelhierarchie, behaupteten, der Herr hätte ihnen aufgetragen, sie sollten bei diesem Ereignis einen anderen Text als die übrigen Engel singen. Bisher pflegten alle immer in den verschiedensten Variationen denselben Text zu singen: „Ehre sei Gott in der Höhe."
Und es war wirklich beeindruckend, ihnen zuzuhören, was sie aus diesem Text mit ihren Instrumenten und mit ihren Stimmen alles herausholten.
Aber nun war ein Streit unter ihnen ausgebrochen. Jene zwei schon erwähnten Engelchen, das eine mit krummen Beinen, das andere mit weit abstehenden Flügeln, behaupteten, der Herr hätte ihnen dieses Mal einen anderen Text aufgetragen. Einige der anderen Engel waren unsicher. Seltsam war es schon, wie der Herr zu ihnen gesprochen hatte.
Aber der hatte manches Mal seine unberechenbaren Launen. Besonders auffällig war in der letzten Zeit seine offenkundige Sympathie für die Menschen auf der Erde. Das führte schon seit einiger Zeit zu seltsamen Entschlüssen ihres Herrn.

Der Höhepunkt dieser Sympathie für die Menschen war, dass der Herr ausgerechnet bei diesen Menschen seinen Sohn geboren werden ließ. Völlig unverständlich für die Engel. So musste wenigstens gerettet werden, was noch zu retten war, dachte sich der Erzengel und Obersänger. Das unverständliche Ereignis musste wenigstens mit himmlischer Sphärenmusik feierlich umrahmt werden.

Die Menschen sollten bei dieser Geburt wissen, dass sie es mit dem Herrn und nicht mit einem ihresgleichen zu tun hatten.

Der Erzengel und seine treuen Diener wussten, was sie ihrem Herrn schuldig waren. Nur diese zwei Engelchen machten Schwierigkeiten und brachten Unruhe unter die Engelschar. Sie behaupteten, der Herr hätte ihnen einen neuen Text aufgetragen. Sie sollten nicht mehr singen: „Ehre sei Gott in der Höhe", sondern: „Ehre sei Gott in der Tiefe".

So Unrecht hatten sie ja gar nicht. Der Erzengel hatte den Auftrag ja auch gehört. Aber das ging nun wirklich über seine himmlische Hutschnur. Das konnte nicht wahr sein, dass Engel plötzlich nicht mehr die himmlische Höhe, sondern die irdische Tiefe besingen sollten. So weit konnte auch ein Engel nicht den Launen seines Herrn folgen. Und außerdem waren es ja zwei Engelchen ganz unten in der Hierarchie, die so stur auf dem neuen Text des Herrn beharrten. ‚Die wollen sich doch nur wichtigmachen und sich in den Augen des Herrn hervortun', dachte der Erzengel.

Man kannte sie ja, diese Unruhestifter, die immer etwas Neues wollten. Mit einem scharfen, fast drohenden Blick beendete der Erzengel den ausgebrochenen Streit. Er ermahnte die beiden Aufsässigen, sie sollten sich an das Gewohnte halten, ansonsten sei ihre himmlische Karriere beendet, bevor sie richtig begonnen habe.

Von weitem sahen sie die hell erleuchtete Stadt Jerusalem. Aber der Stern, der ihnen als Wegweiser mitgegeben war, zeigte ihnen deutlich, dass ihr Weg weiter führte, nämlich auf ein Hirtenfeld, nahe bei dem fast unbekannten Provinznest Bethlehem. So richtige Stimmung wollte bei den Engeln in dieser Umgebung gar nicht aufkommen. Vor ein paar erschrockenen Hirten hatten sie noch nie ihre Musik gemacht.

Zwei kleine Engelchen fielen den Hirten besonders auf, das eine mit krummen Beinen, das andere mit abstehenden Flügeln. Sie sangen besonders fröhlich und hüpften lustig auf dem Feld herum.
Und als der mit den krummen Beinen ganz nah an einem Hirten vorbeikam, flüsterte er ihm leise ins Ohr, so dass es der Erzengel nicht hören konnte: „Ehre sei Gott in der Tiefe ". Da wurde der erschrockene Hirte ganz froh, und später erzählte er es seinen Freunden und die wurden auch froh, und der neue Text des himmlischen Herrn hatte sich bald herumgesprochen.[168]

„Ehre sein Gott in der Tiefe." Das klingt längst nicht mehr so lieblich wie „Ehre sei Gott in der Höhe".

„Ehre sei Gott in der Tiefe." Das geht uns gegen den Strich, das ist ein sperriger Satz. Die Geschichte zeigt in bildhafter Weise, dass die Gottesherrschaft sich nicht im Himmel verwirklicht, sondern hier auf der Erde, bei uns, sichtbar werden und wachsen soll. Und das, was wachsen soll, ist schon eine sperrige Sache. Ungewöhnlich ist zunächst sicher einmal, dass nicht etwa die Mächtigen in der Zeit von Jesu Geburt die Nachricht seiner Geburt erfahren, sondern die am Rande der Gesellschaft lebenden und arbeitenden Hirten auf dem Felde.

Plötzlich erscheint der Bote Gottes den Hirten. Er bricht von außen, von oben in ihre Alltäglichkeit ein. Er ist plötzlich dort, wo sonst Tag für Tag ihr Arbeitsplatz ist: Auf dem Felde, an der Werkbank, am Feuer. Der Bote ist unübersehbar, zwingt alle Aufmerksamkeit auf sich. Er beherrscht die Situation. Sein Kopf neigt sich den Hirten zu. Seine Augen sind weit offen, schauen in die Ferne. In der linken Hand hält er die Schriftrolle mit der Botschaft, die er zuerst den Hirten auf dem Felde überbringt:

„Fürchtet euch nicht!
Denn ich verkündige euch eine große Freude,

---

168 http://www.mash-4077.info/index.php/Thread/10712-Eine-kleine-Geschichte-zu-Weihnachten [Stand: 6.1.2018]; Kaiser, Heidi (Hrsg.): Erzählbuch zur Weihnachtszeit. Für Gemeinde, Familie, Schule, Lahr/Freiburg 1986, S. 69 f.; Berg, Sigrid: Arbeitsbuch Weihnachten für Schule und Gemeinde, Stuttgart/München 1988, S. 194 f.

die dem ganzen Volk zuteilwerden soll:
Heute ist euch in der Stadt Davids
der Heiland geboren, welcher ist Christus, der Herr." (Lk 2,10)
Die Hirten sind erschrocken und völlig aus der Fassung geraten, schauen mit aufgerissenen Augen auf den Boten Gottes. Zittern überfällt sie. Ihre großen Hände, schwere Arbeit auf dem Felde gewohnt, sind empfangend weit geöffnet, sie wollen be-geifen. Doch haben sie nur das Wort des Boten Gottes, der für sie unbe-greifbar ist. Sie stehen still, wagen sich nicht zu rühren. Erst als das Lied ertönt: „Kommet ihr Hirten, ihr Männer und Frauen, kommet das liebliche Kindlein zu schaun", kommt Bewegung in sie, sie werden lebhaft, sie brechen auf in die Stadt Davids.

Kirchenchor
Kommet ihr Hirten

Gebet
Heute Nacht sind wir gleichwie die Hirten nach Bethlehem gegangen. Wir haben nichts mitgenommen. Vor dir brauchen wir nichts Besonderes zu haben, wir müssen dir nichts vorweisen. Jede Frau und jeder Mann finden zu dir, einfach so, wie der Einzelne ist.
Es wurde uns gesagt, dass in dir Gott Mensch geworden sei. Darüber haben wir nicht schlecht gestaunt. So einfach, so schwach, so hilflos bist du. Wir durften dich berühren und Maria, deine Mutter, hat sich darüber gefreut. In deiner Gegenwart haben wir uns als Menschen wohlgefühlt.
Jetzt kehren wir gleichwie die Hirten wieder zurück auf unser Feld. Es ist Tag geworden. Wir erzählen, was wir gesehen haben, danken und loben, dass Gott endlich Mensch geworden ist, hier auf Erden ist.

Lied 113, 1–3
Lobt Gott, ihr Christen allzugleich

Meditation II
Das zweite Bild: Und das Wort ward Fleisch ...

„Und das Wort ward Fleisch und nahm Wohnung unter uns und wir sahen seine Herrlichkeit voll von Gnade und Wahrheit." (Joh 1,14).
Wir wissen, was ein Wort ist, wir wissen auch, was Fleisch ist. Doch viel geheimnisvoller ist bereits der Satz: Und das Wort ward Fleisch. Ein geheimnisvoller Satz, und doch ganz einfach. Der Verfasser des Johannesevangeliums meint damit:
Das Wort, das ist Jesus als der, der vor seiner menschlichen Geburt von Ewigkeit her bei Gott war.
Das Fleisch bezeichnet den Menschen in seiner irdischen Ohnmacht und Vergänglichkeit.

„Das Wort ward Fleisch" heißt, dass Gott endlich Mensch geworden ist. Er thront seit Weihnachten nicht mehr in einem unfassbaren Himmel, vielmehr liegt der Gott des christlichen Glaubens in einer Krippe in einem Stall. Dort, wo unser Gott ist, riecht es nach Kuhstall. Dort, wo unser Gott ist, kommen die Hirten vom Felde. Der Gott des christlichen Glaubens ist ganz unmittelbar erfahrbar. Er ist Fleisch geworden. Das ist schon ein kräftiges Bild, wenn wir daran denken, dass Fleisch auch zum Essen da ist. Ein Bild, das die ganz unmittelbare Erfahrbarkeit von Gott in Jesus zum Ausdruck bringt.
Die Fleischwerdung Gottes ist zugleich die Menschwerdung Gottes. Das ist ein doppeldeutiger Satz:
Menschwerdung bedeutet, dass Gott jetzt wirklich Mensch geworden ist. Nicht ein Scheinmensch, sondern ein Mensch mit Haut und Haaren, mit Gefühlen und Ängsten, mit Hoffnungen und Sehnsüchten.
Menschwerdung bedeutet, dass durch Jesus Menschlichkeit in die Welt gekommen ist. Das Johannesevangelium redet von Licht, welches die Finsternis überstrahlt.

Das Wort ward Fleisch: Menschwerdung Gottes – Menschwerdung unserer Welt. Das sind immer noch abstrakte Sätze, auch wenn wir sie begreifen. Ich werde dazu eine Geschichte aus der *Geschichte* vorlesen.[169] Es ist eine Gegebenheit, die mich getroffen hat, die für mich die Menschwerdung Gottes drastisch zeigt. In der Schweiz gedachten wir in diesem Jahr der Zeit des Kriegsbeginns [dazu im Anhang eine Rede, die ich gehalten habe]. Die Geschichte, die ich vorlese, handelt aus dieser Zeit. Nach dem Zweiten Weltkrieg gab es in Deutschland die sogenannten Kriegsverbrecherprozesse, in denen diejenigen verurteilt wurden, die Verbrechen gegen die Menschlichkeit begangen hatten. Daraus ein Protokollauszug:

„*Während des Auschwitz-Prozesses in Frankfurt a. M. saß auf der Anklagebank auch der Sanitäter Kleer, der Häftlinge mit Phenolinjektionen ins Herz getötet hat. Zwischen dem Gerichtspräsidenten und dem Angeklagten entspann sich der folgende Dialog:*

,*Angeklagter, wie viel Injektionen haben Sie täglich im Durchschnitt gemacht?'*

,*Schwer zu sagen. Dreihundert, vierhundert ... Ich erinnere mich aber, dass es einmal nur zweihundert waren.'*

,*Und das war wenig?'*

,*Ja, ich hatte es eilig.'*

,*Warum?'*

,*Ich wollte mich rasieren, baden, die Uniform wechseln ...'*

,*Wozu?'*

,*Nun, ich wollte ... ich wollte Heiligabend feiern, Hohes Gericht.'*"

Menschwerdung Gottes, Heiligabend feiern. Dies hat an diesem Tag vielen Menschen das Leben gerettet. Das ist Menschwerdung Gottes. Wir hören jetzt den Kirchenchor mit „Es kommt ein Schiff geladen, bis an sein' höchsten Bord, trägt Gottes Sohn voll Gnaden, des Vaters ewigs Wort."

---

169 Die Quelle kann ich nicht mehr rekonstruieren.

Kirchenchor
Es kommt ein Schiff geladen

Meditation III
Das dritte Bild: Ein Fresser und Säufer
An Weihnachten feiern wir den „Geburtstag" von Jesus. Dieser erste Geburtstag hat die Welt verändert, er hat radikal Menschlichkeit in die Welt gebracht. Mit Jesus ist Licht und Sonnenschein, ist die Freude am Leben in die Welt gekommen. Er war ein Mann der Lebenslust.
Das ist wohl auch ein Grund dafür, dass wir uns an Weihnachten nicht an Johannes den Täufer, sondern eben an Jesus erinnern. Johannes der Täufer, der Vorbereiter von Jesus, der muss eine eindrucksvolle Gestalt gewesen sein. Hart gegen seinen Körper, streng gegen seinen Geist. Zum Zeichen seiner körperlichen Zucht ernährte er sich von Heuschrecken, aß wilden Honig, trug raues Kamelhaar auf nacktem Leib – asketisch, hart, unerbittlich. Zum Zeichen seines geistigen Ernstes drohte er mit Strafen Gottes, maßregelte jegliche Leichtlebigkeit und verdammte das liederliche Lumpenleben, welches der sogenannte verlorene Sohn in der Fremde geführt hat. Radikale Umkehr, das war seine Parole.
Sein Quartier hatte Johannes in der Wüste aufgeschlagen. Fernab von der Großstadt Jerusalem; fernab vom Trubel der Massen, fernab von den politischen Reibereien zwischen Römern und Juden. Er lebte in der Wüste, fernab vom Leben.
Und Jesus, wo war sein Quartier, wo ist er Fleisch geworden, wo hat er das Licht gebracht? Es gibt da in Lukas 7,33 f. eine aufschlussreiche Notiz, nach der Jesus Folgendes gesagt haben soll: „Als Johannes der Täufer kam und er kein Brot aß und keinen Wein trank, da habt ihr ihm vorgeworfen: Er hat einen Teufel in sich. Und als ich kam, aß und trank, da habt ihr mir vorgeworfen: ‚Seht, was für ein Fresser und Säufer der ist, ein Freund von Zöllnern und Sündern.'"
Jesus war offenbar völlig anders als Johannes. Als ein Fresser und Säufer wurde er beschimpft. Das Überraschende dabei ist, dass sich

Jesus gegenüber diesen Vorwürfen gar nicht zur Wehr setzt. Im Gegenteil. Er steht dazu: Ja, ich bin ein Fresser und Säufer. Jesus sitzt vielmehr mitten drin im Lebensgeschehen. Jesus war kein Mann der Wüste. Viel zu bewusst war Jesus diesem Leben zugewandt, konnte Schönes genießen und Intimes verstehen. Erinnern wir uns an die Geschichte von der jungen Frau – in flagranti als Freudenmädchen erwischt. Das ist eine moralische Live Show für die Frommen: Hure! Gottloses Weibsstück! Steinigen werden wir dich! Jesus geht dazwischen: Mensch Leute, lasst sie los. Oder sollen wir euch mal unter euren Mantel schauen? Und dann schickt Jesus diese Frau nicht etwa zum Pfarrer, um ihre Sünden zu bekennen, sondern sagt lediglich: Geh nach Hause." (Joh 8,3 ff.)

Jesus, ein Fresser und Säufer. Auch das ein Bild. Ein Bild für seine Lebensfreude. Jesus, der Leben schafft, indem er seinen Mitmenschen Luft zum Atmen gibt. Gerade dies fasziniert mich an Jesus, dass er das pralle Leben liebte. Gerade auch deswegen feiere ich Weihnachten.

Das Lied „Es ist ein Ros entsprungen", das wir jetzt vom Kirchenchor hören, ist ein Lied voll Zärtlichkeit. Es passt zur Lebensfreude und Zärtlichkeit, die Jesus uns vorgelebt hat.

Kirchenchor
Es ist ein Ros entsprungen

Ankündigung Abendmahl
Es ist ein Ros entsprungen. Wir wissen: Dieses Blümlein steht für das Kommen Jesu, von dem bereits Jesaja (11,1–3a) berichtet hat:
„Es wird ein Reis hervorgehen aus dem Stamm Isais und ein Zweig aus seiner Wurzel bringen. Auf ihm wird ruhen der Geist des Herrn, der Geist der Weisheit und des Verstandes, der Geist des Rates und der Stärke, der Geist der Erkenntnis und der Furcht des Herrn."
Das Lied „Es ist ein Ros entsprungen" geht auf eine der schönsten Legenden zurück, die in der Zeit des 15. Jahrhunderts entstanden sind. Diese Erzählung besagt, dass ein Klosterbruder im verschneiten Wald eine blühende Rose fand, die er mit der Wurzel aus der hartgefrorenen

Erde grub und – in einen Topf eingepflanzt – vor dem Muttergottesaltar aufstellte. So soll eines der bekanntesten Weihnachtslieder entstanden sein, das in einem Speyrer Gesangbuch 1599 zum ersten Mal belegt ist:
Es ist ein Ros entsprungen
aus einer Wurzel zart,
wie uns die Alten sungen,
aus Jesse [Jesaja] kam die Art,
und hat ein Blümlein bracht
mitten im kalten Winter
wohl zu der halben Nacht.

Wenn wir heute am Weihnachtstag das Mahl feiern, so wie es Jesus mit seinen Jüngern und Jüngerinnen und mit all denen gemacht hat, die mit ihm zusammen waren, die mit ihm gegessen und getrunken, die mit ihm diskutiert haben, dann erinnern wir uns daran, dass an Weihnachten ein Ros entsprungen ist. Wir erinnern uns daran, dass diese Blume in ihrem Anfang ganz klein, verletzlich und zart war. Die Wurzeln waren noch unsichtbar. Wir erinnern uns daran, dass diese Blume für die Menschen eine immer größere Bedeutung erhielt, dass diese Blume für immer mehr Menschen eine Freude bereitete. Möge die heutige Abendmahlfeier Sie an diese Blume erinnern. Die Rose als Sinnbild für Jesus und als Sinnbild für unser Leben.
Wir alle sind eingeladen, das Mahl zu feiern, welches Jesus mit seinen Jüngern und all den Menschen gefeiert hat, mit denen er zusammen war. Wir sind alle eingeladen, um unserer Freude darüber Ausdruck zu geben, dass an Weihnachten „ein Ros" entsprungen ist. Die sichtbaren Zeichen dieser Freude sind das Brot und der Wein.
Diejenigen, die nicht am Mahl teilnehmen möchten, mögen entweder einfach an ihren Plätzen bleiben, während die anderen in zwei Reihen zum Empfang von Brot und Wein nach vorne kommen. Sie können uns aber auch während des Orgelspiels nach dem Fürbittegebet und dem gemeinsam gesprochenen Vaterunser verlassen.
Denen, die heute nicht am Mahl teilnehmen möchten, wünsche ich einen gesegneten Weihnachtstag, eine Zeit der Ruhe nach den doch

oftmals unruhigen Tagen der Vorweihnachtszeit und eine besinnliche Vorbereitungszeit im Blick auf den Jahreswechsel.
Ich möchte Sie bitten, jetzt zum Fürbittegebet und zum Vaterunser aufzustehen.

Fürbittegebet und Vaterunser
Jesus Christus, wir danken dir, dass du deine Himmlische Herrlichkeit an Weihnachten endgültig verlassen hast. Als Mensch hast du der Welt Menschlichkeit, Liebe und Lebensfreude gebracht.
So bitten wir dich für unsere Mitmenschen:
Für die Menschen, die das Fest mit schmerzlichen Erinnerungen feiern. Lass ihnen Weihnachten zur Hilfe werden, dass sie vorwärtsblicken können und neuen Lebensmut erhalten.
Wir bitten dich für Eltern, die Sorgen mit ihren Kindern haben. Gib ihnen Geduld, einen langen Atem.
Für die Frau, welche in diesem Jahr ihren Mann verloren hat, deren Tränen die Weihnachtskerzen zu erlöschen drohen. Möge das Kerzenlicht trotz ihrer Tränen weiter Wärme und Licht verbreiten.
Wir bitten für alle, die in ihrem Land unter schwerem Druck leben müssen und ihr Leben für die Freiheit riskieren.
Wir bitten auch für die Menschen, die nur von ihren eigenen Plänen geleitet werden, von Träumen des Ruhmes und der Macht. Lass sie zur Einsicht kommen, dass Selbstherrlichkeit ihr Menschsein bedroht.
Wir bitten dich, lass uns unser Leben mit praller Lebensfreude leben, lass uns ruhig überschwänglich sein, gib uns den Mut zum Neuen und Unkonventionellen.

All diese Bitten dürfen wir im Vaterunser zusammenfassen, das wir jetzt gemeinsam beten: *Unser Vater ...*

Orgelspiel (auch zum Verlassen der Kirche ...)

Mahl

Lied 119, 1–4
Fröhlich soll mein Herze springen

Gaben betrachten
Der Tisch ist gedeckt. Brot und Wein sind die Gaben des Lebens.
Das Brot (hochheben) des Lebens ist für alle da. Das Brot ist das Zeichen des Lebens.
Der Wein (hochheben) ist das Zeichen der Freude und des Festes, zu dem alle zugelassen sind.
Die Kerzen auf dem Taufstein und am Christbaum sind Zeichen der Hoffnung, dass Christus das Licht unserer Welt ist und wir selbst zu Trägern und Trägerinnen des Lichtes werden.

Gabengebet[170]
Gott, Quelle allen Lebens, wir danken:
Du schenkst uns das Brot, die Frucht der Erde und der menschlichen Arbeit.
Lass dieses Brot uns zum Brot des Lebens werden.
Herr, unser Gott, wir danken dir.
Du schenkst uns die Frucht des Weinstockes, das Zeichen des Festes.
Lass den Kelch für uns zum Kelch der Freude werden.
Wie aus den Körnern das Brot, aus den Trauben der Wein geworden ist, so werden wir liebende und freudige Menschen, wenn wir gemeinsam feiern. *Amen.*

Austeilen mit Orgelmusik

Abschluss: Gebet – Lied 201, 1–3 – Segen
Wo Brot und Wein gereicht und verteilt werden, wo das Brot gemeinsam gegessen und der Wein gemeinsam getrunken wird, da entsteht eine Gemeinschaft der Liebe und Freude.
Dafür dürfen wir danken.

---

[170] Die theistischen „Restbestände" – „Du schenkst uns ..." beim Gebet habe ich ganz bewusst nicht entfernt. Siehe oben B II.

Ich werde das Mahl, das wir heute gefeiert haben, abschließen
mit einem Gebet.
Anschließend singen wir, ebenfalls stehend, das Lied 208, 1–3 und
bitten anschließend um den Segen des Herrn.

Gebet stehend
Danke, Herr [das ist noch das „leicht" pietistische HERR], dass du
Mensch geworden bist.
Danke, Herr, für dein Wort, das wir gehört haben.
Danke für Brot und Wein, mit denen wir gestärkt werden.
Lass beides uns ein Zeichen sein, dass deine Liebe und Freude in uns
und unserer Zeit inwendig wird.
Wir bitten dich, wenn wir jetzt nach Hause gehen:
Mache uns in unserem Alltag zu Boten deiner Liebe, die den Nächsten
sieht und den Fernsten erkennt. *Amen.*

Lied 208, 1–3
Ach bleib mit deiner Gnade

Segen

Ausgangsspiel Orgel sitzend

Literatur für diese Predigt mit dem Hinweis, das bestimmte Texte nicht
mehr rekonstruierbar wörtlich übernommen wurden.[171]

---

171 Böhm, Wilhelm: Vom Himmel hoch, Offenbach 1985, S. 96.
    Kontexte Dezember 1989, Weihnachten S. 37, Bausteine für den Gottesdienst.
    Bergmoser + Höller Verlag Aachen.
    Schulz, Paul: Weltliche Predigten, Reinbek bei Hamburg 1978, S. 17 ff.
    Kirchhoff, Hermann: Christliches Brauchtum, München 1984, S. 90.

Anhang zur Weihnachtspredigt:

Diamantansprache 26./27.8.89 in der Reformierten Dorfkirche Spiez von Helmut Kaiser [in der Predigt erwähnt]
Zum Kontext: In der Schweiz wurde nicht das Ende des Krieges gefeiert, vielmehr der Beginn. Das bedeutete, dass 1989 das 50-jährige Jubiläum der Mobilmachung vom Jahre 1939 gesamtschweizerisch mit Feiern und Wanderausstellungen begangen wurde. Ziel des EMD war es offiziell, der Bevölkerung historische, staatspolitische Informationen über die Situation unserer Heimat vor 50 Jahren vorzuzeigen, um die Bedeutung der Friedens- und Freiheitssicherung durch bewaffnete Neutralität unseres Landes während der Jahre 1939–1945 und für die Zukunft zu unterstreichen (so http://www.woz.ch/-69b [Stand: 6.1.2018]). Fakt war, dass die Schweiz das einzige Land war, welches nicht das Ende (Frieden), vielmehr den Kriegsbeginn (Krieg) feierte.
Eine Feier fand auch in der Spiezer Dorfkirche statt. Meine Bitte, der dann auch von militärischer Seite entsprochen wurde, war, dass ich als Pfarrer in Spiez eine Begrüßung machen durfte. Die Kirche war bis auf den letzten Platz besetzt. Der folgende Text wurde dann nach einem ersten verstümmelten Text vollumfänglich in der Berner Oberländer Zeitung abgedruckt:

Liebe ehemaligen Wehrmänner,
als Pfarrer von Spiez möchte ich Sie in hier in der Kirche von Spiez ganz herzlich begrüßen. Wenn Sie sich heute treffen, dann hat dies seinen ganz besonderen Grund. Vor 50 Jahren, am 1. September 1939, war der Zeitpunkt der Mobilmachung. Der Tag der Mobilmachung 1939 war kein Festtag, kein Feiertag, sondern ein Tag der Bedrohung, ein Tag der Angst, ein Tag der Zerstörung, ein Tag des Todes. An diesem Tag begann eine für uns Jüngeren kaum vorstellbare Zeitepoche, der Zweite Weltkrieg. Über 20 Millionen Soldaten sind in diesem grauenhaften Krieg umgekommen, über 17 Millionen Zivilisten haben in dieser Zeit

ihr Leben verloren, nahezu 40 Millionen, man vergegenwärtige sich diese Zahl, 40 Millionen Menschen mussten sterben.
In dieser Zeit mussten Sie alle einrücken, an die Grenze oder im Landesinnern. Angesichts so vieler Toten, so meine ich, können wir nur noch schweigen. Ich möchte kurz auf weitere Worte verzichten und in aller Demut schweigend innehalten ... ...
Im Gedenken an all die Gefallenen und Gestorbenen ist der heutige Tag für Sie kein Jubeltag. Er ist vielmehr ein Tag des Nachdenkens, der Besinnlichkeit, des Gedenkens, der Demut, der Selbstbescheidenheit, der Fragen. Sie selbst, die sie dabei waren, werden sich an Verschiedenes erinnern:
Zum Beispiel daran, dass die Mobilmachung keinesfalls von allen gewollt wurde. Er gab sehr viele und einflussreiche Politiker und Verantwortliche im Militär in der Schweiz, die gar nicht mobil machen wollten, die vielmehr mit dem grauenhaften Hitler-Regime zusammenarbeiteten. Gerade heute dürfen wir dies nicht vergessen.
Sie selbst werden immer gehofft haben, dass Sie nicht werden schießen müssen. Glücklicherweise wurde die Schweiz nicht in den Krieg hineingezogen, sonst wäre der größte Teil von Ihnen nicht mehr hier in der Kirche von Spiez versammelt. Es gäbe vielmehr ein riesengroßes Kriegsgefallenendenkmal, auf dem die Namen vieler von Ihnen eingraviert wären.

Schweigen, Nachdenken, Gedenken, Demut, Fragen stellen. So können und dürfen wir den heutigen Tag begehen, angesichts der Menschen, die ihr Leben verloren haben. Wenn Sie heute zusammensitzen, werden sie viele Erfahrungen austauschen, Sie werden sich Geschichten erzählen. Es wird für Sie alle in der Gemeinschaft mit den alten Kameraden ein schöner Tag werden. Für manchen von Ihnen wird der heutige Tag erstrahlen wie ein Diamant, der hell und weit sichtbar glänzt. Dieser Diamant besteht nicht aus Krieg, denn Waffen bestehen nicht aus Diamanten, sondern aus hartem Stahl, der tötet. Wo der Krieg anfängt und Waffen zum Einsatz kommen, da hört das Leben auf. Der Krieg ist kein Kinderspiel, ein Panzer und ein Tiger-Flugzeug kein Spielzeug, sondern eine todernste Sache, eine tödliche Sache. Diese Einsicht haben Sie als Aktivdienstgeneration ganz unmittelbar erfahren müssen. Es waren auch Ihre Frauen und Kinder, die um Sie gebangt haben, die Angst hatten, den Ehemann und Vater verlieren zu müssen. Gott sei Dank ist dies nicht geschehen. Und ich meine, dass wir allein Gott danken dürfen, dass Sie heute lachen und fröhlich sein können, und dass wir in diesem Dank gleichzeitig an die fast 40 Millionen Toten des Zweiten Weltkriegs denken und ihrer gedenken.

Wenn Sie am heutigen Tag zusammen sind, den Sie hier in der Kirche begonnen haben, dann sind Sie ohne Waffen hier zusammengekommen. Ohne Panzer, ohne Granaten, ohne Gewehre, ohne Gasmaske. Sie werden anschließend gemeinsam Essen, ein Bier oder ein Glas Wein trinken. Sie werden miteinander lachen und eine schöne, herzliche Gemeinschaft haben. Eine solche Gemeinschaft in Frieden, Freundschaft, Geselligkeit und Herzlichkeit, das ist der wahre Diamant, der wirklich glänzt, der das Leben schafft, Freude bringt: es ist der Diamant des Friedens. Möge dieser Diamant den heutigen Tag und noch lange Ihr Leben überstrahlen und begleiten.

In diesem Sinne wünsche ich Ihnen von ganzem Herzen einen ganz schönen Tag und Gottes Segen.

Eine zusätzliche Information zur „Diamant"-Feier-Erklärung:
„Diamant" beruft sich auf einen namhaften Dichter, auf Gottfried Keller. „1844 schrieb dieser unter dem Titel ‚Eidgenossenschaft': ‚Wie ist ein Diamant entstanden / zu unzerstörlicher, alldurchdrungner Einheit / zu ungetrübter, strahlender Reinheit / gefestigt von unsichtbaren Banden? / Wer will da noch rütteln dran und feilen? / zu spät, ihr Herrn: schon ist's ein Diamant / der nicht mehr ist zu trüben und zu teilen!' Der Rückgriff der literarisch bewanderten Militärs ist mittlerweile als Missgriff enttarnt. Denn Keller, ein Fortschrittlicher, beschwor damals das Zusammenstehen der radikalen Kräfte gegen die reaktionäre Obrigkeit.

Damit fängt der Reigen der Peinlichkeiten erst an. Auch wenn inzwischen feinfühlig nicht mehr von Mobilmachungsfeiern, sondern von Gedenkanlässen gesprochen wird, bringen im Ausland wenige Verständnis für diesen helvetischen Alleingang auf, zumal die Begründung, den Kriegsbeginn statt das Kriegsende zu feiern, hohl klingt: Es habe halt eine allgemeine Mobilmachung, indes keine allgemeine Demobilmachung gegeben ... Eine einleuchtendere Rechtfertigung wäre wohl, dass die Schweiz zum Kriegsende nicht eben unbefleckt dastand, vielmehr wegen ihrer wirtschaftlichen Kollaboration und ihrer Flüchtlingspolitik des angeblich vollen Bootes harscher Kritik ausgesetzt war."[172]

---

172 Diamant oder Klunker? Die Eidgenossenschaft tritt mit Mobilmachungsfeiern ins Fettnäpfchen. Von Fredy Gsteiger 18. August 1989, 8:00 Uhr; http://www.zeit.de/1989/34/diamant-oder-klunker. [Stand: 6.1.2018]

Zweite Predigt: Karfreitag 29.3.2013
Drei Kreuze ...

Eingangsspiel
Felix Mendelssohn-Bartholdy (1809–1847), Choral und Variation zu „O Haupt voll Blut und Wunden"

Begrüßung
Kommt ihr Menschen, nehmt zu Herzen eures Heilands bittre Schmerzen auf dem schweren Todesgang.
Schaut ihn mit der Dornenkrone, die er trägt bei großem Hohne, sehet diesen Menschen an. Amen.
Mit diesen Worten aus unserem Anfangslied begrüße ich Sie alle ganz herzlich zur heutigen Gottesdienstfeier am Karfreitag.
Das Eingangsspiel, das wir gehört haben, liebe Gottesdienstbesucher/-innen, war von Felix Mendelssohn-Bartholdy (1809–1847). Es führte uns in die Feier am Karfreitag hinein:
Drei Kreuze werden im Mittelpunkt dieser Feier stehen. Kreuze mit einer je eigenen Geschichte. Sie sehen diese Kreuze auf dem Blatt, das ich Ihnen ausgeteilt habe.
Musikalisch gestaltet wird der Gottesdienst von Markus Tschanz.

Lied 443, 1–5
Kommt, ihr Menschen, nehmt zu Herzen, eures Heilands bittre Schmerzen

Bild 1: Kreuz Scharnhausen oder die Schrecklichkeit des Kreuzes
Drei Kreuze werden uns in dieser Karfreitagsfeier begleiten:

Abb. 3: Kruzifix mit Maria und Johannes dem Täufer in der Kirche von Scharnhausen bei Stuttgart aus dem Jahre 1530

Das erste Kreuz, auf das ich Ihre Blicke lenken werde, ist ein Kreuz, das in der Kirche steht, in der ich konfirmiert wurde. Scharnhausen heißt

der Ort, in der Nähe von Stuttgart. Es steht an ganz prominenter Stelle, nämlich vorne in der Kirche und somit immer und für alle sichtbar. Links ist Maria, die Mutter von Jesus, rechts Johannes der Täufer. Dieses Kruzifix stammt aus dem Jahre 1530.
Es ist ein Kruzifix, das die ganze Härte und das Leidvolle des Kreuzes zum Ausdruck bringt. Die Kreuzigung war ja der grausamste Tod, den man sich vorstellen konnte. Nur Schwerverbrecher mussten den Tod am Kreuz erleiden. Es ist ein Kreuz, das sich als Bild bei mir eingeprägt hat.
Die Nägel durch Hände und Füße. Für einen Schreinersohn löste dieses Bild regelrecht Schmerzen aus. Immer wieder habe ich mich, wenn ich dieses Bild sah, an die eigenen Hände gegriffen. Wie oft habe ich dieses Bild gesehen und die vier Buchstaben INRI: *INRI* sind die Initialen für den lateinischen Satz *Iesus Nazarenus Rex Iudaeorum* – „Jesus von Nazareth, König der Juden". Ein Satz des Spotts und des Hohns.
Dieser Satz stand nach Joh 19,19 f in drei Sprachen (Hebräisch, Lateinisch, Griechisch) auf einer Tafel, die der römische Statthalter Pontius Pilatus oben am Kreuz Jesu anbringen ließ, um den Rechtsgrund der Kreuzigung anzugeben.
Ein Bild aus der eigenen Biographie, mit vielen Lebenssituationen verbunden: Taufen, Konfirmationen, Hochzeiten, Abschiedsfeiern.
Dieses Kreuz in dieser Darstellung des Leidens und des Schmerzes entspricht den Geschichten in der Bibel über die Kreuzigung. Ich lese jetzt die Geschichte aus dem zweiten Testament, welche von diesem Geschehen berichtet.
Markus 15,20b–32: Dann führten sie Jesus hinaus, um ihn zu kreuzigen. 21 Einen Mann, der gerade vom Feld kam, Simon von Zyrene, den Vater des Alexander und des Rufus, zwangen sie, sein Kreuz zu tragen. 22 Und sie brachten Jesus an einen Ort namens Golgota, das heißt übersetzt: Schädelhöhe. 23 Dort reichten sie ihm Wein, der mit Myrrhe gewürzt war; er aber nahm ihn nicht. 24 Dann kreuzigten sie ihn. Sie warfen das Los und verteilten seine Kleider unter sich und gaben jedem, was ihm zufiel. 25 Es war die dritte Stunde, als sie ihn kreuzigten. 26 Und eine Aufschrift (auf einer Tafel) gab seine Schuld an: Der König der Juden. 27 Zusammen mit ihm kreuzigten sie zwei Räuber,

den einen rechts von ihm, den andern links. 28 [...] 29 Die Leute, die vorbeikamen, verhöhnten ihn, schüttelten den Kopf und riefen: Ach, du willst den Tempel niederreißen und in drei Tagen wieder aufbauen? 30 Hilf dir doch selbst und steig herab vom Kreuz! 31 Auch die Hohenpriester und die Schriftgelehrten verhöhnten ihn und sagten zueinander: Anderen hat er geholfen, sich selbst kann er nicht helfen. 32 Der Messias, der König von Israel! Er soll doch jetzt vom Kreuz herabsteigen, damit wir sehen und glauben. Auch die beiden Männer, die mit ihm zusammen gekreuzigt wurden, beschimpften ihn.
33 Als die sechste Stunde kam, brach über das ganze Land eine Finsternis herein. Sie dauerte bis zur neunten Stunde. 34 Und in der neunten Stunde rief Jesus mit lauter Stimme: Eloï, Eloï, lema sabachtani?, das heißt übersetzt: Mein Gott, mein Gott, warum hast du mich verlassen? 35 Einige von denen, die dabeistanden und es hörten, sagten: Hört, er ruft nach Elija! 36 Einer lief hin, tauchte einen Schwamm in Essig, steckte ihn auf einen Stock und gab Jesus zu trinken. Dabei sagte er: Lasst uns doch sehen, ob Elija kommt und ihn herabnimmt. 37 Jesus aber schrie laut auf. Dann hauchte er den Geist aus. 38 Da riss der Vorhang im Tempel von oben bis unten entzwei. 39 Als der Hauptmann, der Jesus gegenüberstand, ihn auf diese Weise sterben sah, sagte er: Wahrhaftig, dieser Mensch war Gottes Sohn. 40 Auch einige Frauen sahen von weitem zu, darunter Maria aus Magdala, Maria, die Mutter von Jakobus dem Kleinen und Joses, sowie Salome; 41 sie waren Jesus schon in Galiläa nachgefolgt und hatten ihm gedient. Noch viele andere Frauen waren dabei, die mit ihm nach Jerusalem hinaufgezogen waren.

Wenn wir diese Geschichte gehört haben: Eine Geschichte des Todes, der Gewalt, der Verhöhnung, eine Geschichte der Folter und der Unmenschlichkeit. Und wenn wir uns vorstellen, dass die eigene Mutter von Jesus bei der Kreuzigung dabei war: Eine unvorstellbare Qual. Schrecklich, grausam, unmenschlich, ein Terror der Gewalt und Grausamkeit. Die Welt wird finster. Wir erahnen das abgrundtiefe Leid, die absolute Hilflosigkeit in den Worten von Jesus: *Mein Gott, mein Gott, warum hast du mich verlassen?*
Ein tiefer Aufschrei ging durch die Gegend. Leben wurde zerstört.

Was sagt uns der Blick auf dieses Kreuz heute?
Das Leben reißt immer wieder Wunden in die Seele von uns Menschen. Das Geschehen am Kreuz deckt diese Wunden nicht zu, sondern sieht diese. Nur wenn wir die Wunden sehen, können wir sie auch heilen. Das ist schmerzhaft. Sehen wir zum Beispiel die Wunden, die der Hunger in der Welt mit sich bringt. Wie reagieren wir auf die Zahl: 100 000 Menschen pro Tag sterben auf unserer Welt an Hunger täglich.
Am Dienstagabend im „10 vor 10" [Nachrichtensendung im Schweizer Fernsehen] habe ich einen Bericht gesehen über die Auswertung des Computerschrotts in Indien. Ohne Schutz werden die Computer mit all ihren giftigen Bestandteilen von den Menschen in Indien zerlegt. Eine ganze Industrie hat sich entwickelt. Das Kreuz an Karfreitag lässt uns solches sehen und bringt uns durcheinander und fordert uns auf, zu Handeln.
Die Geschichte am Kreuz lässt unsere Augen richten auf Geschehnisse des Schmerzens und Leides: Wenn Eltern ihr Kind an einem Fußgängerstreifen verlieren. Wenn der Lebenspartner von einer Sekunde auf die andere aus dem Leben gerissen wird. In solchen Lebenssituationen dürfen wir unsere Verlassenheit, unseren Schmerz aus dem Körper schreien! Warum? Warum? Warum?
Das Geschehnis am Kreuz lässt uns ein Lied hören und singen, welches das Leid sieht, welches das Dunkel im Leben nicht zudeckt, welches achtsam werden lässt für alles Leiden. Für das Leiden von Mitmenschen, für das Leiden in der Natur.

Lied 455, 1–4 + 6
Hört das Lied der finstern Nacht

Gebet
Gott, Leben in allem Leiden und Schmerzen.
Das Kreuz am Karfreitag:
Es schärft unsere Blicke, Gefühle für Erfahrungen des Kreuzes und des Leidens.

Das Kreuz macht uns aufmerksam und achtsam für Menschen, die Leiden.
Das Kreuz am Karfreitag macht uns solidarisch mit allen, die leiden [so Jürgen Moltmann].
Das Kreuz am Karfreitag lässt uns hoffen, dass der Trost kommt. *Amen.*

Zwischenspiel Musik
Kommentar dazu: Sigfrid Karg-Elert (1877–1933) aus den „Tröstungen. Religiöse Stimmungsbilder" (für Harmonium) „Komm, Trost der Nacht". Sehr süßlich vermutlich ... aber passt auch zum Frühling und soll im Ganzen mal wieder etwas Hoffnung anklingen lassen.

Bild 2: Kreuz Indianer Pine Ridge Reservat in South Dakota
Das zweite Bild, das ich auf dem Blatt abgedruckt habe, ist ebenfalls ein Bild der Kreuzigung. Es zeigt Jesus auf dem Weg zum Kreuz. Doch Sie sehen sofort das Besondere an diesem Kreuz: Jesus ist kein Europäer, Jesus ist ein „Indianer". Korrekte Bezeichnung für die Indianer und Indianerinnen in Süd Dakota: Lakota Native Americans.
Ich habe dieses Bild in der Kirche von Pine Ridge – Hauptort Pine Ridge Reservat – aufgenommen, die in einem der größten Indianer-Reservate der USA steht. Es ist das Pine Ridge Reservat in South Dakota. Es ist das Reservat der Lakota-Indianer und Lakota-Indianerinnen, die wir Sioux nennen.[173]

Im Sommer 2002 war ich im Rahmen meines Studienurlaubes das erste Mal bei den Lakota-Indianern, und immer wieder habe ich diese Kirche mit diesem besonderen Bild besucht. Jesus als Indianer dargestellt, der den Weg zum Kreuz geht. Zusammen mit einem anderen Indianer, der ihm hilft. Zusammen mit den Soldaten, erkennbar an der Lanze.

---

173 Pine Ridge Reservat: 13 000 km², 40 000 E., 1889 gegründet; Red Cloud 1822–1909 ein bekannter Lakota Häuptling. Red Cloud School 1887 mit der Holy Rosary Mission Jesuits; 1890 Wounded Knee Massacre. „Sioux" ist für die Lakotas ein Schimpfwort.

Dieses Bild vom Indianer-Jesus mag auf den ersten Blick ganz schön aussehen. Doch nach wenigen Augenblicken der Betrachtung wird uns bewusst:

Abb. 4: Jesus als „Indianer"

Ja, die Lakota-Indianer haben durch die europäischen und amerikanischen Missionare Schreckliches erlebt. Die indianische Kultur wurde zerstört, die Rechte der Indianischen Bevölkerung wurden missachtet, Menschen wurden kulturell und geistig vergewaltigt – die Indianer waren ja in den Augen der Europäer nur Wilde. Und diese wilden Tiere galt es möglichst schnell zu domestizieren, zu bekehren und umzuerziehen.

Die Lakota-Indianer haben in der Zeit der Reservatsgründung um das Jahr 1889 selbst erlebt, was der Gang nach Golgatha bedeutet. Und das geschah im Namen des Kreuzes von Jesus. Die Lakota-Indianer wurden ans Kreuz geführt.

Als ich zum ersten Male bei den Lakota-Indianern war, da wurde mir dies von diesen höflich, aber sehr schnell und deutlich gesagt, was der christliche Glaube mit dem Kreuz bei ihnen angerichtet hat.
Wir haben lange darüber diskutiert. Und an eine Verteidigung von meiner Seite war nicht zu denken, das wollte und konnte ich auch nicht, weil die Lakota-Indianer Schreckliches im Namen des christlichen Glaubens erfahren haben. Und Erfahrungen können nicht wegargumentiert werden.
Doch ich konnte nach einiger Zeit den Versuch machen, zu zeigen, dass das Kreuz von Jesus eine ganz andere Bedeutung habe. Dass das Kreuz von Jesus zur Menschlichkeit befreit. Dabei sind wir auf die Frage gestoßen, warum Jesus eigentlich gekreuzigt wurde.
Also: Warum wurde Jesus gekreuzigt? Die Antwort heißt: Es war nicht irgendein Zufall, dass Jesus gekreuzigt wurde. Es war nicht einfach eine üble Laune des Pilatus, dass Jesus gekreuzigt wurde.
Nein, es war das konkrete Leben von Jesus, das ihn mit Notwendigkeit ans Kreuz bringen musste.
Und ich habe den Lakota-Indianern bei meinem ersten Aufenthalt eine Geschichte vorgelesen, die eindeutig zum Ausdruck bringt, warum Jesus ans Kreuz kommen musste: Es ist die bekannte Geschichte von einer Frau, die gesteinigt werden sollte. Diese Geschichte habe ich auf der Ranch, wo ich war, den Indianern und Indianerinnen vorgelesen und diese Geschichte werde ich Ihnen jetzt ebenfalls vorlesen.

Johannes 8,1 ff.
1 Jesus aber ging zum Ölberg. 2 Am frühen Morgen begab er sich wieder in den Tempel. Alles Volk kam zu ihm. Er setzte sich und lehrte es. 3 Da brachten die Schriftgelehrten und die Pharisäer eine Frau, die beim Ehebruch ertappt worden war. Sie stellten sie in die Mitte 4 und sagten zu ihm: Meister, diese Frau wurde beim Ehebruch auf frischer Tat ertappt. 5 Mose hat uns im Gesetz vorgeschrieben, solche Frauen zu steinigen. Nun, was sagst du? 6 Mit dieser Frage wollten sie ihn auf die Probe stellen, um einen Grund zu haben, ihn zu verklagen. Jesus aber bückte sich und schrieb mit dem Finger auf die Erde. 7 Als sie

hartnäckig weiterfragten, richtete er sich auf und sagte zu ihnen: Wer von euch ohne Sünde ist, werfe als Erster einen Stein auf sie. 8 Und er bückte sich wieder und schrieb auf die Erde. 9 Als sie seine Antwort gehört hatten, ging einer nach dem anderen fort, zuerst die Ältesten. Jesus blieb allein zurück mit der Frau, die noch in der Mitte stand. 10 Er richtete sich auf und sagte zu ihr: Frau, wo sind sie geblieben? Hat dich keiner verurteilt? 11 Sie antwortete: Keiner, Herr. Da sagte Jesus zu ihr: Auch ich verurteile dich nicht. Geh und sündige von jetzt an nicht mehr!

Was ist in dieser Geschichte passiert und warum erklärt gerade auch diese Geschichte, dass Jesus gekreuzigt wurde? Nach dem bestehenden Gesetz musste diese Frau gesteinigt werden. Das war eine ausgemachte Sache und von Jesus erwarteten die Gesetzeslehrer nur eine Bestätigung dieses Urteils.
Doch Jesus nahm sich Zeit und schrieb mit dem Finger auf die Erde. Doch die Gesetzeslehrer blieben hartnäckig. Sie wollten das Urteil der Steinigung hören. Das war Gesetz und jeder musste sich an dieses bestehende Gesetz halten.
Da richtete sich Jesus auf, sah ihnen in die Augen und stellte nur eine Frage:
Wer von euch ohne Sünde ist, werfe den ersten Stein ...
Diese einfache „Frage" befreite die Frau vor dem Tod und zu neuem Leben.
Jesus lebte eine radikale Menschlichkeit und Liebe. Gesetze, die der Liebe widersprachen, hat er ganz bewusst gebrochen und überschritten. Ihm ging es um ein neues Leben dieser Frau, nicht um die Zerstörung ihres Lebens.
Genau diese *radikal gelebte Liebe*, das Überschreiten von unmenschlichen Geboten und Gesetzen, brachte Jesus vor das Gericht und brachte Jesus ans Kreuz.
Auf eine konsequente Weise hat Jesus Gesetze verletzt und übertreten, nämlich dort, wo das Leben eines Menschen auf dem Spiel stand.

Die Botschaft dieses Kreuzes und dieser Geschichte und mit diesem Bild von Jesus als einem Lakota-Indianer heißt für mich also:
Die Liebe zum Menschen kennt keine Grenzen und kann und muss dazu führen, dass Gesetze missachtet werden. Die Liebe zum Leben kennt keine Einschränkungen. Wenn ich bestimmte Bilder von Ausschaffungen / Abschiebungen von abgewiesenen Asylsuchenden vor Augen habe: gefesselt, geknebelt – dann wird dies für mich unerträglich. Rechtlich mag dies korrekt sein, aber die Liebe lässt dies nicht zu.
Und Jesus als Lakota-Indianer sagt uns: Wir sind aufgefordert, andere Kulturen und Religionen zu achten, diesen eine tiefe Wertschätzung entgegenzubringen. Der Kreuz-Weg des Lakota-Indianers Jesus führt uns dies auf eindrückliche Weise vor Augen. Stellen Sie sich einfach vor, dass Jesus ein Lakota-Indianer war, der seinen Weg zum Kreuz ging.

Zwischenspiel Orgel
Max Gulbins (1862–1932), Choralvorspiel über „O Haupt voll Blut und Wunden".

Bild 3: Kreuz Porto Alegre 2006
Dieses Kreuz-Bild habe ich von der 9. Vollversammlung des Ökumenischen Rates in Porto Alegre (14.–24.2.2006) mitgenommen.
Das dritte Kreuz ist ein Kreuz vollen Lebens, das ich in einer Gruppenarbeit zum Thema Spiritualität ausgewählt habe. In einer Arbeitsgruppe haben wir über dieses Kreuz philosophiert. Was sehen wir auf diesem Kreuz?
Wohl sehen wir ein Kreuz mit seinem horizontalen und seinem vertikalen Balken. In dieser Grundform handelt es sich um ein klassisches Kreuz, wie wir es kennen. Doch dann springen die Unterschiede sofort ins Auge. Wir sehen ganz verschiedene Motive auf diesem Kreuz abgebildet:

Abb. 5: Das Kreuz und das Leben in seiner Vielfalt

Unten unterrichtet eine Lehrerin ihre Schulklasse. Wir sehen die Wandtafel mit Buchstaben. Bildung in den Ländern von Lateinamerika ist lebenswichtig und schafft Zukunft.
Oben anschließend pflückt eine Person von einem Strauch Früchte.
Links auf dem horizontalen Balken sehen wir eine Frau mit ihrem Kind an der Brust. Sie stillt es.

Rechts auf dem Balken werden Frauen unterrichtet, vielleicht über die Familienplanung, eventuell über die Benutzung von Verhütungsmitteln.
Oben beim senkrechten Balken führt eine Person die Kühe. Eine Szene aus der Landwirtschaft. Diese Kühe sind wichtig für die Existenz.
Ganz oben geht der Blick in eine Landschaft, in die Natur, in die Weite des Himmels.
Und dann die Person in der Mitte. Ihre Hände sind seitlich nach oben ausgestreckt. Es ist eine Frau. Und diese Frau nimmt die Stellung auf dem Kreuz ein, die bei den üblichen Kruzifixen Jesus einnimmt.
Diese Frau steht also genau dort, wo der waagrechte und der senkrechte Balken des Kreuzes zusammen einen Schnittpunkt bilden.
Erst beide Balken bilden das Kreuz, das seinen Mittelpunkt und Schnittpunkt hat.
Eine Frau im Mittelpunkt, eine Frau im Schnittpunkt.
Mit diesem Bild bekommt die Frau eine besondere Würde. Ohne die Frau als Gebärende ist kein Leben möglich. Ohne Maria als die Gebärende hätte Jesus nicht seine radikale Menschlichkeit leben können (s. oben III 5./13).
Dieses Kreuz zeigt die Vielfalt und Alltäglichkeit des menschlichen Lebens. Das Kreuz am Karfreitag bedeutet eben nicht Tod, es ist zugleich Grund und Zeichen eines hoffnungsvollen Lebens.
Und dieses Bild zeigt, was es für ein zufriedenes Leben z. B. in Guatemala braucht:
Bildung, um ein Gemeinwesen der Freiheit und des Rechts aufbauen zu können.
Eine funktionierende Landwirtschaft, um den Hunger zu überwinden.
Eine medizinische Versorgung für alle, um in Gesundheit leben zu können.
Dann verwandelt sich das blutige Kreuz der Armut und Unterdrückung und der Gewalt in ein farbiges und vielfältiges Leben in Fülle.
Amen.

Zwischenspiel
Sigfrid Karg-Elert (1877–1933), Choral-Improvisationen für Orgel: An Wasserflüssen Babylon. Melodie von „Ein Lämmlein geht und trägt die Schuld".

Unser Vater und Lied 342, 1–3
Ach bleib mit deiner Gnade

Segen
Gott, lebensschaffende Kraft, gute Macht [D. Bonhoeffer].
Sei mit uns durch deinen Segen.
Dein Heiliger Geist,
der Leben in Fülle verheißt,
sei um uns auf unseren Wegen.

Schlussspiel
Flor Peeters (1903–1986), Choralvorspiel zu „Ach bleib' mit Deiner Gnade"

Dritte Predigt: Ostern 31.3.2013
Gemeinsam unterwegssein – bleiben – zusammen essen
Der Weg nach Emmaus

Eingangsspiel

Begrüßung
Oh herrlicher Tag, o fröhliche Zeit, da Jesus lebt ohn alles Leid. Er ist erstanden von dem Tod; wir sind erlöst aus aller Not.
O herrlicher Tag, o fröhliche Zeit. Amen.

Mit diesen Worten unseres Anfangsliedes begrüße ich Sie alle ganz herzlich zum heutigen Gottesdienst am Ostersonntag. Es ist ein Ostergruß, der mit einer großen Dankbarkeit beschreibt, dass an Ostern neues Leben begann.
Johannes Jaggi wird den heutigen Ostergottesdienst mit der Orgel musikalisch gestalten.

Lied 480, 1–4
O herrlicher Tag, o fröhliche Zeit

Text
Kurt Marti und „Wer ohne ... werfe den ersten Stein (Joh 8,4–6)"
Ostern, liebe Gottesdienstgemeinde, ist eine Zeit des Aufbruchs. Auch wenn das Wetter in diesem Jahr noch nicht ganz so frühlingshaft ist wie gewünscht. Der Aufbruch in der Natur ist offensichtlich:
Die Vögel lassen sich nicht beirren und lassen sich hören.
Die Knospen an den Bäumen haben sich ausgebildet.
Die Osterglocken sind rechtzeitig zu Ostern zum Blühen gekommen.
In dieser Zeit feiern wir das Osterfest. Weihnachten ist das Fest der Geburt Jesu, an Karfreitag erinnern wir uns an den Tod von Jesus und Ostern ist das Fest der Auferstehung. Als Christen und Christinnen

bekennen wir, dass Jesus vom Tode auferweckt worden ist. Wir nennen das *Auferstehung*, und in unseren Osterliedern singen wir davon:
O herrlicher Tag, o fröhliche Zeit, da Jesus lebt ohn alles Leid. Er ist erstanden von dem Tod; wir sind erlöst aus aller Not.
O herrlicher Tag, o fröhliche Zeit.

Gestern, am Samstag, wurde ich auf einen Film angesprochen, der am Karfreitag im Fernsehen gezeigt und anschließend auch diskutiert wurde. „The Making of Jesus Christ" des Obwalder Filmemachers und Rockmusiker Luke Gasser.
In diesem Film werden die wichtigen Lebensstationen von Jesus dargestellt und es wird gefragt, wer denn eigentlich Jesus war.
Eine Frage wurde dabei im Gespräch nach dem Film besonders diskutiert: Was bedeutet die Auferstehung? Diese Frage musste am Karfreitag mit Notwendigkeit gestellt werden!
Die Gesprächsteilnehmerin, eine Pfarrerin, wurde von der Moderatorin gefragt, ob sie an die leibliche Auferstehung glaube.
Die Gefragte antwortete dann ziemlich schnell: „Ja, ich glaube an die leibliche Auferstehung." So, wie geantwortet wurde, musste dies folgendermaßen verstanden werden: Glaube an eine Auferstehung in dem Sinne, dass ein toter Mensch wieder biologisch lebendig würde ...
Ich persönlich hätte auf diese Frage „Glaubst Du an die leibliche Auferstehung?" mit dem Gedicht unseres Dichterpfarrers Kurt Marti geantwortet, der dazu den folgenden Text geschrieben hat:[174]

Kurt Marti
Auferstehung
ihr fragt
wie ist
die auferstehung der toten?
ich weiß es nicht

---

[174] Marti, Kurt: rosa loui. rebublikanische gedichte. leichenreden, Darmstadt und Neuwied 1967, S. 115.

ihr fragt
wann ist
die auferstehung der toten?
ich weiß es nicht

ihr fragt
gibts
eine auferstehung der toten?
ich weiß es nicht

ihr fragt
gibts
keine auferstehung der toten?
ich weiß es nicht

ich weiß
nur
wonach ihr nicht fragt
die auferstehung derer die leben

ich weiß
nur
wozu Er uns ruft:
zur auferstehung heute und jetzt

Was will Kurt Marti uns mit diesem Gedicht sagen:
Für Kurt Marti ist die Auferstehung nicht die Wiederbelebung eines Toten, der aus dem Grab steigt und dann im Himmel so weiterlebt wie auf Erden.
Bei der Auferstehung geht es nicht um Wiederbelebung der Leiche, nicht um eine biologische Rückkehr ins erneut sterbliche Leben.
Mit Kurt Marti muss vielmehr gefragt werden, was denn Auferstehung heute und jetzt ist.
Was also bedeutet Auferstehung heute und jetzt? Ich werde in meiner Predigt auf diese Frage eingehen.

Jetzt will ich bereits sagen, wie Menschen, die mit Jesus vor 2000 Jahren zusammen waren, die Jesus begegnet sind, durch Jesus Auferstehung erfahren haben. Das ist das Entscheidende, was die Menschen mit Jesus erlebt haben und was wir heute und jetzt daraus machen!

Ich erinnere Sie dabei an die bekannte Geschichte in Johannes 8,1 ff: Es wird eine Frau zu Jesus gebracht, die gesteinigt werden sollte, weil sie Ehebruch begangen hat. Der dabei beteiligte Mann hatte keine Strafe zu befürchten.

Das heißt: Nach dem bestehenden Gesetz musste diese Frau gesteinigt werden. Das war eine rechtlich klare Sache und von Jesus erwarteten die Gesetzeslehrer nur eine Bestätigung dieses Urteils.

Doch Jesus nahm sich Zeit und schrieb mit dem Finger auf die Erde. Doch die Gesetzeslehrer blieben hartnäckig. Sie wollten das Urteil der Steinigung hören. Da richtete sich Jesus auf, sah ihnen in die Augen und stellte nur eine Frage:

‚Wer von Euch ohne Sünde ist, werfe den ersten Stein.' Diese einfache Frage befreite die Frau vor dem Tod und zu neuem Leben. Diese vom Tod befreite Frau erfuhr Auferstehung mitten in ihrem Leben. Ganz konkret!

Der Stein in meiner Hand sagt, dass die Frau ein neues Leben erfahren hat. Diese von der Steinigung befreite Frau hat ihre persönliche Auferstehung erfahren in dem Sinn, dass sie nun ein neues Leben leben kann.

Wir können davon ausgehen, dass diese Frau Jesus grenzenlos dankbar war. Wenn ich jemandem mein Leben verdanke, dann kann diese Dankbarkeit nicht in Worte gefasst werden.[175]

Wir können davon ausgehen, dass diese Frau von Jesus zutiefst überzeugt war. Eine Überzeugung, die sich durch nichts infrage stellen ließ. Wir können davon ausgehen, dass diese Frau auch bei der Kreuzigung von Jesus dabei war und qualvoll mitgelitten hat, als Jesus am Kreuz

---

175 Siehe auch die Geschichte (Markus 14,2–9), die davon erzählt, wie eine Frau sehr kostbares und teures Öl auf das Haupt von Jesus goss: Eine Handlung der Wertschätzung.

gestorben ist. Es muss schrecklich gewesen sein für diese Frau, *den* Menschen als Verbrecher sterben zu sehen, der sie vom Tod gerettet und zu neuem Leben befreit hat.
Viele Menschen, Frauen, Männer, Kinder, Kranke und Gesunde, Arme und Ausgestoßene haben Jesus als einen Menschen erfahren, von dem sie Hilfe und Wertschätzung, Heilung und Liebe erhalten haben.
Und es war dann nach dem Tod von Jesus genau diese Frau, die von der Steinigung befreit wurde, die sagte:
„Das, was Jesus gelebt hat, wie er gehandelt hat, das ist nicht einfach vorbei. Das muss weitergehen. Und ich setze mich mit aller Kraft und mit meinem Leben dafür ein, dass die grenzenlose Liebe von Jesus weitergelebt wird." Und genau diese Frau, nennen wir sie einfach mal Magdalena, hat dann mit voller Überzeugung gesagt: „Jesus ist auferstanden." Nicht in einem körperlichen Sinne, sondern in dem Sinne, dass die radikale Liebe von Jesus weiterleben muss.

Gebet
Jesus Christus:
Deine grenzenlose Liebe, dein Einsatz für Gerechtigkeit und Frieden, hat dich ans Kreuz gebracht.
Du bist den Menschen einfach als Mensch begegnet.
Ohne Wenn und Aber wurden sie von dir angenommen.
Du hast nicht gefragt, was sie gemacht oder nicht gemacht haben.
Mit deinen Begegnungen hast du Grenzen überschritten.
Solche Begegnungen schaffen Freiheit von Zwängen,
Solche Begegnungen schaffen Mut zum Leben.
Solche Begegnungen schaffen Zukunft: Gestern – heute – und morgen.
Gerade an Ostern erinnern wir uns an solche Begegnungen. Wir alle sind auf solche lebensschaffenden Begegnungen angewiesen.
Solche Begegnungen lassen sagen: Gelobt sei Gott im höchsten Thron
Amen.

Lied 466, 1, 4, 5, 9, ,10
Gelobt sei Gott im höchsten Thron

Predigt 1 über Lukas 24: Gemeinsam unterwegs – bleiben ...

Liebe Gottesdienst-Gemeinde,
eine erste „Auferstehungsgeschichte" habe ich Ihnen bereits vorgelesen. Die Befreiung der Frau von der Steinigung brachte dieser Frau ein neues Leben. Es ist eine Geschichte der Auferstehung, welche diese Frau in ihrem Hier und Jetzt erfahren hat.
Die zweite Geschichte ist ebenfalls eine Geschichte der „Auferstehung". Ich lese Ihnen zuerst diese Geschichte vor und werde diese dann Schritt für Schritt in Beziehung zu unserem Leben setzen. Diese steht in Lukas 24,13–31 und trägt die Überschrift: Auf dem Weg nach Emmaus.

13   *Am gleichen Tag waren zwei von den Jüngern auf dem Weg in ein Dorf namens Emmaus, das sechzig Stadien von Jerusalem entfernt ist.*
14   *Sie sprachen miteinander über all das, was sich ereignet hatte.*
15   *Während sie redeten und ihre Gedanken austauschten, kam Jesus hinzu und ging mit ihnen.*
16   *Doch sie waren wie mit Blindheit geschlagen, sodass sie ihn nicht erkannten.*
17   *Er fragte sie: Was sind das für Dinge, über die ihr auf eurem Weg miteinander redet? Da blieben sie traurig stehen,*
18   *und der eine von ihnen – er hieß Kleopas – antwortete ihm: Bist du so fremd in Jerusalem, dass du als Einziger nicht weißt, was in diesen Tagen dort geschehen ist?*
19   *Er fragte sie: Was denn? Sie antworteten ihm: Das mit Jesus aus Nazareth. Er war ein Prophet, mächtig in Wort und Tat vor Gott und dem ganzen Volk.*
20   *Doch unsere Hohenpriester und Führer haben ihn zum Tod verurteilen und ans Kreuz schlagen lassen.*
21   *Wir aber hatten gehofft, dass er der sei, der Israel erlösen werde. Und dazu ist heute schon der dritte Tag, seitdem das alles geschehen ist.*
22   *Aber nicht nur das: Auch einige Frauen aus unserem Kreis haben uns in große Aufregung versetzt. Sie waren in der Frühe beim Grab,*

23 *fanden aber seinen Leichnam nicht. Als sie zurückkamen, erzählten sie, es seien ihnen Engel erschienen und hätten gesagt, er lebe.*
24 *Einige von uns gingen dann zum Grab und fanden alles so, wie die Frauen gesagt hatten; ihn selbst aber sahen sie nicht.*
25 *Da sagte er zu ihnen: Begreift ihr denn nicht? Wie schwer fällt es euch, alles zu glauben, was die Propheten gesagt haben.*
26 *Musste nicht der Messias all das erleiden, um so in seine Herrlichkeit zu gelangen?*
27 *Und er legte ihnen dar, ausgehend von Mose und allen Propheten, was in der gesamten Schrift über ihn geschrieben steht.*
28 *So erreichten sie das Dorf, zu dem sie unterwegs waren. Jesus tat, als wolle er weitergehen,*
29 *aber sie drängten ihn und sagten: Bleib doch bei uns; denn es wird bald Abend, der Tag hat sich schon geneigt. Da ging er mit hinein, um bei ihnen zu bleiben.*
30 *Und als er mit ihnen bei Tisch war, nahm er das Brot, sprach den Lobpreis, brach das Brot und gab es ihnen.*
31 *Da gingen ihnen die Augen auf und sie erkannten ihn; dann sahen sie ihn nicht mehr.*

Wer kennt sie nicht, die Geschichte vom Weg nach Emmaus? Der Titel der Geschichte ist zur Redewendung geworden.
Der Gang nach Emmaus: Diese Worte sind zu einer Chiffre geworden für einen schweren Lebensweg mit einem hoffnungsvollen Weitergehen. Was ist auf diesem Weg – gemeinsam unterwegs sein – alles passiert?
Zerbrochene Hoffnung und Flucht: Mit der Kreuzigung ist alle Hoffnung der Jünger und Jüngerinnen zerbrochen. Jesus, an den sie geglaubt, von dem sie sich Rettung versprochen haben, ist am Kreuz gestorben. Das alles ist an Karfreitag geschehen. In dieser Erfahrung des Todes wurde ihnen der Boden unter den Füßen weggezogen. Deshalb befinden sie sich auf der Flucht weg von Jerusalem nach Emmaus. Aus voller Angst verlassen sie den Ort des schrecklichen Geschehens und fliehen sozusagen an einen anderen Ort.

Wird uns nicht bereits in diesem Teil der Geschichte etwas berichtet, das wohl die meisten von uns schon erfahren haben? Wenn wir etwas Schmerzliches erleben, wenn Menschen etwas erleben, das sie aus den üblichen Bahnen wirft, dann überfällt uns eine innere Unruhe, eine gewaltige Unstetigkeit. Der Tod der Frau, der Suizid eines Jugendlichen, der Unfalltod eines Familienvaters, der Lawinentod eines Freundes.

In solchen Situationen wollen wir das Erlebte hinter uns lassen, wir fliehen vor dem Schrecklichen, wohl wissend, dass es dabei keine Flucht gibt und dass das Geschehene nicht einfach hinter sich gelassen werden kann.

Das Leid klagen und aussprechen können: Hilfreich bei dieser Flucht ist, wenn wir darüber reden können. Schauen wir auf unsere Emmaus-Geschichte. Plötzlich gesellt sich zu den beiden Jüngern ein unbekannter Gefährte. Unbekannt beliebt er zunächst den beiden Wanderern. Sie erkennen Jesus noch nicht, weil ihre Augen, weil ihre Gefühle noch voll und ganz auf das Kreuz, auf den Tod, auf die Katastrophe fixiert sind. Der Fremde kommt mit ihnen ins Gespräch, er stellt sich unwissend, und sie erhalten die Gelegenheit, das für sie schreckliche Geschehen auszusprechen und zu erzählen. Sie erzählen von der Verurteilung, vom Kreuz, von ihren Hoffnungen, von ihrer Resignation. Und wir spüren es geradezu, wenn wir den Text lesen. Das Aussprechen und zur Sprache bringen des Schrecklichen schafft Atem, gibt Raum zum Durchatmen. Jetzt haben sie wenigsten einen Menschen gefunden, dem sie ihr Leid klagen dürfen und der ihnen zuhört.

Haben wir nicht auch schon die Erfahrung gemacht, dass es uns besser und leichter ging, wenn wir das Aussprechen konnten, das uns bedrückt und niedergeschlagen hat? Wer das Schreckliche in Worte fassen kann und darf, dem wird es leichter ums Herz. Das Leidvolle verschwindet dabei nicht, doch es konnte beim Namen genannt werden. Das lässt besser atmen.

Bildbetrachtung:
Hier will ich Sie auf den eindrücklichen Holzschnitt hinweisen, den ich Ihnen ausgeteilt habe:[176]

Abb. 6: *Gang nach Emmaus*

---

176 „Gang nach Emmaus" 1973; Walter Habdank. © Galerie Habdank.
http://archiv.dreikoenigsgemeinde.de/images/predigten/philSchmidt_predigt24 2_09.jpg.

Jesus in der Mitte, wie er zu den Jüngern spricht. Seine Hand, eine Bewegung der Aufmunterung und Erklärung. Die beiden Jünger noch gebeugt, doch die Nähe von Jesu spürend und aufmerksam auf seine Worte hörend, wird ihr Gang weniger schwerfällig. Sie sind gemeinsam auf dem Weg.

Bleiben: Ein Hilfeschrei „Herr, bleibe bei uns!" Wie geht es in unserer Geschichte weiter: Das Ziel des Weges ist noch nicht erreicht. Doch bald werden sie vor dem Haus stehen, in dem sie übernachten werden. Jetzt hat die Begleitung des Fremden ihnen ein Stück weit die Angst genommen, jetzt taucht wieder neue Angst auf, wenn sie daran denken, dass sie die Nacht wieder allein verbringen sollen. Denn die Nacht deckt das Geschehene nicht zu, sondern lässt es um so finsterer und schrecklicher erscheinen. Der Fremde tut, als wolle er weitergehen. Die Jünger wollen den Trost, den sie von diesem Fremden erfahren haben, nicht verlieren. So drängen sie ihn, es ist wie ein Hilfeschrei: „Herr, bleibe bei uns, denn es will Abend werden und der Tag hat sich geneigt."

Wir verstehen dieses Drängen der Jünger, diesen Hilfeschrei allzu gut. Wir empfinden dies nicht als Aufdringlichkeit, weil wir wissen, wie lang Nächte sein können, in denen die Gedanken umherirren.

Und der Begleiter bleibt bei ihnen. Die beiden sind erleichtert.

Ich denke, dass jeder von uns schon einmal diese Erleichterung gespürt hat, wenn ein Mensch bei einem blieb.

Die Geschichte des Weges nach Emmaus. Es ist eine Geschichte, in der zwei Menschen gemeinsam unterwegs sind, sich mit einem Dritten aussprechen können und der dann sogar *bei* ihnen bleibt: *Gemeinsam unterwegs sein – bleiben.*

Zwischenspiel

Predigt 2: Zusammen essen ...
Wir kennen jetzt die Geschichte des Weges nach Emmaus. Die beiden Jünger haben Schreckliches erlebt. Sie sind voll Angst. Sie bitten den Wanderer, der mit ihnen geht, zu bleiben. Der Fremde bleibt. Der

Fremde übernimmt bei Tisch die Rolle des Hausvaters. Er spricht das Dankgebet und bricht das Brot. Jetzt erst gehen ihnen die Augen auf und im selben Moment sahen sie ihn nicht mehr. Jetzt aber war jede Resignation verschwunden, sie fanden in dieser Begegnung den Mut und die Kraft, die sie für ihr Leben brauchten.
Sie essen zusammen, und da passiert das Entscheidende. Sie erhalten einen neuen Mut zum Leben.
Wir denken bei dieser Szene sofort an das Abendmahl. Doch ich werde diese Szene ganz alltäglich auslegen:
Es geht in dieser Szene schlicht und einfach um das gemeinsame Essen, um das gemeinsame Abendbrot, um das Zusammensein beim Brot.

Ich kann mir dieses Bild vom Abendessen in der Stube von Emmaus gut vorstellen, nach einer Zeit der Angst und des Schreckens ist nun jemand da, der bei einem bleibt. Das schafft Vertrauen und Sicherheit.
Und ich bin überzeugt. Wertvolles und Hilfreiches und Tröstendes geschieht bei der Tischgemeinschaft. Dazu die folgenden fünf Beispiele:
Ein *erstes* Beispiel, das mir berichtet wurde: Wenn eine Familie eine Frau mit ihrem Kind zum Essen aufnimmt, weil sie durch häusliche Gewalt bedroht wurde und wird, dann erleben diese Frau und ihr Kind ihre Auferstehung!
Ein *zweites* Beispiel: Wenn Jugendliche hinter der Kirche zusammensitzen, in der warmen Jahreszeit bis spät in die Nacht – sicher auch mit Alkohol, diskutieren, austauschen, streiten, dann geschieht in diesem Zusammensein eine „Tischgemeinschaft", die hält und trägt.
Ein *drittes* Beispiel habe ich beim Osterbasar im KGH [Ref. Kirchgemeindehaus] am Donnerstag gehört: Eine Frau hat im letzten Jahr ihren Mann verloren. Sie backt sehr gerne und lädt so Freunde gerne zu einem Kaffee mit ihren selbstgemachten Kuchen ein. So entsteht bei Kaffee und Kuchen eine Tischgemeinschaft, die Freude macht.
Ein *viertes* Beispiel: Wenn ich z. B. zu einem 60. Geburtstag eingeladen werde, ich mich darauf freue, mich freue, mit anderen zusammen, die ich schon lange nicht mehr gesehen habe, Erfahrungen auszutauschen – dann erfahre ich eine Tischgemeinschaft, die Zufriedenheit schafft.

Das *fünfte* Beispiel: Es gibt im DorfHus – Ort der Begegnung – in Spiez z. B. ein sogenanntes interkulturelles Essen. Jemand aus Afrika macht ein spezielles Essen und andere werden dazu eingeladen. Ein solches Essen macht neugierig, ein solches Essen kann Überwindung kosten, ein solches Essen lässt Menschen und Kulturen näherkommen.

Solche Tischgemeinschaften heißen und bedeuten:
In einer schwierigen Lebenssituation gemeinsam essen. Das hilft, wenn Fragen durch das gemeinsame Kauen beantwortet werden.
Zusammen essen, zusammen Tischgemeinschaft pflegen. Gemeinschaft und Gastfreundschaft erfahren. Es geschieht in der Tischgemeinschaft eine Hinwendung zum Mitmenschen, eine Ungezwungenheit, Grenzen werden überwunden. Das tut gut!
Zu einem Essen eingeladen werden oder zu einem Essen einladen. Das macht Freude!

Gemeinsam unterwegs sein – bleiben – zusammen essen. So habe ich das Thema des heutigen Gottesdienstes formuliert. Das sind die Hauptworte der Emmaus-Geschichte.
Wir hoffen, dass wir gemeinsam unterwegssein können, Wir hoffen, dass jemand bei uns bleibt, wenn wir es nötig haben. Und wir erkennen, wie wichtig und schön es ist, wenn wir die alltägliche Tischgemeinschaft in unserem Alltag pflegen. Lassen wir uns einladen und laden wir ein – dann erfahren wir Auferstehung. Dann ist Auferstehung kein überirdisches, kein übernatürliches, kein irrationales Geheimnis – vielmehr ein konkretes fassbares Geschehnis in unserem Alltag. Auferstehung hier und jetzt. So wird Auferstehung zu einem leiblichen Geschehen. Zu einem Ereignis, das Freude macht, durch den Magen geht (Jesus: „Schlemmer und Trinker, Fresser und Säufer"; Mt 11,19) und alle unsere Sinne anspricht! *Amen.*

Orgelzwischenspiel

Mahl

Wenn wir heute an Ostern das Mahl feiern, so wie es Jesus mit seinen Jüngern und Jüngerinnen und mit all denen gemacht hat, die mit ihm zusammen waren, die mit ihm gegessen und getrunken, die mit ihm diskutiert haben, dann erinnern wir uns an das Leben und Wirken Jesu, dann hoffen wir auf Begegnungen, die verändern, dann hoffen wir darauf, dass einer mit uns geht, dass jemand mit uns eine Tischgemeinschaft pflegt, der uns versteht in all unseren Gedanken und Gefühlen.

Alle sind eingeladen. Das Abendmahl ist eine Gemeinschaft, welche alle Grenzen übersteigt: seien dies Grenzen der Konfession, Grenzen der Herkunft, Grenzen des Aussehens. Grenzen des Alters. Die sichtbaren Zeichen des Mahles sind das Brot und der Saft der Trauben.

Diejenigen, die nicht am Mahl teilnehmen möchten, mögen entweder einfach an ihren Plätzen bleiben. Sie können uns aber auch während des *Orgelspiels*, das wir nach dem *Unser Vater* hören, verlassen.

Vaterunser und Orgelspiel zum Verlassen

Mahl Einleitung

Wenn wir heute an Ostern 2013 das Mahl feiern, dann erinnern wir uns besonders an die Tischgemeinschaften, die Menschen mit Jesus hatten. Jesus hat Menschen eingeladen und er ließ sich einladen. Bei diesen Einladungen geschahen Begegnungen, die grenzüberscheitend waren, es waren Begegnungen des Vertrauens, es waren Begegnungen, aus denen neues Leben entstand.

Wir singen jetzt das ...

Lied 233, 1–3
Nun danket alle Gott

Gaben betrachten

Der Tisch ist gedeckt. Das Brot und der Saft der Trauben sind die Gaben des Lebens. Jesus brach das Brot und trank den Saft der Trauben mit allen, die mit ihm und bei ihm waren: Wir wissen und erkennen: Der Saft der Trauben und das Brot sind die Zeichen für ein neues Leben, das viele Menschen in der Gemeinschaft/Begegnung mit Jesus erfahren haben.

Das Brot
Jesus sagt uns mit seinem Leben: Das Brot *(hochheben)* ist für alle da. Das Brot ist das Zeichen dafür, dass wir Menschen auf Begegnungen hoffen, die Vertrauen schaffen.
Austeilen an Kelchhalter

Saft der Trauben
Jesus sagt uns mit seinem Leben: Der Saft der Trauben *(hochheben)* ist für alle da. Er ist das Zeichen Hoffnung, dass jemand bei mir bleibt – gerade dann, wenn ich es nötig habe.
Austeilen an Kelchhalterin

Gabengebet
Gott, Grund allen Lebens:
Wir danken[177]
für das Brot, die Frucht der Erde und der menschlichen Arbeit.
Wir bitten, dass dieses Brot uns zum Brot des Lebens werde.
Gott, Grund allen Lebens,
wir danken
für die Frucht des Weinstockes, das Zeichen der Tischgemeinschaft/Begegnung. Wir alle hoffen, dass wir eine solche Gemeinschaft/Begegnung erfahren.
Wir hoffen: Wie aus den Körnern das Brot, aus den Trauben der Saft geworden ist, so werden uns Begegnungen der Liebe zu einem guten Leben befreien. *Amen.*

---

[177] Ganz bewusst ohne das theistische „Dir" formuliert. GOTT so allein als Grundhaltung der Dankbarkeit verstanden. Zuhörer und Zuhörerinnen haben dies so auch wahrgenommen und mir mitgeteilt.

Austeilen mit Orgelmusik

Schlusswort
Wo das Brot und der Saft der Trauben gereicht und verteilt werden, wo das Brot gemeinsam gegessen und der Saft der Trauben gemeinsam getrunken wird, da entstehen Tischgemeinschaften/Begegnungen, in welcher Steine aus dem Weg gerollt werden und begrabene Hoffnungen zu einem neuen Leben werden.
Wir singen jetzt ... dann bitte ich um den Segen ... zum Schlussspiel setzen.

Lied 342, 1–3
Ach bleib mit deiner Gnade

Segen
Gott, lebensschaffende Kraft (gute Macht).
Sei mit uns durch deinen Segen.
Dein heiliger Geist,
der Leben verheißt,
sei um uns auf unseren Wegen. *Amen.*

Ausgangsspiel

Hier an dieser Stelle mache ich einen aktuellen Exkurs, mit dem ich zeigen will, wie auf höchster kirchlicher Ebene die „Auferstehung" behandelt wird. Zuerst bringe ich den Ausschnitt aus einem Interview, dann werde ich die entsprechenden Aussagen kurz kommentieren:

Interview mit Gottfried Locher, Präsident des Schweizerischen Evangelischen Kirchenbundes.
Der 51-jährige Berner ist seit 2011 Präsident des Schweizerischen Evangelischen Kirchenbundes (SEK), des Zusammenschlusses aller evangelisch-reformierten Kirchen der Schweiz. In dieser Funktion ist

der promovierte Theologe gewissermaßen der höchste Protestant der Schweiz. G. Locher war Pfarrer der Schweizer Kirche in London, ist Präsident des Reformierten Weltbundes für Europa, Leiter des Instituts für Ökumenische Studien der Universität Freiburg und Synodalrat der Reformierten Kirchen Bern-Jura-Solothurn. Seit 2015 ist er Vorsitzender des Schweizerischen Rats der Religionen und seit 2016 Präsident der Gemeinschaft Evangelischer Kirchen in Europa.
In: Der Bund. Tageszeitung Schweiz, Samstag, 1. Juli 2107, S. 2–3. Interview: Dölf Barben.

„Das Wesentliche sei Christus, sagten Sie eben. Von Gott haben Sie bisher nicht gesprochen.
Wenn ich von Christus spreche, dann spreche ich von Gott.

Könnte es nicht ganz simple Gründe geben, warum die Menschen die Kirchen verlassen? In einem Gotteshaus geht es um Gott, und wenn sie nicht mehr an Gott glauben, gehen sie. So wie wenn sie nicht mehr in eine Pizzeria gehen, wenn sie keine Pizza wollen.
In der Schweiz glaubt jeder Zweite an Gott. Dass die Menschen heute weniger Sehnsucht nach einer Gotteserfahrung hätten, müsste man mir zuerst einmal beweisen.

In unseren Breiten gibt es immer mehr Menschen, die nicht mehr an Gott oder höhere Mächte glauben.
Wer seiner Vernunft ganz vertraut, macht einen Denkfehler. Das hat das Christentum immer schon klarer gesehen als viele seiner Kritiker. Der Glaube an einen Gott, der Mensch wird, stirbt und aufersteht, stand schon immer im Clinch mit der Vernunft – auch mit meiner eigenen. Die Auferstehung widerspricht unserer Vernunft.

In einem Text, den Sie einmal zu Ostern verfasst haben, schrieben Sie, das Unmögliche sei unter Umständen doch möglich. Der Tod habe nicht das letzte Wort.
Ich sagte nicht, es sei unter Umständen möglich. Ich stellte fest, dass etwas, das unmöglich ist, gemäß den damaligen Zeugen stattgefunden hat.

Unterschätzen Sie dabei nicht den Begriff unmöglich?
Das ist ja gerade der Punkt: Was an Ostern passierte, widerspricht den Gesetzen der Natur.

Haben wir dann nicht das Problem, dass Ihnen heute viele Leute genau solche Aussagen nicht mehr abkaufen, weil sie wissen, dass etwas Unmögliches unmöglich ist?
Oh, das ist nicht neu – und mir muss man das ohnehin nicht abkaufen, ich war nicht als Zeuge dabei. Geglaubt haben den Zeugen der Auferstehung schon damals nicht alle. Verspottet wurden und werden sie von damals bis heute. Wir werden nie wissen, wie geschehen sein soll, was doch unmöglich war. Das war schon zu Jesu Zeiten so. Darum sind die Leute darüber auch so erschrocken. Sie waren nicht unvernünftiger als wir. Wer ihnen nicht glaubt, handelt durchaus vernünftig.

Habe ich richtig gehört, es ist vernünftig, nicht zu glauben?
Ja. Nur ist es ebenso vernünftig, die Zeugen ernst zu nehmen. Warum sollten sie lügen? Sie haben sich mit ihrer Geschichte Feinde gemacht. Und es gibt eine jahrhundertelange Kette von Menschen, die ihr Leben gegeben haben für dieses Zeugnis. Und noch viel mehr Menschen ahnen in der Auferstehung eine Wahrheit, die ihre eigene Vernunft übersteigt. Zu denen gehöre auch ich."

Mein Kommentar:
Bei meinem Kommentar beziehe ich mich speziell auf die Aussagen zur „Auferstehung", die nach G. Locher der Vernunft und den Gesetzen der Natur widerspricht. Es ist einmal die Unschärfe der Argumentation – Gesetze der Natur, Vernunft, Unmöglichkeit –, die es hier zu kritisieren gilt. Zum andern muss/kann diese Aussage von G. Locher so verstanden werden, dass ein biologisch-medizinisch toter Mensch wieder lebendig geworden ist. Dies aber widerspricht radikal der theologischen Einsicht, die ich während meines Studiums in Tübingen mit Bezug auf Rudolf Bultmann (1884–1976) gelernt habe, dass es sich bei der Auferstehung nicht um ein biologisch-medizinisches

Realitätsurteil handelt, vielmehr um ein existentielles Interpretationsurteil. Weil G. Locher diese Unterscheidung nicht macht, kann er sagen, dass das Unmögliche doch möglich ist, womit die Vernunft außer Kraft gesetzt wird und diese Außerkraftsetzung dann noch positiv überhöht wird. Ein solcher Auferstehungsglaube widerspricht einem ganzheitlichen Vernunftbegriff (Wissen, Fakten, Methode der empirischen Überprüfbarkeit, Anerkennung der Gesetze der Natur; aus Beobachtung und Erfahrung mit dem Verstand universalisierbare sinnvolle Einsichten gewinnen; kommunikative, ethische, spirituelle Dimension) und verhindert zugleich ein existentiell und sozial sinnvolles Verständnis von Auferstehung, wie es Kurt Marti (s. oben in dieser Predigt) entwickelt hat. Die Auferstehung kann und muss mit Kurt Marti im Kontext der Vernunft und der Gesetze der Natur als Botschaft einer radikalen Liebe im konkreten Leben interpretiert werden. Wer meint, die Auferstehung jenseits der Vernunft erklären zu müssen, der zerstört nachhaltig die Botschaft und das Zeugnis der Auferstehung und wird deren Sinnhaftigkeit – ein gutes Leben hier und jetzt – nicht erkennen. Oder ganz klar und eindeutig gesagt: Solche Aussagen in dieser Form, wie sie G. Locher gemacht hat, sind theologisch, philosophisch, ethisch, wissenschaftstheoretisch un-sinnig.

Vierte Predigt: Himmelfahrt – Auffahrt 9.5.1991
Der Himmel, ein neues Dasein

Orgeleingangsspiel

Begrüßung
„Ein Stückchen Himmel auf Erden."[178] Mit dieser Redewendung begrüße ich Sie alle ganz herzlich zum heutigen Gottesdienst. In diesem Satz „Ein Stückchen Himmel auf Erden" steckt eine tiefe Sehnsucht und der Wunsch nach dem Himmel, nach Glück, nach einem guten Leben. Wir empfinden den Himmel auf Erden, wenn wir Glück erfahren, wenn es uns gut geht. Wir erfahren den Himmel auf Erden zum Beispiel, wenn wir Natur in ihrer ganzen Schönheit erleben, wenn wir Musik hören. Jeder hat für sich schon Erfahrungen gemacht, in denen er schon ein Stückchen Himmel auf Erden erfahren hat, und wohl die meisten von uns haben auch schon Erlebnisse gehabt, in denen der Wunsch nach einem Stückchen Himmel auf Erden ganz heftig war.
Ganz besonders möchte ich zum heutigen Auffahrtsgottesdienst den Eisenbahnerchor begrüßen, der den heutigen Gottesdienst mitgestaltet. Mögen wir gerade am heutigen Tag, im Gottesdienst, beim gemeinsamen Ausflug, zu Hause ein Stückchen Himmel erfahren.

Lied 1, 1–3
Allein Gott in der Höh sei Ehr [altes Kirchengesangbuch der Reformierten Kirchen Schweiz]

---

178 Siehe Kontexte Werkstatt für Liturgie und Predigt, Bergmoser + Höller, Aachen, Mai 91, S. 127, 125.

Text
Wie sich die Leute den Himmel vorstellen

Statt eines Textes werde ich Ihnen ein paar Worte vorlesen, die jugendliche Konfirmanden und Konfirmandinnen beim Wort Himmel aufgeschrieben haben. Vielleicht werden Ihnen beim Vorlesen dieser Worte ebenfalls ganz bestimmte Worte in den Sinn kommen:

Raketen, Helikopter, Swissair, Lufthansa, Zeppelin.
Der Himmel, ein Ort der Technik, der Mobilität, des Sich-Fortbewegens.

Sternschnuppe, Meteorit, Sterne, Sonne, Mond:
Der Himmel, ein Ort der Gestirne, der Himmel, der uns alle umfassende Kosmos.

Wolken, Regen:
Der Himmel, ein Ort des Wetters, das unser Leben beeinflusst.

Vögel, Himmelgügeli:
Ein Ort der Lebewesen.

Ozonloch, Luftverschmutzung, saurer Regen:
Der Himmel, ein Ort, an dem die negativen Folgen unseres Handelns sich in ausgeprägter Weise zeigen.

Himmelsstärne:
Der Himmel, als *Fluchwort*, eine Möglichkeit, Gefühle auf eine heftige Art und Weise zum Ausdruck zu bringen.

Es ist noch kein Meister vom Himmel gefallen. Im siebten Himmel schweben. Auf rosa Wolken schweben:
Der Himmel, ein Wort für Sprichworte und Lebensweisheiten, welche wichtige menschliche Erfahrungen zum Ausdruck bringen.

Himmel und Hölle:
Der Himmel, das Gute im Gegensatz zur Hölle, dem Bösen und Schlechten. Himmel und Hölle bringen zum Ausdruck, dass die Unterscheidung von Gut und Böse eine kosmische, universale Dimension hat.

Gott, Engel, nach dem Tode in den Himmel kommen, Himmel und Hölle, Gespenster, schützend, unvorstellbare Weite, unendlich:
Der Himmel, ein Ort des Religiösen, der Himmel, ein Geheimnis, der Himmel übersteigt unser Vorstellungsvermögen.

Kirchenchor
Hebe deine Augen auf

Gebet
Gott, Geheimnis und Grund des Lebens.
In unserem Alltag sind wir gewohnt, fest mit unseren Füßen auf dem Boden zu stehen. Gefordert ist Realismus, es gilt, den Tatsachen in die Augen zu schauen.

Am Tag der Himmelfahrt wird nun plötzlich unser Blickwinkel verändert. Wir heben unsere Augen auf zu dem Himmel. Wir werden der Realität entrückt und konzentrieren uns auf den Himmel. Vielleicht verlieren wir sogar den Boden unter unseren Füßen.

Dieser Blick öffnet uns für Neues, Fremdes, Andersartiges. Dieser Blick führt uns aus der Enge von Vorstellungen über andere Menschen und Länder.
Wir können sagen, offen und ehrlich, wer wir sind.
Wir müssen die Zweifel in unserem Leben nicht mehr verbergen.
Der Blick zum Himmel gibt uns eine Offenheit für andere und anderes.
Haben wir ruhig den Mut, einmal den Boden unter unseren Füßen zu verlieren und unseren Blick auf den Himmel zu richten. *Amen.*

Kirchenchor
Lobe den Herrn der Welt

Predigt 1
Für den Himmelsgedanken

Liebe Gottesdienstbesucher und Gottesdienstbesucherinnen,
in der letzten Zeit habe ich mit vielen Gespräche über den Himmel geführt. Immer wieder habe ich gemerkt, dass der Himmel für uns Menschen eine besondere Bedeutung hat. Die Aussagen der Konfirmanden und Konfirmandinnen haben mir gezeigt, dass der Himmel nicht nur ein geographischer Ort ist, sondern zugleich menschliche Wünsche und Sehnsüchte anspricht. Der Himmel, etwas Geheimnisvolles. In der deutschen Sprache kommt diese doppelte Bedeutung lange nicht so schön zum Ausdruck wie zum Beispiel in der englischen Sprache. Zwei Konfirmanden haben auf ihrem Blatt die bei den englischen Worte *sky* und *heaven* geschrieben. Das erste Wort *sky* bezieht sich auf den Himmel in einem geographischen Sinne, das Wort *heaven* bezieht sich auf das Geistige und Geistliche des Himmels.
Der Himmel in seiner Dimension des Geheimnisvollen, Unendlichen, Religiösen scheint ganz wesentlich zum Menschen zu gehören.
Insofern ist uns das Gedicht von Heinrich Heine (1791–1856) zunächst fremd und stellt eine Herausforderung dar:

Ein neues Lied, ein besseres Lied.
Oh Freunde, will ich euch dichten.
Wir wollen hier auf Erden schon
das Himmelreich errichten.
Es wächst hienieden Brot genug
für alle Menschenkinder.
Auch Rosen und Myrten
Schönheit und Lust und Zuckererbsen nicht minder.
Ja Zuckererbsen für jedermann
sobald die Schoten platzen.

Den Himmel überlassen wir
den Engeln und den Spatzen.[179]

Der bekannte Dichter Heinrich Heine, der von 1791–1856 gelebt hatte, fordert uns unmissverständlich auf, den Himmel den Engeln und den Spatzen zu überlassen. Wenn wir das Gedicht von Heine uns nochmals vor Augen führen, dann verstehen wir auch den Sinn dieser Aufforderung. H. Heine geht es um das Glück hier auf Erden und er wehrt sich gegen eine Vertröstung einst im Himmel oder in einem ewigen Leben. Jetzt, hier und heute, muss das Glück gesucht und verwirklicht werden. Wer den Menschen auf das Leben nach dem Tod vertröstet, der nimmt ihn nicht ernst. Gerade auch der christliche Glaube wird Heinrich Heine voll und ganz zustimmen, wenn eine gerechte und gute Welt jetzt in Angriff genommen wird. Im Gedicht von H. Heine steckt natürlich schon der handfeste Vorwurf, dass es der Kirche seiner Zeit allein um das persönliche Seelenheil gehe und nicht um die so dringliche und offensichtliche soziale Frage.

Weil er das Versagen der Kirche in der sozialen Frage sieht, dichtet er so scharf: Den Himmel den Engeln und den Spatzen zu überlassen. Und wir müssen immer daran denken, dass für viele Menschen gerade von der Kirche aus der Himmel zu einem Ersatz für ein gutes Leben hier im Diesseits wurde.

Wenn ich an all dies denke, was Heinrich Heine uns in seinem Gedicht sagen will, dann will ich doch nicht so einfach den Himmel einfach den Spatzen und den Engeln überlassen. Der Gedanke des Himmels schafft Befreiung, und ich habe mir ein paar Gedanken zum Himmel gemacht:

Der Erde „entfliehen"
Es ist für uns Menschen verlockend, der Erde zu entfliehen und, wie es das Sprichwort sagt, im Himmel zu schweben. Und wer im siebten Himmel sich befindet, der erfährt ein besonderes Glück. Die Erde, das

---

[179] Siehe Koch, Kurt: Radikaler Ernstfall. Von der Kunst, über das Leben nach dem Tod zu sprechen, Luzern/Stuttgart 1990, S. 34.

sind Konflikte, das ist Arbeit, das ist ein Werden und Vergehen. Wie schön müsste es nicht sein, einmal die Erde hinter sich zu lassen, sich aufzuschwingen in den Himmel. Himmel, das ist das Weite, Licht, Luft, Schwerelosigkeit, d. h. der Sonne entgegenzufliegen, den Schatten hinter sich zu lassen.[180] Wer an den Himmel denkt, der gewinnt Distanz, sieht die Erde aus einer anderen Perspektive. So haben zum Beispiel die Astronauten vom Mond aus die Erde aus einer ganz anderen Perspektive als von der Erde aus wahrgenommen. Sie erschien ihnen plötzlich so zerbrechlich: Der blaue Planet.[181]

Leben in Fülle
Der Gedanke des Himmels schafft eine Bewegung in uns. Wenn wir an den Himmel denken, ist es möglich, dass wir plötzlich den Boden unter den Füßen verlieren. Doch der Himmel bedeutet nicht nur Distanz zur Welt, ein anderes Verhältnis zu meiner Umgebung, der Himmel ist auch eine Beschreibung für ein Leben in Fülle. Dazu eine 45-jährige Frau: „Himmel heißt für mich Leben in Fülle. Ich stelle mir ein Fest vor, das die gesamte Schöpfung zusammenfeiert. Da ist Lachen, Musik und Tanz. Liebe liegt in der Luft. Ein zweites Bild: Der Himmel ist ein unendlich weites, fruchtbares Land, das meiner Neugier ewige Nahrung bietet."[182]
Vielleicht ist es gar nicht so schlecht, wenn wir den Himmel nicht den Spatzen und den Engeln überlassen, sondern uns den Gedanken des Himmels vor Augen führen, über den Himmel träumen oder uns vielleicht darüber ärgern, dass wir das Wort des Himmels nicht aus unserem Wortschatz löschen können.
Wir hören jetzt das Lied „Die Himmel rühmen" des Kirchenchores.

---

180 Das Unser Vater. Predigten, Gütersloh 1987, S. 18.
181 Gore, Al: Eine unbequeme Wahrheit. München 2006. Al Gores Buch und Film verändern unseren Blick auf den blauen Planeten und sind ein moralischer Appell, der in dem Aufruf gipfelt: Konsumiere weniger! Dann könnten die Gefahren für unsere Erde noch eingrenzbar werden.
182 Kontexte Bausteine für den Gottesdienst, Bergmoser + Höller, Verlag Aachen, Dezember 1989, S. 126.

Kirchenchor
Die Himmel rühmen

Predigt 2
Keine räumliche Sache, sondern neues Dasein
Menschliches Leben bewegt sich zwischen Himmel und Erde. Wer nur auf die Erde schaut, verliert den Weitblick und wird bald auf das nächstliegende Hindernis stoßen. Wer nur in den Himmel schaut, wird gleichwie der berühmte Hans-Guck-in-die-Luft in den nächsten Graben fallen.
Am Tag der Himmelfahrt werden wir eindeutig auf den Himmel konzentriert. Seit dem vierten Jahrhundert nach Christus feiert die Kirche am 40. Tage nach Ostern das Fest Christi Himmelfahrt. An manchen mittelalterlichen oder barocken Kirchen ist oben im Gewölbe ein rundes Loch zu erkennen. Wozu diente dieses Loch? Am Himmelfahrtsfest fand unter dieser Öffnung ein heiliges Spiel statt. Eine Christusfigur schwebte dort während der heiligen Messe unter Gesang und Trompetengeschall empor zum Gewölbe, begleitet von zwei Engeln mit Kerzen, von einer Seilwinde gezogen. Dieses Himmelfahrtsspiel ist freilich schon vor dem Zweiten Vatikanischen Konzil fast schon überall aufgegeben worden. In der reformierten Kirche wurde ja auf eine solche Anschaulichkeit des Glaubens verzichtet.
Am Fest der Himmelfahrt werden wir auf den Himmel konzentriert. Das mag schon noch einleuchten, und im ersten Teil meiner Predigt habe ich *dagegen*geredet, den Himmel einfach so den Spatzen und den Engeln zu überlassen. Das mag schon einleuchten, aber das Fest der Himmelfahrt macht uns schon immer mehr Mühe. Und vielleicht ist ein Ausdruck dieser Schwierigkeiten, dass der Himmelfahrtstag mancherorts zum Vatertag – entsprechend dem Muttertag – umfunktioniert wurde. Auch der folgende Versuch eines Lehrers, die Himmelfahrt seinen Schülern nahezubringen, zeigte die Schwierigkeiten mit der Himmelfahrt.[183]

---

183 Siehe Christliche Musterreden Bd. 1, Kap. 6, 2.3, S. 42.

Dieser Lehrer versuchte, mit seinen Schülern die Geschichte von Jesu Himmelfahrt zu spielen. Die Schüler/-innen mussten in der Pose der Jünger nach dem Abschied Jesu verharren: Den Kopf in den Nacken gelegt, den Blick streng zum Himmel gerichtet. So mussten sie in dieser Haltung eine Zeitlang fixiert und starr bleiben. Wenn ich Sie jetzt auffordern würde, in dieser Haltung eine Lampe an der Decke zu fixieren, und ich Ihnen dann sagen würde, dass dies die Himmelfahrt Jesu wäre, dann würden Sie dies ganz zu Recht als absurd bezeichnen. Denn der Text im Neuen Testament redet ganz anders von der Himmelfahrt. Dieser Text steht am Ende des Lukasevangeliums und ist gerade in seiner Schlichtheit und Kürze aufschlussreich (Lk 24,50–53):
50 Dann führte er [Jesus] sie hinaus in die Nähe von Bethanien. Dort erhob er seine Hände und segnete sie.
51 Und während er sie segnete, verließ er sie und wurde zum Himmel emporgehoben;
52 sie aber fielen vor ihm nieder. Dann kehrten sie in großer Freude nach Jerusalem zurück.
53 Und sie waren immer im Tempel und priesen Gott.

Das ist der ganze Text über die Auffahrt, die Himmelfahrt Jesu. In nur vier Versen wird diese Sache berichtet. In diesem Text steht: Jesus ist aufgefahren gen Himmel und sie kehrten mit großer Freude nach Jerusalem zurück.
Stellen wir uns einmal die folgende Situation vor: Ein Mann verabschiedet sich auf einem Flugplatz von einem Menschen, den er sehr gern hat, und er weiß zugleich, dass dieser Abschied endgültig ist. In diesem Augenblick des Abschieds wird dieser Mann traurig und deprimiert sein.
Die Jünger dagegen, in einer ganz ähnlichen Situation wie der Mann auf dem Flugplatz, kehren freudig nach Jerusalem zurück. Dieser Vergleich zeigt, dass der Text über die Himmelfahrt Jesu kein Tatsachenbericht einer Himmelfahrt Jesu ist, vielmehr handelt es sich um ein Bild, welches die Bewegung und die Freude der Jünger zum Ausdruck bringen will. Die Jünger starren nicht wie angewurzelt in den Himmel,

sondern schauen in den Himmel und kehren dann um. Mich fasziniert an diesem Bericht diese Gleichzeitigkeit von „In den Himmel schauen" und „Sich in Bewegung setzen". Für die Jünger und Jüngerinnen war dieser Blick in den Himmel kein starrer oder inhaltsleerer Blick, vielmehr sahen sie in diesem Schauen plötzlich gleichwie in einem Bild die ganze Fülle ihres Lebens, die sie zusammen in der Begegnung mit Jesus erlebt hatten. Und dieses Bild der Fülle des Lebens vor ihren Augen setzte sie in Bewegung, um das zu tun, was Jesus ihnen vorgelebt hatte. In den Himmel schauen und die Fülle des Lebens und der Liebe sehen – sich in Bewegung setzen und die Fülle des Lebens weitergeben. Das ist Himmelfahrt und Sie werden vielleicht darüber erstaunt sein, dass dies so einfach ist: In den Himmel schauen und die Fülle des Lebens und der Liebe sehen – sich in Bewegung setzen und die Fülle des Lebens weitergeben. *Amen.*

Lied Kirchenchor
Russisches Vaterunser

Mahl
Wir feiern heute zusammen das Mahl, so wie das Jesus mit seinen Jüngern getan hat und wie wir es in der Kirche seit 2000 Jahren immer wieder tun. Alle sind zu diesem Mahl eingeladen, es gibt für das Mahl keine Bedingungen. Diejenigen, die nicht am Mahl teilnehmen möchten, mögen entweder an ihren Plätzen bleiben. Sie können uns aber auch während des *Zwischenspiels*, das wir nach dem Unser Vater hören (ebenfalls stehend singen), verlassen. Ich möchte Sie bitten, zum Unser Vater, das wir gemeinsam beten wollen, aufzustehen.

Unser Vater und Orgelzwischenspiel

Einleitungstext zum Mahl Himmelfahrt
Als Einleitung für das Mahl werde ich den Text Apg 2,42–47 vorlesen. Dieser Text steht nach der Himmelfahrtsgeschichte und zeigt, dass das

Aufschauen und Sich-in-Bewegung-Setzen nicht nur eine Kopfbe‑
wegung ist, sondern ein völlig neues Dasein:[184]

Das Leben der jungen Gemeinde: Apostelgeschichte 2,43–47
43 Alle wurden von Furcht ergriffen; denn durch die Apostel geschahen viele Wunder und Zeichen.
44 Und alle, die gläubig geworden waren, bildeten eine Gemeinschaft und hatten alles gemeinsam.
45 Sie verkauften Hab und Gut und gaben davon allen, jedem so viel, wie er nötig hatte.
46 Tag für Tag verharrten sie einmütig im Tempel, brachen in ihren Häusern das Brot und hielten miteinander Mahl in Freude und Einfalt des Herzens.
47 Sie lobten Gott und waren beim ganzen Volk beliebt. Und der Herr fügte täglich ihrer Gemeinschaft die hinzu, die gerettet werden sollten.

Lied 1, 1 und 4
Allein Gott in der Höh sei Ehr

Gaben betrachten und Gabengebet
Der Tisch ist gedeckt. Brot und Wein sind die Gaben des Lebens, sie schaffen und erhalten Leben:
Das Brot *(hochheben)* ist für alle da. Das Brot ist das Zeichen des Lebens. Wo das Brot gebrochen wird, entsteht eine Gemeinschaft der Brüderlichkeit und der Geschwisterlichkeit.
Austeilen an Kelchhalter/-in
Der Saft der Trauben *(hochheben)* ist für alle da. Er ist das Zeichen des Lebens. Wer genug zu trinken hat, in einem direkten und bildlichen Sinne, der ist von der Sorge um seine Zukunft befreit.
Austeilen an Kelchhalter/-in

---

184 Das ist Rudolf Bultmann und Ernst Käsemann kombiniert [nicht sagen].

Gabengebet
Herr, unser Gott, wir danken dir.
Du schenkst uns das Brot, die Frucht der Erde und der menschlichen Arbeit.
Lass dieses Brot uns zum Brot des Lebens werden.
Herr, unser Gott, wir danken dir.
Du schenkst uns die Frucht des Weinstockes, das Zeichen der Zukunft.
Lass den Kelch für uns zum Kelch des Weitblicks und der Umkehr werden.
Wie aus den Körnern das Brot, aus den Trauben der Wein geworden ist, so werden wir in der Gemeinschaft von Liebe, Menschlichkeit und Gerechtigkeit zu Menschen, welche mit Mut und Hoffnung in die Zukunft schauen. *Amen.*

Einladung und Abendmahl austeilen

Segenslied 208, 1–3
Ach bleib mit deiner Gnade bei uns, Herr Jesus Christ
Wo Brot und der Saft der Trauben gereicht und verteilt werden, wo das Brot gemeinsam gegessen und der Saft der Trauben gemeinsam getrunken wird, da entsteht eine Gemeinschaft, welche Grenzen überschreitet, in die Zukunft blickt und mit Freude umkehrt, sich für Gerechtigkeit, den Frieden und die Bewahrung der Schöpfung einsetzt.
Wir singen jetzt vom *Schlusslied 208* „Ach bleib mit deiner Gnade bei uns, Herr Jesus Christ" die Strophen 1–3 und bitten anschließend um den *Segen* des Herrn. Ich möchte Sie bitten, zu beidem aufzustehen.

Ausgangsspiel

Nachtrag, nicht mehr sicher, an welcher Stelle ich diesen Text gesagt habe:

Die Geschichte von der Himmelfahrt fordert uns auf, das zu sehen, was vor unseren Füßen liegt. Bei der Himmelfahrt, um das Paradoxe zu betonen, geht es um die Erde, um das, was vor unseren Füßen liegt. Was aber liegt vor unseren Füßen?
Dazu werde ich Ihnen die folgende Geschichte vorlesen. Es ist die Geschichte [Quelle nicht mehr rekonstruierbar] von einem Rabbi:

Von einem jüdischen Lehrer, einem Rabbi, ging die Geschichte um, dass er jeden Morgen vor dem Frühgebet zum Himmel aufsteige. Ein Gegner lachte darüber und legte sich vor Morgengrauen auf die Lauer. Da sah er, wie der Rabbi als Holzknecht verkleidet sein Haus verließ und in den Wald ging. Der Gegner folgte von Weitem. Er sah den Rabbi Holz fällen und in Stücke hacken. Dann lud er sich die Holzstücke auf den Rücken und schleppte sie in das Haus einer armen, kranken, alten Frau. Der Gegner schaute durch das Fenster, sah den Rabbi auf dem Boden knien und den Ofen anzünden. Als die Leute später den Gegner fragten, was es denn nun auf sich habe mit der täglichen Himmelfahrt des Rabbi, sagte er: ‚Er steigt noch höher als bis zum Himmel.'

Die Geschichte will sagen, dass der Himmel nicht ein Ort ist, der irgendwo über der Erde im Weltall zu finden ist.
Der Himmel ist nicht unendlich weit weg von uns.
Der Himmel ist vielmehr dort, wo Menschen einander helfen.
Der Rabbi hat durch sein Handeln und durch seine Hilfe den Himmel sozusagen *geerdet*.
Durch diese ganz konkrete Tat des Rabbis ist schon hier und jetzt der *Himmel auf Erden* angebrochen.

Fünfte Predigt: Pfingsten 1990
Die Engel fliegen in Spiralen, der Teufel nur geradeaus
Hildegard von Bingen

Eingangslied Kirchenchor: Komm, o Tröster, Heiliger Geist

Begrüßung mit Hildegard von Bingen
„Die Engel fliegen in Spiralen, der Teufel nur geradeaus."
Mit diesem Satz der Klosterfrau Hildegard von Bingen begrüße ich Sie alle, liebe Gottesdienstbesucher und Gottesdienstbesucherinnen, ganz herzlich zum heutigen Pfingstgottesdienst.
Wort und Musik sollen im heutigen Gottesdienst diesen geheimnisvollen Satz von Hildegard von Bingen für uns hörbar und verständlich machen.
Der Kirchenchor Spiez wird diesen Gottesdienst mit seinen Liedern mitgestalten.

Lied 184, 1–3
Komm, o komm, du Geist des Lebens
[altes Gesangbuch der Evangelisch-reformierten Kirchen der Deutschsprachigen Schweiz]

Text
Apg 2,1–11
Als Textlesung lese ich Ihnen den bekannten Bericht aus der Apostelgeschichte, in welcher die Sprache, das gegenseitige Verstehen, das Staunen darüber eine wichtige Rolle spielen:
1   Als der Pfingsttag gekommen war, befanden sich alle am gleichen Ort.
2   Da kam plötzlich vom Himmel her ein Brausen, wie wenn ein heftiger Sturm daher fährt, und erfüllte das ganze Haus, in dem sie waren.
3   Und es erschienen ihnen Zungen wie von Feuer, die sich verteilten; auf jeden von ihnen ließ sich eine nieder.

4   Alle wurden mit dem Heiligen Geist erfüllt und begannen, in fremden Sprachen zu reden, wie es der Geist ihnen eingab.
5   In Jerusalem aber wohnten Juden, fromme Männer aus allen Völkern unter dem Himmel.
6   Als sich das Getöse erhob, strömte die Menge zusammen und war ganz bestürzt; denn jeder hörte sie in seiner Sprache reden.
7   Sie gerieten außer sich vor Staunen und sagten: Sind das nicht alles Galiläer, die hier reden?
8   Wieso kann sie jeder von uns in seiner Muttersprache hören:
9   Parther, Meder und Elamiter, Bewohner von Mesopotamien, Judäa und Kappadozien, von Pontus und der Provinz Asien,
10 von Phrygien und Pamphylien, von Ägypten und dem Gebiet Libyens nach Zyrene hin, auch die Römer, die sich hier aufhalten,
11 Juden und Proselyten, Kreter und Araber, wir hören sie in unseren Sprachen Gottes große Taten verkünden.

Diese Geschichte aus der Apostelgeschichte handelt vom Kommen des Geistes am Pfingsttag. Es ist eine Geschichte, in welcher Grenzen überwunden werden. In der Apostelgeschichte sind es die Grenzen der Sprache, die Menschen verstehen sich in ihrer je eigenen Sprache. Menschen, die durch ihre Sprache, Kultur getrennt waren, verstehen sich plötzlich. Das ist das Geheimnis des Heiligen Geistes, dass Grenzen überwunden werden und Menschen sich verstehen, die vorher sich vielleicht mit Unverständnis, Abwehr oder sogar Hass begegnet sind. Dort, wo sich Menschen ohne Grenzen und Abgrenzungen begegnen, dort wirkt der Heilige Geist.

Gebet
Ich glaube an den Heiligen Geist:
Ich glaube, dass er meine Vorurteile abbauen kann, welche wie eine Mauer zwischen mir und meinem Mitmenschen stehen.
Ich glaube, dass er meine Gewohnheiten durchbricht, welche verhindern, dass ich Neues wage.

Ich glaube, dass er meine Gleichgültigkeit überwindet, so dass ich die Nöte der Menschen sehe und das Seufzen der Natur spüre.
Ich glaube, dass er mir Minderwertigkeitsgefühle nehmen kann, damit ich frei und beherzt leben kann.
Ich glaube, dass er mir Kraft im Leiden geben kann, damit ich hoffnungsvoll leben kann.
Ich glaube, dass er mir Offenheit und Phantasie zur Liebe schenkt, damit ich jene guten Werke ausführe, um deren Richtigkeit ich weiß.
Ich glaube an den Heiligen Geist. *Amen.*

Kirchenchor
Lied 179 „Komm, heiliger Geist ..."

Meditation
„Spirale" an sich
Liebe Gottesdienstgemeinde,
„Die Engel fliegen in Spiralen, der Teufel nur geradeaus." Was bedeutet dieser Satz von Hildegard von Bingen? Bevor ich diesen Satz interpretiere, ein paar Informationen zu Hildegard von Bingen.
Dieser Satz, den ich zum Thema des heutigen Gottesdienstes gemacht habe, steht nicht in der Bibel. Er wurde formuliert von Hildegard von Bingen, die von 1089 bis 1179 lebte und eine der großen Frauen des Mittelalters war. Sie war eine Naturforscherin, eine Ärztin und Heilerin, eine Komponistin, Theologin und Äbtissin eines Benediktinerinnenklosters am Rhein.
Sie wurde 1098 als Hildegard – von Bermersheim bei Alzey – in Rheinhessen geboren. Als zehntes Kind eines adelsfreien Geschlechts wird sie im Alter von acht Jahren für das klösterliche Leben bestimmt und in die Frauenklause des Benediktinerklosters auf dem Disibodenberg gegeben. Das Einüben des Psalmgesangs, das Abschreiben von biblischen Handschriften und das Herstellen von liturgischen Gewändern und Tüchern gehören zu den Tätigkeiten der jungen Nonnen.
Sie schreibt im Jahre 1141:

„Im Jahre 1141 der Menschwerdung Jesu Christi, als ich zweiundvierzig Jahre und sieben Monate alt war, kam ein feuriges Licht mit Blitzesleuchten vom Himmel hernieder. Es durchströmte mein Gehirn und durchglühte meine Brust ... Es erschloß sich mir plötzlich der Sinn der Schriften, des Psalters, des Evangeliums ... Die Kraft und das Mysterium (= Geheimnis) wunderbarer Gesichter erfuhr ich geheimnisvoll in meinem Kindesalter, das heißt seit meinem fünften Lebensjahr, so wie auch heute noch."[185]

Fünf Jahre lang hat sie um ein eigenständiges Frauenkloster gekämpft, von 1147 bis 1152 dauerte der Streit um die Loslösung von dem männlichen Benediktinerkloster und die Gründung eines Frauenklosters auf dem Rupertsberg. Diese Loslösung ist eine konfliktreiche und wie wir heute sagen würden, eine emanzipatorische Auseinandersetzung zwischen Hildegard und ihren Frauen auf der einen Seite und den männlichen Verantwortlichen in Kloster und Kirche auf der anderen Seite. Hildegard sieht in einer Vision den Ort des neuen Klosters. Sie verheimlicht diese Vision zunächst und erkrankt schwer. Sie verliert für einige Zeit ihr Augenlicht, bis sie ihre Vision bekanntgibt. Der Abt und einige Mönche des Klosters setzten ihrer Vorstellung heftigen Widerstand entgegen und es ist der folgende Satz der Verantwortlichen überliefert: „Was soll es bedeuten, dass dieser törichten und ungelehrten Frau solche Geheimnisse offenbart werden, da es doch viele starke und weise Männer gibt? Als muss es vereitelt werden."

Hildegard von Bingen wurde jedoch erst wieder vollständig gesund, nachdem ihr die Loslösung des Frauenkonvents zugesagt worden ist. 1151 übersiedelte sie mit 18 Nonnen in das von ihr gebaute Kloster Rupertsberg bei Bingen.

So weit ein paar Gedanken zur Biographie einer Frau, die sich aus der Enge gelöst hat, sich vom Geist Gottes ins Weite hat führen lassen: Sie schreibt sinngemäß: „Der Geist des Menschen trinkt den heiligen Geist, er führt den Menschen aus der Enge des isolierten Ichs in die Weite, er

---

185   Sölle, Dorothee (Hrsg.): O Grün des Fingers Gottes. Die Meditationen der Hildegard von Bingen, Wuppertal 1989.

führt aus der Dürre in die grünende Kraft." Die Stimme der Hildegard von Bingen kommt zu uns aus einer geschichtlichen Ferne. Ihre Stimme kommt zu uns in dem von ihr aufgeschriebenen Satz: „Die Engel fliegen in Spiralen, der Teufel nur geradeaus." Wort und Musik sollen im heutigen Gottesdienst diese Stimme der Hildegard von Bingen für uns hörbar und verständlich machen, insbesondere diesen geheimnisvollen Satz: „Die Engel fliegen in Spiralen, der Teufel nur geradeaus."

Was meint dieser Satz? Ich habe mir zunächst ein paar Gedanken über die Spirale gemacht, denn darin scheint ja der Unterschied zu liegen. Die Spiralen, das gehört in den Bereich der Engel, also des Guten. Die gerade Linie dagegen wird in Beziehung gebracht zum Teuflischen. Was steckt also hinter dieser Zuordnung, die wir auf den ersten Blick so nicht verstehen?

„Das Leben ist eine Spirale", sagte Teilhard de Chardin. Wenn Sie mit mir in Gedanken eine Spirale zeichnen: Wie zeichnen Sie eine solche oder wo beginnen Sie?

Innen in der Mitte oder außen an der Peripherie? Führt Ihre Spirale Sie im Uhrzeigersinn, rechtsherum oder linksherum?

Es ist möglich, die Spirale verschieden zu zeichnen – und jeder Verlauf hat seine Bedeutung, auch wenn das sichtbare Resultat immer eine Spirale ist:

Einrollen, von außen nach innen, steht für „Hinreise in die innere Welt". Als Mensch bin ich vielen Einflüssen ausgesetzt, die von außen auf mich eindringen, die ich aufnehme, gegen die ich mich wehre. Manchmal brauche ich eine Hinreise in die innere Welt. Vielleicht werde ich in einer solchen Situation meine Spirale von außen nach innen zeichnen. Und vielleicht tut es mir gut, wenn ich in einer Situation, wo ich vielen Einflüssen ausgesetzt bin, einen Stift in die Hand nehme und eine Spirale von außen nach innen zeichne – ganz bewusst: von außen nach innen.

Ausrollen bedeutet dagegen Entwicklung, Entfaltung neuer Kräfte, aus mir herausgehen, Entdeckung neuer Räume und Möglichkeiten, die Überschreitung von Grenzen, die ‚Zuwendung zur Außenwelt, Beziehung, Offenheit, Zuwendung'.

Dies kann in einer Situation geschehen, in der es mich nach außen drängt, in der ich mich mitteilen muss, in der es wichtig ist, dass ich mich zu Wort melde. Hier kann es hilfreich sein, dass ich wieder einen Stift in die Hand nehme und eine Spirale von innen nach außen zeichne – ganz bewusst: von innen nach außen.

Menschliches Leben besteht aus der einrollenden wie der ausrollenden Spirale. Einmal gehen wir von außen nach innen, kommen zu einem Mittelpunkt, kommen zu uns selbst, kommen zum Stillstand, zur inneren Ruhe und Besinnung. Von dort aus, von unserer Mitte, öffnen wir uns der Welt, werden offen für andere, auch verletzlich. Beides im Wechsel, das Einrollen wie das Ausrollen, macht – wie das Einatmen und das Ausatmen – den Rhythmus des Lebens aus. Das Bild der Spirale ist ein Bild unseres Lebens. Das Ursprungsland des europäischen Christentums, Irland, ist reich an solchen spiralförmigen Symboldarstellungen. Die Spirale weist in ihrem Mittelpunkt auch hin auf den Tod und Wiedereintritt in den Schoß der Erde, der notwendig ist, bevor der Geist wiedergeboren werden kann.
Fahren Sie nochmals mit der Hand das Spiralenbild nach: Bei der Doppelspirale beginnend bei der linken von innen nach außen und dann von außen nach innen: Das Leben ist eine Spirale ...

Kirchenchor
Komm, Heiliger Geist, du Tröster

Meditation
Die Spirale oder das Humane
Die Engel fliegen in Spiralen, der Teufel nur geradeaus. Die Spirale, das Lebenserhaltende, die gerade Linie, das Teuflische und Böse. Wie kommt Hildegard von Bingen zu diesem Satz?
Lange Jahrzehnte des Fortschrittdenkens haben uns in dem Glauben gewiegt, dass ein geradliniges Vorwärtsschreiten die Garantie für Lebensqualität sei. Jetzt sind die Probleme unübersehbar geworden und wir fragen: „Wohin führt der geradlinige Fortschritt?" Wir fragen:

„Geht es uns geradlinig wirklich besser?" Wir sehen ein, dass das Weltbild der vorwärtsstürmenden Gerade vorbei ist. Die Gerade geht ins Unendliche, ohne Grenzen, ohne Phantasie. Zeichnen Sie einmal eine Gerade, sie hat eigentlich weder einen Anfang noch ein Ende. In beiden Richtungen ist sie unendlich, maßlos, schlussendlich ziellos.

Ich frage mich: Hat bereits Hildegard von Bingen die Gottlosigkeit eines geradlinigen Denkens gesehen, als sie angeregt durch eine Engelsvision, um 1150, diesen Satz schrieb: Die Engel fliegen in Spiralen, der Teufel nur geradeaus?

Das Gute, Menschliche, Lebensförderliche fliegt in Spiralen, das Teuflische, Böse, Lebenszerstörerische in Geraden. Die Wahrheit dieses Satzes können wir erkennen:

Wenn wir uns in Spiralen fortbewegen, dann bewegen wir uns nicht einfach vorwärts, weg von unserer Vergangenheit. Vielmehr kreisen wir eben spiralförmig um uns herum, um das, was unser Mittelpunkt ist. Die Gerade kennt dagegen keinen Mittelpunkt, auf den wir uns zurückziehen können, im Gegenteil. Auf der Geraden entfernen wir uns von uns. Bei der Spirale dagegen geht der Mittelpunkt nie verloren, immer bleibt er uns vor Augen. Dieser Mittelpunkt kann die natürliche Umwelt sein, kann ich mit meinen Wünschen und Hoffnungen sein oder der Mittelpunkt der Spirale kann Jesus sein. Ein Bild eines italienischen Malers aus dem 15. Jahrhundert zeigt zum Beispiel Jesus als Mittelpunkt einer Spirale. Spirale bedeutet deshalb nicht von ungefähr nicht nur „sich winden", vielmehr gehört zum Wortstamm „Spirale" auch das Wort Spiritus. Zur Spirale gehört das Spirituelle, das Geistige und Geistliche.

Die Spirale dreht sich immer um ihren Mittelpunkt, sie ist immer mit ihrem Mittelpunkt verbunden. Dieser Mittelpunkt geht niemals verloren.

Es ist schon ein bedeutender Unterschied, wenn ich eine Strecke geradlinig zurücklege, gerade von einem Punkt zum andern. Geradlinig heißt auch möglichst schnell. Die Zugstrecke zwischen den Hauptverkehrsorten ist zum Beispiel eine solche geradlinige Strecke. Hier geht es um Sekunden, um das Zeitsparen. Umwege sind geradezu verboten. Um wie viel geheimnisvoller ist die Lötschbergzuglinie nach Kandersteg hoch (Berner Oberland), welche fast spiralförmig an Höhe gewinnt. Eine geradlinige Streckenführung nach Kandersteg hoch ist nicht möglich. Es müssen spiralförmige Schleifen mit Kehrtunneln gefahren werden. Als ich 1968 zum ersten Male diese Strecke fuhr, war ich begeistert wie verwirrt. Einmal sieht man das Tal von dieser Seite, dann von der anderen Seite. Es entsteht eine Vielfalt, unterschiedliche Blickwinkel werden möglich.

Die Gerade ist also eine zeitsparende Sache, ohne Umwege, es geht immer nur geradeaus. Die Orientierung heißt: immer nur geradeaus. Die Spirale dagegen bedeutet ein Hin und Her, ein Vorbeikommen am Mittelpunkt. Die Spirale ist eine zeitaufwendige Figur. Wenn Sie mit dem Finger eine gerade Linie zeigen, dann geht dies sehr schnell. Eine Spirale dagegen braucht ihre Zeit. Hat nicht auch in diesem Punkt der Satz von Hildegard von Bingen seine tiefe Bedeutung? Zeitsparen ist das große Motto der heutigen Zeit. Das geschieht am besten, wenn wir uns geradlinig verhalten, möglichst auf dem direkten Weg ein Ziel angehen, ohne Umwege. Ist ein solches Zeitsparen nicht, jetzt nehme ich die Worte der Hildegard von Bingen auf, teuflisch geradlinig, weil es auf Kosten unseres Lebens geht?

Bei der spiralförmigen Bewegung umkreise ich dagegen meinen Mittelpunkt in wachsenden Ringen, wie es Rainer Maria Rilke in seinem Gedicht geschrieben hat:[186]

> Ich lebe mein Leben in wachsenden Ringen,
> die sich über die Dinge ziehn.
> Ich werde den letzten vielleicht nicht vollbringen,
> aber versuchen will ich ihn.
>
> Ich kreise um Gott, um den uralten Turm,
> und ich kreise jahrtausendlang;
> und ich weiß noch nicht:
> bin ich ein Falke, ein Sturm oder ein großer Gesang.

---

186 Rainer Maria Rilke (1875–1926) wurde auf dem Friedhof der Burgkirche Raron unweit der Lötschbergbahnlinie mit Blick auf das Rhonetal begraben.

In der Bewegung in Spiralen beschreite ich einen Raum, die Spirale ist selbst Raum und Zeit zugleich. Die Spirale bildet eine Fläche und zugleich eine Höhe, wenn ich an eine Wendeltreppe denke. Das Geradlinige gehört nur der Geometrie, das Spiralförmige gehört der Natur und dem Leben an.[187]
Die einfältigen Gerade besitzt keine Phantasie, stellt keine Fragen nach dem Sinn des Lebens, hat keinen Mittelpunkt. Deshalb fliegt der Teufel, das lebenszerstörende Element, nur geradeaus. Die Spirale dagegen regt mit ihrer Vielfalt unsere Phantasie an:
Wo habe ich meinen Mittelpunkt und wie umkreise ich ihn?
Wie denke ich über Wachsen, Werden und Vergehen?
Wann zeichne ich meine Lebensspirale von innen nach außen?
Wann zeichne ich meine Lebensspirale von außen nach innen?
Die Spirale, wenn ich sie betrachte, regt sie meine Phantasie an, sie lässt mich Fragen nach dem Sinn meines Lebens stellen. Die Spirale, sie erinnert mich auch wieder an das Bild aus dem 15. Jahrhundert, auf dem Jesus als der Mittelpunkt eines Spiralenweges abgebildet ist.

Das folgende Musik-Stück „Fantasie" von J.S. Bach, das Urs Schweizer uns in den folgenden acht Minuten spielen wird, ist ein Stück voller Spiralen. Die Töne kreisen um einen Mittelpunkt, oftmals schnell, dann wieder weit in den Raum und die Zeit ausgreifend. Vielleicht sehen wir, wenn wir dieses Stück von Bach hören, die Engel in Spiralen fliegen und sehen unser Leben selbst als Spirale. *Amen.*

Musikstück von J. S. Bach „Fantasie"
Mahl
Wir feiern heute zusammen das Mahl, so wie das Jesus mit seinen Jüngern und Jüngerinnen getan hat und wie wir es in der Kirche seit 2000 Jahren immer wieder tun. Alle sind zu diesem Mahl eingeladen, es gibt für das Mahl keine Bedingungen. Diejenigen, die nicht am Mahl

---

187 Hesse, Hermann; s. Schellenberger, Bernhard: Treppen. Stufen des Lebens. Würzburg 1989, S. 29.

teilnehmen möchten, mögen entweder an ihren Plätzen bleiben. Sie können uns aber auch während des Liedes 184, das wir nach dem Unser Vater ebenfalls stehend singen, verlassen. Ich möchte Sie bitten, zum Unser Vater, das wir gemeinsam beten, aufzustehen.

Unser Vater und Lied 184, 1, 4–6
Komm, o komm du Geist des Lebens [zum Verlassen]

Einleitungsworte zum Mahl Pfingsten

Als Einleitung in das Mahl werde ich den Text Apostelgeschichte 2,42–47 vorlesen, ein Text, der uns über die Gemeinschaft der Urchristen berichtet. Es war kein geradliniges Leben, es war ein Leben in Solidarität:

42 *Sie hielten an der Lehre der Apostel fest und an der Gemeinschaft, am Brechen des Brotes und an den Gebeten.*
43 *Alle wurden von Furcht ergriffen; denn durch die Apostel geschahen viele Wunder und Zeichen.*
44 *Und alle, die gläubig geworden waren, bildeten eine Gemeinschaft und hatten alles gemeinsam.*
45 *Sie verkauften Hab und Gut und gaben davon allen, jedem so viel, wie er nötig hatte.*
46 *Tag für Tag verharrten sie einmütig im Tempel, brachen in ihren Häusern das Brot und hielten miteinander Mahl in Freude und Einfalt des Herzens.*
47 *Sie lobten Gott und waren beim ganzen Volk beliebt. Und der Herr fügte täglich ihrer Gemeinschaft die hinzu, die gerettet werden sollten.*

Seit Pfingsten leben die Jünger in einer Arbeits- und Lebensgemeinschaft des Gebets und der gemeinsamen Güter. Wenn wir heute am Pfingstfest das Abendmahl feiern, dann erinnern wir uns an das Gemeinschaftsleben der ersten Christen, ein Leben, das uns als Vorbild vor Augen steht.

Gaben betrachten und Gabengebet

Der Tisch ist gedeckt. Brot und Wein sind die Gaben des Lebens, sie schaffen und erhalten Leben:

Das Brot *(hochheben)* ist für alle da. Das Brot ist das Zeichen des Lebens. Wer das Brot bricht, der denkt an die Sorgen und Nöte seines Mitmenschen. Es sind Hände der Menschlichkeit.

Austeilen an Kelchhalter/-in

Der Saft der Trauben *(hochheben)* ist für alle da. Er ist das Zeichen des Lebens. Wir erinnern uns an eine Gemeinschaft, in welcher Güter und Habe gemeinsam waren, und wünschen uns eine solche Gemeinschaft, in welcher Gerechtigkeit und Frieden herrscht.

Austeilen an Kelchhalter/-in

Gabengebet

Herr[188], den wir Christus nennen, wir danken dir.

Du schenkst uns das Brot, die Frucht der Erde und der menschlichen Arbeit.

Lass dieses Brot uns zum Brot des Lebens werden.

Herr, wir danken dir.

Du schenkst uns die Frucht des Weinstockes, das Zeichen der Gemeinschaft. Lass den Kelch für uns zum Kelch der Liebe und Gerechtigkeit werden.

Wie aus den Körnern das Brot, aus den Trauben der Wein geworden ist, so werden wir in der Gemeinschaft von Liebe, Menschlichkeit und Gerechtigkeit zu glücklichen und zufriedenen Menschen. *Amen.*

Einladung und Austeilen: Trompete von Christoph Schweizer

Schluss

Wo Brot und Wein gereicht und verteilt werden, wo das Brot gemeinsam gegessen und der Wein gemeinsam getrunken wird, da entsteht eine Gemeinschaft der Liebe, Geborgenheit und Befreiung und Freude.

---

188 Hier hat mich die pietistische Vergangenheit eingeholt. Der schwäbische Pietismus, so wie ich ihn erlebt habe, war stark christuszentriert. Somit zugleich a-theistisch!

Wir wissen aber auch, dass eine solche Gemeinschaft nicht einfach automatisch entsteht. Doch unsere Sehnsüchte, Wünsche und Hoffnungen beziehen sich auf eine solche Gemeinschaft.
All diese Wünsche können wir im Schlusslied „Ach bleibt mit deiner Gnade" zum Ausdruck bringen. Wir singen zuerst vom Lied 208, 1–3 und bitten anschließend um den Segen des Herrn. Ich möchte Sie bitten, zu beidem aufzustehen.

Segenslied 208, 1–3
Ach bleib mit deiner Gnade und Segen

Segen und Ausgangsspiel
Gott, Kraft des Lebens
Diese Kraft begleite uns auf unserem Leben, wenn es geradeaus geht.
Diese Kraft gebe uns Mut, wenn das Leben sich in Spiralen fortbewegt.
Diese Kraft gebe uns Vertrauen, wenn ich erfahre:
Ich lebe mein Leben in wachsenden Ringen, die sich über die Dinge ziehn.
Gott, Kraft des Lebens. *Amen.*

Sechste „Predigt" oder das „10 vor 10" in der Dorfkirche Spiez vom 17. bis 19. September 2013:
Übergänge

Im Jahre 2002 war ich im Rahmen meines Studienurlaubes mehrere Monate – Juni bis August – bei den Lakota-Indianern (Lakota Native Americans) in South Dakota, wo ich deren spezielle Spiritualität erfahren habe. Aus dieser Erfahrung indianischer Spiritualität ist das „10 vor 10" entstanden, das wir – Pia Hutzli, Querflöte, Spiez, und ich, Helmut Kaiser – seit Februar 2003 zusammen durchführen. Weil wir wegen der Renovierung der Kirche eine Unterbrechung hatten, ist es in diesem Jahr das zehnte und letzte Mal! Ein wichtiger Hinweis: Für das „10 vor 10" war die Flötenmusik ein wichtiger Bestandteil. Dieser fehlt in diesem Text und somit fehlt ein zentrales Element.

Für das „10 vor 10" in der Reformierten Dorfkirche Spiez wurde die Beleuchtung in der Kirche schon lange programmiert:

Abb. 7: Beleuchtung programmiert

Erster Abend
10 vor 10 am Dienstag, 17.9.2013
Übergang vom Tag in die Nacht mit dem Symbol der UHR

Musik: Querflöte Pia Hutzli

Begrüßung
Es ist 10 vor 10. Eine Zeit, in der für viele die ganze Welt in das Wohnzimmer kommt. Es wird uns bewusst, was alles in dieser Welt passiert. Das „10 vor 10" im Fernsehen ist für mich oft eine Zäsur des Tages. Noch einmal wird um diese Zeit deutlich, dass alles seine Zeit hat. Die Welt ist klein geworden und schrumpft mit ihren Widersprüchen auf 40 Zoll oder etwas mehr zusammen. Und es ist sehr viel, was an Ereignissen uns vorgeführt wird.

Abb. 8: Die Zeit auf den Kopf stellen

Angekündigt haben wir die drei Abende wie schon seit Jahren mit: „Die Zeit auf den Kopf stellen – Bild Zifferblatt Reformierte Dorfkirche Spiez –, die Seele baumeln lassen, sich aus dem Fluss der Zeit herausnehmen … Wie ist das möglich?"

Es ist der erste Abend in diesem Jahr, dass wir zusammen sind. Es erwartet Sie wie beim letztjährigen „10 vor 10" zur ziemlich gleichen Jahreszeit: Musik, Querflöte Pia Hutzli, Texte und ein paar Gedanken von mir, Helmut Kaiser. Wir begrüßen Euch!

Das Thema der drei Abende in diesem Jahr heißt *Übergänge*. Es sind drei Übergänge, die unser Leben auf eine besondere Weise bestimmen. Es ist der Übergang vom Tag in die Nacht. Es ist der Übergang der Jahreszeiten und es sind die Übergänge in der Lebensgeschichte. Das Wesentliche an diesen Übergängen ist, dass sie zum Leben gehören, dass wir Menschen in diese hineingestellt sind. Solche natürlichen Übergänge schaffen Ordnung und Vertrauen, sie sind verlässlich. Wir können uns darauf verlassen, dass nach dem Tag die Nacht folgt, nach dem Sommer der Herbst, nach der Jugend das Mittelalter, das Alter und dann der Tod. Übergänge bedeuten immer auch Neues und Unsicherheiten, ein Wagnis.

Ich habe von Übergängen gesprochen. Dieses Wort ist jedoch nicht ganz korrekt. Es sind immer wiederkehrende *Kreisläufe*. Wohl gibt es einen Übergang vom Tag in die Nacht. Doch dies ist kein lineares Geschehen. Nach der Nacht folgt wieder der Tag und dem neuen Tag folgt die Nacht. Ebenso geht es mit den Jahreszeiten. Auch diese geschehen in einem immerwährenden Kreislauf. Und wie sieht es mit dem Übergang in der Lebensgeschichte aus, bei der der Übergang von Leben und Tod ein höchst existentieller ist?

Wenn ich heute neben dem Gedanken des Übergangs den des Kreislaufes betone, dann muss ich kurz die *Entstehungsgeschichte* des „10 vor 10" erwähnen. Im Jahre 2002 war ich im Rahmen meines Studienurlaubes mehrere Monate bei den Lakota-Indianern in South Dakota, wo ich deren spezielle Spiritualität erfahren habe. Aus dieser Erfahrung indianischer Spiritualität ist das „10 vor 10" entstanden, das wir seit Februar 2003 zusammen durchführen.

Es gibt ein zentrales Symbol bei den Lakota-Indianern, welches diese Übergänge im Sinne von Kreisläufen darstellt: das sogenannte *Medizinrad*.

Abb. 9: Das Medizinrad

Das Gelb kann bedeuten: Morgen, Jugend, Frühling, Osten. Das Rot: Mittag, Erwachsensein, Sommer, Süden. Das Schwarz: Abend, der älter werdende Mensch, Herbst, Westen. Das Weiß: Nacht, Tod, Winter, Norden. Am heutigen Abend wird der Übergang vom Tag in die Nacht im Mittelpunkt stehen. Wir haben ihn bereits erfahren. Sie sind bereits durch die Nacht hierhergekommen und haben den Tag hinter sich gelassen.

Stille und Musik

Gedanken

Tag für Tag erleben wir den Rhythmus von Tag und Nacht. Die aufgehende Sonne lässt den Tag entstehen, die untergehende Sonne führt uns in die Nacht hinein. Bei uns ein Übergang, der gleitend ist. Die Dämmerung bereitet uns auf die Nacht vor.

Die Jahreszeit bestimmt die Länge des Tages und die Dauer der Nacht. Immer aber sind wir hineingestellt in diesen kosmischen Zyklus von Morgen, Mittag, Nachmittag, Abend und Nacht. Es war ein Morgen der Sonne. Wenn wir am *Morgen* aufstehen, taucht die Welt, die Landschaft aus der Nacht auf. Die Konturen werden schärfer und klarer. Das Niederhorn zeigt seine Konturen. Das Leben erwacht, manchmal schneller, manchmal gemächlicher. Nicht alle von uns stehen gleich gut auf. Die einen haben Mühe, andere freuen sich auf das erste Tageslicht. Doch jeder Morgen ist das Zeichen eines neuen Lebens, das Zeichen eines neuen Beginns. Und jeder Morgen verweist geheimnisvoll auf die Schöpfung der Welt, als gesagt wurde: Es werde Licht. Jeder Morgen trägt so die Ahnung des Schöpfungsmorgens in sich.[189]

Der *Mittag* markiert die Mitte des Tages. Wir brauchen eine Pause in der Zeit des Tages. Es gibt das Mittagessen. Die Sonne steht im Süden. Wir können mit unserer Uhr den Süden anzeigen. Der Mittag gibt Orientierung und bietet ein Innehalten.

Der *Nachmittag* ist wie eine Übergangszeit des Tages. Wir merken, dass wir bereits einige Stunden unterwegs waren, ich blicke auf gewisse Arbeiten und Tätigkeiten zurück, ich muss mich je nachdem beeilen, weil mein Zettel mich erinnert, was ich noch unbedingt erledigen muss. Die Spuren des tätigen Lebens sind sichtbar und spürbar.

Jetzt ist die *Nacht* gekommen. Wir schauen auf die Uhr und schauen auf den Tag zurück. Der Tag hat mich müde gemacht, der Tag hat mich zufrieden gemacht, der Tag hat mich Schwieriges erfahren lassen. Ich erkenne, was erledigt ist, ich erkenne das Versäumte. Ich kann den Tag verlassen.

---

189 Schmied, Wieland / Friedrich, Caspar David: Zyklus, Zeit, Ewigkeit, München 1999, S. 26.

Wie gehe ich in diesen Übergang vom Tag in die Nacht? Es gibt ein eindrückliches Gedicht aus der Romantik von *Joseph von Eichendorff* (1788–1857), der dieses Hineingehen in die Nacht so beschreibt:

Imagination durch Gedicht „Der Einsiedler"

Komm, Trost der Welt, du stille Nacht!
Wie steigst du von den Bergen sacht,
Die Lüfte alle schlafen,
Ein Schiffer nur noch, wandermüd',
Singt übers Meer sein Abendlied
Zu Gottes Lob im Hafen.

Die Jahre wie die Wolken gehn
Und lassen mich hier einsam stehn,
Die Welt hat mich vergessen,
Da tratst du wunderbar zu mir,
Wenn ich beim Waldesrauschen hier
Gedankenvoll gesessen.

O Trost der Welt, du stille Nacht!
Der Tag hat mich so müd' gemacht,
Das weite Meer schon dunkelt,
Laß ausruhn mich von Lust und Not,
Bis dass das ew'ge Morgenrot
Den stillen Wald durchfunkelt.

Die Nacht mit ihrer Ruhe befreit mich aus aller Hektik. Die Nacht mit ihrer Stille wird zum Trost der Welt. Wir bitten: *Komm, Trost der Welt, du stille Nacht!*

Musik

Rückführung und Verabschiedung

Jeden Tag erleben wir den Übergang vom Tag in die Nacht. Je nach Jahreszeit früher oder später. Der Übergang der Jahreszeiten bestimmt den Übergang vom Tag in die Nacht.

Wir nennen diesen Übergang auch *Feier-Abend*. Ist das nicht ein ganz besonderes Wort? Was feiern wir beim Feierabend? Wir feiern, wir freuen uns, wir erfahren:

Der Abend führt mich in die Nacht hinein. Sachte ist die Nacht zu mir gekommen. Die Dämmerung hat mich aus dem Fluss der Tages-Zeit herausgenommen.

Ich darf die Müdigkeit zulassen und kann mich ausruhen von meinem Wirken und Tätigsein. Die Nacht legitimiert zum Nichtstun!

Jetzt, um 10 nach 10, hat die Nacht mich vollständig umfasst.

Die Nacht macht die Welt dunkel und finster.

Die Nacht macht unsere Welt ruhig und stille.

Die Nacht kann ruhen lassen und unsicher werden lassen.

Die Nacht kann traurig werden lassen, wenn ich alleine bin. Sie kann Angst machen.

Die Nacht in ihrer Ruhe und Stille wird zum Trost der Welt.

Musik

Zweiter Abend
10 vor 10 am Mittwoch, 18.9.2013
Übergang der Jahreszeiten mit dem Symbol der SONNENBLUME

Musik: Querflöte Pia Hutzli

Begrüßung
Es ist wieder 10 vor 10. Im normalen „10 vor 10" sehen wir die bekannten *Nachrichtensprecherinnen Daniela Lager, Christine Meyer und Stefan Klapproth*. Die ganze globalisierte Welt wird auf wenige Zoll auf dem Bildschirm zusammengefasst. Die Welt ist klein geworden. Welche Ereignisse werden heute Abend vorkommen? Jeden Tag gibt es wieder neue Geschehnisse, die uns sagen lassen: Alles hat seine Zeit. Für mich ist das „10 vor 10" eine *Zäsur* im Tag, ein gewisser Übergang. Jetzt sind wir aber nicht in diesem TV-„10 vor 10", sondern in einem „echten". Angekündigt haben wir die drei Abende wie schon seit Jahren mit: „Die Zeit auf den Kopf stellen, die Seele baumeln lassen, sich aus dem Fluss der Zeit herausnehmen ... " – Das ist ganz einfach möglich, weil Sie hierher in unsere Dorfkirche gekommen sind.
Es ist der zweite Abend in diesem Jahr, dass wir zusammen sind. Es erwartet Sie wie beim letzten Mal zur ziemlich gleichen Jahreszeit: Musik, Querflöte *Pia Hutzli*, Texte und ein paar Gedanken von mir, *Helmut Kaiser*. Wir begrüßen Euch.
Das Thema der drei Abende in diesem Jahr heißt *Übergänge*. Es sind drei Übergänge, die unser Leben auf eine besondere Weise bestimmen. Es ist der Übergang vom Tag in die Nacht. Es ist der Übergang der Jahreszeiten und es sind die Übergänge in der Lebensgeschichte. Das Wesentliche an diesen Übergängen ist, dass sie zum Leben gehören, dass wir Menschen in diese hineingestellt sind. Solche natürlichen Übergänge schaffen Ordnung und Vertrauen, sie sind verlässlich. Wir können uns darauf verlassen, dass nach dem Tag die Nacht folgt, nach dem Sommer der Herbst, nach der Jugend das Mittelalter, das Alter und dann der Tod. *Für all diejenigen, die heute zum ersten Mal hier sind:* Ich

habe von Übergängen gesprochen. Dieses Wort ist jedoch nicht ganz korrekt. Es sind immer wiederkehrende *Kreisläufe*. Wohl gibt es einen Übergang vom Tag in die Nacht. Doch dies ist kein lineares Geschehen. Nach der Nacht folgt wieder der Tag und dem neuen Tag folgt die Nacht. Ebenso geht es mit den Jahreszeiten. Auch diese geschehen in einem immerwährenden Kreislauf. Und wie sieht es mit dem Übergang in der Lebensgeschichte aus, bei der der Übergang von Leben und Tod ein höchst existentieller ist?

Abb. 10: Sonnenblume und Uhr

Wenn ich heute neben dem Gedanken des *Übergangs den des Kreislaufes betone*, dann muss ich kurz die Entstehungsgeschichte des „10 vor 10" erwähnen. Im Jahre 2002 war ich im Rahmen meines Studienurlaubes mehrere Monate bei den Lakota-Indianern in South Dakota, wo ich deren spezielle Spiritualität erfahren habe. Aus dieser Erfahrung indianischer Spiritualität ist das „10 vor 10" entstanden, das wir seit Februar 2003 zusammen durchführen.

Gestern stand der Übergang vom Tag in die Nacht im Mittelpunkt. Am heutigen Abend wird der Übergang der Jahreszeiten im Mittelpunkt stehen. Wir haben diese bereits erlebt. Immer dann, wenn wir Meteo hören und dann die Schneefallgrenze erwähnt wird: zwischen 2 200 und 1 700 Metern.

Musik und Stille

Gedanken
Wir sind eingebunden in die Zeiten des Jahres. Gerade in unseren *Breitengraden* erfahren wir die Jahreszeiten auf eine besonders intensive Art und Weise. Es gibt Gegenden fast ohne Jahreszeiten. Wenn in *Kalifornien an Weihnachten Zitronen* geerntet werden können, dann gibt es keine Jahreszeiten, die wir erfahren.
In diesem Jahr wagten wir kaum noch auf den Sommer zu hoffen, doch er kam mit hohen Temperaturen doch noch und noch vor rund zehn Tagen war ein Bad in der Aare – so Pia Hutzli nahe ihres Arbeitsplatzes – möglich. Jetzt stehen wir im Übergang vom Sommer in den Herbst. Was ist das Besondere an diesem Übergang? Dazu lese ich einen Text der Philosophin und Diakonissin *Liese Hoefer*:

„*Sommer Fruchtbringen*"
Bis die Sonne den höchsten Stand erreicht,
entfaltet sich das Jahr im Überschwang,
als ob die Erde alle Kräfte ausströme
wie mit einem großen Ausatmen.
Am Tage der Sonnenwende,
wenn die Tage wieder kürzer werden
und die Höhe überschritten ist,
dann erst beginnt der Sommer, merkwürdig!
Was sagt uns das?
Was bringt der Sommer? Er bringt die Frucht.
In den Halmen bildet sich das reife Korn,
die Obstbäume zeigen den Behang des Jahres.

Aber wie gehört das zusammen, die Frucht des Jahres
und die kürzer werdenden Tage?
Die Erde scheint die Kräfte, die sie aussandte,
wieder einzuholen, zur Reife zu sammeln
wie in einem großen Einatmen,
damit unreife Frucht sich wandle zur Süße.
Was bringt der Sommer? Die Höhe des Lebens. Die Reife des Lebens. Erfüllung des Lebens.
Was bringen uns die Sommer?
Höhen menschlicher, beruflicher Erfüllung!
Aber jede Höhe ist Übergang. So wie auf den Sommer der Herbst folgt.
Wege führen hinab.
Wir erfahren ein Loslassen, wir erfahren Schmerzen und Grenzen.
Ein Übergang bedeutet immer ein Weitergehen. Welche neuen Wegstrecken erkennen wir im Übergang?[190]

Imagination
Der Sommer in seinem Übergang zum Herbst lässt erfahren:
Eingebunden im Rhythmus des Lebens: Frühling, Sommer, Herbst und Winter. Übergänge sind Veränderungen im Leben. Es gibt kein Besser oder Schlechter, es gibt nur ein Anders. Oder gibt es eine Vorliebe für eine bestimmte Jahreszeit?
Reife der Früchte. In den Halmen bildet sich das reife Korn, die Obstbäume zeigen den Behang des Jahres. Übergänge sind Reifungen des Lebens – die Erfüllungen des Lebens.
Die Jahreszeit des Sommers: Erfahrung, dass die Reife des Lebens, die Höhe des Lebens zugleich einen Übergang bedeutet. Ein Übergang bedeutet immer ein Weitergehen. Welche neuen Wegstrecken erkenne ich im Übergang?

Musik

---

190 Meist wörtlich Hoefer, Liese: Atmende Erde, Stuttgart 1989, S. 222.

Rückführung, Verabschiedung und Handlung

Die Jahreszeit des Frühlings, eine Zeit des Aufbrechens zu neuen Erfahrungen. Die ganze Natur öffnet sich. So sind auch wir in der Jahreszeit des Frühlings herausgefordert, dass wir uns öffnen all dem, was die Zukunft uns bringt. Jetzt stehen wir in Zeit des Übergangs vom Sommer in den Herbst. Der Winter lässt sich erst erahnen. Stichworte dazu:

Reifen
In der jetzigen Zeit kommt die Natur zur Reife. Die Früchte reifen, die Äpfel, die Trauben, die Birnen sind zur Reife gekommen. Eine Reife der Früchte, eine Reife des Lebens. Der jetzige Übergang: eine Zeit des Reifens.

Genießen und wohlfühlen
Ja, in dieser Zeit des Übergangs ist uns die Sonne nicht mehr zu heiß. Wir können die Strahlen der Sonne genießen. Wir können die Wärme der Sonne tief einatmen. Wir sammeln die Kräfte im Inneren, wir richten uns aus nach den Strahlen der Sonne. Der jetzige Übergang: eine Zeit des Genießens.

Ruhe
Wir werden geduldiger, weil in der Zeit des Übergangs vom Sommer in den Herbst die Zeit ruhiger wird, die Tage des Wirkens kürzer, die Nächte mit ihrer Ruhe (= erster Abend) länger. Wir genießen die Kostbarkeit der wärmenden Tage. Der jetzige Übergang: eine Zeit der Ruhe.

Neues neugierig erwarten
Wir fügen uns ein in den Kreislauf der Zeiten und genießen die Übergänge in aller Ruhe, wir sind neugierig auf die neuen Wegstrecken (= dritter Abend). Der jetzige Übergang: Eine Zeit der neugierigen Erwartung auf neue Wegstrecken.

Musik

Dritter Abend
10 vor 10 am Donnerstag, 19.9.2013
Übergang der Lebenszeiten mit dem Symbol der STUFEN

Musik: Querflöte Pia Hutzli

Begrüßung
Es 10 vor 10. Exakt zu dieser Zeit beginnt das „10 vor 10" im Fernsehen. Ich weiß nicht, wie hoch die Einschaltquote ist. Es werden aber mehrere 100 000 Menschen sein, die jetzt das „10 vor 10" sehen und hören, was alles in der Welt passiert. Auch wenn die meisten die Nachrichten auf eine bequeme Weise sehen, die Nachrichten sind oft überwältigend und lassen keine Ruhe und Stille zu. Und schön und ruhig sind die Nachrichten selten.

Das „10 vor 10" hier in unserer Kirche ist ein anderes. Angekündigt haben wir die drei Abende wie schon seit Jahren mit: „Die Zeit auf den Kopf stellen, die Seele baumeln lassen, sich aus dem Fluss der Zeit herausnehmen ... " Hier in der Kirche ist dies möglich, wenigstens für 20 Minuten.
Es ist der dritte Abend in diesem Jahr, dass wir zusammen sind. Es erwartet Sie wie beim letzten Mal zur ziemlich gleichen Jahreszeit: Musik, Querflöte Pia Hutzli, Texte und ein paar Gedanken von mir, Helmut Kaiser. Wir begrüßen Euch.

Das Thema der drei Abende in diesem Jahr heißt *Übergänge*. Es sind drei Übergänge, die unser Leben auf eine besondere Weise bestimmen. Es ist der Übergang vom Tag in die Nacht. Es ist der Übergang der Jahreszeiten und es sind die Übergänge in der Lebensgeschichte. Das Wesentliche an diesen Übergängen ist, dass sie zum Leben gehören, dass wir Menschen in diese hineingestellt sind. Solche natürlichen Übergänge schaffen Ordnung und Vertrauen, sie sind verlässlich. Wir können uns darauf verlassen, dass nach dem Tag die Nacht folgt, nach dem Sommer der Herbst, nach der Jugend das Mittelalter, das Alter und dann der Tod. Wir können immer auch Neues erwarten.

Für all diejenigen, die heute zum ersten Male hier sind: Ich habe von Übergängen gesprochen. Dieses Wort ist jedoch nicht ganz korrekt. Es sind immer wiederkehrende *Kreisläufe.* Wohl gibt es einen Übergang vom Tag in die Nacht. Doch dies ist kein lineares Geschehen. Nach der Nacht folgt wieder der Tag und dem neuen Tag folgt die Nacht. Ebenso geht es mit den Jahreszeiten. Auch diese geschehen in einem immerwährenden Kreislauf. Und wie sieht es mit dem Übergang in der Lebensgeschichte aus, bei der oder Übergang von Leben und Tod ein höchst existentieller ist?

Wenn ich heute neben dem Gedanken des *Übergangs den des Kreislaufes betone,* dann muss ich kurz die Entstehungsgeschichte des „10 vor 10" erwähnen. Im Jahre 2002 war ich im Rahmen meines Studienurlaubes mehrere Monate bei den Lakota-Indianern in South Dakota, wo ich deren spezielle Spiritualität erfahren habe. Aus dieser Erfahrung indianischer Spiritualität ist das „10 vor 10" entstanden, das wir seit Februar 2003 zusammen durchführen.

Es gibt ein zentrales Symbol bei den Lakota-Indianern, welches diese Übergänge im Sinne von Kreisläufen darstellt: das sogenannte Medizinrad [siehe oben Bild erster Abend].

Am ersten Abend stand der Übergang vom Tag in die Nacht im Mittelpunkt. Die Stille der Nacht nimmt uns aus der Hektik des Tages heraus und lässt uns mit Joseph von Eichendorff sagen: Komm, o komm, du Trost der Welt. Gestern war der Übergang vom Sommer in den Herbst das Thema: Eine Zeit der Reife, eine Zeit des Genießens, eine Zeit der Ruhe und der neugierigen Erwartung auf neue Zeiten. Am heutigen Abend werden die Übergänge in der Lebenszeit im Mittelpunkt stehen …

Kurze Stille und Musik

Gedanken

Es gehört zum Leben des Menschen, dass er sich entwickelt. Er wird größer und älter. Wir werden geboren und sind auf Hilfe und Vertrauen angewiesen, wir sind Kinder, wie werden Jugendliche und brauchen eine vertrauensvolle Begleitung, wir kommen ins Mittelalter und übernehmen Verantwortung und wir werden älter und erkennen stärker die Grenzen des Lebens. Wie beschreiben wir diese Entwicklung? Wie denken und fühlen wir bei diesen Übergängen in der Lebensgeschichte? Der bekannte deutsche Schriftsteller *Hermann Hesse* (1877–1962) hat dazu ein immer wieder wunderbares und bekanntes Gedicht verfasst:

Stufen
Wie jede Blüte welkt und jede Jugend
Dem Alter weicht, blüht jede Lebensstufe,
Blüht jede Weisheit auch und jede Tugend
Zu ihrer Zeit und darf nicht ewig dauern.

Es muß das Herz bei jedem Lebensrufe
Bereit zum Abschied sein und Neubeginne,
Um sich in Tapferkeit und ohne Trauern
In andre, neue Bindungen zu geben.
Und jedem Anfang wohnt ein Zauber inne,
der uns beschützt und der uns hilft zu leben.

Wir sollen heiter Raum um Raum durchschreiten,
An keinem wie an einer Heimat hängen,
Der Weltgeist will nicht fesseln uns und engen,
Er will uns Stuf' um Stufe heben, weiten.

Kaum sind wir heimisch einem Lebenskreise
Und traulich eingewohnt, so droht Erschlaffen,
Nur wer bereit zu Aufbruch ist und Reise,
Mag lähmender Gewöhnung sich entraffen.

Es wird vielleicht auch noch die Todesstunde

Uns neuen Räumen jung entgegensenden,
Des Lebens Ruf an uns wird niemals enden ...
Wohlan denn, Herz, nimm Abschied und gesunde!

Abb. 11: Stufen

Imagination mit offenen Fragen

Ich stelle mir die Stufen vor, die über den Spiezberg auf einer Treppe hochführen. Ich erkenne, dass es verschiedene Stufen des Lebens gibt. Ich sage vor mich hin, bei allem tiefen Atmen:
Im Laufe unseres Lebens erleben wir Veränderungen. Wie jede Blüte welkt ... doch jede Lebensstufe blüht wieder neu. Auf jeder Lebensstufe gibt es eine neue Blume, die blüht. Erkenne ich diese jeweils *neue Blume* oder trauere ich nur der alten nach und sehe die neue nicht?
Es muss das Herz bei jedem Lebensrufe bereit zum Abschied sein und Neubeginne ... Und jedem Anfang wohnt ein Zauber inne, der uns beschützt und der uns hilft zu leben. Erkenne ich den *Zauber des Neuen*?

Wir sollen heiter Raum um Raum durchschreiten ... Bereit zu Aufbruch und zu Reise ... Bin ich bereit, mit Neugierde aufzubrechen, immer wieder neu?

Musik

Rückführung und „Handlung"
Hermann Hesse setzt uns mit seinem Gedicht auf die Stufen des Lebens. Die Stufen einer Treppe können verschieden hoch und steil sein. Wenn ich eine Treppe gehe, verlasse ich immer wieder neu eine Stufe. Ich bleibe nur für eine kurze Zeit auf einer Stufe. Dann geht es stufenweise weiter. Es geht immer um ein Loslassen und es gibt immer eine neue Stufe. Manchmal leichter, manchmal schwerer:
Es muss das Herz bei jedem Lebensrufe / bereit zum Abschied sein und Neubeginne,
um sich in Tapferkeit und ohne Trauern / in andre, neue Bindungen zu geben.
Nichts dauert ewig. Abschied und Neubeginn gehören zusammen wie Kommen und Gehen, wie Einatmen und Ausatmen, wie Tag und Nacht, wie Frühling, Sommer, Herbst und Winter, wie Geburt und Tod. Mein Leben ist von Übergängen bestimmt, ich bin in solche hineingestellt. Ich will dafür *bereit sein.*
Solche Übergänge im Leben lassen älter werden. Die Kostbarkeit dieses Älterwerdens ist das Bilderbuch der Erinnerung. *Ich trage den Schatz des Erlebten in mir.*[191]
Ich will parat, bereit sein, mit Tapferkeit diese Lebens-Übergänge des Älterwerdens zu packen, weil ich weiß und glaube, d. h. darauf vertraue:
Des Lebens Ruf an uns wird niemals enden ...
Wohlan denn, Herz, nimm Abschied und gesunde!

Musik

---

191 Hesse, Hermann: Mit der Reife wird man immer jünger, Berlin 2002, S. 91.

Des Lebens Ruf an uns wird niemals enden. Das ist ganz verschieden: Skifahren, Marokko-Reise, Musik, Kultur, ... Danke, dass Sie/Ihr gekommen sind/seid. Adieu. Gute Nacht, und kommen Sie gut heim.[192]

---

192 Es braucht nicht viel Phantasie, um zu erkennen, dass diese Worte und das ganze „10 vor 10" bestimmt wurden durch meine Pensionierung Ende 2013. Das Thema „Übergänge" wurde von Pia Hutzli, Querflöte, Spiez, in die Diskussion eingebracht, wohl sehr gut um den existentiellen Gehalt wissend! So konnte ich den kommenden Übergang antizipativ überdenken und erleben. Ob ich dies wohl so erfasst habe?

Siebte Predigt: Totensonntag, 24.11.2013
Alles hat seine Zeit ... Prediger 3

Eingangsspiel

Begrüßung
Alles hat seine Zeit.
Es gibt eine Zeit, geboren zu werden, und eine Zeit des Sterbens. Eine Zeit, fröhlich zu sein, und eine Zeit, traurig zu sein.
Eine Zeit des Abschiednehmens und eine Zeit des Zusammenseins. Amen.

Mit diesen Worten des bekannten Weisheitslehrers begrüße ich Sie alle ganz herzlich zum heutigen Gottesdienst.
Der heutige Sonntag, der Totensonntag, dem letzten Sonntag im Kirchenjahr vor dem 1. Advent, ist ein Tag, an dem uns auf eine besondere Weise die Zeitlichkeit menschlichen Lebens bewusstgemacht wird.
Wir werden in Gedanken bei all denjenigen sein, die im letzten Jahr gestorben sind. Wir werden mit unseren Gedanken und Gefühlen bei all denen sein, die Abschied nehmen mussten. Wir werden im heutigen Gottesdienst unserer Verstorbenen gedenken – eine Kerze anzünden!
Wir singen jetzt vom Lied ...

Lied 777, 1–3
Nun sich das Herz von allem löste

Text
Wir alle sind eingebunden in ein Werden und Vergehen. Immer wieder müssen wir Abschied nehmen von einem Menschen, mit dem wir zusammen waren, der uns vertraut war und uns bestimmt hat.
Wir alle sind eingebunden in die Tatsache, dass des Menschen Leben flüchtig ist.

Wir alles erfahren den Strom der Zeit und erfahren, dass die Zeit vergeht.
Wir hören jetzt den bekannten Text aus dem Ersten Testament, den ein Weisheitslehrer mit dem Namen „Der Prediger" geschrieben hat. Andreas Blaser, Lektor, wird den Text aus Prediger 3 lesen:
31 Alles hat seine Stunde. Für jedes Geschehen unter dem Himmel gibt es eine bestimmte Zeit:
2 eine Zeit zum Gebären /
und eine Zeit zum Sterben, / eine Zeit zum Pflanzen / und eine Zeit zum Abernten der Pflanzen,
3 eine Zeit zum Töten /
und eine Zeit zum Heilen, / eine Zeit zum Niederreißen / und eine Zeit zum Bauen,
4 eine Zeit zum Weinen /
und eine Zeit zum Lachen, / eine Zeit für die Klage / und eine Zeit für den Tanz;
5 eine Zeit zum Steinewerfen /
und eine Zeit zum Steinesammeln, / eine Zeit zum Umarmen / und eine Zeit, die Umarmung zu lösen,
6 eine Zeit zum Suchen /
und eine Zeit zum Verlieren, / eine Zeit zum Behalten / und eine Zeit zum Wegwerfen,
7 eine Zeit zum Zerreißen /
und eine Zeit zum Zusammennähen, / eine Zeit zum Schweigen / und eine Zeit zum Reden,
8 eine Zeit zum Lieben /
und eine Zeit zum Hassen, / eine Zeit für den Krieg / und eine Zeit für den Frieden.

Ja, der Weisheitslehrer Prediger ist ein aufmerksamer Mensch und ein wahrhaftiger. Er sieht die Gegensätze in seiner Welt und gibt diesen einen Namen. Er sieht die Gegensätze und macht uns nichts vor.
Der Prediger spricht nicht vorschnell von Hoffnung, wo keine ist.

Er spricht nicht vorschnell von Glauben, wo dieser brüchig geworden ist.
Er spricht nicht vorschnell von Gerechtigkeit, wo keine erfahrbar mehr ist!

Alles hat seine bestimmte Stunde,
jedes Ding unter dem Himmel hat seine Zeit.
Geboren werden hat seine Zeit,
und sterben hat seine Zeit.

Gebet
Gott, Vielfalt und Widersprüchlichkeit des Lebens:
Wir erfahren die Endlichkeit der Zeit, wir erfahren die Schwere der Zeit.
Wir erfahren, dass wir mitten im Leben vom Tod umfangen sind.
Wir müssen Abschied nehmen und wir erinnern uns an gemeinsame Erlebnisse.
Wir hoffen, dass wir immer wieder neu Lebensfreude erhalten für unsere Zukunft.
Wir wissen: Alles Ding währt seine Zeit
Wir hoffen: Gottes Lieb in Ewigkeit.
Amen.

Lied 724, 1, 2, 7, 10
Sollt ich meinem Gott nicht singen?

Predigt 1
Liebe Gottesdienstgemeinde,
dunkler sind wieder die Tage und zugleich kürzer, schmerzlicher als andere Monate erinnert der November uns Menschen an die Vergänglichkeit des Lebens. Das erfahren wir alle so. Die Jahreszeit macht uns bewusst: Das Abschiednehmen gehört zu meinem Leben und zu unserem Alltag, und doch ist es nicht alltäglich. Der Tod sprengt immer die Alltäglichkeit des Lebens, weil er das Leben raubt.

Der erste Schnee ist gestern auf die Gräber gefallen und hat einen sanften Schleier des Friedens auf die Gräber gelegt, eines Friedens, der nicht von dieser Welt ist.

In der Natur erfahren wir dieses Abschiednehmen in der jetzigen Zeit auf eine besonders intensive Weise. Zum Fallen der Blätter, welches immer auch ein Zeichen für die Endlichkeit und Vergänglichkeit menschlichen Lebens ist, werde ich Ihnen den folgenden Text vorlesen:[193]

Fallende Blätter – Der Schnee auf den Gräbern
Ureigenstes wird mir weggenommen
Das Leben wird kahler, nackter, schutzloser.

Fallende Blätter – Der Schnee auf den Gräbern
Wünsche und Träume gehen verloren
Das Leben sucht / verliert seine Zukunft.

Fallende Blätter – Der Schnee auf den Gräbern
Ich muss loslassen, was ich nicht loslassen wollte.
Das Leben wird einsam und still.

Fallende Blätter – Der Schnee auf den Gräbern
Nichts wird mehr sein, wie es vorher war.
Das Leben muss neu geordnet werden.
Ich suche und finde Neues.

Der erste Schnee auf den Gräbern. Frieden ...

Zeiten des Abschieds sind Zeiten der Traurigkeit, Zeiten des Abschieds sind Zeiten der Schmerzlichkeit, Zeiten des Abschieds sind Zeiten der Tränen. In solchen Zeiten sind wir froh, wenn wir Menschen begegnen, vor denen wir unsere Tränen nicht verstecken brauchen.

Das Wort in Jes 38,5 ist für mich in dieser Situation wichtig geworden:
Ich habe deine Tränen gesehen.

---

193 Theobald, Dieter: Dem Leben Farbe geben, Heilbronn 1991.

Wer dies sagt, der *sieht* meine Traurigkeit. Wer dies sagt, der *hält* meine Traurigkeit aus. Wer dies sagt, der *trägt* meine Traurigkeit mit. So haben wir gerade in diesem Raum unserer Kirche die Hoffnung, dass jemand zu mir sagt: Ich habe deine Tränen gesehen. Wir hören ein Zwischenspiel.

Zwischenspiel Orgel

Memento mori
(1) Einleitung
Wir werden geboren, wir sterben. Wir Menschen gleiten durchs Leben wie das Wasser eines Stromes. Die Jahreszeiten nehmen uns hinein in die Übergänge des Lebens
In all dieser Vergänglichkeit erinnern wir uns an all diejenigen Menschen, die im letzten Jahr gestorben sind, die nicht mehr unter uns sind. Menschen, die nach unserem Ermessen zu früh gestorben sind, Menschen, deren Tod eine Erlösung war. Junge Menschen und Menschen im hohen Alter.
Für all diese Menschen, von denen wir Abschied genommen haben, zünden wir jetzt Kerzen an. Kerzen, die uns erinnern lassen.
Wenn ich jetzt die Namen der Verstorbenen vorlese, dann werden Gefühle des Dankes, Gefühle des Abschieds, Gefühle der Ohnmacht, Erinnerungen an gemeinsame Stunden entstehen. Aber auch Gefühle der Wut müssen ihren Platz haben, wenn ich daran denke, dass Menschen durch Mord aus dem Leben gerissen werden.

(2) Erstes Drittel Namen vorlesen und Kerzen anzünden:
Im letzten Jahr haben wir Abschied genommen von ... Namen vorlesen ...

(3) Gedicht
Ich stehe am Strom der Zeit
Der unablässig fließt
Die Zeit im Fluss, nimmt mit sich, was mir lieb.

Es endete Gemeinsamkeit
Bis an den Strom bin ich mitgegangen.
Ich musste loslassen und Abschied nehmen.

Ich bleibe zurück, kann dir nicht folgen
Es ist die Stunde für mich noch nicht da
Ich schaue dir nach und sage:
Ich zünde eine Kerze für dich an –
Und denke an dich ...[194]

Lied 751, 1, 2
Ach wie flüchtig, ach wie nichtig ist des Menschen Leben

(4) Zweites Drittel Namen weiter vorlesen und Kerzen anzünden
Die Lichter der ersten Kerzen brennen. In allem loslassen. Die Kerzen geben Wärme und Licht.

Wir haben Abschied genommen von ...

(5) Gedicht
Ich stehe am Strom der Zeit
Der unablässig fließt
Die Zeit im Fluss, nimmt mit sich, was mir lieb.

Es endete Gemeinsamkeit
Bis an den Strom bin ich mitgegangen.
Ich musste loslassen und Abschied nehmen.

Ich bleibe zurück, kann dir nicht folgen
Es ist die Stunde für mich noch nicht da
Ich schaue dir nach und sage:
Ich zünde eine Kerze für dich an –
Und denke an dich ...

---

194 Klever, Peter: Ich zünde eine Kerze für dich an, Lahr 1990, S. 3.

Lied 751, 3, 4
Ach wie flüchtig, ach wie nichtig ist der Menschen Freude

(6) Drittes Drittel Namen vorlesen und Kerzen anzünden ...
Die Lichter sind mehr geworden. Wir hoffen auf Wärme und Licht.
Wir haben Abschied genommen von ...

(7) Worte
Möge das Licht der Kerzen uns sagen lassen:
Niemand, den man liebt, ist jemals tot. (Ernest Hemingway)
Möge die Wärme der Kerzen uns erfahren lassen: Nichts mag uns trennen von der Liebe Gottes, die in Jesus Christus ist. (Römerbrief 8,31–39)
Mögen die Kerzen uns die folgenden Worte wahr werden lassen: Der Mensch, mit dem wir zusammen waren / den wir lieben,
ist nicht mehr da, wo er war, aber überall dort, wo wir seiner gedenken.

Im Licht der Kerzen
gedenken wir all derjenigen, die gestorben sind. Wir sind in Gedanken bei ihren Angehörigen, die Abschied nehmen mussten.
Wir gedenken aber auch all derjenigen, die Opfer der Gewalt, der Not oder eines Krieges wurden.

Lied 751, 5
Ach wie flüchtig, ach wie nichtig ist der Menschen Glücke!

Predigt 2
Wir sehen jetzt die brennenden Kerzen vor uns. Jede Kerze für einen Namen, eine Lebensgeschichte.
Bei diesen Gedanken komme ich auf die Karte zu sprechen, die Sie als Einladung zum heutigen Sonntag erhalten haben.[195]

---

195 Bild von Stefan Grünig, Mitarbeiter Reformierte Kirchgemeinde CH-3700 Spiez und Naturphotograph.

Abb. 12: Stille

Die Karte zeigt einen See, der Stille ausstrahlt. Es ist Abend geworden. Die Sonnenstrahlen kommen hinter den Wolken durch und tauchen die Landschaft in ein friedvolles und geheimnisvolles Licht. Der Text dazu heißt:

Für jeden Morgen so viel Licht
wie nötig ist
für den Schritt aus dem Dunkel –

Für jeden Augenblick so viel Liebe
wie nötig, ist um glücklich zu sein und zu machen –

Für jeden Tag so viel Kraft
wie nötig ist
für das, was er fordert –

Für jeden Abend so viel Stille
wie nötig ist

*und die Gelassenheit
die Nacht zu erwarten
und das Erwachen danach –
das schenke dir Gott!*

In diesem Text werden Wünsche ausgesprochen, die wir haben in den Zeiten des Abschieds. Wünsche, die in die Zukunft weisen, Wünsche, die Mut machen, allein wenn wir sie aussprechen.

*Für jeden Morgen so viel Licht
wie nötig ist
für den Schritt aus dem Dunkel ...*
Ja, der Tod macht das Leben dunkel. Wir erleben dieses Dunkel durch den Tod, wir erleben dieses Dunkel jeden Tag vom Übergang des Tages in die Nacht. In der jetzigen Jahreszeit ist das Dunkel noch stärker. Das Dunkel der Nacht lässt das Dunkel des Lebens oftmals noch stärker erfahren. So wünschen wir uns nach der Nacht immer wieder neu Licht für den Schritt aus dem Dunkel. Der Schritt ins Licht. Was kann das sein: Ist es die aufgehende Sonne? Ist es der Schnee, der friedvoll auf der Landschaft liegt? Ist es ein Lied im Radio oder ein Wort? Ist es ein freundliches Wort beim Briefkasten? Ist es eine Ansichtskarte aus den Ferien? Ist es ein Besuch, der sich spontan angemeldet hat?

*Für jeden Augenblick so viel Liebe
wie nötig ist, um glücklich zu sein und zu machen ...*

Ja, in Zeiten des Abschieds brauchen wir Menschen, die mit uns gehen, die uns verstehen. Es sind Menschen, die einfach da sind. Sie verzichten auf Worte wie „Die Zeit heilt Wunden" oder „Nur Kopf hoch".
Ich wünsche mir einfach jemanden, der mit mir geht, der mich versteht. In der Situation des Abschieds wünsche ich mir jemanden, der mich zu einem Kaffee einlädt, mich zu einem Ausflug einlädt oder vielleicht eine Blume vor die Türe stellt.

Für jeden Tag so viel Kraft
wie nötig ist
für das, was er fordert –

Das Abschiednehmen braucht Kraft. Der neue Tag beginnt ohne den Menschen, mit dem ich zusammen war. Alleine beginne ich den Tag. Ich sitze am Tisch und sehe den ganzen Tag vor mir. Ganz alltägliche Dinge wie das Frühstücken, das Abwaschen, das Einkaufen geschehen nun alleine. In dieser Situation wünsche ich mir, dass ich so viel Kraft erhalte, wie gerade nötig ist. Vielleicht ist der Blick auf den ganzen Tag zu viel auf einmal. Ich nehme dann Stunde für Stunde, Anforderung nach Anforderung, und so wird es mir schrittweise gelingen, den Tag zu leben mit seinen Aufgaben und Anforderungen.

Für jeden Abend so viel Stille
wie nötig ist
und die Gelassenheit
die Nacht zu erwarten
und das Erwachen danach –
das schenke dir Gott! (Wilma Klevinghaus)

Der Tag geht vorüber. Der Tag, eine Zeit von Aktivitäten, von Begegnungen. Am Tag kann uns die Geschäftigkeit trösten.
Nun kommt die Stille der Nacht. Eine Stille, die beunruhigen kann. Eine Stille, die nachdenken lässt. Dann können die Gedanken hin- und hergehen. Eine Stille, die auch Gelassenheit bringen kann. Wir hoffen, mit Joseph von Eichendorff (1788–1857) sagen zu können: Komm, Trost der Welt, du stille Nacht! Und vielleicht lässt mich die Stille der Nacht erkennen und sagen:
Wir müssen uns um unsere Verstorbenen keine Sorgen mehr machen. Sie sind alle in guten Händen. „Du kamst, du gingst mit leiser Spur, ein flücht'ger Gast im Erdenland. Woher? Wohin? Wir wissen nur: aus Gottes Hand in Gottes Hand." Wie es der Dichter Ludwig Uhland (1787–1862) in seinen schlichten Worten beim Tod eines Kindes gesagt

hat. Der Mensch, den wir lieben, ist nicht mehr da, wo er war, aber überall dort, wo wir seiner gedenken. (Leidzirkularspruch)
Im Licht der Kerzen werden dieses Nachdenken und dieses Gedenken vertrauensvoll. *Amen.*

Orgelzwischenspiel

Gebet
Gott, Quelle allen Lebens
Wir bitten um Offenheit, dass wir in Zeiten des Abschieds unsere Traurigkeit zeigen können.
Wir bitten um Gelassenheit, das anzuerkennen, was wir nicht ändern können.
Wir bitten um Mut, das zu ändern, was wir ändern können.
Wir bitten um die Einsicht, dass wir die Grenzen unseres Lebens anerkennen und so auch wieder das Glänzen in unserem Leben sehen.
Wir bitten um Hoffnung, dass wir wieder das Glänzen, die Freude in unserem Leben sehen können. *Amen.*

Lied 571, 7, 8, 1
Die güldne Sonne

Unser Vater – Lied 342, 1–3
Ach bleib mit deiner Gnade

Gottes Segen sei mit uns.
Gottes Vertrauen begleite uns bei Tag und Nacht.
Gottes gute Macht lasse uns geborgen sein und erfahren lassen:
Von guten Mächten wunderbar geborgen erwarten wir getrost, was kommen mag.
Gott ist mit uns am Abend und am Morgen und ganz gewiss an jedem neuen Tag. *Amen.*

Orgelschlussspiel

Achte Predigt: Abschiedsgottesdienst
Sonntag, 15.12.2013 um 9.30 Uhr
in der Dorfkirche Spiez

I Einleitendes Kontext Advent

Orgeleingangsspiel

Begrüßung
Macht hoch die Tür, die Tor macht weit, es kommt der Herr der Herrlichkeit,
ein König aller Königreich, ein Heiland aller Welt zugleich,
der Heil und Leben mit sich bringt; derhalben jauchzt, mit Freuden singt:
Gelobet sei mein Gott, mein Schöpfer reich an Rat. Amen.

Mit diesen Worten aus unserem Anfangslied 363 begrüße ich Sie alle ganz herzlich zum heutigen Gottesdienst. Wir feiern den 3. Advent.
Es ist zugleich der offizielle Abschiedsgottesdienst von mir.
Im Mittelpunkt wird unser bekannter Berner Dichterpfarrer Kurt Marti (31.1.1921–11.2.2017) stehen, der mit seiner sprachlichen Prägnanz, seiner wahrhaftigen Theologie, seinem gesellschaftspolitischen Engagement für Gerechtigkeit, Frieden und Bewahrung der Schöpfung, seinem Humor und seiner Lebensfreude für mich ein Vorbild war und bleiben wird.
Wie kam ich auf Kurt Marti? Ich träumte Anfang dieses Jahres, über Lieder von Kurt Marti zu predigen. Heute war „einfach" die letzte Gelegenheit, dies in unserer Dorfkirche noch tun zu können ...
Musikalisch gestaltet wird der heutige Gottesdienst durch Pia Hutzli, Querflöte, Johannes Jaggi, Orgel, und den Kirchenchor unter der Leitung von Urs Schweizer.
Jetzt darf ich das Wort weitergeben an *Barbara Büchi,* Kirchgemeindepräsidentin ...

Lied 363, 1–3
Macht hoch die Tür, die Tor macht weit

Textlesung
Gedicht von Kurt Marti
Als Textlesung habe ich das Advents-Gedicht von Kurt Marti ausgewählt, und dieses heißt:[196]
Sie blicken nach oben / und warten auf den, / der da kommt. / derweilen / hinter ihrem Rücken / der da kommen soll, / kommt

Das ist Kurt Marti: Kurz und prägnant. Und: listig Hintersinniges steckt in seinen Worten.
Sie blicken nach oben / und warten auf den, /der da kommt. / derweilen / hinter ihrem Rücken / der da kommen soll, / kommt
Das heißt: Alle, die nach oben blicken, können diesen Jesus nicht sehen. Sie blicken in die falsche Richtung. Advent heißt also: Nicht nach oben schauen. Die Leute müssen sich nur umdrehen. Das meint: Christlicher Glaube findet nicht in einem fernen Himmel statt. Christlicher Glaube ereignet sich hinter meinem Rücken gegenwärtig. Die radikale Liebe, die Feindesliebe, die Achtung vor allen Menschen spielt sich nicht im Himmel ab, sondern hier und jetzt.

Advent heißt: Diese Gegenwärtigkeit des Glaubens erkennen.
Diese Gegenwärtigkeit des Glaubens war in der Zeit, als ich Theologie zu studieren begann, ein wichtiges Anliegen.
In dieser Zeit wurde in der Theologie Karl Marx ernsthaft diskutiert und die zentralen Aussagen seiner Philosophie als richtig erkannt. Zu dieser Analyse gehörte z. B., dass Karl Marx sagte, dass die Religion das Opium des Volkes sei. Das meint, das Volk schafft sich die Religion als

---

196 Zitiert bei Kunz, Ralph: Radiopredigt vom 27.11.2011, DRS 2 und DRS Musikwelle 9.30 Uhr (kath.) und um 9.45 Uhr (ref.). https://www.radiopredigt.ch/wp-content/uploads/2017/01/radiopredigt20111127ref.pdf [Stand: 6.1.2018].

Opium, um sich zu betäuben, um die ungerechte Lebenssituation ertragen zu können. Die damit verbundene Fragestellung ist auch heute noch richtig! Wann ist Religion Opium des Volkes?
In dieser Zeit wurde z. B. an Mauern gesprayt: *Macht kaputt, was euch kaputt macht.* Die Theologie in dieser Zeit, nicht die Kirche, konnte diesen Aufruf unterstützen. Das machte die Theologie für viele enorm attraktiv. Das war Ende der 60er-Jahre, Anfang der 70er-Jahre in Tübingen. Das war die Zeit, in der ich mit dem Theologiestudium begann.
In dieser Zeit entstand die Theologie der Hoffnung [Jürgen Moltmann], die, getragen von der Hoffnung auf Liebe, Gerechtigkeit und Frieden, im Hier und Jetzt auf radikale Veränderungen drängte.[197]
Wer also seine Blickrichtung verändert, nicht mehr nach oben in den fernen Himmel schaut und wartet und wartet und wartet ...
Wer sich also umkehrt, der erkennt, dass der Kommende bereits gekommen und gegenwärtig und da ist ...

Imagination mit kurzer Stille
Stellen Sie sich einmal vor, für eine kurze Zeit, der Kommende steht hinter ihnen – und was dann ...

Ich möchte Sie bitten, wenn möglich, zum Gebet aufzustehen:

Gebet
Gott, Leben in Fülle für alle[198]
Im Advent kehre ich mich um und sehe den, auf den wir alle warten.
Ich *frage* gespannt: Was werde/soll ich tun, wenn ich vor *dem* stehe, auf den ich warte?

---

197 Es gab also ein – gegen Theodor W. Adorno / Minima Moralia 1951 – richtiges Leben im falschen; in seiner Vorlesung zur Moralphilosophie vom 28.2.1957 hat er dies dann korrigiert; s. Schmid, Wilhelm: Ökologische Lebenskunst. Was jeder Einzelne für das Leben auf dem Planeten tun kann, Frankfurt a. M. 2008, S. 7.
198 Das Motto der Sozialdemokratischen Partei der Schweiz heißt zurzeit: „Gerechtigkeit für alle statt für wenige."

Soll ich ihm freundschaftlich die Hand geben?
Soll ich ihm einen Judaskuss auf seine Wange geben?
Soll ich mich gleichgültig abwenden?
Soll ich ihn zärtlich umarmen?
Soll ich ihn zu mir nach Hause an den Sodmattweg einladen?
Soll ich ihn zu einer Kirchgemeinderatssitzung mitnehmen?
Soll ich mit ihm im DorfHus einen Winterkaffee trinken?
Soll ich mit ihm einen Besuch machen bei Frau R., die ein Gespräch wünscht?
Soll ich mit ihm und mit anderen zusammen eine NGO für GFS [sagen; s. unten erklärt] auf die Beine stellen?
Ja – wie werde und wie soll ich ihn empfangen? Amen.

Lied 367, 1–3
Wie soll ich dich empfangen und wie begegn ich dir ...

II   Predigt

Liebe, Gerechtigkeit, Mutter Erde
Sie blicken nach oben / und warten auf den, /der da kommt. / derweilen / hinter ihrem Rücken / der da kommen soll, / kommt
Kurt Marti gelingt es mit ganz wenigen Worten, unseren Blickwinkel zu verändern. Diesen neuen Blickwinkel hat Kurt Marti immer wieder in seinen Gedichten und Liedern beschrieben.
Anhand von drei Kurt-Marti-Liedern werde ich in meiner Predigt den Inhalt dieses Blickwinkels beschreiben – und zwar mit den Worten Liebe, Gerechtigkeit, Mutter Erde.
Nach einer jeweiligen Einleitung von mir hören wir das jeweilige Lied, gesungen vom Kirchenchor.
Nach dem Kirchenchor werde ich in einer kurzen Interpretation das Lied zuspitzen und dann haben wir die Gelegenheit, bei Orgel und Querflöte das Lied mit seinem Hauptthema nachwirken und einwirken zu lassen.

Wir werden erkennen, wo und wie Kurt Marti den Blickwinkel ändert, einen neuen Blickwinkel einfordert. Glaube heißt für mich, diesen neuen Blickwinkel zu bedenken, zu vollziehen!

Kurt-Marti-Lied 867
Der Himmel, der ist ... wenn die *Liebe* das Leben verändert

(1) Einleitung zum Lied 867: „Der Himmel, der ist ... "
Das erste Thema meiner Predigt: ... wenn die Liebe das Leben verändert.
Kurt Marti beschäftigt sich zuerst aber wieder mit dem Himmel. Sein Adventsgedicht bezeichnet den Blick nach oben gegen den Himmel als *ver*-kehrt. Die Frage ist gestellt: Wie denkt Kurt Marti über den Himmel? Wie beschreibt Kurt Marti den Himmel? Das erste Lied, das uns der Kirchenchor singen wird, beschreibt uns den wahrhaftigen Himmel.
Zuerst hören wir das Lied 867 in unserem Kirchengesangbuch.

(2) Kirchenchor 867: Kurt Marti, „Der Himmel, der ist ..."
Der Himmel, der ist, ist nicht der Himmel, der kommt, wenn einst Himmel und Erde vergehen.

1. *Der Himmel, der ist, ist nicht der Himmel, der kommt, wenn einst Himmel und Erde vergehen.*

2. *Der Himmel, der kommt, das ist der kommende Herr, wenn die Herren der Erde gegangen.*

3. *Der Himmel, der kommt, das ist die Welt ohne Leid, wo Gewalttat und Elend besiegt wird.*

4. *Der Himmel, der kommt, das ist die fröhliche Stadt, und der Gott mit dem Antlitz des Menschen.*

5. *Der Himmel, der kommt, grüßt schon die Erde, die ist, wenn die Liebe das Leben verändert.*

(3) Kurze Auslegung
„Der Himmel, der ist, ist nicht der Himmel, der kommt."
Die erste Strophe räumt vorweg ganz sachlich ein Missverständnis aus.
Mit dem sichtbaren Himmel – englisch: „sky" – hat der Himmel, den wir erhoffen – englisch: „heaven" – nichts zu tun:
Was ist für Kurt Marti dann der Himmel? Auch auf diese Frage gibt Kurt Marti eine klare Antwort: Der Himmel, der kommt, ist eine Welt ohne Leid, wo Gewalt und Elend besiegt sind.
Und dann kommt der machtkritische politische Theologe zum Zuge, wenn Kurt Marti dichtet: Der wahre Himmel kann erst kommen, wenn die Herren der Welt gegangen ...
Dieser kommende Himmel ist keine Vertröstung auf das Jenseits, sondern er steht bereits in einer konkreten Beziehung zur Erde.
Der Himmel „grüßt schon die Erde", „wenn die Liebe das Leben verändert".
[Wiederholen, Romantiker Joseph von Eichendorff sagt: „küsst" im Mondnacht-Gedicht 1935/1937, nicht erwähnen, weil zu viel.]
Ja, der Himmel ist eine Welt ohne Leid, wo Gewalt und Elend besiegt sind. Dieser Himmel kann in weiter Ferne sein. Kurt Marti weiß das, wir erfahren es. Doch möglich ist die Liebe, welche auch im Kleinen die Welt verändert.
Der neue Blickwinkel ist die *Liebe*: ein freundliches Wort, Wertschätzung, ein Gruß, ein Dankeschön ... Nächstenliebe ohne Bedingungen, Feindesliebe, und wenn ich an seine Spätsätze denke: die erotische Liebe.[199]
[Bewusst meine Glaubenssätze formulieren.]
So glaube ich: Der Himmel mit seiner Weite und Offenheit, der Hoffnung für GFS (Gerechtigkeit, Friede, Bewahrung der Schöpfung) „grüßt schon die Erde", auf der wir leben, „wenn die Liebe das Leben verändert".
Auf diese Liebe auf Erden hören wir jetzt ...

---

199 Marti, Kurt: Heilige Vergänglichkeit. Spätsätze, Stuttgart 2010; 1. Korinther 13,1–13: Hohes Lied der Liebe.

(4) Orgel und Querflöte
„Ich werde zum Thema Liebe ein Adagio von Devienne spielen. Devienne ist der französische Mozart. Es ist eine schöne, leichtfüßige und melodische Musik." (Pia Hutzli, Querflöte)

Kurt-Marti-Lied 487
Das könnte den Herren der Welt ... wenn erst nach dem Tod
Gerechtigkeit käme

(1) Einleitung zum Lied 487: „Das könnte den Herren der Welt ... "
Das könnte den Herren der Welt ja so passen, wenn erst nach dem Tode Gerechtigkeit käme.
Das zweite Lied von Kurt Marti ist ein Osterlied. In der Regel denken wir in der Adventszeit noch nicht an Ostern ...
... auch wenn es die Schoggihasen [Schokolade] bald zu kaufen gibt.
Das zweite Lied von Kurt Marti lässt uns jedoch bereits jetzt an Ostern denken. Mit gutem Grund. Mit der Geburt von Jesus begann ein Leben, das mit Notwendigkeit ans Kreuz führte [nur ganz Exemplarisches nennen; Tempelreinigung oder blutflüssige Frau z. B. weglassen]:
Die radikale Liebe von Jesus rettet die Frau vor der Steinigung mit nur einer Frage: Wer ohne Sünde ist, werfe den ersten Stein (Johannes 8).
Diese radikale Liebe ließ Jesus sich beim Oberzöllner Zachäus einladen, und die Leute murrten (Lk 19).
Diese radikale Liebe ließ Jesus mit Menschen reden, die an den Rand – Frau am Brunnen, Joh 4. – gedrängt wurden.
Diese Liebe, von Jesus konkret gelebt, war eine Gefahr für die Mächtigen seiner Zeit. Das Leben von Jesus musste deshalb ans Kreuz führen. Er war eine Gefahr für die Herren seiner Zeit.
Weihnachten ist also ohne Ostern eine bloß nette Geschichte vom Kind in der Krippe.
Im ersten Lied war von der Liebe die Rede, welche die Welt verändert, wenn die Herren der Welt gegangen. Im zweiten Lied geht es um die *Gerechtigkeit*:

Das könnte den Herren der Welt ja so passen, wenn erst nach dem Tode Gerechtigkeit käme.

(2) **Kirchenchor Lied 487: Kurt Marti, „Das könnte den Herren der Welt ..."**

1. *Das könnte den Herren der Welt ja so passen,*
   wenn erst nach dem Tode Gerechtigkeit käme;
   erst dann die Herrschaft der Herren,
   erst dann die Knechtschaft der Knechte
   vergessen wäre für immer,
   vergessen wäre für immer.

2. *Das könnte den Herren der Welt ja so passen,*
   wenn hier auf der Erde stets alles so bliebe;
   wenn hier die Herrschaft der Herren,
   wenn hier die Knechtschaft der Knechte
   so weiterginge wie immer,
   so weiterginge wie immer.

3. *Doch ist der Befreier vom Tod auferstanden,*
   ist schon auferstanden und ruft uns jetzt alle
   zur Auferstehung auf Erden,
   zum Aufstand gegen die Herren,
   die mit dem Tod uns regieren,
   die mit dem Tod uns regieren.

(3) **Kurze Auslegung**

Die Botschaft dieses Liedes ist klar wie die des Adventsgedichtes: Die Gerechtigkeit kommt nicht erst nach dem Tod, die Gerechtigkeit findet nicht in einem ungreifbaren und jenseitigen Himmel statt. Nein, Gerechtigkeit muss hier und jetzt realisiert werden. Das ist die Diesseitigkeit und Gegenwärtigkeit des jüdisch-christlichen Glaubens: Und dann erhält dieses Lied eine besondere Dimension.

Das könnte den Herren der Welt ja so passen, wenn erst nach dem Tode Gerechtigkeit käme.

Spüren Sie den *heiligen Zorn*, der in diesen Worten zum Ausdruck kommt [Begriff des heiligen Zorns wiederholen].
Kurt Marti ruft zum Aufstand gegen die Herren, die mit dem Tod uns regieren. Kurt Marti resigniert nicht vor den mächtigen Herren, er ist auch nicht verbittert. Nein, er reagiert mit dem heiligen Zorn.

Ich habe mich gefragt, wie ich reagiert habe, als ich vor kurzem in den Nachrichten sah, wie das Palace-Hotel in Gstaad einen Tag der offenen Tür veranstaltete, an dem die Normalbürgerinnen von Gstaad ausnahmsweise einmal die Türen des Palace durchschreiten durften.
Ich habe mich gefragt, wie ich reagiere, wenn ich im neuesten Heft der Bilanz – Das Schweizer Wirtschaftsmagazin [in die Hand nehmen und zeigen] – die *Bilanz der 300 Reichsten lese.*
Es ist schon so, dass für viele Menschen die Gerechtigkeit erst nach dem Tod kommt. Der heilige Zorn, das ist der neue Blickwinkel bei Kurt Marti.
Woher nimmt Kurt Marti diesen Mut, diese Empörung, diese Energie, diese Leidenschaft, diese Schärfe, diese Kraft, Vehemenz, eben diesen heiligen Zorn? Darauf gibt die letzte Strophe die Antwort: Sie bezieht sich auf Jesus, der mit seinem Leben den Aufstand gegen die Mächtigsten seiner Zeit gewagt hat und dafür am Kreuz sterben musste.
Ich glaube: Der heilige Zorn, der Aufstand gegen die Macht der Herren, ist ein erster Schritt zur Gerechtigkeit für alle.[200]
Lassen wir den heiligen Zorn ruhig in uns aufkommen und pflegen wir diesen in Solidarität mit anderen.

(4) Orgel und Querflöte
„Zur Gerechtigkeit habe ich ein Stück gewählt, das von Händel ist. Es klingt klar und drückt eine gewisse Vehemenz aus." (Pia Hutzli, Querflöte)

---

200 Hintergrund, nicht erwähnen: Hessel, Stéphane: Empört Euch, Berlin 2011.

Kurt-Marti-Lied 534
Mutter Erde Leben – Das *Eingebundensein in den Rhythmus* des Lebens und der Schöpfung

(1) Einleitung zum Lied 534: „In uns kreist das Leben … "
Zum dritten Lied: Mutter Erde. Kurt Marti erhielt 1985 von den deutschen Gesangbuchgremien die Anfrage, ein „ökologisches Kirchenlied" zu schaffen. Das dritte Lied von Kurt Marti ist ein Lied der Ökologie. Zuerst dazu eine Vorbemerkung: Es ist leider eine Tatsache, dass die Kirche, die Theologie und die theologische Ethik die Frage der Ökologie weitgehend verschlafen haben.
„Man" war auf Jesus Christus konzentriert und die Natur ging daneben kaputt. Erst als von philosophisch-weltlicher Seite der Vorwurf gemacht wurde, dass der Schöpfungsbericht mit seinem Herrschaftsauftrag „Machet euch die Erde untertan (1. Mose 1,28)" die Initialzündung für die Zerstörung unserer natürlichen Lebensgrundlagen gewesen sei, kam Bewegung in die Theologie und Kirche. Plötzlich musste sich die Theologie, die kirchliche Ethik, die Kirche, rechtfertigen. Und sie kam in einen gewaltigen Argumentationsnotstand, weil die Grundlagen der jüdisch-christlichen Ethik die Zerstörung unserer Umwelt in sich tragen sollen. Bei diesem Vorwurf ging es wahrhaftig ums Lebendige und Eingemachte! Die Theologie war in ihrem Innersten infrage gestellt![201]
Kurt Marti war als Theologe und Dichter an der Front der kirchlich-theologischen Ökologiebewegung. Hören wir jetzt sein Lied „In uns kreist das Leben…":

---

201 Siehe dazu oben A Hinführung 3. in der Fußnote 30.

(2) Kirchenchor Lied 534: Kurt Marti, „In uns kreist das Leben ..."

In uns kreist das Leben,
das uns Gott gegeben,
kreist als Stirb und Werde
dieser Erde. Leben.

    Ruhig leuchten Felder,
    dunkel stehn die Wälder:
    Ohn sie kann's kein Leben
    für uns geben.

        Vögel in den Höhen,
        Fische in den Seen:
        Ohn sie kann's kein Leben
        für uns geben.

    Gottes Kreaturen,
    füllen Hügel, Fluren:
    Ohn sie kann's kein Leben
    für uns geben.

Schön im Stirb und Werde
kreist die Mutter Erde,
trägt, was ihr gegeben:
Gottes Leben.

(3) Kurze Interpretation

Was ist das Besondere an diesem dritten Lied? In den drei mittleren Strophen von Kurt Martis Lied/Gedicht werden „Gottes Kreaturen" aufgezählt: Felder und Wälder, Vögel und Fische, Kreaturen allgemein – und jeweils abgeschlossen mit dem Satz: „Ohn sie kann's kein Leben für uns geben."

Damit hat Kurt Marti einen konsequenten Perspektivenwechsel [= Paradigmawechsel] vollzogen: Nicht der Mensch als Krone der Schöpfung steht im Mittelpunkt, der Mensch ist nicht mehr der

Dominator der Natur. Es gilt nicht mehr der Herrschaftsauftrag „Machet euch die Erde untertan".
Vielmehr erhält die nicht-menschliche Kreatur ihre eigene unaufgebbare und unzerstörbare Würde.
Die Ehrfurcht vor allem Leben [= Albert Schweitzer] wird unmittelbar in diesem Lied spürbar.
Und dann verwendet Kurt Marti eine Begrifflichkeit, die unserer jüdisch-christlichen Tradition lange fremd war. Er spricht von Mutter Erde und sagt:
In uns kreist das Leben,
das uns Gott gegeben,
...
kreist die Mutter Erde,
trägt, was ihr gegeben:
Gottes Leben.

Die Mutter Erde ist die Trägerin von „Gottes Leben".
Bei meinem ersten längeren Aufenthalt bei den Lakota-Indianern in South Dakota 2002 habe ich unmittelbar erfahren, dass die Mutter Erde für die indianische Kultur der Grund allen Lebens ist.
Ich denke, das folgende Bild kann uns diesen Gedanken verdeutlichen.
Die Erde ist wie eine Mutter, die ihr Kind mit Vertrauen und Sicherheit, mit Respekt und Achtsamkeit, mit Ehrfurcht und Sorgfalt in ihren Armen wiegt. In solchen Armen kann das Kind stetig und ruhig ein- und ausatmen und leben [„Sprach-Bild" von Pia Hutzli].
Bei diesem Bild von der Mutter Erde vor ihrem inneren Auge will ich Ihnen die folgende Nachricht vorlesen, die ich gestern in der Berner Oberländer Zeitung gelesen habe [ist fingiert – keine Miene verziehen (!!!) und sofort mit meinem Glaubenssatz abschließen]:
Die Geschäftsleitung der BKW [Bernische Kraftwerke AG] wird ab 1. Januar 2014 den Begriff der Nachhaltigkeit, wie er auf der UNO-Welt-Konferenz über Umwelt und Entwicklung in Rio 1992 in der Agenda 21 definiert wurde, explizit und konsequent zu ihrer Geschäftsgrundlage machen. Dies bedeutet

für unsere Energieerzeugung: Wasserkraft, Windenergie, massiver Ausbau der Solarenergie, vorzeitiger Verzicht auf Kernenergie.
Sie können diese Nachricht im Regionalteil auf S. 3 sowie im nationalen Teil des Berner Oberländers [Lokalzeitung] auf S. 8 lesen.

Ich glaube: Wenn wir die Mutter Erde als Trägerin allen Lebens erkennen und anerkennen, werden wir nachhaltig leben können, nachhaltig in einer postfossilen solaren Gesellschaft.

Hören wir auf den Herzschlag der Mutter Erde, auf ihr Ein- und Ausatmen.

(4) Orgel und Flöte
„Um das Leben auszudrücken, habe ich ein Stück von Gabriel Fauré Berceuse ausgewählt. Es ist ein Stück, das einen wiegenden Rhythmus hat. Darüber ist eine tragende Melodie gelegt. Man kann sich eine Mutter vorstellen, die ein Kind in den Armen wiegt. Vielleicht erinnert es auch ans Ein- und Ausatmen." (Pia Hutzli, Querflöte)

III Danken ...

Einleitung Helmut
In uns kreist das Leben ... Das dritte Lied von Kurt Marti hat uns in die Kreisläufe des Lebens hineingestellt. In ein Sein, Werden und Vergehen. Dazu gehört die Einsicht, dass alles seine Zeit hat. Dazu gehört die Abschiedlichkeit.
So hat das dritte Lied von Kurt Marti uns und mich ganz sachte zu *dem* Teil des heutigen Gottesdienstes geführt, der vom Abschied handelt.
Ich konnte es mir nicht verkneifen, zum Begriff des Abschieds zu googeln. Aber keine Angst: Sie alle können diese Aussagen selbst nachschauen. Die Aussagen in Wikipedia sind lesenswert, machen nachdenklich.

Doch ich will jetzt nicht Wikipedia zitieren, sondern will nur eine Frage aufnehmen, die uns immer wieder gestellt wurde:
Wie geht es Euch nach dem Umzug aus dem Pfarrhaus in Euer Haus? Das ratzeputz leere Pfarrhaus und das mit unserem Leben gefüllte Haus am neuen Ort sind ja die sichtbaren und tatsächlichen Zeichen des Abschieds!
(Ratzeputz setzt sich aus zwei verschiedenen Wörtern zusammen. Der erste Teil „ratze" ist ein Nebenwort zu Ratte und wurde im elften Jahrhundert gebildet. Der zweite Teil „putz" ist die verkürzte Form des Verbs putzen.)
Auf diese Frage gab ich sinngemäß die folgende Antwort:
Seit dem 19. Oktober wohnen wir in unserer Wohnung am Sodmattweg in Spiez und es ist ein wirklich ver-rückt [wir wurden ja durch den Umzug lokal ver-rückt] befreiendes Gefühl, den Umzug hinter sich zu haben und ganz entspannt und mit einer besonderen Wollust die noch anstehenden Aufgaben anpacken zu können. Ich weiß nicht, ob Sie dieses Gefühl von Freiheit auch schon gehabt haben oder es erahnen können: Wenn sich Mulde um Mulde füllt ... wenn der Inhalt mancher Kisten am neuen Ort seinen Platz gefunden hat. Jetzt weiß ich endlich ganz praktisch, was echte Freiheit bedeutet! [Noch einen „schlappppsigen" Hinweis für die Theologinnen gemacht: Wer die paulinische Freiheit erkennen will, muss zügeln ...]

Ich will aber die gefüllten und abtransportierten Mulden vor dem Pfarrhaus gar nicht mit dem Begriff der existentiellen Entrümpelung spirituell überhöhen. Das ist viel zu hoch gegriffen! Weg ist weg, und wir haben in der neuen Wohnung schlicht und einfach alles untergebracht, was uns lieb und teuer und nützlich ist, und das ist das Schöne und Angenehme und Freudige. Das berühmte carpe diem hat sehr gute Voraussetzungen bekommen und das Genießen des Lebens wird neue Möglichkeiten erhalten, die eben die kommende Pensionierung ab 1.1.2014 bietet!
Das waren bereits Erinnerungen an die Zukunft ... [Anspielung auf Erich von Däniken]. Doch nun zuerst zur Gegenwart des Abschieds ...

Esther Richard, Kirchgemeinderatspräsidentin, und Barbara Büchi
Kirchgemeindepräsidentin, dann: Franz Arnold,
Gemeindepräsident der politischen Gemeinde Spiez

Danke von Helmut Kaiser
[Nach bestimmten spontanen Worten ... bekomme ich nicht mehr zusammen ...] Nach diesen Worten von Esther Richard, Barbara Büchi und Franz Arnold ist mir bewusstgeworden, was Dietrich Bonhoeffer sinngemäß geschrieben hat. Es sind Gedanken, die für mich immer wichtiger geworden sind:
Das, was ich bin, bin ich durch andere geworden. Oder anders formuliert: In allem, was ich sicher gegeben, gearbeitet, geplant, realisiert habe, habe ich sehr viel empfangen. Für dieses Erhaltene und Empfangene will ich jetzt herzlich danken.

Im normalen Leben wird es einem
oft gar nicht bewusst, dass der
Mensch überhaupt unendlich viel
mehr empfängt, als er gibt, und
dass Dankbarkeit das
Leben erst reich macht.
Man überschätzt recht leicht das
eigene Wirken und Tun in seiner
Wichtigkeit gegenüber dem, was
man nur durch andere geworden ist.
(Dietrich Bonhoeffer)

Danke an den Kirchenchor, für die Kurt-Marti-Lieder, die Ihr gesungen habt. Kurt Martis Lieder sind widerständig und es ist gut möglich, dass sich bei solchen Inhalten auch Widerstand regen kann.
[Was ich dann nach dem Vorformulierten gesagt habe, weiß ich nicht mehr ...]

Danke heute an Johannes Jaggi (Organist) und Pia Hutzli (Querflöte). Wie viele gemeinsame Gottesdienstfeiern haben wir, Johannes wohl gemacht? Wie viele Abschiedsfeiern? Doch mein Dank an Dich schaut auch auf die Christnachtfeier am 24.12. um 23.00 Uhr, die wir gemeinsam gestalten werden. Darauf freue ich mich auch schon. In diesen Dank sind Deine Kollegen und Kolleginnen herzlich eingeschlossen: Marc Fitze, Kathrin Heinzer, Richard Jaggi, Ursula Lötters, Ernst Rösti, Urs Schweizer, Markus Tschanz, Jovita Wenger; Hanni Arni †, Helene Heiniger, Therese Wehrli (Klavierspiel in einem Alters- und Pflegeheim).

Seit 2003 machen Pia Hutzli und ich das sogenannte „10 vor 10" abends. Das sind 20 Minuten für die Seele anstelle des „10 vor 10" mit Stefan Klapproth oder Daniela Lager [s. oben sechste Predigt]. Nach meinem Indianeraufenthalt 2002 haben wir damit angefangen. Meditative 20 Minuten hier im Chorraum unserer Kirche, eine Verbindung von Musik und Texten: offen, philosophierend, meditativ. Welche vertrauensvolle, geheimnisvolle, nachdenkliche Stimmung in unserer großen Kirche durch Deine Flötenmusik, Pia, entstanden ist, das hat das „10 vor 10" gezeigt ... für Deine heutige Musik fehlen mir noch die Worte ...

Danke an Ulrich Haldimann, Angelika Däppen, Béatrice Fernandez für die jahrelangen Sigristen- und Sigristinnendienste [Kirchendiener / Messdienerinnen / Küster] hier in Spiez. Es sind gerade diese Dienste, ohne die ich nicht arbeiten hätte können, und es ist schön, auf eine solche Zusammenarbeit zurückschauen zu können. Dazu gehören auch die Sigristinnen von Einigen, Faulensee und Hondrich: Vreni und Beat Dähler, Gabriela Ingold; Ursula und Egon Brechbühl, Therese Feuz, Monika Jenzer.[202] Ueli Haldimann hat mir übrigens das Skiabonnement Adelboden/Lenk dänk 2013/2014 besorgt und wir freuen uns darauf, es so richtig laufen lassen zu können – ohne Hals- und Beinbruch

---

202 Da ich seit 1989 in Spiez als Pfarrer tätig war, gilt der Dank auch den jeweiligen Vorgängern/Vorgängerinnen in den entsprechenden Ämtern: z. B. Marianne Maibach, Kirchgemeinderatspräsidentin; Marianne Stettler (Organistin); Regine u. Kari Barben (Sigristenehepaar), Vreni Fahrni (Sigristin). Eine Fußnotenerwähnung kann den entsprechenden Dank nur unzulänglich zum Ausdruck bringen.

natürlich. Ich hoffe zugleich, dass der Arm in der Schlinge von Ueli, verursacht durch einen Sturz beim Skifahren, ein gutes Omen ist ... das MRI lässt auf jeden Fall hoffen!

KGR: Wer wie ich nun über längere Zeit in der Kirchgemeinde Spiez gearbeitet hat, der hat erfahren, wie wichtig das Zusammen-Arbeiten ist. Ich bin dankbar dafür, in einer Institution gearbeitet zu haben, die eine offene Weggemeinschaft sein will und die in ihrem Leitbild sagt: Wir bauen auf einen Geist der Begegnung und der Gemeinschaft, der Lebensfreude und des Humors, des Aufbrechens und Unterwegsseins, der Offenheit und Ehrlichkeit.
Ich weiß wohl, dass solche Ziele nicht vom Himmel fallen, gerade auch in der Kirche nicht, und bewusst habe ich auch in meinem Dank im Dezember-Reformiert [Evangelisch-Reformierte Zeitung für die deutsche und rätoromanische Schweiz] geschrieben: Danken will ich auch für Misslungenes, Ärgerliches und Unmögliches. Für Unmögliches danken ist schon nicht einfach. In diesem Dank für Unmögliches steckt immer auch ein kräftiger Wille zur Veränderung.
Mit diesen Gedanken danke ich den Verantwortlichen der Kirchgemeinde Spiez.

Über all die Jahre war ich eingebettet in das *Team*. Für vieles könnte ich dem *Team/Kollegium [s. Pfarrteam Personen- und Stichwortverzeichnis]* danken, nur eines will ich erwähnen, für das ich dem Team extra danken will. In einer Retraite, als wir ein schwieriges Problem nicht gepackt haben, sagte jemand: „Das stellen wir Gott anheim ..." Ja, es kann sehr hilfreich sein, so zu handeln ... Ich wünsche dem Team, zu dem ab 1. Januar mein Nachfolger Thomas Josi sich gesellen wird, dass dieses Gott-Anheim-Stellen befreiend sein wird ... ob es auch Probleme löst ... das ist die Marx'sche Opiumfrage!
Wenn ich diesen Dank so erwähne, dann rieche ich sofort auch den Duft des Nespresso-Kaffees, den ich gerne im *Büro* getrunken habe. Ich danke aber nicht dem Büro, vielmehr Christine [Jenni], Doris [Ifanger], Stefan [Grünig] für ihre Arbeit. Je intensiver die Zeit für mich war, umso

wichtiger wurden diese Pausen im KGH. Pausen, die auch deutlich machen, wie wichtig das Genießen ist. Ein Schüler hat über mich in einem Bericht geschrieben: „Helmut Kaiser wollte schon immer die Welt verändern." Es ist schon auch gut, wenn Weltveränderer das Genießen genießen!

Also: Danke vielmals dem „Büro" im Blick auf den Kaffee – „What else ..." [George Clooney]. Zu diesem Dank gehört auch ein Danke für das eine oder andere Erziehungsprogramm, das mir im Büro auferlegt wurde. Die für den heutigen Tag gemachte Auswertung hat eindeutig ergeben, dass diese Umerziehungsprogramme zu 100 % erfolgreich waren ...

Das, was ich bin, bin ich durch andere geworden.
Mit diesen Worten von Dietrich Bonhoeffer danke ich Ihnen *allen*, die wir uns in ganz verschiedenen Lebenssituationen getroffen haben. Manches ließe sich erzählen, wenn ich jetzt in die Runde schaue. Und gestern habe ich noch jemandem gesagt, dass mir manche Geschichte einfällt. Es sind Geschichten im Sinne der Worte von Dietrich Bonhoeffer: Geschichten der Dankbarkeit als Ausdruck dafür, was ich durch andere geworden bin!

Einen *besonderen Dank* will ich jetzt nennen. Am 10. August 1989 waren meine *Eltern* bei der Installation hier in der Kirche und dann beim Fest im KGH [Kirchgemeindehaus]. Im letzten Jahr mussten wir vom Vater und in diesem Jahr von der Mutter Abschied nehmen. Ihnen verdanke ich mein Leben.

Genauso groß ist der Dank an Rosmarie, unsere Töchter Mirjam, Susanne und Madeleine. Es ist ein Dank, der sich in vielen Lebensgeschichten erzählen lässt. Am Tag der offenen Tür vom 5. Oktober haben wir noch zu später Stunde solche Geschichten erzählt! Diese gemeinsamen Lebensgeschichten, zu denen die Großkinder Benjamin, Emily und Julian gehören, lassen mich mit innerer Zufriedenheit in die Zukunft gehen.

Dankbarkeit als Ausdruck dafür, was ich durch andere geworden bin!

Wir singen jetzt gemeinsam das Lied 233, 1, 2
Nun danket alle Gott

Mitteilungen
Abkündigungen als Gedenken an die Verstorbenen ...
In uns kreist das Leben,
das uns Gott gegeben,
kreist als Stirb und Werde
dieser Erde. Leben.
Mit diesen Worten von Kurt Marti sind wir hineingenommen in ein Sein, ein Werden und Vergehen. Mit diesen Worten denken wir an diejenigen, von denen wir in der letzten Woche Abschied genommen haben. Mit diesen Worten sind wir bei denjenigen, die Abschied nehmen mussten. Es waren ...
Von guten Mächten wunderbar geborgen. Erwarten wir getrost, was kommen mag. Gott ist mit uns am Abend und am Morgen und ganz gewiss an jedem neuen Tag. Amen.
[Andreas Blaser, Kirchengemeinderat]: Die Kollekte des heutigen Gottesdienstes ist bestimmt für das Kinderheim Hogar Bambi in der Klein-Stadt Darién in der Mitte Kolumbiens. Es werden rund 30 verwahrloste, verlassene oder verwaiste Kinder vom Säuglingsalter bis zum Schuleintritt betreut. Viele dieser Kinder werden in einem sehr schlechten Gesundheitszustand abgegeben; sie sind unterernährt und leiden an Darmkrankheiten. *Die Leitung des Kinderheims* in Kolumbien steht unter der Verantwortung und der Aufsicht der Gönnergemeinschaft unserer Region. Mitglieder des Gönnervereins wohnen in Spiez. Durch die ehrenamtliche Arbeit des Vereins wird den Kindern ein besserer Start ins Leben ermöglicht und die Familien bis zum Schuleintritt wieder vereint. Vielen Dank für Ihre Kollekte.

Gebet und Unser Vater
Gott: Umfassende Liebe, Gerechtigkeit für alle, Mutter Erde
[Damit werden die drei Themen des Gottesdienstes aufgenommen, die dem GFS des konziliaren Prozesses entsprechen: Ausgangspunkt von GFS u. a.:
Erste Europäische Ökumenische Versammlung. Im Jahr 1989, wenige Monate vor Öffnung der Berliner Mauer (9.11.1989), fand in der Pfingstwoche vom 15. bis 21. Mai die Europäische Ökumenische Versammlung „Frieden in Gerechtigkeit" in Basel statt. Sie wurde von der Konferenz Europäischer Kirchen (KEK) und der Europäischen Bischofskonferenz (CCEE) getragen und führte erstmals seit der Reformation alle Kirchen Europas zusammen. Es waren etwa 700 Teilnehmende aus fast allen Nationen Europas vertreten. Die Bevölkerung von Basel wurde ebenfalls in die Veranstaltungen miteinbezogen. Ein Versammlungsdokument mit den Anliegen der modernen Kirche – im Vordergrund standen Gerechtigkeit, Friede und Bewahrung der Schöpfung sowie die politische Verantwortung der Kirche – ging aus dem Kongress hervor. Der Dreiländermarsch durchs Dreiländereck Deutschland – Frankreich – Schweiz beeindruckte viele, vor allem aus dem Osten kommende Teilnehmende.
Helmut Kaiser war als Mitarbeiter (von 1984 bis Juli 1989) des Instituts für Sozialethik des Schweizerischen Evangelischen Kirchenbundes Teilnehmer an dieser Konferenz.]

Gottes Liebe öffne meine Augen mit dem Blickwinkel der Liebe,
damit sie Bedürftige sehen,
damit sie das Unscheinbare und Kleine nicht übersehen,
damit sie hindurchschauen durch das Vordergründige,
damit andere sich wohlfühlen können bei meinem Blick.
Gottes Gerechtigkeit lasse meinen Mund der Gerechtigkeit sprechen:
wenn Zivilcourage, Empörung (Stéphane Hessel), heiliger Zorn notwendig sind,
wenn tröstende und heilende Worte gefragt sind
wenn Worte der ethischen Orientierung notwendig sind.

Gottes Leben öffne meine Ohren der Ehrfurcht vor allem Leben:
dass sie das Seufzen der Natur hören [Römerbrief 8],
dass sie das Ein- und Ausatmen der Mutter Erde in allem Lärm und in aller Betriebsamkeit hören. *Amen.*

All diese Wünsche und Hoffnungen können wir im Unser Vater / Vaterunser *[bewusst doppelt] zum Ausdruck bringen, das wir jetzt gemeinsam beten und zu dem wir, wenn möglich, aufstehen:*
Unser Vater im Himmel,
geheiligt werde dein Name,
dein Reich komme,
dein Wille geschehe wie im Himmel,
so auf Erden.
Unser tägliches Brot gib uns heute.
Und vergib uns unsere Schuld,
wie auch wir vergeben
unsern Schuldigern.
Und führe uns nicht in Versuchung,
sondern erlöse uns von dem Bösen.
Denn dein ist das Reich
und die Kraft
und die Herrlichkeit in Ewigkeit. *Amen.*

Lied 334
Kanon Dona nobis

Segen [Zuordnungen völlig zufällig ...]
Helmut
Nach dem Lied *dona nobis pacem* bitten wir um den Segen: Andreas Blaser, Esther Richard, Andrea Frost und Barbara Büchi.
Der Segen Gottes sei mit uns allen ...

Andreas
Der Segen Gottes behüte uns, schütze alles Leben: Wasser und Luft, Pflanzen und Steine, Tiere und Menschen und bewahre unsere Hoffnung auf Gerechtigkeit, Frieden und Bewahrung der Schöpfung.

Andrea
Der Segen Gottes stärke unsere Phantasie und Kreativität, lasse uns immer wieder Neues wagen und experimentierfreudig sein, lasse uns nach dem Motto handeln: Mut tut gut.

Esther
Der Segen Gottes mache aus uns immer wieder neu eine Gemeinschaft, in der Kooperation und Mitbestimmung, Fehlerfreundlichkeit und Wertschätzung grundlegend sind.

Helmut
Der Segen Gottes gebe uns eine riesige Portion Gelassenheit, Heiterkeit und Humor, auf dass wir unseren Alltag mit Freude und Lust erleben, genießen und gestalten.

Barbara
Der Segen Gottes gebe uns ein Vertrauen, das uns erfahren lässt:
Von guten Mächten wunderbar geborgen,
erwarten wir getrost, was kommen mag.
Gott ist mit uns am Abend und am Morgen und ganz gewiss an jedem neuen
Tag. Amen.

Schlussspiel

Neunte Predigt: Christnacht 2013, 23.00 Uhr
Eine Herberge suchen, finden, gestalten ...

Eingangsspiel Orgel (Johannes Jaggi) und Querflöte (Andreas Finger)

Begrüßung
O du fröhliche, o du selige
Gnadenbringende Weihnachtszeit!
Welt ging verloren, Christ ist geboren.
Freue, freue dich, o Christenheit! Amen.

Mit diesen Worten aus unserem bekannten Weihnachtslied, liebe Gottesdienstgemeinde, begrüße ich Sie alle ganz herzlich zur heutigen *Christnacht-Feier.*
Am Heiligen Abend werden die Straßen leerer und leerer. Die Stuben in den Häusern füllen sich. Oft passiert etwas, was im Alltag seltener geworden ist. Familien sitzen zusammen: Sie essen miteinander, erzählen sich Geschichten, singen die bekannten Weihnachtslieder. Und das geschieht eh und je. Und immer wieder neu.
Das Weihnachtsfest führt zusammen. Menschen finden eine Herberge. Der Weihnachtsbaum mit seinen Kerzen, die Krippe gestalten diesen Ort.
In der Musik, die wir hören, in den Liedern, die wir singen, in den Texten, die wir hören, in den Gedanken, die wir uns machen, finden wir einen Ort, wo wir zusammen sein können.
Wir finden einen Ort, wo wir aus aller Hektik herausgenommen werden und wo die Stille der Nacht uns trägt.
Eine Herberge suchen. Eine Herberge finden. Eine Herberge gestalten. Das ist Weihnachten. Das ist das Leben [Weihnachten existentiell].

Musikalisch gestaltet wird dieser Christnachtgottesdienst von *Andreas Finger, Querflöte*, und *Johannes Jaggi, Orgel*. Mein Name ist Helmut Kaiser. Es freut mich, dass Sie hierhergekommen sind!

Lied 409, 1–3
O du fröhliche, o du selige

Weihnachtsgeschichte Lk 2,1–14 / Mt 2,1–12
An Weihnachten erinnern wir uns an das, was vor über 2000 Jahren in Bethlehem in einem Stall geschehen ist. Maria und Joseph machen sich auf nach Bethlehem und haben die größte Mühe, eine Herberge zu finden. Als sie nach langer Suche eine solche gefunden haben, es ist ein einfacher Stall, nimmt diese Herberge Gestalt an.
Verschiedene Personen kommen in diese einfache Herberge. Die Hirten auf dem Felde. Sie erhalten von den Engeln die Nachricht, dass etwas Besonderes geschehen ist. Die drei Sterndeuter aus dem Morgenlande (Matthäus 2,1 ff.), die dem Stern folgen [ohne Herodes zu informieren]. Maria gebar ihren ersten Sohn inmitten eines unwirtlichen Raumes.
Die Geschichte von diesem Geschehen steht in Lukas 2. Ich lese die Weihnachtsgeschichte aus dem Lukasevangelium, und zwar nach der Übersetzung von Martin Luther:[203]

Die Weihnachtsgeschichte Lukas 2 und Matthäus
1 Es begab sich aber zu der Zeit, dass ein Gebot von dem Kaiser Augustus ausging, dass alle Welt geschätzt würde. 2 Und diese Schätzung war die allererste und geschah zur Zeit, da Quirinius Statthalter in Syrien war.
3 Und jedermann ging, dass er sich schätzen ließe, ein jeder in seine Stadt.
4 Da machte sich auf auch Josef aus Galiläa, aus der Stadt Nazareth, in das jüdische Land zur Stadt Davids, die da heißt Bethlehem, weil er aus dem Hause und Geschlechte Davids war, 5 damit er sich schätzen ließe mit Maria, seiner anvertrauten Frau Verlobten; die war schwanger. 6 Und als sie dort waren, kam die Zeit, dass sie gebären sollte. 7 Und sie gebar ihren ersten Sohn und

---

203 Texte aus: Phil Bosmans u. a., Für jeden leuchtet ein Stern, Freiburg i. Br. 2006, S. 237 ff.

wickelte ihn in Windeln und legte ihn in eine Krippe; denn sie hatten sonst keinen Raum in der Herberge.
8 Und es waren Hirten in derselben Gegend auf dem Felde bei den Hürden, die hüteten des Nachts ihre Herde. 9 Und der Engel des Herrn trat zu ihnen, und die Klarheit des Herrn leuchtete um sie; und sie fürchteten sich sehr. 10 Und der Engel sprach zu ihnen: Fürchtet euch nicht! Siehe, ich verkündige euch große Freude, die allem Volk widerfahren wird; 11 denn euch ist heute der Heiland geboren, welcher ist Christus, der Herr, in der Stadt Davids. 12 Und das habt zum Zeichen: Ihr werdet finden das Kind in Windeln gewickelt und in einer Krippe liegen. 13 Und alsbald war da bei dem Engel die Menge der himmlischen Heerscharen, die lobten Gott und sprachen: 14 Ehre sei Gott in der Höhe und Friede auf Erden und den Menschen ein Wohlgefallen [bei den Menschen seines Wohlgefallens].
15 Und als die Engel vor ihnen gen Himmel fuhren, sprachen die Hirten untereinander: Lasst uns nun gehen nach Bethlehem und die Geschichte sehen, die da geschehen ist, die uns der Herr kundgetan hat. 16 Und sie kamen eilend und fanden beide, Maria und Josef, dazu das Kind in der Krippe liegen.
Matthäus 2
1–9 Auch drei Sterndeuter waren unterwegs zur Krippe im Stall. Sie hatten einen Stern gesehen und machten sich auf nach Bethlehem. Und der Stern, den sie hatten aufgehen sehen, zog vor ihnen her bis zu dem Ort, wo das Kind war; dort blieb er stehen.
10 Als sie den Stern sahen, wurden sie von sehr großer Freude erfüllt.
11 Sie gingen in das Haus und sahen das Kind und Maria, seine Mutter; da fielen sie nieder und huldigten ihm. Dann holten sie ihre Schätze hervor und brachten ihm Gold, Weihrauch und Myrrhe als Gaben dar.
Dann kehrten die Hirten wieder zu ihren Herden zurück und auch die drei Sterndeuter zogen heim in ihr fernes Land, woher sie gekommen waren.

Das *ist* das Bethlehem vor über 2000 Jahren.
Zwei Menschen haben eine Herberge *gesucht*, eine solche mühsam *gefunden* und dann mit ihrem Kind einen Ort neuen Lebens *erfahren*.
Ein Ort, an dem inmitten von Not, Armut und mancher Gefährlichkeit des Lebens ein neues Leben seinen Anfang nahm.

Auch heute ist und bleibt Bethlehem ein Ort der Hoffnung auf ein neues Leben in Frieden, auch wenn der Frieden an diesem Ort noch in weiter Ferne zu liegen scheint. Doch die Sehnsucht auf Frieden bleibt.
In diesem Sinne, mit dieser Hoffnung auf eine Herberge des Friedens, singen wird das Lied:

Lied 395, 1–3
Lobt Gott ihr Christen alle gleich

Besinnung 1
Eine Herberge suchen
In der biblischen Geschichte wird nur ganz kurz darüber berichtet, dass Maria und Joseph Mühe hatten, einen Raum, eine Herberge zu finden. Doch diese kurze Meldung sagt prägnant: Die von oben befohlene Volkszählung führte zu einer ganz prekären Unterkunftssituation. Es war kein Platz mehr in Bethlehem vorhanden, wo die beiden hätten übernachten können. Sie fanden einen Stall, denn sie hatten sonst keinen Raum in der Herberge. Maria und Joseph waren auf der Suche einer Herberge. Wir sind heute immer wieder auf der Suche nach unserer Herberge, dem Ort, wo sich übernachten lässt, dem Ort, der Schutz bietet, dem Ort, wo ich sein kann, dem Ort, wo ich mich wohl fühle. Als ich heute noch im Coop kurz etwas einkaufen ging und dort dann längere Zeit verbrachte [hermeneutisch: den Alltag auf einen Schlag einbringen], da wurde mir bestätigt, was auf der Suche nach der Herberge alles möglich ist und passiert:
Diese Suche nach einer Herberge lässt erinnern. Am Heiligen Abend denken viele von uns zurück. Erinnerungen an die Kindheitszeit: Wie habe ich Weihnachten erlebt? Niemand durfte von uns das Wohnzimmer betreten, solange der Vater den Weihnachtsbaum schmückte. An was erinnern Sie sich auf der Suche nach der Herberge?
Das erste Weihnachtsfest zu zweit als Paar. Oder: Das erste Weihnachtsfest mit der ersten Tochter, die, nachdem sie die Kerzen am Christbaum gesehen hat, zum ersten Male die ganze Nacht durchgeschlafen hat. Oder auch: die ersten Weihnachten allein.

Die Suche nach der Herberge lässt mich Fragen stellen wie: Bin ich auf dem Weg, den ich mir wünsche? Weiß ich, wohin ich will? Wo bin ich eigentlich angekommen in meinem Leben? Wo und warum musste ich Ideale aufgeben? Wer steht mir auf meinem Weg zur Seite und auf wen kann ich mich verlassen? Diese Fragen – auf der Suche nach der Herberge – fordern heraus, machen uns achtsam, können verletzen. Es sind Fragen, die ich im Alltag auf die Seite stelle, auf dem Weg nach der Herberge an Weihnachten brechen sie auf. Das macht mich auf der Suche nach meiner Herberge aufmerksam und nachdenklich, verletzlich wie glücklich.

Die Suche nach der Herberge kann beschwerlich sein, wie es in einem eindrücklichen Lied heißt (368). „Maria durch ein' Dornwald ging." Bei der Suche nach einer Herberge werden wir achtsam auf Menschen, deren Suche nach einer Herberge mit dem Tod endet. Lampedusa, die kleine europäische Insel nahe der afrikanischen Küste, wird zum Inbegriff für Flüchtlingstod und Flüchtlingselend. Anfang Oktober ertranken 366 Menschen, als ihr Boot direkt vor der Hafeneinfahrt kenterte. In Italien und im restlichen Europa herrschte in diesen Tagen tiefste Betroffenheit. Vertreter der EU und der italienischen Regierung standen sichtlich gerührt vor der schier endlosen Sargreihe. Das, so die Bürgermeisterin Giusy Nicolini, sei ja noch verständlich. Doch nach den Tränen müsste es auch konkrete Reaktionen geben. Gab es das?

Die Suche nach der Herberge kann durch eine stille Nacht führen. Es geht um die Sehnsucht nach einer tiefen Stille, einer Stille, die einen inneren Frieden in mir erzeugt, die mich achtsam und aufmerksam werden lässt, auf Menschen, die eine Herberge suchen.

Dies alles gehört zur *Suche* nach der Herberge. Das passiert auf dieser Suche:
Erinnerungen, die mich berühren.
Fragen, die mich herausfordern.
Geschehnisse, die verändert werden müssen.
Eine Stille, die mich achtsam, aufmerksam und stille werden lässt.

Deshalb bin ich, sind wir immer wieder neu auf der Suche nach der Herberge.

Orgel und Querflöte

Besinnung 2
Eine Herberge finden[204]
Maria und Joseph brauchen unbedingt eine Unterkunft. Eine Unterkunft ist für sie lebenswichtig! Maria ist hochschwanger, jede Minute kann die Zeit der Geburt kommen. DAS Finden ist lebenswichtig!

Die Weihnachtsgeschichte narrativ und aktuell
An jeder Tür fragt Joseph. Alles aber besetzt. Sie kommen zur Herberge. Diese ist überfüllt. Alles voller Leute, die übernachten.
Joseph lässt Maria auf dem Esel drinnen im Hof zurück und geht, um in anderen Häusern zu suchen. Völlig entmutigt kehrt er zurück. Es ist nichts zu finden. Es ist kalt. Joseph fleht den Gastwirt an. Er bittet Reisende. Sie sind kräftige und gesunde Männer, und dort ist seine Frau unmittelbar vor der Geburt eines Kindes. Nichts zu machen.
Sie gehen hinaus und folgen der Mauer der Herberge. Dann biegen sie in eine Gasse ein, die zwischen der Herberge und armseligen Häusern liegt.
Da, plötzlich, ruft ihm ein Gastwirt zu:
„Dort hinten, unter jener Ruine, dort ist eine Höhle. Vielleicht ist noch keiner darin." Maria und Joseph eilen hin. Es ist wirklich eine Höhle. Zwischen den Resten eines zur Ruine gewordenen Gebäudes ist ein Durchgang. Er führt in eine Grotte.
Um besser sehen zu können – denn es ist schon beinahe dunkel –, nimmt Joseph Zunder und Feuerstein und zündet seine Laterne an, die er aus dem umhängenden Rucksack hervorholt. Er tritt ein und ruft:

---
204 Idee entstanden beim Besuch von Elsa und Martin Meyer, Hot Springs South Dakota, 2008.

„Komm, Maria! Sie ist frei. Nur ein Ochse ist da." Maria sagt müde: „Besser als nichts."
Maria steigt vom Esel und tritt ein. Sie haben eine Herberge gefunden. Endlich. Das erleichtert, das lässt aufatmen.

Hier mache ich *unmittelbar einen Sprung* in unsere Gegenwart. Die meisten von Ihnen kennen das Psychiatriezentrum Münsingen bei Bern. Was viele bis vor kurzem nicht wussten: Dort haben 52 Menschen schon über längere Zeit eine Herberge gefunden, ein Zuhause, weil andere Institutionen sie nicht aufnehmen können oder wollen. 52 Menschen fühlen sich im PZM wohl, weil sie achtsam und fachkundig begleitet werden. Das PZM wurde zur Herberge für diese 52 Männer und Frauen. Durch das vor kurzem beschlossene Sparprogramm des *Kantons* werden diese 52 Menschen ihre Herberge verlieren.
Die Klinikdirektion schreibt in ihrem Weihnachtsbrief dazu:
„Die schwierige Suche nach einem neuen Zuhause wird für einen Teil unserer Patientinnen und Patienten schon bald Realität."
Menschen, die eine Herberge gefunden haben, werden diese verlieren. Menschen am Rande unserer Gesellschaft ohne Lobby werden immer auf der Suche nach einer Herberge sein und werden ihre Herberge verlieren.[205]

Interpretation
Weil in der Herberge kein Platz für sie war ... Mit diesem unscheinbaren Nebensatz wird Grundlegendes in unserem Leben angesprochen. Menschen auf Herbergssuche. Wir brauchen eine Herberge, wir brauchen einen Ort, an dem wir sein können.
So sagt uns die Weihnachtsgeschichte immer wieder neu:
Wir können nicht ewig und immer auf der *Suche* nach einer Herberge sein. Die Suche muss ein Ende haben, eine Herberge muss gefunden werden.

---

205 Nachtrag: Die „Umplatzierung", von mir in der Predigt noch scharf kritisiert, ist besser gelungen als befürchtet.

Wir müssen, um leben zu können, eine solche Herberge auch wirklich finden. Wir suchen einen Platz, an dem wir bleiben können, an dem wir uns wohlfühlen, an dem wir zufrieden sein können.

Eine Herberge finden. Eine Unterkunft, die einen beherbergt, die gibt, was man zum Leben braucht.
Wenn ich, wenn wir die Herberge gefunden haben, dann ist manches möglich:
Wenn ich meine Herberge gefunden habe, dann kann ich innehalten und kann mich ausruhen von den Anstrengungen der Suche.
Wenn ich meine Herberge gefunden habe, dann kann ich den Augenblick genießen und mich auf die Gegenwart konzentrieren.
Wenn ich meine Herberge gefunden habe, bin ich befreit vom Krampf des Suchens und kann mich auf das konzentrieren, was Sinn stiftet und beglückt.
Wenn ich meine Herberge gefunden habe, werde ich offen für Begegnungen. Angekommen in der Herberge, habe ich mich eingerichtet, habe ich Zeit, Menschen einzuladen.
Wenn ich meine Herberge gefunden habe, dann erlebe ich Zufriedenheit.

Nach der Suche der Herberge sollte ich sagen und erfahren können: Ich habe die Herberge, die ich brauche. Ich habe *meine* Herberge gefunden.

Orgel und Querflöte

Besinnung 3
Eine Herberge gestalten
Nach der Suche der Herberge habe ich die Herberge gefunden. Ich hoffe, dass ich meine Herberge nicht verliere. Ich habe nun Zeit, die Herberge zu gestalten. Wie sieht diese Herberge aus?
Bei diesem Gedanken schaue ich wieder auf unsere Weihnachtsgeschichte und bin erstaunt, wer alles bei der Herberge war und wie durch diese Herberge gestaltet wird:

Maria und Joseph und das Kind in der Krippe: Im Mittelpunkt stehen Maria, Joseph und Jesus. Ja, sie sind froh, dass sie so etwas wie eine Höhle finden, die sich als Stall entpuppt. Aber das reicht ihnen, um das Kind auf die Welt zu bringen. Es braucht ja nur einen minimalen Schutz. Eine Herberge finden in einem ganz einfachen und schlichten Stall. Vielleicht wird die Sehnsucht nach einer einfachen Herberge immer stärker. Wir haben in den letzten Jahren erfahren: Das Große ist in die Brüche gegangen. Das Große hat sich als selbstzerstörend erwiesen. Das Wort „mega" hat sich abgewirtschaftet und hat sich als wertezerstörend gezeigt. Das „too big to fail" wird überwunden. Großbanken sind plötzlich unvorstellbar klein geworden. Der Wunsch nach Einfachheit und Überschaubarkeit ist am Wachsen. Es gilt neu: Das Kleine und Einfache, das Überschaubare und Übersehbare ist wertvoll.

Die Hirten: Die Hirten sind arme Leute, die keine Geschenke mitbringen können. Ihre Tiere haben sie auf dem Feld gelassen. Die Hirten sind einfach da, so wie sie sind. Sie können nichts vorweisen, sie haben keine Kreditkarte bei sich. Sie haben den Stallgeruch ihrer Tiere an ihren Kleidern und an ihrer Haut.

Die Hirten stehen an der Krippe mit einer tiefen Hoffnung auf bessere Zeiten. Diese besseren Zeiten lassen sich die Hirten nicht himmlisch verklären. Sie wollen gesunde Schafe, sie wollen genügend Essen, sie wollen, dass sie nicht an den Rand der Stadt gedrängt werden. Sie wollen als Menschen ernst genommen werden.

Die drei Sterndeuter: Die drei Sterndeuter, die bei der Krippe stehen, stehen in einem riesengroßen Kontrast zu den Hirten. Die Hirten kommen vom nahen Felde: Sie sind arm, mit Tieren haben sie zu tun. Die drei Sterndeuter kommen aus der Gegend, aus dem Bereich Mesopotamiens, also etwa des heutigen Irans und des Iraks [die Isis war in dieser Zeit noch kein Thema], immer noch eine Region der Krise. In der Zeit vor 2000 Jahren hat man sich in dieser hochentwickelten Kultur besonders gut auf die Stern- und Traumdeutung verstanden. Unsere Sterndeuter sind nicht Zauberer und Magier, sondern Sternkundige, die sich mit Astronomie und Astrologie, die sich in der Politik auskennen.

Die Weisheit der drei Sterndeuter sagt ihnen, was gerecht und ungerecht ist. Sie kehren nicht mehr zur Macht, zu König Herodes zurück und retten so dem Kind in der Krippe das Leben.
Ochs und Esel an der Krippe: Und dann stehen auch noch Tiere an der Krippe. Ochs und Esel werden genannt. Es gibt Bilder von Krippen, auf denen die Tiere mit einer großen Neugierde auf das Geschehen schauen. Ochs und Esel bringen etwas Wärme in den Höhlenstall. Es gibt eine eindrückliche Begegnung von Tier und Mensch im Sinne einer Mitgeschöpflichkeit.

Interpretation
Wir wissen, wer bei der Herberge, der Krippe war:
Maria und Joseph mit dem Kind, die Hirten, die Sterndeuter und die Tiere sind in dieser Herberge vereint.
Ganz unterschiedliche Menschen finden in der Herberge Platz und gestalten diese auf ihre Weise.
Maria, die Vertrauende und Hoffende.
Joseph, der seinen Träumen traut und dem Kind mutig die Zukunft ermöglicht.
Die Hirten, am Rande der Gesellschaft lebend, mit dem Stallgeruch ihrer Tiere.
Die Sterndeuter in ihren königlichen Gewändern, welche sich nicht scheuen, in den Stall zu gehen.
Die Tiere, welche dem Kind in der Herberge, der Krippe die nötige Wärme in der kalten Nacht geben.

Wir erkennen:
Arme und Reiche, Tiere und Menschen, Glaubende und Zweifelnde, Suchende und Fragende. Alle haben ihren Platz in dieser Herberge. Alle kommen aus der je eigenen Welt. Jeder aus seiner Welt und jede darf so sein, wie er oder sie ist. Und selbst die Tierwelt ist miteinbezogen. Da geschieht ein Miteinander. Es geschieht eine umfassende Gastfreundschaft. Bei dieser Gastfreundschaft spielt es keine Rolle, ob ich fremd bin oder einheimisch, ob ich nach Stall rieche oder die Sterne

deuten kann oder ob ich ein Tier oder ein Mensch bin (Galaterbrief 3,28).

Fragen
Ja, so wurde die Herberge von vor über 2000 Jahren gestaltet. Diese Herberge in dieser Gestalt lässt für heute fragen:
Trägt diese Herberge nicht das Leitbild für eine Gemeinschaft in sich, die nicht ausgrenzt, vielmehr einschließt [Gedanke der Inklusion]?
Trägt diese Herberge nicht die Vorstellung einer Gastfreundschaft in sich, welche eine multikulturelle und multireligiöse Gesellschaft zum Ziel hat [Gedanke der umfassenden Gastfreundschaft]?
Ist diese Herberge nicht wie eine Urszene einer Gemeinschaft, in welcher der Friede zwischen Mensch und Mensch, Mensch und Natur in einer unwirtlichen Umgebung geschieht [Gedanke eines umfassenden Friedens]?
Ja, die Herberge von Bethlehem lässt uns diese Fragen stellen. Und wie beantworten wir diese? Heute, an Weihnachten 2013, morgen und übermorgen. Oder wie beantworten wir diese Fragen, wenn wir zum Beispiel am 9.2.2014 – Initiative gegen Masseneinwanderung – das nächste Mal an die Urne gehen? [Wurde mit 50,3 % angenommen: eine „Unmöglichkeit" mit vielen Problemen.[206]]
Und: Das Elend der Menschen, die fliehen mussten und immer wieder neu fliehen müssen, will ich hier und jetzt mit einem *Schweigen erwähnen ... Amen.*[207] [paradox formuliert]

---

[206] Nach der Wahl von Donald Trump am 8.11.2016 zum 45. Präsidenten der USA weiß ich, wie stark die Bürger und Bürgerinnen in solchen Wahlen und Abstimmungen ihre Ängste, ihre Wut, ihre Sorgen zum Ausdruck bringen. Mag man die entsprechenden Akteure als populistisch, menschenverachtend, rassistisch, sexistisch, gefährlich betrachten, sie bieten vielen Menschen die Gelegenheit zur „Notwehr" gegen ein System (Globalisierung, Digitalisierung, Automatisierung, Liberalisierung), dem sie sich ausgeliefert fühlen. Dies gilt es ernst zu nehmen, auch wenn viele der Betroffenen damit ihre eigenen Henker wählen. Siehe dazu Facebook-Artikel von Helmut Kaiser vom 11.11.2016.

[207] Siehe Ekué, Amélé Adamavi-Aho / Mathwig, Frank / Zeindler, Matthias: Heimat(en)? Beiträge zu einer Theologie der Migration, Zürich 2017. Die Herberge ist global und kennt keine Grenzen.

Orgel und Querflöte

Mitteilungen ...
Eine Herberge *suchen*. Wir sind immer wieder neu auf der Suche nach der Herberge. Eine solche Suche hat eine große Offenheit, eine solche Suche kann auch schwierig sein, eine solche Suche kann ein Experiment sein, eine solche Suche kann lebensgefährlich sein, eine solche Suche kann einen Zauber in sich tragen.
Eine Herberge *finden:* Die Suche nach der Herberge braucht ein Ziel. Die Suche muss erfolgreich sein. Ich brauche eine Herberge, die mich beschützt, in der ich wohnen kann, in der neues Leben möglich ist. Eine Herberge finden und haben, in der ich bleiben kann, in der ich einen Raum zum Leben habe – das ist lebenswichtig.
Eine Herberge *gestalten:* In der Herberge von Bethlehem ist neues Leben auf die Welt gekommen. Es ist zugleich ein Leben umfassender Gastlichkeit ohne Grenzen zwischen Mensch und Mensch und Mensch und Tier. Der Fremde gehört zur Herberge wie das Tier. Alle sind in dieser Gastfreundschaft vereint.
Eine Herberge suchen – eine Herberge finden – eine Herberge gestalten. Welchen Sinn und welche Bedeutung haben diese drei Gedanken nun für Sie?

Danken will ich ganz herzlich *Andreas Finger, Querflöte, und Johannes Jaggi, Orgel,* für die musikalische Gestaltung des Christnachtgottesdienstes. Es ist gerade auch die Musik, die unsere Kirche in dieser Zeit zu einer Herberge des Friedens werden lässt. Danke an *Ueli Haldimann* – Sigrist – und an Sie alle, dass Sie gekommen sind.

Gebet
Wir sind auf der Suche nach der Herberge. Mit Erinnerungen. Mit Hoffnungen. Mit Visionen.
Wir hoffen, dass wir eine Herberge finden, in der wir Gastfreundschaft erfahren. Und wir setzen uns für diejenigen ein, die ihre Herberge zu verlieren drohen.

Wir freuen uns, in einer Herberge leben zu können, in der Frieden, Gerechtigkeit und die Bewahrung der Schöpfung die Hauptpunkte ihrer Hausordnung sind.
In dieser Herberge hören und sehen wir die Nachrichten und erkennen die Realität der Welt. Wir haben die Hoffnung in uns:
Dass die zarten *Wurzeln* des Friedens und der Gerechtigkeit, dass die feinen Wurzeln der Bewahrung der Schöpfung immer kräftiger werden: hier bei uns, in der ganzen Schweiz, in Europa, in der globalen Welt. *Amen.*

Lied 399, 1–3
Es ist ein Ros entsprungen

Kerzen anzünden mit Orgel
Während die Kerzen [alle Gottesdienstbesucher/-innen erhalten eine Kerze] ungezündet werden – Orgel besinnlich!

Das Licht der Kerzen an unserem Christbaum erinnert uns an die Geschichte, die an einem Tag vor langer Zeit geschehen ist.
Zwei Menschen waren auf der Suche nach einer Herberge. In einem einfachen Stall haben sie ihre Herberge gefunden.
Im und mit dem Licht der Kerzen *suchen* wir unsere Herberge.
Das Licht der Kerzen lässt uns die Herberge *finden.*
Das Licht der Kerzen lässt uns die Herberge *gestalten.*

Wir werden Ihnen jetzt das Licht der Kerzen von unserem Weihnachtsbaum/Christbaum bringen. Geben Sie das Licht der Kerzen einfach weiter. Als Zeichen für dieses Suchen, Finden und Gestalten:

[In der Regel wird die ganze kaiserlich-schranzsche Familie dafür engagiert, die Kerzen der Gottesdienstbesucher und -besucherinnen anzuzünden. Dies sozusagen als „Abschluss" der Familien-Weihnachtsfeier an der Krattigstr. 79 in CH-3700 Spiez. Das Anzünden der Kerzen am Christbaum ist selbstverständlich Chefsache: Ueli Haldimann, Sigrist Ref. Kirche Spiez.]

Die Kerzen brennen

Auf der Suche nach unserer Herberge sind wir auf Licht angewiesen. Im Licht der Kerzen haben wir die Herberge gefunden, von der wir uns wünschen, dass wir in ihr eine stille und heilige und friedvolle Nacht erleben können.

Wir sind an den Schluss unseres Christnachtgottesdienstes gekommen. Nach dem *Unser Vater*, das wir gemeinsam beten,
singen wir, ebenfalls stehend, das *Lied 412, 1–3: Stille Nacht, heilige Nacht*, dann bitte ich um den Segen.

Das Schlussspiel lässt uns noch einmal den Weihnachtsbaum sehen. Wir setzen uns also nach dem Segen noch einmal.

Unser Vater
Aufstehen zum Unser Vater, Lied Stille Nacht und Segen

Unser Vater im Himmel,
geheiligt werde dein Name,
dein Reich komme,
dein Wille geschehe wie im Himmel,
so auf Erden.
Unser tägliches Brot gib uns heute.
Und vergib uns unsere Schuld,
wie auch wir vergeben
unsern Schuldigern.
Und führe uns nicht in Versuchung,
sondern erlöse uns von dem Bösen.
Denn dein ist das Reich
und die Kraft
und die Herrlichkeit in Ewigkeit. *Amen.*

Lied 412, 1–3
Stille Nacht, heilige Nacht

Segen und Schlussspiel

Der Segen Gottes sei mit uns allen.

Mögen wir alle, in allem, eine gnadenbringende Weihnachtszeit erleben.

Mögen alle Menschen eine Bleibe, eine Herberge finden, in der sie zufrieden sein können.

Möge der grenzenlose Frieden / die Liebe Gottes in allen Zerbrechlichkeiten und Konflikten des Lebens unseren Alltag bestimmen.

Möge die friedvolle Stille der Christnacht uns in die Nacht hinausbegleiten. *Amen.*

Zehnte Predigt: Silvestergottesdienst 2013 um 23.00 Uhr
Alles hat seine Zeit auf den Stufen des Lebens

Im Anschluss an den Silvestergottesdienst wird etwas Warmes zum Trinken angeboten.
Orgel (Marc Fitze) und Trompete (Hansjakob Bollinger)

Begrüßung
Lobet den Herren, den mächtigen König der Ehren; lobt ihn o Seele, vereint mit den himmlischen Chören ...
Kommet zuhauf, Psalter und Harfe wacht auf, lasset den Lobgesang hören. Amen.
Mit diesen bekannten Worten aus unserem Anfangslied begrüße ich Sie alle, liebe Gottesdienstbesucherinnen und Gottesdienstbesucher, ganz herzlich zu unserem Silvestergottesdienst 2013.
Das alte Jahr neigt sich seinem Ende zu, das neue ist in greifbare Nähe gerückt. Wir erleben eine Zeit des Übergangs.
Ich habe Ihnen ein Blatt ausgeteilt mit zwei „Uhren". Eine Uhr, bei der die zwölf Stunden in nur elf Stunden unterteilt sind (Solothurn; Photo von Agnes und Hans Schild, Spiez). Was sagt uns diese „Zeit"?
Und die zweite Uhr mit einer Aufschrift: *Eines der kostbarsten Geschenke ist Zeit.*
Musikalisch gestaltet wird der Silvestergottesdienst von Marc Fitze, Orgel, und Hansjakob Bollinger, Trompete.
Es ist schön, dass Sie hierhergekommen sind, und ich freue mich, mit Ihnen diesen Gottesdienst feiern zu können. [Die Kirche war ziemlich gut besetzt – es war mein effektiv letzter Gottesdienst als Pfarrer in Spiez.]

Lied 242, 1–5
Lobet den Herren

Abb. 13: Zeit als Geschenk Inschrift im steinernen Kompass auf dem Tafelberg in Kapstadt.

Abb. 14: Elf-Stunden-Uhr in Solothurn Schweiz

Besinnung 1
Alles hat seine Zeit
An Silvester, liebe Gottesdienstgemeinde, wird uns die Zeit auf eine besondere Weise bewusstgemacht. In rund einer Stunde werden die Glocken das alte Jahr ausgeläutet haben. Nach einer kurzen Pause, wenn die Uhr zwölfmal geschlagen hat, wird das neue Jahr eingeläutet. Viele werden mit dem Sektglas oder einem anderen Glas in der Hand dastehen, auf ihre Uhren schauen oder aufmerksam die Schläge der Glocken zählen: 1 … 2 … 3 …

Dann ist es so weit: Alles Gute im neuen Jahr!

Zwei Texte werden im Mittelpunkt dieses Silvestergottesdienstes stehen. Es sind Texte, die zugleich Lebenstexte sind, die Sie von der Zeit Abschied nehmen lassen und Sie zugleich in die Zukunft begleiten sollen.

Der erste Text wurde geschrieben vom bekannten Weisheitslehrer des Ersten Testaments, dem Prediger – 300 v. Chr. –, wie er genannt wurde.

Alles hat seine Zeit.

Der zweite Text ist von Hermann Hesse: *Stufen.*

Zuerst lese ich den Text des Weisheitslehrers: Alles hat seine Zeit:

Prediger 3,1–8
1   Alles hat seine Stunde. Für jedes Geschehen unter dem Himmel gibt es eine bestimmte Zeit:
2   eine Zeit zum Gebären / und eine Zeit zum Sterben, / eine Zeit zum Pflanzen / und eine Zeit zum Abernten der Pflanzen,
3   eine Zeit zum Töten / und eine Zeit zum Heilen, / eine Zeit zum Niederreißen / und eine Zeit zum Bauen,
4   eine Zeit zum Weinen / und eine Zeit zum Lachen, / eine Zeit für die Klage / und eine Zeit für den Tanz;
5   eine Zeit zum Steine werfen /

und eine Zeit zum Steine sammeln, / eine Zeit zum Umarmen / und eine Zeit, die Umarmung zu lösen,
6 eine Zeit zum Suchen /
und eine Zeit zum Verlieren, / eine Zeit zum Behalten / und eine Zeit zum Wegwerfen,
7 eine Zeit zum Zerreißen /
und eine Zeit zum Zusammennähen, / eine Zeit zum Schweigen / und eine Zeit zum Reden,
8 eine Zeit zum Lieben /
und eine Zeit zum Hassen, / eine Zeit für den Krieg / und eine Zeit für den Frieden.

Eine besondere Monotonie besitzt dieser Text des Weisheitslehrers. So wie die Sekunden verrinnen, die Minuten, Stunden, Tage, Wochen und Monate vergehen, so sagt dieser Text: Alles hat seine Zeit. Dieser Text bedeutet für mich:

Alles hat seine Zeit: Alles braucht eine Zeit
Das meint: Für alles gibt es eine Zeitspanne. Eine Schwangerschaft braucht ihre neun Monate, eine Ausbildung braucht drei Jahre, eine Zugfahrt von Spiez nach Bern braucht ihre 30 Minuten. Die Trauer braucht ihre Zeit.
Ein afrikanisches Sprichwort sagt: Das Gras wächst nicht schneller, wenn man daran zieht. Es ist ein Text, der uns die Frage stellt: Lassen wir den Dingen, den Geschehnissen, lassen wir uns wirklich noch die Zeit, die sie und wir brauchen?
Ist dies nicht ein guter Vorsatz für das neue Jahr: Allen Dingen und Geschehnissen die Zeit zu lassen, die sie brauchen, und zu fragen: Was ist mein Lebenstempo? Das Bild von der Uhr mit der 11-Stunden-Einteilung sagt uns dies.

Alles hat seine Zeit: Widersprüche
Unser Leben ist geprägt von Widersprüchen und Gegensätzen und vom Wechsel – so sagt es der Bibeltext. Alles hat seine Zeit in unserem Leben. Das Leben und das Sterben, das Werden und Vergehen. Es ist ein altes Wissen der Menschheit: Unser Leben verläuft nicht gradlinig, nicht nur in planbaren Kategorien, sondern ist geprägt von Polarität, Unwägbarkeit und Wechsel. Und alles enthält schon den Kern des jeweils anderen in sich. In jedem Werden ist das Vergehen schon mit angelegt. Das im Herbst abgefallene Blatt lässt die Knospe für das neue bereits erkennen. Dies kann ein Trost sein, denn es spricht davon, dass Tränen, Leiden und Schmerzen nur eine gewisse Zeit dauern, nicht unendlich sind. Tränen trocknen und Wunden heilen, eben mit der Zeit. Das heißt aber zugleich, dass auch Lachen, Freude und Leben nur eine gewisse Zeit dauern können. Der Text will uns auf die Widersprüchlichkeit unseres Lebens einstimmen.

Alles hat seine Zeit: Liebe
Der Prediger eröffnet immer einen weiten Raum des Lebens. Krieg und Frieden gehören auch dazu. Es sind immer Gegensätze. Ausgehend von diesem Text aus dem Ersten Testament war und ist meine Theologie eine ganz einfache: Es ist die LIEBE (1. Joh 4,16), welche diese Räume des Lebens ausfüllt oder ausfüllen soll, es ist die Liebe, welche das Töten zum Heilen macht, welche den Hass in Frieden verwandelt ...

Alles hat seine Zeit: Die Zeit ist kostbar
Alles hat seine Zeit. Ein uralter Text über die Zeit und das Leben. Ein Text jedoch, der immer zeitgemäß ist.
Es stimmt einfach: Alles hat seine Zeit. Und dabei wird uns bewusst: *Eines der kostbarsten Geschenke des Lebens ist Zeit*, wie es auf dem Bild steht.
Dieses Bild [s. oben] mit diesen Worten haben wir von Nachbarsleuten erhalten. Ich habe diesen Text auf dem ausgeteilten Blatt abgebildet. Dieses Bild zeigt die Inschrift im steinernen Kompass auf dem

faszinierenden Tafelberg in Kapstadt. Der Text von den Nachbarsleuten dazu:
„Wir haben dieses für uns neue Geschenk im vergangenen Jahr auf unserer eindrücklichen Südafrikareise ausgekostet. Dieses Geschenk dankbar und achtsam annehmen und dieses Geschenk der Zeit bewusst leben und auskosten. Das ist eine Kunst des Lebens." (Ansichtskarte von Christine und Hans Jakob Hadorn, CH-3700 Spiez)

Zwischenspiel Orgel und Trompete

Gebet
Gott, Zeit des Lebens, Vergangenheit, Gegenwart und Zukunft
Im Fluss der Zeit erfahren wir:
Das Jahr geht still zu Ende,
nun sei auch still, mein Herz.
Im Fluss der Zeit wünsche ich mir:
In die Zeit des Jahres
leg ich nun Freud und Schmerz.
Im Fluss der Zeit hoffe ich:
Und was dies Jahr umschlossen,
die Freuden, die genossen,
die Tränen, die geflossen.
All das sei nun umschlossen, von Gottes Lieb und Treu. *Amen.*[208]

Lied 724, 1, 2, 7
Sollt ich meinem Gott nicht singen, sollt ich ihm nicht dankbar sein

Besinnung 2
Und jedem Anfang wohnt ein Zauber inne
Alles hat seine Zeit. Alles braucht seine Zeit, alles hat sein Lebenstempo, alles hat seinen richtigen Zeitpunkt. Wir leben in dieser Vielfalt der Zeit, wir werden ermutigt, diese Zeit zu gestalten, auch wenn wir erfahren,

---

208 EKD-Gesangbuch-Lied Nr. 63, etwas modifiziert.

dass die Zeit uns beherrschen kann, dass es Ereignisse gibt, die wir nicht im Griff haben, die wir geschehen lassen müssen.

Wie denken, fühlen wir in der Zeit, wie nehmen wir Entwicklungen wahr? Das bekannte Gedicht von Hermann Hesse gibt auf diese Frage eine Antwort. In seinem Gedicht „Stufen" spricht Hermann Hesse (1877 Calw bis 1962 in Lugano) von Lebens-Stufen:

Stufen

Wie jede Blüte welkt und jede Jugend
Dem Alter weicht, blüht jede Lebensstufe,
Blüht jede Weisheit auch und jede Tugend
Zu ihrer Zeit und darf nicht ewig dauern.
Es muß das Herz bei jedem Lebensrufe
Bereit zum Abschied sein und Neubeginne,
Um sich in Tapferkeit und ohne Trauern
In andre, neue Bindungen zu geben.
Und jedem Anfang wohnt ein Zauber inne,
Der uns beschützt und der uns hilft zu leben.

Wir sollen heiter Raum um Raum durchschreiten,
An keinem wie an einer Heimat hängen,
Der Weltgeist will nicht fesseln uns und engen,
Er will uns Stuf' um Stufe heben, weiten.

Kaum sind wir heimisch einem Lebenskreise
Und traulich eingewohnt, so droht Erschlaffen,
Nur wer bereit zu Aufbruch ist und Reise,
Mag lähmender Gewöhnung sich entraffen.

Es wird vielleicht auch noch die Todesstunde
Uns neuen Räumen jung entgegensenden,
Des Lebens Ruf an uns wird niemals enden ...
Wohlan denn, Herz, nimm Abschied und gesunde!

Bei diesem Gedicht von Hermann Hesse ist mir Folgendes wichtig geworden.

Hermann Hesse spricht *zuerst* von einem besonderen Anfang:
> Und jedem Anfang wohnt ein Zauber inne,
> Der uns beschützt und der uns hilft zu leben.

Zur *Zeit*, zur Vergangenheit, Gegenwart und Zukunft, gehört ein Zauber, der uns beschützt. Wenn ich die Vergangenheit, die Gegenwart überdenke, dann fällt mir manch Zauberhaftes ein. Ist es der Wunsch des Großkindes, bald drei Jahre alt, dem Großvater das Lied Happy Birthday singen zu wollen. Suchen wir doch immer wieder neu nach diesem Zauberhaften in unserer Zeit, im Kleinen und Alltäglichen.

Ein *zweiter* Gedanke ist mir bei Hermann Hesse wichtig geworden. Dieser bezieht sich auf das Abschiednehmen. Zur Erfahrung der Zeit gehört das Abschiednehmen, das Hermann Hesse nicht verdrängt, vielmehr ernst nimmt und dann weiterführt:
> Es muß das Herz bei jedem Lebensrufe
> Bereit zum Abschied sein und Neubeginne,
> Um sich in Tapferkeit und ohne Trauern
> In andre, neue Bindungen zu geben.

Zum Leben gehören Abschiede und Neubeginne. Welche Abschiede und Neubeginne haben Sie in der letzten Zeit erlebt? *[Kleine Pause]*
Hermann Hesse ist auch bei diesen Abschieden offen und neugierig. Das ist das Interessante im Leben, Neues zu erfahren und zu erleben. All dieses soll mit Tapferkeit geschehen. Ich weiß, das ist leichter gesagt als getan. Wenn ich zum Beispiel einen Ort, der mir ans Herz gewachsen ist, verlasse, dann ist dies ein Schritt, der auch mit Traurigkeit verbunden ist. Wenn ich ein Amt verlasse ... Welche Abschiede und welche Neubeginne haben Sie in den vergangenen Monaten erlebt? Wie war die Bereitschaft zum Neubeginne?
Geschah der Neubeginn mit Tapferkeit oder mit Trauer oder mit beidem? Oder mit ...

Einen *dritten* Gedanken will ich erwähnen:
Wir sollen heiter Raum um Raum durchschreiten,
An keinem wie an einer Heimat hängen,
Der Weltgeist will nicht fesseln uns und engen,
Er will uns Stuf' um Stufe heben, weiten.

Heiter sollen wir die Stufen des Lebens beschreiten. Eine große Offenheit und Weite und Leichtigkeit kommt in den Worten von Hermann Hesse zum Ausdruck. Allein das Lesen dieser Worte kann diese Leichtigkeit ein Stück weit erfahren lassen!
Und auf die Frage nach der Zeit nach dem Tod habe ich immer wieder mit Hermann Hesse geantwortet:

Es wird vielleicht auch noch die Todesstunde
Uns neuen Räumen jung entgegensenden,
Des Lebens Ruf an uns wird niemals enden ...
Wohlan denn, Herz, nimm Abschied und gesunde!

Neugierig macht uns Hermann Hesse mit diesen Worten auf das nach dem Leben Kommende: Ich wünsche Ihnen und uns allen, dass in allem, was wir erlebt und erfahren haben, in allem, was wir erleben werden, in aller Zeit wir mit Herrmann Hesse sagen können:

Und jedem Anfang wohnt ein Zauber inne,
der uns beschützt und der uns hilft zu leben.

Zwischenspiel Orgel und Trompete

Besinnung 3
Dank als Jahresschlussmeditation mit Kerzen
Alles hat seine Zeit. Was haben wir alles erfahren und erlebt? Was werden wir im Neuen Jahr erfahren? Wo haben wir den Zauber des Neuen erlebt, der uns beschützt und der uns hilft zu leben? Können wir uns in Tapferkeit und ohne zu trauern, in neue Bindungen begeben? All diese Gedanken, diese Nachdenklichkeit, diese Stimmungen haben ihren Platz in diesem unserem Raum der Kirche.

Wie ich dies immer an Silvester mache, zünde ich sieben Kerzen an. Kerzen, welche die Zeitlichkeit in sich tragen. Sie werden mit der Zeit kleiner und kleiner und spenden dabei Licht und Wärme.
Eine erste Kerze wird angezündet für die Zeit als kostbarstes Geschenk des Lebens. Dann Kerzen für Menschen, an die wir besonders denken ... dann für die Mutter Erde ... (s. oben Abschiedsgottesdienst 15.12.2013, 3. Lied)

1. Kerze: Jahr 2013
Die erste Kerze zünde ich an für das Jahr 2013, für die Monate, Tage, Stunden und Minuten dieses Jahres: Alles hat seine Zeit, geboren werden hat seine Zeit – sterben hat seine Zeit. Lachen hat seine Zeit – weinen hat seine Zeit. Zusammensein hat seine Zeit – Trennung hat seine Zeit. Lieben hat seine Zeit – Hass hat seine Zeit. Krieg hat seine Zeit – Frieden hat seine Zeit. *Prediger 3.*
An dieser werden die folgenden Kerzen angezündet:

2. Kerze: Für die in diesem Jahr Geborenen
Die zweite Kerze brennt für alle die Kinder, die geboren wurden, für die Mädchen und Buben und für deren Eltern, Geschwister und Großeltern und Taufpaten. *Nun aber bleiben Glaube, Hoffnung, Liebe, die Größte unter ihnen ist die Liebe. 1. Kor 13,13.*

3. Kerze: Konfirmanden
Das Licht der dritten Kerze leuchtet für all die Jugendlichen, die im vergangenen Jahr konfirmiert worden sind, die ihre Zukunft und das ganze Geheimnis des Lebens vor sich haben. *Groß ist das Geheimnis des Lebens. 1. Tim. 3,16.*

4. Kerze: Ehe
Das Licht der vierten Kerze brennt für alle Hochzeitspaare des vergangenen Jahres. Aber auch für die, welche die silberne oder goldene Hochzeit feiern durften. Auch an diejenigen Paare denken wir, die es schwer miteinander haben oder die nicht mehr beisammen sind. Ebenso denken wir an die gleichgeschlechtlichen Paare [7.7.2007 Segnungsgottesdienst eines gleichgeschlechtlichen Männer-Paares in

der Schlosskirche CH-3700 Spiez]. *Liebet euch nicht allein mit Worten, sondern eben in Tat und Wahrheit. 1. Joh. 3,18.*

5. Kerze: Verstorbene
Das Licht der fünften Kerze leuchtet für die Verstorbenen und deren Angehörige und Freunde. Für all diejenigen, die Abschied nehmen mussten. Sie haben erfahren, dass Tod und Leben zur Zeit gehören: *Trauert mit den Trauernden – Weinet mit den Weinenden. Römer 12,15–21.*

6. Kerze: Für alle und überall
Die sechste Kerze leuchtet für alle, die nicht namentlich genannt wurden. Sie können Schönes und Schweres, Freude oder Enttäuschung erfahren haben. Sie können jung oder alt sein, groß oder klein. Es ist eine Kerze, die über die Grenzen unserer Gemeinde und unseres Landes hinaus leuchtet. Sie ist ein Zeichen der Solidarität mit allen Menschen in einem Fernhorizont (Walter Schulz). *Da ist weder Arm noch Reich, noch Schwarz oder Weiß, alle haben die gleiche Würde in sich. Galaterbrief 3,28.*

7. Kerze: Mutter Erde
Die siebte Kerze leuchtet für unsere Erde, welche die Mutter allen Lebens ist. Sie leuchtet für Tiere und Pflanzen, wie für Erde, Luft und Meer. *Solange die Erde steht, soll nicht aufhören, Tag und Nacht, Saat und Ernte, Sommer und Winter. 1. Mose 8,22.*

Sieben Kerzen brennen. Ihr Licht leuchtet für das vergangene Jahr, für Menschen in ihren Freuden und Sorgen, für Menschen mit ihren Vergangenheiten und Zukünften, für die Mutter Erde. Das Licht der 7 Kerzen wird in das neue Jahr hineinleuchten. Die 7 Kerzen werden sich verzehren in Licht und Wärme. Sie vergehen im Laufe der Zeit und haben uns in dieser Vergänglichkeit Licht und Wärme gegeben.

Zwischenspiel Orgel und Trompete

Fürbittegebet – Lied 334

Dona nobis ...

Die Zeit des Lebens trägt manches Rätsel und Geheimnis in sich, in das einzudringen uns verwehrt bleibt. Im Gebet anerkennen wir unsere Grenzen und dürfen zugleich unsere Hoffnungen zum Ausdruck bringen.

Je nach einer Fürbitte, die ich stellvertretend für Sie spreche, singen wir einmal das Lied Dona nobis, 334. Marc Fitze wird uns jetzt beim ersten Mal ein paar Takte vorausspielen. *Bitte aufstehen!*

Wir bitten für all diejenigen, die im vergangenen Jahr leidvolle Zeiten in ihrem Leben erfahren mussten. Mögen sie wieder Licht in ihrer Zukunft sehen.
Dona nobis ...

Wir bitten für all diejenigen, die Glück und Zufriedenheit erfahren durften. Mögen sie das Glück einfach genießen. Mögen sie dankbar sein und daran denken, dass dies nicht einfach selbstverständlich ist.
Dona nobis ...

Wir bitten für all diejenigen, die Verantwortung tragen in Politik und Gesellschaft. Mögen sie die rechten Gedanken haben und Entscheidungen treffen zum Wohle aller, zum Wohle von Mensch und Natur.
Dona nobis ...

Wir bitten für uns, dass wir die Spannung aushalten zwischen der Unsicherheit/Angst vor dem, was passieren könnte, und der Hoffnung und dem Zauber des neuen Anfangs.

Unser Vater *[ab hier stehend außer Orgelschlussspiel]*

Lied 342, 1–3
Ach bleib mit deiner Gnade

Unser Vater und Segen
Gottes Segen sei mit uns:
Möge der Frieden Gottes auf dem Weg, den wir gehen, vor uns hereilen.
Mögen wir Gottes Hoffnung erfahren und deren hellen Fußstapfen auf unserem Weg folgen.
Mögen wir einen Boden des Vertrauens unter unseren Füßen spüren, der uns mutig in die Zukunft gehen und erfahren lässt:
Von guten Mächten wunderbar geborgen
Erwarten wir getrost was kommen mag
Gott ist mit uns am Abend und am Morgen
Und ganz gewiss an jedem neuen Tag. *Amen.*

Orgel und Trompete

D

Wirtschaftsethische Grundlegungen

„Der verengte Blick von Kapitalismus und Demokratie auf kurzfristige Erfolge führt dazu, dass weise Entscheidungen für das langfristige Wohlergehen nicht rechtzeitig getroffen werden."
Jorgen Randers

„Der Sabbat ist um des Menschen willen gemacht und nicht der Mensch um des Sabbats willen."
Markusevangelium 2,27

„Es gilt konsequent dem Vorrang der Prinzipien einer wohlgeordneten Bürgergesellschaft und einer durch sie zivilisierten Marktwirtschaft Nachhaltung zu verschaffen."
Peter Ulrich

V

Wirtschaftsethik und der Beitrag des Protestantismus

Vorbemerkungen

Das Sozialwissenschaftliche Institut (SWI) der Evangelischen Kirche in Deutschland (EKD) in Bochum hat am 8. September 2001 eine Tagung „Herausforderungen und Probleme globalen Wirtschaftens – Markt und soziale Verantwortung" durchgeführt, zu der Helmut Kaiser als externer Wirtschaftsethiker, vertraut mit Arthur Rich (Zürich) wie mit Peter Ulrich (St. Gallen), eingeladen wurde.[209] Das mir gestellte Thema hieß: Wirtschaftsethik und der Beitrag des Protestantismus.

Die folgende Frage habe ich als Ausgangspunkt gestellt: Welchen Beitrag leistet der Protestantismus zur Grundlegung einer Wirtschaftsethik? Diese Frage zielt auf die Leistung, Reichweite und Relevanz des Protestantismus in Bezug auf die Grundlegung einer Wirtschaftsethik, welche im Kontext einer globalisierten Wirtschaft eine menschen- und ökologiegerechte Gestaltung der Wirtschaft zu begründen vermag.

In vier Punkten wird dieser Beitrag als Diskussionsbeitrag für die heutige Tagung skizziert. Ein Beitrag, der selbstbewusst, aber nicht selbstherrlich, überzeugend, aber nicht dogmatisch, also argumentativ und kommunikabel in der aktuellen interdisziplinären wirtschaftsethischen Diskussion zur Sprache gebracht werden kann.

---

209 Im Jahre 2017 wird der vorliegende Vortrag 16 Jahre alt sein. Zufällig habe ich ihn gefunden und bewusst habe ich ihn im Kontext des Reformationsjubiläums abgedruckt, weil ich davon überzeugt bin, dass dieser mehr denn je aktuell ist in einer Kirche, welche sich als gesellschaftliche Kraft legitimieren muss und kann.
Zitate auf der Kapitelseite: Randers, Jorgen: 2052. Der neue Bericht an den Club of Rome. 40 Jahre nach „Die Grenzen des Wachstums", München 2012, S. 417.
Ulrich, Peter: Zivilisierte Marktwirtschaft. Eine wirtschaftsethische Orientierung, Bern u. a. 2010., S. 162, 71.

1. Wirtschaft gibt es, weil es den Menschen gibt – Primat der Lebensdienlichkeit

Ausgangspunkt meines Verständnisses von Wirtschaftsethik ist der folgende einfache, für die Grundlegung einer Wirtschaftsethik durch den Protestantismus jedoch zentrale Satz:
„Wirtschaft gibt es, weil es den Menschen gibt." Diesen Satz hat der bekannte Wirtschaftsethiker philosophisch-ökonomischer Herkunft Peter Ulrich in seinem bisherigen Hauptwerk „Integrative Wirtschaftsethik. Grundlagen einer lebensdienlichen Ökonomie" (1997) als Leitsatz zu einem seiner zentralen Kapitel vorangestellt.[210]
Diese Feststellung, und das ist für meine Fragestellung besonders bedeutsam, stammt nun nicht von Peter Ulrich selbst, sondern vom theologischen Wirtschaftsethiker Arthur Rich (1910–1992), wobei der Kontext dieses Satzes bei Arthur Rich wichtig ist. Auch die Wirtschaft kennt, so A. Rich, in ihrer speziellen Fragestellung „Was soll wann wie viel für wen produziert werden?" die Sinnfrage. Es gilt: „Darum vermag auch keine Ökonomie von der Realität des Menschen in seinen Bedürfnissen, Wünschen, Hoffnungen usw. als der unabdinglichen Voraussetzung allen Wirtschaftens abzusehen."[211]
Alles Wirtschaften, alle ökonomischen Modelle, die spezielle ökonomische Betrachtungsweise haben als unabdingbare Voraussetzung die Tatsache, dass es die Wirtschaft nur deshalb gibt, weil es den Menschen gibt. Damit wird der Mensch in den Mittelpunkt des Wirtschaftens gestellt, jedoch nicht in einem abstrakt-ökonomistischen Sinne als Produktionsfaktor, Kaufkraft, Humankapital, vielmehr als Mensch mit existentiellen Grundbedürfnissen und dem Anspruch auf umfassende Entfaltungsmöglichkeiten:

---

210 Ulrich, Peter: Integrative Wirtschaftsethik. Grundlagen einer lebensdienlichen Wirtschaft, Bern u. a. 1997, S. 203. Peter Ulrich ist seit 1989 Leiter des Instituts für Wirtschaftsethik an der Universität St. Gallen (HSG), das erste seiner Art im deutschsprachigen Raum. Kapitel: „Wirtschaftsethische Grundlagenreflexion II: Vernünftiges Wirtschaften aus dem Blickwinkel der Lebenswelt."

211 Rich, Arthur: Wirtschaftsethik II. Marktwirtschaft, Planwirtschaft, Weltwirtschaft aus sozialethischer Sicht, Gütersloh 1990, S. 17.

Eine Wirtschaft stellt den Menschen nur dann in den Mittelpunkt, wenn sie sich primär nach den Bedürfnissen des Menschen ausrichtet und nicht der Mensch nach den Bedürfnissen der Wirtschaft. Die Wirtschaft kann nur Mittel sein und nicht Zweck.

Der „humane Zweck des Wirtschaftens" und der Wirtschaft erweist sich als Lebensdienlichkeit. Mit dieser Begrifflichkeit nimmt Arthur Rich seinen Vorgänger in Zürich, Emil Brunner auf, der formuliert hat: „Die Dienlichkeit, die Lebensdienlichkeit, ist der primäre gottgewollte Zweck der Wirtschaft."[212]

Lebensdienlichkeit wird bei Arthur Rich zum zentralen Begriff seiner Wirtschaftsethik, die Lebensdienlichkeit ist für ihn der fundamentale Zweck der Wirtschaft. Mit diesem Begriff der Lebensdienlichkeit wird die Grundlage der protestantischen Ethik aufgenommen. Ein einziger exegetischer Hinweis genügt bereits: Die eigentliche und ursprüngliche Begründung der Sabbatübertretung bringt nicht das Erste Testament, sondern der Vers 27 in Markus 2: „Der Sabbat ist um des Menschen willen gemacht und nicht der Mensch um des Sabbat willen."[213] Nicht bloß im Falle akuter Lebensgefahr oder konkreter Not wird das Sabbatgebot aufgehoben, sondern grundsätzlich dient die Institution des Sabbats dem Menschen als Geschenk und Wohltat.

Es kommt nicht von ungefähr, dass Peter Ulrich in seiner wirtschaftsethischen Grundlagenreflexion Arthur Rich zitiert, weil sich von dieser Feststellung aus – Wirtschaft gibt es, weil es den Menschen gibt – die Grundlagen einer lebensdienlichen Wirtschaft entfalten lassen. Wenn nämlich Wirtschaften Werte schaffen heißt, dann darf das entscheidende Maß einer lebensdienlichen Wirtschaft nicht die Schaffung von Marktwerten (Gewinn, Shareholder Value) sein, sondern allen

---

212 Brunner, Emil: Das Gebot und die Ordnungen, Zürich 1978 (4. Aufl. / 1932), S. 387 (s. bei Rich, Arthur, WET II, S. 23. Aufgrund seines Ansatzes kann A. Rich im Gegensatz zu Emil Brunner nicht mehr von einem „gottgewollten" Zweck der Wirtschaft sprechen.

213 Schrage, Wolfgang: Ethik des Neuen Testaments, Göttingen 1982, S. 60; Schulz, Siegfried: Neutestamentliche Ethik, Zürich 1987, S. 102.

Sachzwängen zum Trotz ihre Lebensdienlichkeit. In aller Abstraktheit stellt der Begriff der Lebensdienlichkeit zwei Fragen:
Erste Frage: Welche Werte sollen geschaffen werden (= Sinnfrage)? Dabei insistiert die Lebensdienlichkeit darauf, dass lebensweltliche Kategorien wie Bedürfnisse, Lebensqualität, das gute Leben sich nicht in rein ökonomische Rationalitätskriterien wie Nutzenmaximierung oder Effizienz umdeuten lassen.
Zweite Frage: Für wen sollen die Werte geschaffen werden (= Legitimationsfrage)? Mit dieser Legitimationsfrage wird die gerechte Gestaltung unserer Gesellschaft thematisiert. Es gilt bei dieser Fragestellung zu beachten, dass innerhalb der ökonomischen Theorie die Gerechtigkeitsfrage nicht gestellt wird. Wohl gibt es die Tauschgerechtigkeit, die sich aus dem Spiel von Angebot und Nachfrage ergibt. Zur wirtschaftsethischen Grundlegung gehört die Frage nach der Lebensdienlichkeit der Wirtschaft als einer genuin wertschaffenden Institution. Für die protestantische Ethik ist diese Fragestellung wesentlich. Eine Wirtschaftsethik, die vom Primat der Lebensdienlichkeit ausgeht, wird grundsätzlich reflexiv sein gegenüber realexistierenden Marktgestalten und wird dann zur Suche nach ökonomischen Alternativen und Experimenten auffordern, wenn die Lebensdienlichkeit infrage gestellt wird.[214]

2. Die Perspektive der Lebenswelt und der Betroffenen

Wird die Lebensdienlichkeit zur Grundlage allen Wirtschaftens gemacht, so kommt damit die Perspektive der konkreten Lebenssituation und Lebenslage der einzelnen Menschen ins Blickfeld. Einer Wirtschaft der Lebensdienlichkeit geht es um das Menschengerechte. Diese Perspektive der konkreten Lebenswelt ist zugleich eine Perspektive der

---

214 Segbers, Franz: Die Hausordnung der Tora. Biblische Impulse für eine theologische Wirtschaftsethik, Luzern 2000, S. 220–223: Vergleich der Denkschriften. Siehe auch Kuno Füssel, Franz Segbers (Hrsg.): „... so lernen die Völker des Erdkreises Gerechtigkeit." Ein Arbeitsbuch zu Bibel und Ökonomie, Luzern und Salzburg 1995.

Betroffenheit. Die Brisanz dieser Perspektive möchte ich als zweiten Gesichtspunkt des speziellen Beitrages der protestantischen Ethik zur Wirtschaftsethik aufnehmen.

In der 1991 veröffentlichten Denkschrift der EKD „Gemeinwohl und Eigennutz" wird die Marktwirtschaft auf der einen Seite als Erfolgsmodell gewürdigt. Gleichzeitig wird die folgende Aussage in Bezug auf den berechtigten Anspruch aller auf die Reichtümer der Erde gemacht, die meinen zweiten zentralen Punkt einer protestantischen Wirtschaftsethik begründet: „Freilich wächst zugleich die Einsicht, dass die Erde, ökologisch betrachtet, eine Ausdehnung der Lebensverhältnisse in den Industrieländern auf die ganze Welt nicht zu tragen vermag: Im globalen Maßstab sind weder der Energie- und Ressourcenverbrauch noch der Schadstoffausstoß in den Industrieländern schöpfungsverträglich. Umso dringlicher stellt sich angesichts der Ungleichheit der gegenwärtigen Lebensverhältnisse die Frage der sozialen Gerechtigkeit."[215]

Dieser hochbrisante Text besagt nichts anderes als dies: Eine Universalisierung der aktuellen Gestalt der Marktwirtschaft darf nicht sein, weil durch eine solche Ausdehnung der industriellen Lebensverhältnisse ein ökologischer Kollaps eintreten würde. Konkret: Falls nur China mit seiner Bevölkerung von über einer Milliarde den Lebensstandard der westlichen Industrieländer erreichen wollte, wäre dies die sichere ökologische Katastrophe. Zugleich wird in Beziehung auf diese Tatsache festgehalten, dass aus der Perspektive der Menschen zum Beispiel in der Dritten Welt enorme lebensfeindliche und lebenszerstörende Ungleichheiten in den Lebensverhältnissen bestehen.

Der Beitrag der protestantischen Ethik besteht somit gerade darin, wirtschaftliches Handeln und wirtschaftliche Systeme aus der Perspektive der Betroffenen – das ist zugleich eine Gerechtigkeitsorientierung – zu betrachten:[216]

---

215 Gemeinwohl und Eigennutz, EKD 1991, S. 25.
216 Mit der Perspektive der Betroffenen nehme ich eine Grundintention der Dialektik der Aufklärung der Kritischen Theorie (Horkheimer, Max; Adorno, Theodor W.) auf, so wie ich sie verstehe: Das Subjekt, welches durch den Konsum total verblendet

Betroffene sind Menschen mit ihren Familien, die Millionen Arbeitslose oder die zunehmende Zahl an Working Poor bei uns, also Menschen, die wohl Arbeit haben, deren Einkommen jedoch völlig unzureichend für ein „normales" Leben ist. Mögen Konzerne immer neue Gewinnrekorde vermelden, ihre Arbeiter/-innen zittern vor der nächsten Fusion und der nächsten Rationalisierung.[217]

Betroffene sind die Menschen in den Ländern der Dritten Welt, welche den Markt als lebensfeindlich und lebenszerstörend erfahren, denen Aids-Medikamente z. B. vorenthalten werden, die an Hunger und Krankheit, d. h. an Ungerechtigkeit, sterben. Mögen die Finanzmärkte immer schneller Billionen um den Erdball zirkulieren lassen, mehr als eine Milliarde Menschen lebt weiter von weniger als einem Dollar am Tag.

Mögen Handelsabkommen einen immer globaleren Warenaustausch ermöglichen, die Zusammenarbeit mit dem Ziel der Verhinderung einer Klimakatastrophe bleibt in für das Klima irrelevanten Ansätzen stecken (Kyoto – Bonn).

Die Perspektive der Betroffenen (Mensch und Natur) ist somit die spezielle Sichtweise des Evangeliums. Es geht um den konkret Einzelnen, es geht um konkrete Bedürfnisse und nicht um einen abstrakten Bedarf, es geht um reale Freiheit und nicht bloß um Tauschfreiheit, es geht um Gerechtigkeit statt bloße Pareto-Effizienz, um Recht statt um Macht, es geht um Lebensfülle und nicht bloß um die quantitative Steigerung materieller Lebensmöglichkeiten.[218] Diese Beachtung und Wertschätzung des konkret Einzelnen gehört unabdingbar zum Schöpfungsethos wie zum sozialen Ethos der Propheten[219] und wird im Neuen Testament

---

wurde, muss wieder mit seinen eigentlichen Bedürfnissen in den Mittelpunkt gestellt werden.

217 Siehe dazu die Süddeutsche Zeitung vom 1.9.2001 mit ihrer neuen Serie zur Globalisierung: Die Wut wächst.

218 Ulrich, Peter; Integrative Wirtschaftsethik, a. a. O., S. 202. Zur Lebensfülle ders. mit Hinweis auf Johannes 10,10, ders. S. 214. Siehe auch Rendtorff, Trutz: Ethik II, Stuttgart u. a. 1991, S. 231 ff.

219 Anzenbacher, Arno: Christliche Sozialethik, Paderborn u. a. 1997, S. 23.

auch in all den Gleichnissen zum Ausdruck gebracht, in denen von der Suche nach einem Einzelnen die Rede ist (Mt 18).

Auf diese Perspektive der Betroffenen im globalen Maßstab hat insbesondere die ökumenische Dimension des Protestantismus aufmerksam gemacht. So hat der Ökumenische Rat der Kirchen eine „Erklärung zum Wirtschaftsleben" ausgearbeitet, in welcher einerseits die Rolle des Marktes gewürdigt, auf der anderen Seite aufgrund der Perspektive der Betroffenen zugleich menschengerechte Rahmenbedingungen für die Märkte gefordert werden.[220] Die Perspektive der Betroffenen offenbart die lebensfeindliche Logik eines Marktfundamentalismus, eines Marktsystems also, das in keiner Beziehung zur Lebenswelt mehr steht, vielmehr eigensinnig und ethisch blind seinen Funktionsprinzipien gehorcht, ohne Rücksicht auf die Lebensqualität. Insofern leistet der Protestantismus im Kontext seiner ökumenischen Organisationen und Institutionen einen wichtigen Beitrag für die Grundlegung einer Wirtschaftsethik in einer globalen Welt. Die Lebenswelt der Betroffenen wird durch die Ökumene in das Marktgeschehen integriert.[221]

---

[220] Ökumenischer Rat der Kirchen: Erklärung zum Wirtschaftsleben, in: EPD-Dokumentation Nr. 45/91 (21. Oktober 1991). Diese Erklärung ist kurz vor der EKD-Denkschrift „Gemeinwohl und Eigennutz" erschienen. Siehe dazu die „Option für die Armen" in den verschiedenen Denkschriften (Darstellung bei Franz Segbers, Die Herausforderung der Tora, a. a. O., S. 208 ff., auch S. 70 ff.).

[221] Lienemann, Wolfgang: Gerechtigkeit. Ökumenische Studienhefte 3, Göttingen 1995. Es zeichnet gerade auch den problem- und handlungsorientierten Ansatz von Georges Enderle (Notre Dame, Indiana, USA) aus, dass dieser die Situation der Betroffenen wahrnehmen kann und in der normativen Perspektive eines Ziel-Rechte-Systems (A. Sen) das Handeln auf der Mikro- (Handeln des Einzelnen), Meso- (Handeln der Organisationen) und Makroebene (Handeln des Systems) zu orientieren vermag und gesellschaftlich brisante Themen wie „Das Verteilungsproblem als Problem der Sicherung des Existenzminimums" oder „Die Verschuldung der ärmsten Entwicklungsländer als ethische Herausforderung für die reichen Industrieländer" auf der Grundlage des Dreischrittes Wahrnehmen – Urteilen – Handeln bearbeiten kann. (Enderle, Georges: Handlungsorientierte Wirtschaftsethik. Grundlagen und Anwendungen, Bern u. a. 1993)
Siehe dazu auch den konziliaren Prozess: Seit Vancouver (1983) haben die Kirchen Gerechtigkeit, Frieden und Bewahrung der Schöpfung (GFS) in einen inneren

3. Die Logik der Humanität oder die ethische Integration der marktwirtschaftlichen Funktionsprinzipien

Die Lebensdienlichkeit als Ziel und die Perspektive der Betroffenen sind zwei zentrale Anliegen, die den spezifischen Beitrag der protestantischen Ethik für die Grundlegung einer Wirtschaftsethik ausmachen. In einem dritten Punkt möchte ich über die wirtschaftsethische Reflexion des kanonischen Zinsverbotes zeigen, wo der systematische Ort einer protestantischen Wirtschaftsethik situiert werden kann.

Das kanonische Zinsverbot enthält die immer und überall geltende „Logik der Humanität"[222]: Wer in Not ist, dem soll geholfen werden. Dies kann durch ein Darlehen geschehen. Wird aber auf das Darlehen Zins verlangt, so wird die Not des Nächsten nicht behoben, sondern für die Vermehrung des eigenen Wohlstandes ausgenützt. Wer Zinsen nimmt, nützt die Notlage des anderen nicht nur aus, sondern zerstört dessen Leben. Deshalb ist des Geldes Zinsgewinn des Nächsten Tod, der Zins ist nicht lebensförderlich, sondern lebenszerstörend. Im Neuen Testament erfährt das Zinsverbot eine universale Ausweitung: „Leiht, wo ihr nichts dafür zu bekommen hofft." (Lk 6,35). Es gilt nicht nur für den eigenen Volksgenossen, sondern für alle, heute und morgen, hier und überall, ohne Ausnahme.

Zusammenhang gestellt (s. Füssel, Kuno / Segbers, Franz (Hrsg.): „... so lernen die Völker des Erdkreises Gerechtigkeit." Ein Arbeitsbuch zu Bibel und Ökonomie, Luzern 1995, S. 13 ff.) Siehe auch: Maak, Thomas / Lunau, York (Hrsg.): Weltwirtschaftsethik. Globalisierung auf dem Prüfstand der Lebensdienlichkeit, Bern, Stuttgart, Wien 1998.

222 Kaiser, Helmut: Geld: Seine „ethische Rationalität", in: ZEE Heft 2/1994, S. 122 (S. 115–133): „Wenn du Geld verleihst, so sollst du von einem Armen und deinem Bruder keinerlei Zinsen nehmen, weder mit Geld noch mit Speise. Du sollst an ihm nicht wie ein Wucherer handeln und ihm keine Zinsen auferlegen." Mit diesen Worten kann die Stellung des Ersten/Alten Testaments zum Zinsnehmen zusammengefasst werden (Exod 22,25; Lev 25,35–37; Deut 23,20–21; Ps 15,5; Sprüche 28,8; Ez 18,8.13.17; 22,12).

Die wirtschaftsethische Reflexion des Zinsverbotes ergibt: Wohl lässt sich das Zinsverbot nicht unmittelbar als schlichtes Verbot in die heutige ökonomische Wirklichkeit übertragen, jedoch dessen Logik der Humanität, die in das folgende Kriterium gefasst werden kann: Ökonomische Funktionsprinzipen müssen so ausgestaltet sein, dass sie dem Leben dienen. Damit ist erstens der Schritt zur Sozialethik getan und zweitens der Beitrag der protestantischen Ethik auch bei den Funktionsprinzipien (= Sachlogik) der Marktwirtschaft verortet.[223] Der systematische Ort der protestantischen Wirtschaftsethik ist die ethische Integration der Funktionsprinzipien der Marktwirtschaft:[224]

Dezentraler Entscheidungsprozess, Konsumentensouveränität, Wettbewerb, Preise, Gewinnerzielung, Privates Eigentum an Produktionsmitteln.

Das heißt: Die protestantische Wirtschaftsethik geht von der Sachlogik des Wirtschaftens aus, fordert dann, dass die Rahmenbedingungen der Funktionsprinzipien so ausgestaltet werden müssen, dass (a) der jeweilige Wert des Funktionsprinzips realisiert wird und (b) die Funktionsprinzipien sich konsequent am Ziel der Lebensdienlichkeit orientieren.[225] Damit ist eine Integration von ökonomischer Sachlogik

---

[223] Der systematische Ort der Wirtschaftsethik ist grundsätzlich auf der Mikro- (Individuen)-, Meso- (Unternehmen)- und Makroebene (Rahmenbedingungen, Ordnungspolitik).

[224] Kaiser, Helmut: „Elektronische" Marktwirtschaft? Grundlegende Veränderungen durch den Electronic Commerce, in: ZEE Heft 1/2001, S. 29–46.

[225] Dazu ein Beispiel. Ein zentrales Funktionsprinzip in der Marktwirtschaft ist der dezentrale Entscheidungsprozess. Das heißt: Die wirtschaftlichen Entscheidungen werden getroffen von Millionen von einzelnen Wirtschaftseinheiten, den privaten Haushalten und den Unternehmen. Es gibt kein zentrales Planungsbüro, das über die Produktion und die Verteilung von Gütern entscheidet. Die Aufgabe der Koordination der Produktion ist somit einer staatlichen Instanz entzogen.
Wert: Dezentrale Entscheidungsprozesse, Liberalität
Gefährdung: Marktmacht (Fusionen) und Monopolisierung von Eigentumsrechten, Globalisierung.
Um den Wert zu erhalten bzw. die Gefährdungen zu minimieren, braucht es z. B. starke Konsument(inn)en-Organisationen, eine griffige Kartellgesetzgebung und umfassende Partizipationsrechte. [Nachtrag: Siehe Kaiser, Helmut: Ökologische

und Ethik hergestellt. Insofern ist der Protestantismus keinesfalls wirtschaftsfeindlich, wie ein oftmals gehörter Vorwurf heißt. Das Gegenteil ist der Fall. Der Protestantismus ist ein Freund und Förderer einer lebensdienlichen Wirtschaft und ein radikaler Kritiker einer lebensfeindlichen Wirtschaft.

4. Gott oder Mammon Mt 6,24 – Wir brauchen eine Marktwirtschaft, sind aber keine Marktgesellschaft!

Lebensdienlichkeit, die Perspektive der Betroffenen, die Logik der Humanität bedeuten in der Systematik der aktuellen wirtschaftsethischen Diskussion die konsequente ethische Integration ökonomischen Handelns und wirtschaftlicher Funktionsprinzipien. Mit dieser ethischen Integration ist jedoch die Radikalität der protestantischen Wirtschaftsethik noch nicht eingelöst. Diese begreifen wir erst dann, wenn die Grundlage der lutherischen Ethik im Ganzen erfasst wird. Diese Basis hat Wolfgang Huber so zusammengefasst: „Im praktischen Handeln fallen die Orientierung am Willen Gottes und die vorbehaltlose Zuwendung zum Mitmenschen zusammen."[226] Entfaltet hat Martin Luther diese Grundlage in ihren radikalen Konsequenzen in der Auslegung des ersten Gebotes in seinem Großen Katechismus (1529), wo die Ökonomie zum Gegenstand der Rede von Gott wird.[227] „Du sollst keine anderen Götter neben mir haben" ist eine Forderung der ungeteilten Herzenshingabe an Gott: „Das nun, sage ich, woran du dein Herz hängst und worauf du dich verlässest, das ist eigentlich dein Gott." Sofort aber fügt er bei: „Wer das Herz an Geld und Gut hängt, dient dem Mammon, nicht Gott."

Wirtschaftsdemokratie. Wege zu einem lebensdienlichen Wirtschaften im Kontext der Globalisierung, Aachen 2007, S. 27–30.]
226 Huber, Wolfgang: Protestantismus und Protest. Zum Verhältnis von Ethik und Politik, Reinbek bei Hamburg 1987, S. 58.
227 Siehe Lk 17,10; Mt 6, 24.

In der Zeit des aufkommenden Frühkapitalismus konstatiert Luther eine Ineinssetzung von Gott und Geld und führt zugleich den „Mammon" als Systembegriff ein: Die eigengesetzliche Expansion des Kapitals wird von Martin Luther als eine Totalität und als die alles bestimmende Kraft gesehen, wobei Mammons Göttlichkeit – Mammon als Götze, die Götter des Mammons – die Menschlichkeit zerstört. Sicherlich ist Luther mit seiner Kritik an Wucher und Zins ein Kind seiner Zeit, doch mit der Chiffre „Mammon" wird der Bereich der Wirtschaft als „Basiselement von Wirklichkeit erkannt und theologisch gewertet"[228]. Theologisch-protestantische Ethik muss sich mit dem Wirklichkeitsbereich der Wirtschaft beschäftigen, weil in der Wirtschaft Grundfragen der menschlichen Existenz „Gott oder dem Mammon dienen" prinzipiell enthalten sind bzw. aufbrechen.

Diese Gegenüberstellung führt bei Martin Luther jedoch nicht zu einem weltanschaulichen Dualismus mit einer allgemeinen Ablehnung der Wirtschaft, sondern zu konkreten Ablehnungen von bestimmten ökonomischen Verhaltensweisen (Wucher) aufgrund der Orientierung an der Nächstenliebe.[229]

Der wirtschaftsethische Sinn der Entgegensetzung von Mammon und Gott besteht – aufgrund aktueller wirtschaftsethischer Überlegungen formuliert – in der Einsicht vom „Primat der Ethik"[230] gegenüber der Ökonomie. Das meint in Stichworten:

---

[228] Marquardt, Friedrich-Wilhelm: Gott oder Mammon – aber: Theologie und Ökonomie bei Martin Luther, in: Einwürfe 1 (1983), S. 183 (S. 176–216). Siehe dazu aktuell Duchrow, Ulrich: Den Kapitalismus überwinden – Mit Luther, Marx und der Ökumene heute, in: Neue Wege. Beiträge zur Religion und Sozialismus, 5/Mai 2017, S. 15–19. Wittenberger Erklärung 2017, in: Neue Wege. Beiträge zu Religion und Sozialismus, 5/Mai 2017, S. 30-32.

[229] Siehe Prien, Hans-Jürgen: Luthers Wirtschaftsethik, Göttingen 1992, S. 145, 168, 182–186, 207, 218 f.

[230] Osterloh, Margrit: Ethik und Ökonomik, in: Zeitschrift 1 (Februar 1993), S. 56 (S. 48–57).

o Es gibt keine Eigengesetzlichkeit der Ökonomie, eine solche ist ethisch nicht akzeptabel.[231]
o Ablehnung von Verabsolutierungen (Profitdenken, Gewinnmotiv, Effizienz).
o Bei wirtschaftlichen Transaktionen muss immer auch nach der Gerechtigkeit gefragt werden.
o Wirtschaftliche Interaktionen, Transaktionen, Prozesse, Strukturen und Institutionen müssen sich mit Bezug auf ethische Grundwerte legitimieren.

„Gott oder Mammon" ist eine Begründungsheuristik, welche fragt, inwiefern die Ökonomie dem Menschen dient und für den Menschen nützlich und gut ist. Eine Wirtschaftsweise, welche diesen Anforderungen nicht entspricht, ist ein „Exempel des Widerspiels"[232]: Gott oder Mammon. Das heißt, eine Wirtschaft, die dem Mammon (das Herz an Geld und Gut hängen) dient, ist ein Abgott, ist die extreme Gegensätzlichkeit zur Göttlichkeit[233], eine Abkehr vom Leben. Gott oder Mammon befreit aus den oft gehörten Sachzwangargumenten, welche bestimmte ökonomische Entwicklungen „als einen naturwüchsig ablaufenden und daher einfach hinzunehmenden Vorgang ausgeben"[234], und besagt, dass wir konkrete Gestaltungs- und Veränderungsmöglichkeiten haben, die zu ergreifen zur persönlichen, kirchlichen, politischen und ökonomischen Verantwortung gehört.[235]

---

231 Siehe dazu den Ansatz von Peter Ulrich sowie auf theologischer Seite Barmen II vom 31. Mai 1934.
232 Marquardt Friedrich-Wilhelm: Gott oder Mammon, a. a. O., S. 210.
233 Die Kriterien des Menschengerechten von Arthur Rich ermöglichen eine schrittweise „Umsetzung" in die ökonomische Praxis: Geschöpflichkeit, kritische Distanz, Relativität, Relationalität, Mitmenschlichkeit, Mitgeschöpflichkeit, Partizipation.
234 Ulrich, Peter: Freie oder soziale Marktwirtschaft. Gedanken zu einer lebensdienlichen Ökonomie, in: SozialAktuell. Die Fachzeitschrift für Sozialarbeit, Sozialpädagogik, Soziokulturelle Animation, Nr. 3/Februar 1999, S. 12 (S. 10–17).
235 Bei diesem Verständnis von Wirtschaftsethik geht es nicht um eine soziale Korrektur oder Bändigung, nicht um eine wohlfahrtsstaatliche Domestizierung der Marktwirtschaft. Vielmehr wird eine grundlagenkritische Reflexion der Wirtschaft gefordert. Dies entspricht sowohl dem Ansatz von Peter Ulrich wie auch den Grundpositionen einer ökumenischen Sozialethik, die mit den Namen Ulrich

5. Zusammenfassung

Welchen Beitrag leistet der Protestantismus zur Grundlegung einer Wirtschaftsethik? Meine Überlegungen sind nicht konkret anwendungsorientiert, vielmehr stellen sie einen Beitrag für die Grundlegungsreflexion einer Wirtschaftsethik aus protestantischer Sicht dar.[236] Die normativen und anwendungsorientierten Konsequenzen dieser Grundlegungsreflexion ergeben sich aus sorgfältigen interdisziplinären Überlegungen, bei denen das Sachgerechte mit dem Lebensdienlichen verschränkt wird.[237]

(1) Wirtschaft gibt es, weil es den Menschen gibt – Primat der Lebensdienlichkeit:
Zur wirtschaftsethischen Grundlegung gehört die Frage nach der Lebensdienlichkeit der Wirtschaft als einer genuin wertschaffenden

---

Duchrow, Hugo Assmann, Franz J. Hinkelammert bzw. in Bezug auf die „Weiberwirtschaft" z. B. mit den Namen Andrea Günter, Ina Praetorius, Sabine Kutzelmann und Ulrike Wagener verbunden ist. Einzige Aufgabe der modernen Wirtschaftsethik ist demzufolge auch nicht die Frage, wie unter gegebenen gesellschaftlichen Rahmenbedingungen das Eigeninteresse sich zugleich als Produktivfaktor zum Vorteil des Nächsten erweisen kann (so in der Einführung in das Handbuch der Wirtschaftsethik I, hrsg. im Auftrag der Görres-Gesellschaft von Wilhelm Korff u. a., Gütersloh 1999, S. 24). Vielmehr ist grundsätzlich die instrumentelle Sicht der Wirtschaft aufzuweisen, d. h., die Wirtschaft ist allein Mittel im Dienste vitaler Zwecke: Ökonomie des Lebensnotwendigen und Ökonomie der Lebensfülle (Ulrich, Peter: Integrative Wirtschaftsethik, a. a. O., S. 209).

236 Es sollte deutlich geworden sein, dass sich die protestantische Ethik sowohl von einer bloß korrektiven (Zähmung/Domestizierung der Wirtschaft, Zivilisierung des Kapitalismus) wie auch von einer funktionalen Ethik (Ethik aus Interessen, Ethik zahlt sich aus und lohnt sich) unterscheidet und stattdessen eine normative Integration (von innen heraus) der ökonomischen Sachlogik beabsichtigt.

237 In der Schweiz wurde, etwas später als in den anderen Ländern Europas, im Januar 1998 eine ökumenische Konsultation mit dem Grundlagenpapier „Welche Zukunft wollen wir?" gestartet. Die Ergebnisse dieser umfangreichen Konsultation zur sozialen und wirtschaftlichen Zukunft der Schweiz sind in einem Wort der Kirchen am 1.9.2001 in Bern der Öffentlichkeit vorgestellt worden, wobei für die Einschätzung dieses „Wortes" Paul Rechsteiner, Präsident des Schweizerischen Gewerkschaftsbundes, zitiert werden soll, der in seiner Ansprache am 1.9.2001 u. a.

Institution. Für die protestantische Ethik ist diese Fragestellung wesentlich. Eine Wirtschaftsethik, die vom Primat der Lebensdienlichkeit ausgeht, wird grundsätzlich kritisch sein gegenüber realexistierenden Marktgestalten und wird zur Suche nach ökonomischen Alternativen und Experimenten auffordern, dann, wenn die Lebensdienlichkeit infrage gestellt wird.

(2) Die Perspektive der Lebenswelt und der Betroffenen – Primat der Betroffenen:
Die Optik der Betroffenen (Mensch, Natur, Tiere) ist somit die spezielle Sichtweise des Evangeliums. Es geht um den konkret Einzelnen, es geht um Bedürfnisse und nicht um einen abstrakten Bedarf, es geht um reale Freiheit und nicht bloß um Tauschfreiheit, es geht um Gerechtigkeit statt bloße Pareto-Effizienz, um Recht statt um Macht, es geht um Lebensfülle und nicht bloß um die quantitative Steigerung materieller Lebensmöglichkeiten. Diese Beachtung und Wertschätzung des konkret Einzelnen gehört unabdingbar zum sozialen Ethos der Profeten und wird im Zweiten Testament auch in all den Gleichnissen zum Ausdruck gebracht, in denen von einer Suche nach einem Einzelnen die Rede ist (Mt 8,14).

(3) Die Logik der Humanität oder die ethische Integration der marktwirtschaftlichen Funktionsprinzipien – Primat der Logik der Humanität:
Der systematische Ort der protestantischen Wirtschaftsethik ist die ethisch-normative Integration der Funktionsprinzipien der Marktwirtschaft: Konsumentensouveränität (Kunde ist König: Freiheit und Verantwortung des Einzelnen), Wettbewerb (Fairness als gegenseitiger Vorteil), Preise (problemlösende und innovative Lenkungsfunktion)

Folgendes ausführte: „Es gibt zwei entscheidende Gemeinsamkeiten zwischen Gewerkschaften und Kirchen. Erstens die Parteinahme zugunsten der Schwächeren; in der Sprache der Kirchen: zugunsten der leidenden Menschen [43 = Hinweis auf das „Wort"]. Und zweitens die Ablehnung von Fatalität. Die Feststellung, dass die Zukunft das Ergebnis der heute – Tag für Tag – getroffenen Entscheide ist [238]. Das „Wort" ist erhältlich bei: sekretariat@ise-ies.ch.

Gewinnerzielung (Anreiz für menschen- und ökologiegerechte Produkt-, Verfahrens- oder Prozessinnovationen), Privates Eigentum an Produktionsmitteln (effizienter Einsatz von Ressourcen).

(4) Gott oder Mammon – Wir brauchen eine Marktwirtschaft, sind aber keine Marktgesellschaft! Primat der lebensdienlichen Marktwirtschaft:
„Gott oder Mammon" ist eine Begründungsheuristik, welche fragt, inwiefern die Ökonomie dem Menschen dient und für den Menschen nützlich und gut ist. Eine Wirtschaftsweise, welche diesen Anforderungen nicht entspricht, ist ein „Exempel des Widerspiels": Gott oder Mammon. Das heißt, eine Wirtschaft, die dem Mammon („das Herz an Geld und Gut hängen") dient, ist ein Abgott, ist die extreme Gegensätzlichkeit zur Göttlichkeit, eine Abkehr vom Leben. Gott oder Mammon befreit aus jeglichem Sachzwangdenken zu einer verantwortlichen Gestaltung unserer Gesellschaft. Eine Fatalität gegenüber ökonomischen Entwicklungen gibt es in der protestantischen Ethik nicht!

Drei Fragen stellen diese vier Primat-Gesichtspunkte:
o   Wo ist der soziale Ort der Kirche?
o   Welche kirchlichen Organisationsformen sind diesen Gesichtspunkten angemessen?
o   Welche Aufgaben und Strategien ergeben sich für die Kirche auf der Grundlage dieser Perspektiven?

VI

Mitleidendes Sehen, prophetisches Urteilen, befreiendes Verändern

Vorbemerkungen

Die Fachstelle OeME (Ökumene, Mission und Entwicklung) der Kantonalkirche Bern-Jura-Solothurn der Schweiz führt seit Jahren Herbsttagungen durch, die ein aktuelles politisches oder kirchenpolitisches Thema aufnehmen. Das Thema der Herbsttagung vom 20. November 2010 war: Hinstehen und bekennen. Das folgende Referat [von Helmut Kaiser] trug den Titel „Mitleidendes Sehen, prophetisches Urteilen, befreiendes Verändern"[238].

1. Vom Bekenntnis zum Bekennen

Mitleidendes Sehen, prophetischen Urteilen, befreiendes Verändern. Diese drei Begrifflichkeiten bestimmen den Inhalt meiner Ausführungen zum Bekennen in kirchlicher Sicht. Sie müssen gar nicht genau lesen oder hinschauen. Ich habe ganz bewusst drei Tätigkeitswörter gewählt und diese zugleich qualifiziert:
o Das Sehen ist ein mitleidendes
o Das Urteilen ist ein prophetisches
o Das Verändern ist ein befreiendes

---

[238] Kurt Marti – ein Bekenntnis. OeME Herbsttagung 2010, hrsg. von der Fachstelle OeME, Bern Mai 2011, S. 24–37.

Der Dreischritt von Sehen, Urteilen und Verändern ist keinesfalls eine Erfindung von mir. Er hat sich schon seit den 60er-Jahren in der kirchlichen Soziallehre und Sozialethik sowie in der Theologie der Befreiung herausgebildet und ich denke, dass dieser Dreischritt genuin biblisch ist. Er ist bei den Propheten des Ersten Testaments grundlegend und auch im Handeln und Wirken von Jesus selbst.

Mit diesem Dreischritt werde ich das Bekennen aus kirchlich-theologischer Sicht beschreiben.

Ausgehend von meiner Lebensgeschichte und kirchlichen Sozialisation als Lutheraner bringe ich ein Verständnis von Bekenntnis mit, das folgendermaßen aussieht:

Ich glaube an Gott,
den Vater, den Allmächtigen,
den Schöpfer des Himmels und der Erde.

Und an Jesus Christus,
seinen eingeborenen Sohn, unsern Herrn,
empfangen durch den Heiligen Geist,
geboren von der Jungfrau Maria,
gelitten unter Pontius Pilatus,
gekreuzigt, gestorben und begraben,
niedergefahren zur Hölle,
am dritten Tage auferstanden von den Toten,
aufgefahren in den Himmel;
sitzend zur Rechten Gottes, des allmächtigen Vaters;
von dannen er wiederkommen wird
zu richten die Lebenden und die Toten.

Ich glaube an den Heiligen Geist,
die heilige katholische (evangelisch: christliche) Kirche,
Gemeinschaft der Heiligen,
Vergebung der Sünden,
Auferstehung der Toten
und das ewige Leben.
Amen.

Wesentlich für dieses Bekenntnis ist, dass es in wenigen Worten sagt, was der Kern des christlichen Glaubens ist. So ist es und nicht anders. Es ist der Glaube an den dreieinigen Gott und eine kleine Beichte will ich schon auch abgeben. Dieses apostolische Bekenntnis aus dem vierten Jahrhundert unserer Zeitrechnung ist für mich immer noch das „wahre" Glaubensbekenntnis. Dies ist wohl auch der Grund dafür, dass der [hier anwesende] Kurt Marti sein Bekenntnis in aller Bescheidenheit als „nachapostolisch" bezeichnet.

Was zeichnet dieses Bekenntnis wie auch die anderen nachapostolischen Bekenntnisse aus?

Es werden feststehende, unabänderbare Wahrheiten fixiert, festgeschrieben, festgehalten. Diese Wahrheit wie der Glaube an den dreieinigen Gott gelten für alle Zeit und unabhängig von der geschichtlichen Situation. Es war und ist die Leistung des apostolischen Glaubensbekenntnisses, dass es an sich nicht „veraltet", dass es eine zeit- und kontextunabhängige Gültigkeit besitzt.

Dies bedeutet zugleich, dass ein solches Bekenntnis interpretiert werden muss für die jeweilige Zeit, in der ich lebe:

o Was bedeutet der Glaube an den Schöpfer des Himmels und der Erde im Kontext der Klimaerwärmung?

o Was bedeutet der Glaube an Jesus, der gekreuzigt wurde und am dritten Tage auferstanden ist von den Toten, im Kontext von Armut und millionenfachem Tod durch Hunger?

o Was bedeutet der Glaube an den Heiligen Geist im Kontext einer Gesellschaft, in welcher eine hohe Individualisierung besteht und die Freiheit in einem hohen Maße durch Marktfreiheit bestimmt wird?

Diese Fragen, die ich im Anschluss an das apostolische Glaubensbekenntnis gestellt habe, führen für mich zum folgenden Verständnis von Bekenntnis:

„Das Bekennen des Glaubens (ist) nicht nur die Verbalisierung einer ewigen und unveränderlichen Wahrheit. Vielmehr handelt es sich um einen lebensbezogenen Akt, der die Verzweiflung und Hoffnung der

Gemeinschaft mit einbezieht und die erlösende Liebe Gottes inmitten des Leidens zur Wirklichkeit werden lässt ..."²³⁹

Dieses kontextuelle Bekennen in der obigen Art wurde von asiatischen Theologen 1966 in Hongkong formuliert, womit ein Zusammenspiel von Schrift, konkreter Situation und gelebtem Glauben sichtbar wird.

Ich fasse dieses Verständnis von Bekenntnis in Stichworten zusammen, weil es für mich grundlegend ist:

Das Bekenntnis ist ein Bekennen, also kein feststehendes Hauptwort oder eine fixe Sache, vielmehr ein Vorgang, eine Tätigkeit, ein Prozess.

Das Bekennen ist nicht nur die Festschreibung einer ewigen und unveränderlichen Wahrheit. Es handelt sich beim Bekennen um einen lebensbezogenen Akt der Hoffnung und Verzweiflung, der Freude und Angst, der Wut und des Widerstandes.

Das Bekennen geschieht in einer konkreten geschichtlichen Situation, die herausfordert, nach Veränderung ruft, zu Leidens- und Sinnerfahrungen führt, Visionen und Träume entwickeln lässt, Handeln notwendig macht.

Dieses Verständnis von Bekennen führt zu meinem Dreischritt von mitleidendem Sehen, prophetischem Urteilen und befreiendem Verändern.

Dazu meine Gedanken:

2. Mitleidendes Sehen, prophetisches Urteilen, befreiendes Verändern

Entsprechend meiner Themastellung werde ich im Folgenden das mitleidende Sehen, das prophetische Urteilen und das befreiende Handeln beschreiben. Diese drei Grundhaltungen machen den Prozess des Bekennens aus. Das Bekennen ist kein Status, viel mehr ein Prozess in diesen Schritten:

---

239 Vischer, Lukas / Luz, Ulrich / Link, Christian: Ökumene im Neuen Testament und heute, Göttingen 2009, S. 282.

2.1. Mitleidendes Sehen muss zur Wut und zum Widerstand werden

Mitleidendes Sehen ist der erste Schritt des Bekennens. Ich gehe zunächst von der Behauptung aus, dass uns das mitleidende Sehen abhandengekommen ist. Abend für Abend sehe ich die Abendschau, sehe Leiden, Armut und Unterdrückung. Dieses Sehen ist medial vermittelt, bequem vom Sofa aus zu betrachten, erinnert mich an die stoische Philosophie (Kition 300 v. Chr.), in welcher das Mitleid und das Mitleiden explizit abgelehnt werden. Das Ziel der stoischen Philosophie war die Apatheia, die Apathie als Freiheit von Affekten. Der stoische Weise steht seinem eigenen Leiden ebenso emotionslos und gelassen gegenüber wie gegenüber dem fremden Leiden. Gerechterweise muss hinzugefügt werden, dass diese Grundhaltung der apathischen Gelassenheit keineswegs Hilfsbereitschaft und Mildtätigkeit ausschloss.[240] Diese stoische Gelassenheit wird im christlichen Glauben systematisch überdacht durch den bekannten Kirchenvater Augustinus (354–430). Das Mitleiden wird zur Voraussetzung für die Barmherzigkeit (Misericordia) und damit zur Grundlage tätiger Nächstenliebe. Augustinus nämlich setzt der stoischen Tradition der Ataraxia (Gelassenheit) die christliche Barmherzigkeit entgegen und erklärt sie vom Affekt des Mitleids her:

„Was aber ist Mitleid anderes als das Mitempfinden fremden Elends in unserem Herzen, durch das wir jedenfalls angetrieben werden zu helfen, soweit wir können?"[241]

---

240 So schreibt der bekannte Philosoph Seneca (ca. 1–65) in seiner Kaiser Nero gewidmeten Mahnschrift De Clementia (Über die Milde II,6):
„Der Weise [...] fühlt kein Mitleid, weil dies ohne Leiden der Seele nicht geschehen kann. Alles andere, das meiner Ansicht nach die Mitleidigen tun sollten, wird er gern und hochgemut tun: zu Hilfe kommen wird er fremden Tränen, aber sich ihnen nicht anschließen; reichen wird er die Hand dem Schiffbrüchigen, [...] dem Armen eine Spende geben, aber nicht eine erniedrigende, wie sie der größere Teil der Menschen, die mitleidig erscheinen wollen, hinwirft und damit die verachtet, denen er hilft."
241 Augustinus: De Civitate Dei, IX, 5.

Ein Blick in das Zweite/Neue Testament macht uns dieses mitleidende Sehen deutlich: In der Geschichte vom barmherzigen Samariter (Lukas 10,25–37) geht zuerst ein Priester und dann ein Levit (Kultdiener) an dem unter die Räuber Gefallenen vorbei. Erst der Samariter sorgt für den halbtot Daliegenden. Zur Nächstenliebe gehört das mitleidende Hinsehen.

Der barmherzige Samariter hat die Not des auf der Straße liegenden Menschen gesehen, er hielt an und half ihm. Er ließ sich von diesem Menschen und seinem Elend berühren. „Sich berühren lassen."

Sich berühren lassen heißt, einen Menschen als Menschen mit seinen Fragen, Ängsten, Sorgen und Nöten an sich herankommen lassen. Sich berühren lassen heißt betroffen sein, sich aus dem Gleichgewicht bringen lassen, die Gleichgültigkeit aufgeben. Es gibt einen Text im Neuen Testament, in welchem sich Jesus berühren ließ.

In der Geschichte von der blutflüssigen Frau (Markus 5,25–34) wird uns davon berichtet, dass diese Frau, seiend im Fließen des Blutes zwölf Jahre lang, unendlich viel gelitten hat. Medizinisch ist damit die Menstruation gemeint, diese Frau wurde durch ihre Blutungen unrein, sie war eine Ausgestoßene und niemand mehr hatte mit ihr Kontakt. Diese Frau lebte nur noch biologisch, sozial war sie bereits gestorben. Ihre einzige Hoffnung bestand darin, in die Nähe von Jesus zu kommen, und sie schaffte es, sein Gewand zu berühren. Jesus spürte diese Berührung und er fragte: „Wer hat mich an den Kleidern berührt?" Seine Jünger lenkten ab und meinten, dass das Volk die Menschen auf ihn gedrückt habe. Doch Jesus spürte, dass diese Berührung für diese Frau lebenswichtig war: Er ließ sich berühren und die Frau wurde geheilt.[242]

Sich berühren lassen, Leiden sehen, die stoische Gleichgültigkeit überwinden, Gefühle zulassen. Das meint ein mitleidendes Sehen.

Ich weiß wohl, dass ein Friedrich Nietzsche die Grundhaltung des Mitleidens als eine Moral – „Lämmermoral" – der Schwachheit kritisiert

---

[242] Siehe Trummer, Peter: Die blutende Frau. Wunderheilung im Neuen Testament, Freiburg u. a. 1991.

hat, doch glaube ich, dass ein mitleidendes Sehen die Voraussetzung ist für die Überwindung von Leiden.[243]

Mitleidendes Sehen sieht, dass:
100 000 Menschen pro Tag an Hunger und dessen Folgen sterben ...;
die Schere zwischen Arm und Reich sich massiv öffnet und die Armut auch in den hochentwickelten Ländern ein großes Problem ist ...;
der Kampf um Wasser und Öl und Energie sich verschärft ...;
der Hass des Südens auf den Norden zu nimmt ...;
die Zerstörung von Natur und Atmosphäre ein nachhaltiges Leben gefährdet ...;
die finanzmarktgetriebene Marktwirtschaft Werte in Billionenhöhe zerstört (32 000 Mrd. Dollar ab 2008) ...

Ein wichtiger Hinweis dazu: Apostel Paulus zeichnet sich dadurch aus, dass er dem existentiellen Mitleiden und Mitseufzen ein entscheidendes Gewicht im Glauben zumisst:
In 1. Korinther 12,26 beschreibt der Apostel Paulus das gegenseitige Mitempfinden und Anteilnehmen unter den Gläubigen als Glieder des einen Leibes Christi wie folgt: *„Wenn ein Glied leidet, so leiden alle Glieder mit; oder wenn ein Glied verherrlicht wird, so freuen sich alle Glieder mit."*
Paulus schreibt in seinem Brief an die Römer (8,18–26), dass wir in unseren Herzen seufzen und hoffen auf die Erlösung der Welt.

Das mitleidende Sehen wird bei Paulus zu einem Seufzen und ich persönlich denke, dass das mitleidende Sehen auch zu einer Wut werden darf bzw. muss. Bei diesem Gedanken nehme ich Bezug auf Jean Ziegler:

---

243 „Angeblich höher!" – „Ihr sagt, die Moral des Mitleidens sei eine höhere Moral als die des Stoizismus? Beweist es! Aber bemerkt, dass über ‚höher' und ‚niedriger' in der Moral nicht wiederum nach moralischen Ellen abzumessen ist: denn es gibt keine absolute Moral. Nehmt also die Maßstäbe anders woher und – nun seht euch vor!" (Nietzsche, Friedrich: Morgenröte. Gedanken über moralische Vorurteile 1881, Buch 2, S. 123–148.)

Im Jahr 2005 starben 100 000 Menschen pro Tag an Hunger oder dessen Folgen. Das sind 36,5 Millionen im Jahr. Diese schockierenden Zahlen hat der Welternährungsbericht 2005 der UNO aufgeführt und weist darauf hin, dass die Weltlandwirtschaft schon heute – ohne Gentechnik – problemlos zwölf Milliarden Menschen ernähren könnte. Der Tod an Hunger und seinen Folgen betrifft weitgehend den Süden. Jean Ziegler, der UN-Sonderberichterstatter für das Recht auf Nahrung, sagt bei diesen Zahlen: „Ein Kind, das heute an Hunger stirbt, wird ermordet."[244] Oder noch deutlicher: „Das Massaker an Millionen Menschen durch Unterernährung und Hunger ist und bleibt der größte Skandal zu Beginn des dritten Jahrtausends. Eine Absurdität und eine Schande, die durch keinen einzigen Vernunftgrund gerechtfertigt und von keiner Politik legitimiert werden können. Es handelt sich um ein immer wieder von Neuem begangenes Verbrechen gegen die Menschheit."[245]
Jean Ziegler hat es selbst praktiziert. Wir dürfen nicht bei der Wut stehen bleiben. Es muss Widerstand geleistet werden! Das gehört dann zum befreienden Handeln!

2.2. Prophetisches Urteilen und die Frage der Macht und Herrschaft

Die Begrifflichkeit prophetisches Urteilens nimmt bewusst Bezug auf die Propheten des Ersten Testaments und meint eine radikal-kritische Gesellschaftsanalyse. Ich gebe dazu ein Beispiel und nehme Bezug auf das Urteil, das der Prophet Amos über seine Zeit gefällt hat. Es war eine herbe Zeit und Sozialkritik, welche sich auf die zentralen Lebensbereiche Gesellschaft, Recht, Gottesdienst und Politik bezieht. Dazu nur ein

---

244 Jean Ziegler, in: FR, 5.1.2006, S. 10. Zitiert in: Ulrich Duchrow u. a.: Solidarisch Mensch werden. Psychische und soziale Destruktion im Neoliberalismus – Wege zu ihrer Überwindung, Hamburg 2006, S. 22.
245 Jean Ziegler, Das Imperium der Macht und Schande. Der Kampf gegen Armut und Unterdrückung, München 2005, S. 100.

paar wenige Beispiele, um die Struktur und den Inhalt dieser sozialkritischen Situationsanalyse verdeutlichen zu können:
Amos, der selbst Landwirt war, verlässt seine judäische Heimat und tritt im Norden um 760 für die Anliegen der Armen und Entrechteten ein, indem er auf eine schroffe Art und Weise den Gegensatz von Reichtum und Armut, Städtern und Bauern anklagt (s. auch oben III 2.):

„*Ihr* [Akteure der Unterdrückung] *liegt auf Betten aus Elfenbein, ausgestreckt auf euren Ruhebetten.*
Zum Essen holt ihr euch Lämmer aus der Herde und die gemästeten Kälber." (Am 6,4)
Diese Lebensweise kostet enorm Geld und für Amos ist offensichtlich, woher das Geld kommt:
„*Ihr unterdrückt den Armen* [Betroffene der Unterdrückung] *und nehmt das Korn mit großen Lasten von ihnen.*" (Am 5,11)

Der Luxus der Reichen geht auf Kosten der Armen, welche ein hohes Pachtgeld und hohe Steuern zu bezahlen haben. Die Reichen wohnen meist in der Stadt in Prachthäusern (Am 6,1.8), während der Grundbesitz oft an abgabepflichtige Kleinpächter abgegeben wird, die das Land bearbeiten müssen und rücksichtslos ausgebeutet werden. Die Situation sieht dann folgendermaßen aus: „Die Reichen strecken sich auf gepfändeten Decken aus neben jedem Altar und trinken den Wein der Gebüßten in ihrer Götter Hause." (Am 2,8) Härter kann die Kritik kaum mehr ausfallen: Bei den Schuldnern und Pächtern werden schöne Teppiche eingeholt, um bei Tempelfesten auf diesen – d. h. auf den Ausgebeuteten – Schlemmern zu können. Die Ehre Gottes wird damit total pervertiert und regelrecht in den Dreck gezogen.
Es ist zu erwarten, dass bei solchen Ausbeutungsverhältnissen diejenigen, die politische oder wirtschaftliche Macht besitzen, möglichst auf ihren Vorteil bedacht sind. In einer fiktiven Rede eines Getreidehändlers spricht dieser die Brutalität und Betrügerei seines Handelns selbst aus:
„Ihr sagt, wann ist das Neumondfest vorbei?

Wir wollen Getreide verkaufen!
Und wann ist der Sabbat (= Vollmond) vorbei?
Wir wollen den Kornspeicher öffnen,
das Maß kleiner und den Preis größer machen
und die Gewichte fälschen.
Wir wollen wegen Geldschuld die Hilflosen kaufen,
wegen Schuldverträgen (wörtl.: eines Sandalenpaares) die Armen.
Sogar den Abfall des Getreides machen wir zu Geld!" (Am 8,5–6)
Am Neumond und Sabbat ruhten die Geschäfte, doch können es die Geschäftsleute – Kornwucherer – kaum erwarten, bis sie ihr betrügerisches Geschäft wiederaufnehmen und die Armen wegen einer Kleinigkeit, die sie ihnen schuldig geblieben sind, als Sklaven an sich bringen können (Am 2,6). Der ökonomische Mechanismus ist offensichtlich: „Die Armen können die als Lebensmittel oder Saatgut erworbene Ware nicht bezahlen, werden Schuldner und Zinsschuldner und landen schließlich in jener sklavenartigen Abhängigkeit, die für das rentenkapitalistische System kennzeichnend ist."[246]

Kornwucher scheint ein verbreiteter Missstand gewesen zu sein, der insbesondere die Armen getroffen hat. Der Spruch „Wer Getreide zurückhält, den verwünschen die Leute; wer Korn auf den Markt bringt, auf dessen Haupt kommt Segen" (Spr 11,26) zeichnet den Kornhändler aus, „der seine Ware nicht so lange zurückhält, bis die Käufer vor Hunger alles zu geben bereit sind, um auch mit schlechtem Getreide zufrieden zu sein – denn sie brauchen etwas zu essen: für sich selbst, für ihre Familie und vielleicht für ihr Vieh ..."[247]

Hier wird die bewusste, gewinnorientierte Verknappung einer lebenswichtigen Ware als inhuman abgelehnt und als ausbeuterisch verurteilt. Ökonomische Sachverhalte werden also von Amos einer

---

246 Lang, Bernhard: Prophetie und Ökonomie im alten Israel, in: Kehrer, Günter (Hrsg.): „Vor Gott sind alle gleich": Soziale Gleichheit, soziale Ungleichheit und die Religionen, Düsseldorf 1983, S. 64 (S. 53–70). Das Zinsverbot Dtr 23,21 ist erst das Ergebnis sozialpolitischer Bemühungen der Exilzeit.
247 A. a. O., S. 66.

ethischen Interpretation, Bewertung und je nach Fall einer Ablehnung unterzogen.

In Bezug auf die Frage nach den dazu notwendigen ethischen Maßstäben wird deutlich, dass die Sozialkritik bei Amos sich ethisch „orientiert" an der Unterdrückung der *dallim* (Armen). Amos stellt verurteilend fest, dass um Silber (Geld) der *saddiq* (Unschuldige) verkauft wird und der Arme wegen ein paar Sandalen, dass die Köpfe der dallim (gering Begüterten, Armen) zur Erde getreten und der däräk (Weg; Einheit von Lebenswandel und Lebenslauf; Möglichkeit zu gelungenem Leben und heilvoller Existenz) der Frommen hinabgebeugt und damit ein sinnvolles Leben verunmöglicht wird (Am 2,6–16). Gleichzeitig werden die Damen des Hofes als Basanskühe (damals hochgeschätzte Zuchtviehart) charakterisiert (Am 4,1–3), womit Amos den Rahmen dessen sprengt, was damals an prophetischen Auftritten – die Frauen der herrschenden Schicht als feiste Rindviecher – möglich war: In ihrem rücksichtslosen Luxusleben zertreten die Frauen wie übersättigte Rinder ihre Weide, nämlich die unteren Volksschichten (die dallim), von denen aller Existenz schlussendlich abhängig ist.[248]

Die Kritik der Verhältnisse von Amos ist stets „konkret und eindeutig". Das heißt: Im Kern seiner Gesellschaftskritik steht das Unrecht einer Gruppe, die *dallim* (sozial abgrenzbare Schicht von Kleinbauern, (2. Kön 24,14) oder Elende (äbjonim) heißt.[249] Diese Gruppe, die sich gemeinschaftstreu (saddiq), fromm und gottergeben ('anaw) verhält, ist der Raffgier der Mächtigen wehrlos ausgeliefert, wird von ihr „hinabgebeugt", verliert ihre selbständige Existenz. Dabei wird Amos nicht etwa nur durch ein humanes Mitgefühl zu einer solchen Sozialkritik motiviert, auch nennt er keinen Schuldigen bei Namen oder prangert Einzelpersonen oder Einzeltaten an, bietet ebenfalls keine Moralpredigten, in

---

248 So Koch, Klaus: Die Profeten I. Assyrische Zeit, Stuttgart u. a. 1987 (2. Aufl.), S. 56 ff.
249 Die Mitglieder dieser Gruppe werden fünfmal als äbjon (Bedürftiger; 2,6; 4,1; 5,12; 8,4.6), viermal als dal (gering Begüterter; 2,7; 4,1; 5,11; 8,6), zweimal als 'anaw (demütig Frommer; 2,7; 8,4) und einmal als 'aschuq (Ausgebeuteter; 3,9; 4,1) bezeichnet (s. Klaus Koch, Die Entstehung der sozialen Kritik bei den Profeten, a. a. O., S. 242).

denen z. B. ein Mangel an sozialer Rücksicht beklagt wird. Vielmehr denkt Amos gesellschaftlich, hat das gesamte „System" im Blick, nämlich eine gesellschaftliche Entwicklung der Ungerechtigkeit und Ausbeutung, welche eine die Gesellschaft tragende Schicht betrifft und zu zerstören droht.[250] Die Gesellschaft als System ist demzufolge in Gefahr (s. oben III 2.).

Ökonomisch gesehen handelt es sich in der Zeit von Amos um die Epoche des sogenannten „Frühkapitalismus", die in der frühen Königszeit begann. Dazu gehörten der Ausbau der königlichen Herrschaft sowie die Vermehrung des Krongutes und königlichen Reichtums durch den wachsenden Außenhandel. Von dieser Entwicklung profitierte insbesondere die begüterte Oberschicht Israels, deren luxuriöse Lebenshaltung Amos anschaulich schildert und verurteilt. „Die Kehrseite des Wirtschaftsaufschwungs sind krasse Standesunterschiede, Verarmung eines großen Teiles der Bevölkerung, soziale Ungerechtigkeit, mitleidlose Unterdrückung und Ausnutzung der Armen, betrügerische Geschäftsführung (2,6 ff.; 8,4–6), korrupte Rechtssprechung."[251]

Die Rechtssprechung z. B. charakterisiert Amos folgendermaßen: „Sie verwandeln das Recht in Wermut und werfen die Gerechtigkeit zu Boden. Sie hassen den, der im Tor für das Recht eintritt, und verabscheuen den, der die Wahrheit redet. Sie bedrängen den Unschuldigen, nehmen Bestechungsgelder an und unterdrücken den Armen im Tor." (Am 5,7.10.12). Dies alles tut diejenige Schicht, welche Tempelfeste feiert und auf den erpressten Teppichen der dallim sich ausruht. Deshalb müssen für Gott deren Feste ein Gräuel sein:
„Ich hasse, ich verschmähe eure Feste
und mag nicht riechen eure Feiern.
An euren Opfergaben habe ich kein Gefallen,
und das Opfer eurer Mastkälber sehe ich nicht an.

---

250 So Koch, Klaus: Die Entstehung der sozialen Kritik bei den Profeten, a. a. O., S. 238, 242, 244, 247; ders., Die Profeten I, a. a. O., S. 60 f.
251 Metzger, Martin: Grundriß der Geschichte Israels, Neukirchen 1988, S. 117.

Hinweg von mir mit dem Lärm deiner Lieder!
Das Spiel deiner Harfen mag ich nicht hören!
Aber es ströme wie Wasser das Recht
und die Gerechtigkeit wie ein unversieglicher Bach!" (Am 5,21–24)

Nachdem Amos am Staatsheiligtum in Beth-El auftrat, wurde er auf Befehl des Königs Jerobeam II. vom Oberpriester des Heiligtums Amazja verwiesen.
Im Südreich war der wirtschaftliche Aufschwung unter Usija ebenfalls von einigen Missständen begleitet, wie die Aussagen des Micha und Jesaja (740–700) zeigen:
„Wehe denen, die Arges sinnen auf ihren Lagern
und, wenn der Morgen tagt, es vollbringen,
weil es in ihrer Macht steht;
die nach Äckern gieren und sie rauben,
nach Häusern, und sie wegnehmen;
die Gewalt üben an dem Mann und seinem Haus,
an dem Besitzer und seinem Erbgut!" (Micha 2,1–2)
„Wehe denen, die Haus an Haus reihen
und Acker an Acker rücken,
bis kein Platz mehr ist
und ihr allein Besitzer seid mitten im Lande!" (Jes 5,8; 18–23)
Das hier angesprochene soziale Unrecht bezieht sich auf das Bodenrecht. Der Boden durfte wohl vom Einzelnen genutzt werden, war aber als erbliches Eigentum in seinen Grenzen unverletzlich und durfte nicht ohne Grund verkauft werden. In diesem Sinne konnte man von „Privateigentum" sprechen, doch der Boden des Einzelnen war ein Bestandteil des Landes Jahwes, das dieser dem Volk Israel verheißen und gegeben hat. Das in Besitz genommene Kulturland, von dem jeder ein genau abgemessenes Stück zur Nutzung erhielt, war und blieb Jahwes verheißenes Land. Dieses Bodenrecht erlaubte dann auch, dass zum Beispiel der Arme nach der Ernte eines Bodenbesitzers Nachlese halten durfte, womit der Sozialbezug bzw. die Sozialpflichtigkeit des „Eigentums" betont und gefordert wurde. Da man das Land aus Gottes

Hand erhalten hatte – Mein ist das Land, und ihr seid Gäste bei mir und Beisassen (3. Mose 25,23) – war es ungerecht, sich auf Kosten des Volksgenossen zu bereichern oder den Armen von den Früchten des Besitzes auszuschließen. Dazu gehörte auch die Institution des Erlassjahres, welche forderte, dass alle sieben Jahre die sich angesammelten Schuldverpflichtungen aufgehoben wurden. Es kann aber angenommen werden, dass die Institution des Erlassjahres bereits in dieser Epoche des „Frühkapitalismus" weitgehend aufgelöst war.[252]

Die Erzählung von Ahabs Mord an Naboth (1. Kön 21) mit dem Ziel, in den Besitz des von ihm gewünschten Weinberges zu kommen, bringt auf eine höchst brisante und dramatische Weise eine grundsätzliche Verschiebung der Eigentumsverhältnisse zum Ausdruck. Der König, dessen eigentliche Aufgabe darin bestand, dass jeder – insbesondere jedoch der Schwache – zu seinem Recht kam, bricht hier durch eine Mordtat eben die von ihm zu garantierende Ordnung.[253] Sogar der König bricht, wenn langfristig auch nicht ungestraft, das alte Bodenrecht, welches sich durch seinen konsequenten Sozialbezug auszeichnete. Die Entwicklung zum Großgrundbesitz hat sich vollzogen, die Schutzmaßnahmen wie Schuldenerlass, Freilassung der Schuldsklaven und Rückfall des Bodens an den ursprünglichen Besitzer in den sogenannten Sabbat- und Nobeljahren, d. h. alle 7 bzw. 49 Jahre (5. Mose 15,1 ff.; 3. Mose 25,1 ff.), ließen sich nicht mehr – wenn sie jemals wurden – durchsetzen.

---

[252] Kraus, Hans-Joachim: Die prophetische Botschaft gegen das soziale Unrecht Israels, in: EvTh 15 (1955), S. 302 ff. (S. 295–307).

[253] Siehe Stolz, Fritz: Aspekte religiöser und sozialer Ordnung im alten Israel, in: ZEE 17 (1973), S. 148 (S. 145–159): „Wenn Naboth in seiner Antwort an den König ausdrücklich sagt: ‚Davor bewahre mich Jahwe' (Mit einer Verfluchungsformel, also äußerst bestimmt ausgedrückt!), dann ist das kaum bloße Redensart. Hier spricht das Eigentumsdenken des Bauern, der auf seinem unveräußerlichen Erbgrund sitzt; und diese nahala verdankt er letztlich eben der Zuteilung durch Gott (Dieses Bewußtsein hat sich dann auch in gesetzlichen Bestimmungen wie Dtn 19,14 niedergeschlagen). In gleicher Weise ist aber der königliche Anspruch auf das Land religiös begründet, indem der König die Rechte Gottes am Lande grundsätzlich wahrnimmt." (A. a. O., S. 150)

Die Propheten des achten Jahrhunderts haben in ihrer Sozialkritik hauptsächlich die städtischen Führungsschichten, welche Jahwes Schutzbefohlene in die Armut treiben und misshandeln, im Blickfeld ihrer Kritik. Die sind zu Jahwes Feinden geworden, womit Jahwe selbst herausgefordert ist. Diese „theologische Denkfigur"[254] in der prophetischen Argumentation kommt exemplarisch in Jesaja 1,21–26 zum Ausdruck:

„Wie ist zur Hure geworden die treue Stadt,
erfüllt war sie mit Recht, Gerechtigkeit wohnte in ihr.
Dein Silber ist zu Bleiglätte geworden,
dein Bier verschnitten (gepantscht).
Deine Beamten widersetzlich
und Kumpane von Dieben.
Ein jeglicher liebt Bestechung
und jagt Geschenken nach.
Der Waisen verhelfen sie nicht zum Recht,
und der Rechtsfall der Witwe kommt nicht vor sie.
Darum der Ausspruch des Herrn, Jahwe der Heerscharen,
des starken Israels:
Wehe! Ich will mich an meinen Widersachern
und mich rächen an meinen Feinden.
... Und will mit Pottasche deine Bleiglätte läutern
und alle deine Schlacken beseitigen.
Und ich werde deine Richter machen wie in der ersten Zeit
und deine Räte wie zu Anfang.
Darnach wird man dich nennen
‚Stadt der Gerechtigkeit, treue Stadt'."

Mit den drei Bildern (Dirne, unreines Silber, gepantschtes Bier) wird zum Ausdruck gebracht, dass die Gottesstadt Jerusalem, in der früher in der Davidszeit „Recht und Gerechtigkeit" wohnten, zur Hure verkommen ist, in der das Recht des Armen (Waisen, Witwen) nichts

---

254 Hardmeier, Christof: Die judäische Unheilsprophetie. Antwort auf einen Gesellschafts- und Normenwandel im Israel des 8. Jahrhunderts vor Christus, in: Der altsprachliche Unterricht 26 (1983), S. 36 (S. 20–43).

mehr gilt. Mit Klaus Koch kann abschließend darauf hingewiesen werden, dass die sozialkritischen Anliegen ihre eigentliche Zuspitzung dadurch erhielten, dass der Frevel am Ort heiliger Stätten – hier Jerusalem – situiert wurde.[255] Prophetisches Urteilen sagt in den Worten von Kurt Marti:[256]

> *Das könnte den Herren der Welt ja so passen,*
> *wenn erst nach dem Tode Gerechtigkeit käme;*
> *erst dann die Herrschaft der Herren,*
> *erst dann die Knechtschaft der Knechte*
> *vergessen wäre für immer,*
> *vergessen wäre für immer.*
>
> *Das könnte den Herren der Welt ja so passen,*
> *wenn hier auf Erden stets alles so bliebe;*
> *wenn hier die Herrschaft der Herren,*
> *wenn hier die Knechtschaft der Knechte*
> *so weiterginge wie immer,*
> *so weiterginge wie immer.*
>
> *Doch ist der Befreier vom Tod auferstanden,*
> *ist schon auferstanden und ruft uns jetzt alle*
> *zur Auferstehung auf Erden,*
> *zum Aufstand gegen die Herren,*
> *die mit dem Tod uns regieren,*
> *die mit dem Tod uns regieren.*

2.3. Befreiendes Verändern und Widerstand oder das Handeln im Vorletzten

Die Not des Mitmenschen sehen und sich davon berühren lassen. Das überwindet jede Gleichgültigkeit. Wesentlich für das Bekennen ist

---

255 Koch, Klaus: Die Propheten I, a. a. O., S. 62.
256 Gesangbuch der Evangelisch-reformierten Kirchen der deutschsprachigen Schweiz, Basel 1998, Lied Nr. 487; Kurt Marti, Berner Pfarrer und Schriftsteller. Siehe oben IV Achte Predigt.

drittens die Tat. Die Geschichte vom Weltgericht bestätigt dies (Matthäus 25,31–46):
„Dann wird der König denen auf der rechten Seite sagen. Kommt her, die ihr von meinem Vater gesegnet sind, nehmt das Reich in Besitz, das für euch bestimmt ist.
Denn ich war hungrig, und ihr habt mir zu essen gegeben;
ich war durstig, und ihr habt mir zu trinken gegeben;
ich war fremd und obdachlos, und ihr habt mich aufgenommen;
ich war nackt, und ihr habt mir Kleider gegeben;
ich war krank, und ihr habt mich besucht;
ich war im Gefängnis, und ihr seid zu mir gekommen.
Dann werden ihm die Gerechten antworten: Wann haben wir dich hungrig gesehen und dir zu essen gegeben ...
Darauf wird der König antworten: Was ihr für einen meiner geringsten Brüder getan habt, das habt ihr mir getan."[257]

Das Sehen sieht die von Leid und Leiden Betroffenen. Das konkrete Handeln schafft neues Leben, ist lebensdienlich und lebensförderlich. Zum Sehen und Berühren lassen gehört als Drittes das Handeln! Ein Handeln – das befreit zu einem Leben in GFS. In Bezug auf das Handeln verbiete ich mir Überlegungen nach dem Rezeptbuch Betty Bossi. Aber. Es stellen sich für mich immer wieder neu die Fragen: Welche Wege gibt es? Welche Aufgaben haben dabei die Kirchen? Welche Kirche und welche Hilfswerke brauchen wir?
Wir müssen auf diese Fragen immer wieder neu eine Antwort suchen. Sind wir in einer Situation, in welcher wir radikal Nein zum bestehenden Wirtschaftssystem sagen müssen oder gibt es Wege der Veränderung Schritt für Schritt? Ist der Klimawandel schon so weit fortgeschritten, dass nur noch eine Ökodiktatur hilft? Muss Gewalt angewendet werden, um neue AKWs zu verhindern? Braucht es starke Gegenmächte für eine lebensförderliche Energieversorgung? Muss das

---

257 Dieser Text wurde zur Grundlage für das diakonische Handeln der Kirchen (s. oben I).

Wirtschaften jenseits des kapitalbasierten Marktsystems erfolgen? Wie kann eine human-ökologische Wirtschaft umgesetzt werden?
Einen Gesichtspunkt werde ich nochmals betonen. Ich habe es bereits angesprochen beim mitleidenden Sehen. Das mitleidende Sehen muss in der einen oder anderen Situation den Weg über die Wut zum Widerstand gehen müssen. Oder mit Dietrich Bonhoeffer: Wir müssen dem Rad in die Speichen greifen![258] Doch dies ist für mich noch nicht genug. Wir müssen kreativ und konstruktiv Entwürfe für ein gutes Leben in Fülle vorstellen und mit aller Macht durchsetzen!

3. Drei wichtige Punkte des Bekennens

(1) Das bekennende Ja zu Jesus Christus ist ein bekennendes Ja zur Fülle des Lebens (Joh 10)

Wenn wir von bekennen sprechen, dann sind damit zwei Dimensionen angesprochen. In der vertikalen Dimension geht es um die „Anteilnahme an Christus", die horizontale Dimension bezieht sich auf das Handeln in der Welt. Dabei ist unbestritten, dass aus der vertikalen Dimension energisch Konsequenzen für die Horizontale, also für das Leben gezogen werden. Kurz und klar formuliert heißt dies: Aus dem bekennenden Ja zu Jesus Christus ergibt sich ein bekennendes Nein zu allen Formen der Ungerechtigkeit und Todesverfallenheit unserer globalen Welt.[259]

In einem Dokument der Reformierten Kirche steht dazu:
„Wie es in der Nachfolge Jesu keine Gemeinschaft geben *kann* zwischen ‚Gott und dem Mammon' (Mt 6,24), so kann es in den Reihen der Kirchen keine Versöhnung geben zwischen Rechtlosigkeit und Recht,

---

258 Dietrich Bonhoeffer hat 1933 im Zusammenhang mit der Judenfrage von der Kirche ein dreifaches Handeln gefordert: Den Staat für sein Handeln verantwortlich machen. Sich derer annehmen, die trotzdem unter die Räder gekommen sind. Dem Rad selbst in die Speichen fallen.

259 Vischer, Lukas / Luz, Ulrich / Link, Christian: Ökumene im Neuen Testament und heute, Göttingen 2009, S. 236, 244.

zwischen Liebe und Hass, zwischen Unterdrückung und Befreiung, zwischen dem Reichtum des Nordens und der Armut des Südens. Ohne politische und soziale Gerechtigkeit, ohne die aktive Beseitigung bestehenden Unrechts ist die Versöhnung, für die Jesus sein Leben ‚dahingegeben' hat, nicht möglich. Die Einheit seines Leibes kann daher nur von einer Kirche verwirklicht werden, die sich – parteilich wie er – zu dem Gott bekennt, der ‚den Unterdrückten Recht geschehen lässt und den Hungrigen Brot gibt, (der) die Gefangenen befreit, [...] die Niedergeschlagenen aufrichtet, die Fremden beschützt, [...] den Witwen und Waisen hilft, den Gottlosen aber den Weg versperrt.' (Kairos Dokument Kapstadt 1982).“[260]

Jedes Bekenntnis in unserer jüdisch-christlichen Tradition ist ein Bekenntnis zu einer Gesellschaft und Gemeinschaft – biblische regula fidei –, die sich radikal für Gerechtigkeit, Frieden und Bewahrung der Schöpfung einsetzt. Gegensätze, Konflikte in diesen Bereichen gehören zum Prozess der Versöhnung.

Mit einem Wort von Mutter Teresa aus Kalkutta verweise ich auf die Perspektive der Betroffenheit wie auf die Option der Armen. Sie schreibt: „Hier in den Slums, im zerstörten Leib, in den Kindern sehen wir Christus und berühren ihn."[261] Die Gemeinschaft der Kirche und ihr Bekennen hat dort ihren Grund, wo wir uns berühren und herausfordern lassen, hier und jetzt. Jede Kirche an ihrem Ort.

(2) Welche Gerechtigkeit meinen wir?

Das Bekennen nimmt Bezug auf die Gerechtigkeit. Welche Gerechtigkeit meinen wir dabei?

Im Laufe der Moderne hat sich als wichtigstes Grundprinzip der Gerechtigkeit das Prinzip der Gleichheit herausgebildet, das von einer stetig wachsenden Zahl von Individuen verfochten und in Menschenrechtserklärungen und Verfassungen niedergelegt ist. Dieses

---

260 Vischer, Lukas / Luz, Ulrich / Link, Christian: Ökumene im Neuen Testament und heute, Göttingen 2009, S. 236, 244 f.
261 Vischer, Lukas / Luz, Ulrich / Link, Christian: Ökumene im Neuen Testament und heute, Göttingen 2009, S. 228.

Prinzip der Gleichheit bezieht sich auf Rechte und Ansprüche, auf die Verteilung von Macht, Lebenschancen und Lebenslagen. Gerade auch in der jüdisch-christlichen Tradition hat die Gerechtigkeit einen besonderen Stellenwert:

„Gerechtigkeit erhöht ein Volk." (Spr 14,34). *„Es ströme aber das Recht wie Wasser und die Gerechtigkeit wie ein nie versiegender Bach."* (Amos 5,24). Gott *„lässt seine Sonne aufgehen über Böse und Gute und lässt regnen über Gerechte und Ungerechte."* (Mt 5,45).

Für die Kirchen ist das Prinzip der *Bedürfnisgerechtigkeit (justitia distributiva)* besonders wichtig geworden. Dieser Grundsatz bedeutet, dass jede Person unabhängig von ihrer Leistungsfähigkeit so viel erhalten soll, dass sie ihre Grundbedürfnisse befriedigen kann. Dieses Verständnis von Gerechtigkeit kann dahingehend präzisiert werden, dass es gilt, zuerst die Situation der Benachteiligten zu verbessern, wie dies von John Rawls in seiner Theorie der Gerechtigkeit (1975) gefordert wurde. Das Gerechtigkeitsverständnis in der jüdisch-christlichen Tradition verstärkt und radikalisiert diese Bedürfnisgerechtigkeit, indem es die Zuwendung zu den Armen und Benachteiligten als grundlegend betrachtet. Man spricht von einer Option für die Armen, einer konsequenten und radikalen Orientierung am Wohle der Armen und Benachteiligten. Soziale Gerechtigkeit bedeutet somit die vorrangige Parteinahme für die Benachteiligten, Schwachen und Machtlosen in unserer Gesellschaft (regional, national, global; heute und morgen). Sie erschöpft sich nicht in der persönlichen Fürsorge, sondern zielt auf den Abbau der strukturellen Ursachen des Mangels an Lebensqualität und der Teilhabe an den gesellschaftlichen und wirtschaftlichen Prozessen. Das berühmte Gleichnis der Arbeiter im Weinberg (Mt 20,1–16) nimmt die Bedürfnisgerechtigkeit auf: Die Arbeiter, die früh morgens zu arbeiten angefangen haben, erhalten vom Eigentümer des Weinberges den gleichen Lohn wie diejenigen, die nur eine Stunde im Weinberg gearbeitet haben. Alle brauchen gleich viel zum Leben. Der Lohn hat lebensdienlich zu sein. Zentral bei der Bedürfnisgerechtigkeit ist so die Ausgleichsgerechtigkeit, welcher das Kriterium der Gleichheit aller Menschen in ihren grundlegenden Bedürfnissen und Rechten zugrunde liegt. Das beinhaltet die Forderung, dass die Institutionen und Prozesse in Wirtschaft und Politik so ausgestaltet sind, dass allen die aktive Beteiligung am wirtschaftlichen und politischen Leben gewährleistet wird. Man spricht in diesem Zusammenhang von Beteiligungsgerechtigkeit.[262]

Eine zusätzliche Interpretation dieses Gleichnisses, welche sich aus einer sozialgeschichtlichen Exegese ergibt, soll genannt werden: Der Großgrundbesitzer ist nur scheinbar großzügig, vielmehr nützt er die Tagelöhner und Tagelöhnerinnen gemäß dem Prinzip der Profitmaximierung aus und hetzt sie anschließend gegeneinander auf.[263] Die zuerst gemachte Deutung des Gleichnisses im Sinne einer Forderung nach Bedürfnisgerechtigkeit wird durch die sozialgeschichtliche Exegese nicht falsch. Eine neue Forderung aufgrund der sozialgeschichtlichen Deutung des Gleichnisses ist jedoch radikal anders im folgenden Sinne: Es sind alle Verhältnisse zu überwinden, in denen ein Großgrundbesitzer aufgrund seiner *Macht*fülle die Menschen nach seinem Gutdünken – sei dies großzügig oder nicht – behandeln kann.

(3) Gottes kräftiger Anspruch auf unser Leben: Barmen II
Das Dritte Reich des Adolf Hitlers war eine barbarische Zeit. Eine Mehrheit der Evangelischen Kirche hat Adolf Hitler unterstützt als von Gott geschickt. Es gab Ausnahmen, die mit den Namen wie Dietrich Bonhoeffer verbunden sind. Personen, die im Widerstand waren und dies mit ihrem Leben bezahlten. Ein wichtiges kirchenpolitisches Dokument war und ist die sogenannte Barmer Erklärung, die vom berühmten Schweizer Theologen Karl Barth mitformuliert wurde. Die

---

262 Weitgehend wörtlich zitiert aus: Für die Globalisierung der Gerechtigkeit. Die Reformierten Kirchen Bern-Jura-Solothurn als Teil der weltweiten ökumenischen Bewegung. Grundlagenpapier zur Policy des Synodalrats, August 2003, S. 31 f.
263 Schottroff, Luise: Die Gleichnisse Jesu, Gütersloh 2005.

Barmer Erklärung wendet sich gegen alle Mächte, die das Leben verneinen.

Ein wegweisendes Glaubensbezeugnis und eine Begründung für kirchliches Handeln gerade auch im Kontext der Globalisierung ist Barmen II (29. bis 31. Mai 1934 in Wuppertal-Barmen):[264]

„Durch Gott seid ihr in Christus Jesus, der uns von Gott gemacht ist zur Weisheit und zur Gerechtigkeit und zur Heiligung und zur Erlösung." 1. Kor 1,30

„Wie Jesus Christus Gottes Zuspruch der Vergebung aller unserer Sünden ist, so und mit gleichem Ernst ist er auch Gottes kräftiger Anspruch auf unser ganzes Leben; durch ihn widerfährt uns frohe Befreiung aus den gottlosen Bindungen dieser Welt zu freiem, dankbarem Dienst an seinen Geschöpfen.

Wir verwerfen die falsche Lehre, als gebe es Bereiche unseres Lebens, in denen wir nicht Jesus Christus, sondern anderen Herren zu eigen wären, Bereiche, in denen wir nicht der Rechtfertigung und Heiligung durch ihn bedürften."

Das heißt für den Bereich der Wirtschaft:

Es gibt keine Eigengesetzlichkeit der Ökonomie, eine solche ist ethisch nicht akzeptabel. Es gibt kein Sachzwangargument. Wirtschaften ist kein naturwüchsiger Prozess, sondern gestaltbar und veränderbar! Ablehnung von Verabsolutierungen bei Profitdenken, Gewinnmotiv, Effizienz.

---

264 Der Ansbacher Ratschlag ist ein kirchengeschichtliches Dokument, welches am 11. Juni 1934 als Protestschreiben gegen die Barmer Theologische Erklärung von acht Theologen, darunter sechs fränkische Pfarrer und die beiden Theologieprofessoren Werner Elert und Paul Althaus, unterzeichnet und veröffentlicht wurde.
Als Hauptthese lehnt der Ansbacher Ratschlag die strikte Offenbarungstheologie der Barmer Theologischen Erklärung ab. Diese war maßgeblich bestimmt durch die Offenbarungstheologie Karl Barths. Der Ansbacher Ratschlag plädiert stattdessen für die aus der natürlichen Theologie abgeleitete Anschauung, Gott offenbare sich nicht allein in Christus, sondern ebenso in Familie, Volk und Rasse. Dementsprechend verstanden die Unterzeichner den nationalsozialistischen Staat und dessen Führer Adolf als gottgegebene Ordnung, welche ebenfalls Offenbarungscharakter besitzt. Ein Text, der erschüttert und sagen lässt: Nie wieder!

Bei wirtschaftlichen Transaktionen muss immer auch nach der Gerechtigkeit gefragt werden. Das heißt: Wirtschaftliche Interaktionen, Transaktionen, Prozesse, Strukturen und Institutionen müssen sich mit Bezug auf ethische Grundwerte legitimieren.

Die Barmer Erklärung sagt uns auch heute: Das Handeln der Kirchen wird in Zukunft noch mehr herausgefordert durch die Grundkonflikte der modernen Gesellschaften: Krieg, Verteilung der Güter zwischen Reichen und Armen, Bewahrung der Erde vor dem ökologischen Kollaps (integrity). Bei diesen Grundkonflikten stellt sich die Frage des Bekennens. Es geht um das Bekenntnis, alle lebenszerstörenden Verhältnisse in ihren Ursachen zu überwinden.[265] Das „Accra Bekenntnis", das im Jahre 2004 formuliert wurde und dessen Zentralität für die Reformierten Kirchen auf ihrer Weltkonferenz in Grand Rapids Michigan im Juni 2010 bestätigt wurde, nimmt diese Grundanliegen von Barmen II auf (s. unten VI 5.).

---

[265] Vischer, Lukas / Luz, Ulrich / Link, Christian: Ökumene im Neuen Testament und heute, Göttingen 2009, S. 239–241. Das Bekennen heißt dabei: „Das Bekennen des Glaubens (ist) nicht nur die Verbalisierung einer ewigen und unveränderlichen Wahrheit. Vielmehr handelt es sich um einen lebensbezogenen Akt, der die Verzweiflung und Hoffnung der Gemeinschaft mit einbezieht und die erlösende Liebe Gottes inmitten des Leidens zur Wirklichkeit werden lässt ..."
Vischer, Lukas / Luz, Ulrich / Link, Christian: Ökumene im Neuen Testament und heute, Göttingen 2009, S. 282.
Dieses kontextuelle Bekennen in der obigen Art wurde von asiatischen Theologen 1966 in Hongkong formuliert, womit ein Zusammenspiel von Schrift, konkreter Situation und gelebtem Glauben sichtbar wird.

4. Zusammenfassung und Ausblick

Das Bekennen geschieht in einer konkreten geschichtlichen Situation, die herausfordert, nach Veränderung ruft, zu Leidens- und Sinnerfahrungen führt, Visionen und Träume entwickeln lässt, Handeln notwendig macht.
Das Bekennen ist ein lebensbezogener Akt des Leidens und der Verzweiflung, der Hoffnung, der radikalen Situationsanalyse, der Wut über Ungerechtigkeit und Armut, des Muts auf Veränderung mit dem Ziel von Gerechtigkeit, Frieden und Bewahrung der Schöpfung.
Das folgende „Bekenntnis" ist für mich für das Sehen, Urteilen und Verändern grundlegend:

5. Das „Accra Bekenntnis" des Reformierten Weltbundes von 2004

Auf der 24. Generalversammlung des Reformierten Weltbundes in Accra, Ghana, vom 30. Juli bis 13. August 2004 wurde ein „Bekenntnis des Glaubens im Angesicht von wirtschaftlicher Ungerechtigkeit und ökologischer Zerstörung" beschlossen. Der Text versteht sich als „Glaubensverpflichtung" (faith commitment), nicht als Bekenntnis (confession) im Sinne eines klassischen Lehrbekenntnisses.[266]
Bewusst habe ich dieses „Bekenntnis" aufgenommen, weil es in verschiedener Hinsicht radikal ist und somit der Perspektive des vorliegenden Buches entspricht: Radikal in der Analyse, radikal in der Formulierung der Mitschuld, radikal in der Formulierung der Zukunft, radikal in der Benennung der Dringlichkeit von Veränderungen.

BERICHT DER SEKTION BUNDESSCHLUSS
Bund für wirtschaftliche und ökologische Gerechtigkeit
(Covenanting for Justice in the Economy and the Earth)

---

[266] http://www.reformiert-info.de/124-0-56-3.html [Stand: 6.1.2018].

Einleitung

1. Als Antwort auf den drängenden Appell der Mitgliedskirchen im Südlichen Afrika, die sich 1995 in Kitwe trafen, und in Anerkennung der wachsenden Dringlichkeit, sich der globalen wirtschaftlichen Ungerechtigkeit und ökologischen Zerstörung anzunehmen, forderte die 23. Generalversammlung (Debrecen, Ungarn 1997) die Mitgliedskirchen des Reformierten Weltbundes auf, in einen Prozess der „Erkenntnis, der Aufklärung und des Bekennens" (processus confessionis) einzutreten. Die Kirchen reflektierten über den Text aus Jes 58,6 „... sprengt die Ketten der Unterdrückung und das Joch der Ungerechtigkeit, und lasst die Unterdrückten frei"; gleichzeitig hörten sie die Schreie ihrer Brüder und Schwestern rund um den Erdkreis und wurden sich bewusst, in welchem Ausmaß die Schöpfung – Gottes Geschenk – bedroht ist.

2. Seither veröffentlichten neun Mitgliedskirchen eine Glaubensverpflichtung (faith stance) zu diesem Thema. Einige Kirchen befinden sich im Prozess auf diesen Bund hin und wieder andere haben sich mit dem Thema beschäftigt und die Ernsthaftigkeit der Krise erkannt. Zudem führte der Reformierte Weltbund in Partnerschaft mit dem Ökumenischen Rat der Kirchen, dem Lutherischen Weltbund und regionalen ökumenischen Organisationen in allen Regionen der Welt Konsultationen durch, von Seoul/Bangkok (1999) bis Stony Point/USA (2004). Eine zusätzliche Konsultation mit Kirchen der südlichen Hemisphäre fand in Buenos Aires (2003) statt, gefolgt von einer gemeinsamen Konsultation von Kirchen des Südens und des Nordens in London Colney (2004).

3. Anlässlich der Generalversammlung des Reformierten Weltbundes in Accra/Ghana besichtigten wir die Sklavenverliese von Elmina und Cape Coast, wo Millionen von Afrikanern und Afrikanerinnen zusammengepfercht, verkauft und den Schrecken von Unterdrückung und Tod ausgesetzt wurden. Der Aufschrei „nie wieder" wird durch die Tatsache heutigen Menschenhandels und fortwährender Unterdrückung durch das Weltwirtschaftssystem Lügen gestraft.

4. Heute sind wir bereit, eine Glaubensverpflichtung (faith commitment) einzugehen.

Die Zeichen der Zeit erkennen

5. Wir wissen, dass die Schöpfung noch immer seufzt, in Ketten liegt und auf Befreiung wartet (Röm 8,22). Die Schreie der leidenden Menschen, aber auch

die der Schöpfung selbst zugefügten Wunden sind eine Herausforderung an uns.

6. Die Zeichen der Zeit sind alarmierender geworden und bedürfen der Interpretation. Die tieferen Wurzeln der massiven Bedrohung des Lebens sind vor allem das Produkt eines ungerechten Wirtschaftssystems, das mit politischer und militärischer Macht verteidigt und geschützt wird. Wirtschaftssysteme sind eine Sache von Leben und Tod.

7. Wir leben in einer skandalösen Welt, die leugnet, dass Gottes Aufruf zum Leben allen Menschen gilt. Das Jahreseinkommen der reichsten 1 % entspricht dem der ärmsten 57 % und 24.000 Menschen sterben jeden Tag an den Folgen von Armut und Unterernährung. Die Schulden der armen Länder nehmen weiter zu, obwohl sie ihre ursprünglichen Kredite mehrmals zurückgezahlt haben. Kriege, die um Ressourcen der Erde geführt werden, fordern das Leben von Millionen und weitere Millionen sterben an vermeidbaren Krankheiten. Die globale Pandemie von HIV/AIDS greift in allen Teilen der Welt tief ins Leben ein und trifft besonders die Ärmsten, wenn keine Generika verfügbar sind. Die Mehrheit der Armen sind Frauen und Kinder und die Anzahl derer, die in absoluter Armut mit weniger als einem Dollar pro Tag auskommen müssen, steigt ständig.

8. Die Politik ungehinderten Wachstums unter den Industrieländern und das Streben nach Gewinn multinationaler Unternehmen haben die Erde ausgeplündert und die Umwelt schwer geschädigt. Im Jahr 1989 starb jeden Tag eine Tier- oder Pflanzenart aus; im Jahr 2000 war es bereits eine Art pro Stunde. Klimatische Veränderungen, die Plünderung der Fischbestände, Entwaldung, Bodenerosion und die Gefährdung der Trinkwasservorräte sind nur einige der verheerenden Folgen. Menschliche Gemeinschaften werden auseinandergerissen, Lebensräume gehen verloren, Küstenregionen und die pazifischen Inseln sind von Überschwemmungen und Stürmen bedroht. Hohe Radioaktivitätswerte bedrohen Gesundheit und Umwelt. Lebensformen und kulturelles Wissen werden aus Gründen der Gewinnsucht patentiert.

9. Diese Krise steht in direktem Verhältnis zur Entwicklung der neoliberalen wirtschaftlichen Globalisierung, die auf folgenden Überzeugungen beruht:
ungehinderter Wettbewerb, schrankenloser Konsum, ungebremstes Wirtschaftswachstum und Anhäufung von Reichtum sind das Beste für die ganze Welt;
Privatbesitz beinhaltet keine soziale Verpflichtung;

Finanzspekulation, Liberalisierung und Deregulierung des Marktes, Privatisierung öffentlicher Versorgungsbetriebe und nationaler Ressourcen, ungehinderter Zugang für ausländische Investitionen und Importe, niedrigere Steuern und ungehinderter Kapitalverkehr schaffen Wohlstand für alle; soziale Verpflichtungen, der Schutz von Armen und Schwachen, Gewerkschaftsleben und zwischenmenschliche Beziehungen sind dem Wirtschaftswachstum und der Kapitalakkumulation untergeordnet.

10. Diese Ideologie, die von sich behauptet, es gäbe zu ihr keine Alternative, verlangt den Armen und der Schöpfung unendliche Opfer ab und verspricht fälschlicherweise, die Welt durch die Schaffung von Reichtum und Wohlstand retten zu können. Sie tritt mit dem Anspruch auf, alle Lebenssphären beherrschen zu wollen, und verlangt absolute Gefolgschaft, was einem Götzendienst gleichkommt.

11. Wir sind uns des ungeheuren Ausmaßes und der Komplexität dieser Situation bewusst und suchen keine einfachen Antworten. Als Wahrheits- und Gerechtigkeitssuchende, die sich die Sichtweise der Machtlosen und Leidenden zu eigen machen, sehen wir, dass die gegenwärtige Welt-(Un)Ordnung auf einem außerordentlich komplexen und unmoralischen Wirtschaftssystem beruht, das von (einem) Imperium verteidigt wird. Unter dem Begriff „Imperium" verstehen wir die Konzentration wirtschaftlicher, kultureller, politischer und militärischer Macht zu einem Herrschaftssystem unter der Führung mächtiger Nationen, die ihre eigenen Interessen schützen und verteidigen wollen.

12. In der klassischen liberalen Wirtschaft besteht die Aufgabe des Staates darin, das Privateigentum und das Einhalten der Verträge im Wettbewerb der Märkte zu schützen. Durch die Kämpfe der Arbeiterbewegung begannen die Staaten, die Märkte zu regulieren und für die soziale Wohlfahrt der Menschen zu sorgen. Seit den achtziger Jahren begann der Neoliberalismus durch die Internationalisierung der Kapitalflüsse die sozialen Funktionen des Staates abzubauen. Nach neoliberaler Anschauung besteht der Zweck der Wirtschaft darin, den Gewinn für Eigentümer von Produktions- und Finanzkapital zu mehren, was dazu führt, dass die Mehrheit der Menschen ausgeschlossen wird und mit der Schöpfung so umgegangen wird, als sei sie eine Handelsware.

13. Die Globalisierung der Märkte hatte auch eine Globalisierung der zu ihrem Schutz eingerichteten politischen und rechtlichen Institutionen und Regelwerke zur Folge. Die Regierung der Vereinigten Staaten von Amerika

und ihre Alliierten bedienen sich – in Zusammenarbeit mit internationalen Finanz- und Handelsinstitutionen (Internationaler Währungsfonds, Weltbank, Welthandelsorganisation) – politischer, wirtschaftlicher oder auch militärischer Bündnisse, um die Interessen der Kapitaleigner zu schützen und zu fördern.

14. Wir beobachten also eine dramatische Konvergenz zwischen der Wirtschaftskrise einerseits und dem Integrationsprozess von wirtschaftlicher Globalisierung und Geopolitik andererseits, und dies vor dem Hintergrund der neoliberalen Ideologie. Es handelt sich hier um ein globales System, das die Interessen der Mächtigen verteidigt und schützt. Wir sind alle davon betroffen und keiner kann sich ihm entziehen. In biblischen Begriffen wird ein solches System der Anhäufung von Reichtum auf Kosten der Armen als Treuebruch gegenüber Gott angesehen, das verantwortlich ist für vermeidbares menschliches Leid und Mammon genannt wird. Jesus sagte, wir könnten nicht zugleich Gott und dem Mammon dienen (Lk 16,13).

Bekenntnis des Glaubens (confession of faith) angesichts wirtschaftlicher Ungerechtigkeit und ökologischer Zerstörung

15. Eine Glaubensverpflichtung (faith commitment) kann ihre Ausdrucksform gemäß der jeweiligen regionalen und theologischen Tradition in unterschiedlicher Weise finden: als Bekenntnis (confession), als gemeinsamem Akt des Bekennens (confessing), als Glaubenserklärung (faith stance) oder als einem Akt der Treue (being faithful) gegenüber dem Bund Gottes. Wir haben das Wort Bekennen/Bekenntnis (confession) gewählt, nicht im Sinne eines klassischen Lehrbekenntnisses (doctrinal confession) – denn dazu ist der Reformierte Weltbund nicht befugt –, sondern um auf die Notwendigkeit und Dringlichkeit einer aktiven Antwort auf die Herausforderungen unserer Zeit sowie auf den Appell von Debrecen hinzuweisen. Wir laden die Mitgliedskirchen ein, sich unser gemeinsames Zeugnis anzueignen und sich damit auseinanderzusetzen.

16. Vor dem Hintergrund unserer reformierten Tradition und der Erkenntnis der Zeichen der Zeit erklärt die Generalversammlung des Reformierten Weltbundes, dass die Frage der globalen wirtschaftlichen Gerechtigkeit eine für die Integrität unseres Gottesglaubens und unsere Nachfolgegemeinschaft als Christinnen und Christen grundlegende Frage ist. Wir glauben, dass die Integrität unseres Glaubens auf dem Spiel steht, wenn wir uns gegenüber

dem heute geltenden System der neoliberalen wirtschaftlichen Globalisierung ausschweigen oder untätig verhalten. Darum bekennen wir vor Gott und einander:

17. Wir glauben an Gott, den Schöpfer und Erhalter allen Lebens, der uns zu Partnerinnen und Partnern der Schöpfung und Erlösung der Welt beruft. Wir leben unter der Verheißung, dass Jesus Christus gekommen ist, damit alle Leben in Fülle haben (Joh 10,10). Gestärkt und geleitet vom Heiligen Geist öffnen wir uns der Wirklichkeit der Welt.

18. Wir glauben, dass Gott über die ganze Schöpfung regiert. „Die Erde ist des Herrn und was darinnen ist" (Ps 24,1).

19. Darum sagen wir Nein zur gegenwärtigen Weltwirtschaftsordnung, wie sie uns vom globalen neoliberalen Kapitalismus aufgezwungen wird. Nein aber auch zu allen anderen Wirtschaftssystemen – einschließlich der Modelle absoluter Planwirtschaft –, die Gottes Bund verachten, indem sie die Notleidenden, die Schwächeren und die Schöpfung in ihrer Ganzheit der Fülle des Lebens berauben. Wir weisen jeden Anspruch auf ein wirtschaftliches, politisches und militärisches Imperium zurück, das Gottes Herrschaft über das Leben umzustürzen versucht und dessen Handeln in Widerspruch zu Gottes gerechter Herrschaft steht.

20. Wir glauben, dass Gott einen Bund mit der ganzen Schöpfung eingegangen ist (1. Mo 9,8–12). Gott hat eine Gemeinschaft auf Erden ins Leben gerufen, die auf einer Vision der Gerechtigkeit und des Friedens beruht. Der Bund ist eine Gnadengabe, die nicht auf dem Marktplatz käuflich ist (Jes 55,1). Er ist eine Ökonomie der Gnade für den Haushalt der ganzen Schöpfung. Jesus zeigt uns, dass dies ein alle einschließender Bund ist, in dem die Armen und Ausgegrenzten die bevorzugten Partner sind. Er ruft uns dazu auf, die Gerechtigkeit gegenüber „seinen geringsten Brüdern und Schwestern" (Mt 25,40) in den Mittelpunkt der Gemeinschaft des Lebens zu stellen. Die ganze Schöpfung ist gesegnet und in diesem Bund eingeschlossen (Hos 2,18 ff.).

21. Darum sagen wir Nein zur Kultur des ungebändigten Konsumverhaltens, der konkurrierenden Gewinnsucht und zur Selbstsucht des neoliberalen globalen Marktsystems oder jedes anderen Systems, das von sich behauptet, es gäbe keine Alternative.

22. Wir glauben, dass jede Wirtschaftsform zur Gestaltung des Lebenshaushaltes, wie er uns durch Gottes Bund zur Erhaltung des Lebens geschenkt wurde, sich vor Gott zu verantworten hat. Wir glauben, dass die

Wirtschaft dazu da ist, um der Würde und dem Wohl der Menschen in Gemeinschaft im Rahmen der Nachhaltigkeit der Schöpfung zu dienen. Wir glauben, dass wir Menschen berufen sind, uns für Gott und gegen den Mammon zu entscheiden und dass das Bekennen unseres Glaubens ein Akt des Gehorsams ist.

23. Darum sagen wir Nein zur unkontrollierten Anhäufung von Reichtum und zum grenzenlosen Wachstum, die schon jetzt das Leben von Millionen Menschen gefordert und viel von Gottes Schöpfung zerstört haben.

24. Wir glauben, dass Gott ein Gott der Gerechtigkeit ist. In einer Welt voller Korruption, Ausbeutung und Habsucht ist Gott in einer besonderen Weise der Gott der Notleidenden, der Armen, der Ausgebeuteten, der ungerecht Behandelten und der Missbrauchten (Ps 146,7–9). Gott fordert gerechte Beziehungen zu allen Geschöpfen.

25. Darum sagen wir Nein zu jeder Ideologie und jedem wirtschaftlichen Regime, das den Profit über die Menschen stellt, das nicht um die ganze Schöpfung besorgt ist und jene Gaben Gottes, die für alle bestimmt sind, zum Privateigentum erklärt. Wir weisen jede Lehre zurück, die zur Rechtfertigung jener dient, die einer solchen Ideologie im Namen des Evangeliums das Wort reden oder ihr nicht widerstehen.

26. Wir glauben, dass Gott uns dazu aufruft, uns an die Seite der Opfer der Ungerechtigkeit zu stellen. Wir wissen, was der Herr von uns fordert, „das Gerechte zu tun, Liebe zu üben und demütig zu sein vor unserem Gott" (Mi 6,18). Wir sind dazu aufgerufen, uns gegen jede Form der Ungerechtigkeit in der Wirtschaft und gegen die Zerstörung der Erde zu wenden, damit „das Recht ströme wie Wasser und die Gerechtigkeit wie ein nie versiegender Bach" (Am 5,24).

27. Darum sagen wir Nein zu jeder Theologie, die den Anspruch erhebt, dass Gott nur auf der Seite der Reichen stehe und dass Armut die Schuld der Armen sei. Wir weisen jegliche Form der Ungerechtigkeit zurück, die gerechte Beziehungen zerstört – Geschlecht, Rasse, Klasse, Behinderung, Kaste. Wir weisen jede Theologie zurück, die vorgibt, menschliche Interessen dürften die Natur beherrschen.

28. Wir glauben, dass Gott uns dazu aufruft, die Schreie der Armen und das Stöhnen der Schöpfung zu hören und dem missionarischen Auftrag Jesu zu folgen, der gekommen ist, damit alle Leben haben und es in Fülle haben (Joh 10,10). Jesus bringt den Unterdrückten Gerechtigkeit und den Hungernden Brot; er befreit die Gefangenen und gibt den Blinden das Augenlicht (Lk

4,18); er unterstützt und schützt die Bedrängten, die Fremdlinge, die Waisen und die Witwen.

29. Darum sagen wir Nein zu jeder kirchlichen Praxis oder Lehre, die die Armen und die Bewahrung der Schöpfung in ihrer Missionsarbeit nicht berücksichtigt, die deshalb denen, die „zu stehlen, zu schlachten und umzubringen" (Joh 10,10) kommen, Beistand leisten, statt dem „guten Hirten" zu folgen, der für das Leben aller gekommen ist (Joh 10,11).

30. Wir glauben, dass Gott alle Männer, Frauen und Kinder von überall her zusammenruft, sowohl Reiche wie Arme, um die Einheit der Kirche und deren Mission aufrechtzuerhalten, damit die Versöhnung, zu der Jesus uns beruft, sichtbar werden kann.

31. Darum sagen wir Nein zu jedem Versuch, im kirchlichen Leben Gerechtigkeit und Einheit voneinander zu trennen.

32. Wir glauben, dass der Geist uns dazu aufruft, Rechenschaft für die Hoffnung abzugeben, die durch Jesus Christus in uns ist, und zu glauben, dass Gerechtigkeit siegen und Frieden herrschen wird.

33. Wir verpflichten uns, einen globalen Bund für wirtschaftliche und ökologische Gerechtigkeit im Haushalt Gottes zu suchen.

34. In Demut bekennen wir diese Hoffnung, im Wissen, dass auch wir unter dem Gericht der Gerechtigkeit Gottes stehen.

Wir sind uns der Mittäterschaft und Mitschuld derer bewusst, die, gewollt oder ungewollt, aus dem gegenwärtigen neoliberalen Weltwirtschaftssystem Gewinn ziehen; wir erkennen, dass dies sowohl auf Kirchen wie auf Mitglieder unserer eigenen reformierten Familie zutrifft, und wir rufen deshalb zum Bekennen unserer Sünde auf.

Wir geben zu, dass wir in der Kultur des Konsumverhaltens, der konkurrierenden Gewinnsucht und der Selbstsucht des gegenwärtigen Wirtschaftssystems gefangen sind. Allzu oft hat das auch unsere eigene Spiritualität durchdrungen.

Wir bekennen unsere Sünde, dass wir die Schöpfung missbraucht haben und dass wir unsere Aufgabe als Hüter und Bewahrer/-innen der Natur verfehlt haben.

Wir bekennen unsere Sünde, dass die Zerrissenheit der reformierten Familie unsere Fähigkeit, die Mission Gottes in ihrer Ganzheit auszuführen, beeinträchtigt hat.

35. Wir glauben – im Gehorsam gegenüber Jesus Christus –, dass die Kirche zum Bekenntnis, zum Zeugnis und zum Handeln berufen ist, selbst wenn

die Obrigkeit und das menschliche Gesetz dies verbieten sollten und dies Bestrafung und Leiden nach sich ziehen kann (Apg 4,18 ff.). Jesus ist der Herr.

36. Wir schließen uns zusammen zum Lobe Gottes, Schöpfer, Erlöser und Geist, „der die Gewaltigen vom Thron stößt und die Niedrigen erhebt, die Hungrigen mit Gütern füllt und die Reichen leer ausgehen lässt" (Lk 1,52 f.).

Wir schließen einen Bund für Gerechtigkeit

37. Indem wir unseren Glauben gemeinsam bekennen, schließen wir einen Bund im Gehorsam gegen Gottes Willen. Wir verstehen diesen Bund als einen Akt der Treue in gegenseitiger Solidarität und verlässlichen Bindungen. Was uns verbindet, ist der gemeinsame Einsatz für wirtschaftliche und ökologische Gerechtigkeit, sowohl in unserem uns allen gemeinsamen globalen Kontext als auch in unserem jeweiligen regionalen und lokalen Umfeld.

38. Auf diesem gemeinsamen Weg haben einige Kirchen bereits ihre Verpflichtung in Form eines Glaubensbekenntnisses (confession of faith) ausgedrückt. Wir bitten diese Kirchen dringend, ihr Bekenntnis auf regionaler und lokaler Ebene in konkretes Handeln umzusetzen. Andere Kirchen, die sich bereits auf diesen Prozess eingelassen und entsprechende Aktionen eingeleitet haben, bitten wir ernsthaft um ein weiteres Engagement im Bereich der Aufklärung, des Bekenntnisses und konkreten Handelns. Jene Kirchen, die noch am Anfang des Prozesses, nämlich des Erkennens stehen, bitten wir im Sinn unserer gegenseitigen Verantwortung als Bundesschlusspartner, ihren Aufklärungsprozess zu vertiefen und die Frage eines Bekenntnisaktes (confession) zu erwägen.

39. Die Generalversammlung ruft die Mitgliedskirchen des RWB auf der Grundlage dieser Bundespartnerschaft auf, die nicht ganz einfache, prophetische Aufgabe zu übernehmen, ihren Ortsgemeinden den Sinn dieses Bekenntnisses (confession) zu vermitteln und zu interpretieren.

40. Die Generalversammlung bittet die Mitgliedskirchen des RWB, dieses Bekenntnis (confession) umzusetzen und sich die Empfehlungen des Ausschusses für öffentliche Angelegenheiten über wirtschaftliche Gerechtigkeit und ökologische Fragen anzueignen (siehe Anhang 18).

41. Die Generalversammlung beauftragt (commits) den Reformierten Weltbund, sich zusammen mit anderen Gemeinschaften (communions) – der ökumenischen Gemeinschaft, der Gemeinschaft anderer Religionen,

Bewegungen der Zivilgesellschaft und Volksbewegungen – für eine gerechte Wirtschaft und die Bewahrung der Schöpfung einzusetzen, und ruft unsere Mitgliedskirchen auf, das Gleiche zu tun.

42. Abschließend erklären wir mit Nachdruck, dass wir uns verpflichten, unsere Zeit und unsere Energie darauf zu verwenden, die Wirtschaft und die Umwelt zu verändern, zu erneuern und wiederherzustellen und damit das Leben zu wählen, auf dass wir und unsere Nachkommen leben können (5. Mose 30,19).

VII

Von der integrativen zur radikalen Wirtschaftsethik

Vorbemerkungen

Die integrative Wirtschaftsethik mit ihrer Basisnorm der Lebensdienlichkeit führt zur radikalen Wirtschaftsethik, weil aktuelles Wirtschaften oftmals Leben gefährdet: Natürliche Lebensgrundlagen, Menschen.
Mit der Begrifflichkeit *radikale Ethik* werden zugleich heftige Assoziationen geweckt. Das ist beabsichtigt und entspricht meinem Konzept von Wirtschaftsethik: Es geht mir um eine radikale und konsequente, universale und globale Lebensdienlichkeit des Wirtschaftens.
Das meint: Wird die Lebensdienlichkeit des Wirtschaftens konsequent beachtet und aktuell, global, für die Zukunft als gültig anerkannt, dann müssen Veränderungen subito eingeleitet werden. Diese Dringlichkeit in der Transformation gehört zur Perspektive der Radikalität.

1. Das Konzept der integrativen Wirtschaftsethik und die Fokussierung auf die Lebensdienlichkeit

„Wirtschaft gibt es, weil es den Menschen gibt." Diesen Satz hat der bekannte Wirtschaftsethiker philosophisch-ökonomischer Herkunft Peter Ulrich in seinem bisherigen Hauptwerk „Integrative Wirtschaftsethik. Grundlagen einer lebensdienlichen Ökonomie" (1997) als Leitsatz zu einem seiner zentralen Kapitel vorangestellt.[267]

---

[267] Ulrich, Peter: Integrative Wirtschaftsethik. Grundlagen einer lebensdienlichen Wirtschaft, Bern u. a. 1997, S. 203. (4. Aufl. 2008, S. 217). Peter Ulrich, von 1989–2009

Diese Feststellung stammt vom theologischen Wirtschaftsethiker Arthur Rich (1910–1992). Auch die Wirtschaft kennt, so Arthur Rich, in ihrer speziellen Fragestellung „Was soll wann wie viel für wen produziert werden?" die Sinnfrage. Dabei gilt: „Darum vermag auch keine Ökonomie von der Realität des Menschen in seinen Bedürfnissen, Wünschen, Hoffnungen usw. als der unabdinglichen Voraussetzung allen Wirtschaftens abzusehen."[268]

Alles Wirtschaften und alle ökonomischen Modelle haben als unabdingbare Voraussetzung die Tatsache, dass es die Wirtschaft nur deshalb gibt, weil es den Menschen gibt. Damit wird der Mensch in den Mittelpunkt des Wirtschaftens gestellt, nicht in einem abstrakt-ökonomistischen Sinne als Produktionsfaktor, Kaufkraft oder Humankapital, vielmehr als Mensch mit existentiellen Grundbedürfnissen und dem Anspruch auf umfassende Entfaltungsmöglichkeiten. Der „humane Zweck des Wirtschaftens" erweist sich als Lebensdienlichkeit.[269]

Mit der Lebensdienlichkeit als fundamentaler Zweck (= Sinn der Wirtschaft) und zentraler Begriff der Wirtschaftsethik von A. Rich wird ein zentraler Aspekt protestantischer Ethik aufgenommen: „Der Sabbat ist um des Menschen willen gemacht und nicht der Mensch um des Sabbat willen." (Markus 2,27) Die Institution des Sabbats, jede Institution, *dient* grundsätzlich dem Menschen.

Leiter des Instituts für Wirtschaftsethik an der Universität St. Gallen (HSG), das erste seiner Art im deutschsprachigen Raum. Kapitel: „Wirtschaftsethische Grundlagenreflexion II: Vernünftiges Wirtschaften aus dem Blickwinkel der Lebenswelt."

268 Rich, Arthur: Wirtschaftsethik Bd. II. Marktwirtschaft, Planwirtschaft, Weltwirtschaft aus sozialethischer Sicht, Gütersloh 1990, S. 17.

269 Arthur Rich mit Bezug auf Emil Brunner: „Die Dienlichkeit, die Lebensdienlichkeit, ist der primäre gottgewollte Zweck der Wirtschaft." Emil Brunner, Das Gebot und die Ordnungen, Zürich 1978 (4. Aufl./1932), S. 387; s. bei Arthur Rich, Wirtschaftsethik Bd. II. Marktwirtschaft, Planwirtschaft, Weltwirtschaft aus sozialethischer Sicht, Gütersloh 1990, S. 23. Arthur Rich spricht jedoch nicht mehr von einem „gottgewollten" Zweck der Wirtschaft.

Wenn Wirtschaften heißt, (a) für den Menschen da zu sein und (b) Werte zu schaffen, dann darf das entscheidende Maß einer lebensdienlichen Wirtschaft nicht die Schaffung von Marktwerten (Gewinn, Wachstum, Shareholder Value) sein, sondern allen Sachzwängen zum Trotz ihre Lebensdienlichkeit.

Die Lebensdienlichkeit bezieht sich umfassend und integrativ auf Natur, Mensch, Tier. Diese Lebensdienlichkeit ergibt sich jedoch nicht durch die Entfesselung der Marktkräfte, die dann gleichwie eine „unsichtbare Hand" zum Guten wirken, vielmehr durch die bewusste Gestaltung des Wirtschaftens auf der Basis der Lebensdienlichkeit.[270]

Bei der integrativen Wirtschaftsethik als einem neuen Paradigma von Wirtschaftsethik geht es darum, die Lebensdienlichkeit als eigentlichen Zweck des Wirtschaftens aufzuweisen. Das meint: Die Lebensdienlichkeit wird als Basisnorm in das Wirtschaften *integriert*.[271] Die integrative Wirtschaftsethik von Peter Ulrich hat diese Lebensdienlichkeit des Wirtschaftens immer wieder neu entfaltet und begründet.

2. Die bisherigen wirtschaftsethischen Überlegungen und die Basisnorm der Lebensdienlichkeit

Es war schon immer mein Anliegen, dass die ethische Reflexivität der Wirtschaft und des Wirtschaftens nur von innen – Ökonomie intern – heraus erfolgen kann. Auf der Ebene der Theoriebildung habe ich dies bereits im Jahre 1984 in meinem Aufsatz mit dem ziemlich komplexen Titel „Ansatzpunkte für eine normative Erweiterung der ökonomischen Rationalität – ‚Humanisierung' der ökonomischen Theorie als Aufgabe einer sich als ethische Ökonomie verstehenden Wirtschaftsethik" begründet und in großer Unvollkommenheit ausgeführt.[272] Dieser

---

270 Das ist der „richtig" verstandene Adam Smith.
271 Siehe Kaiser, Helmut: Ökologische Wirtschaftsdemokratie. Wege zu einem lebensdienlichen Wirtschaften im Kontext der Globalisierung, Aachen 2007.
272 Zeitschrift für Evangelische Ethik ZEE 3/84, S. 285–320.

Aufsatz war übrigens auch der Ausgangspunkt für eine „paradigmatische" Verbundenheit mit dem St. Galler Wirtschaftsethiker *Peter Ulrich*, der in seinem Buch „Integrative Wirtschaftsethik – Grundlagen einer lebensdienlichen Ökonomie" (1997) in Bezug auf diesen Aufsatz schreibt: „Hingegen hat der evangelische Sozial- und Wirtschaftsethiker Helmut Kaiser, parallel zu meiner Arbeit an der *Transformation der ökonomischen Vernunft* in der Zeit von 1979–85 ... und in wechselseitiger Unkenntnis, in ähnlicher Weise in der kritisch-normativen Reflexion des ökonomischen Rationalitätsverständnisses den systematischen Ansatzpunkt der Wirtschaftsethik erkannt ..."[273]

Konsequent wollte ich das fundamentale Missverständnis einer sachfremden Wirtschaftsethik überwinden, welche der Wirtschaft Normen und Werte überstülpen und so diese mit einer normativen Position domestizieren will: Eine so verstandene Wirtschaftsethik „geht nämlich fälschlicherweise von einer *Zwei-Welten-Konzeption von wertfreier Ökonomik und ausserökonomischer Wirtschaftsethik* aus ..."[274] Konsequent hat Peter Ulrich seinen Ansatz der Integrativen Wirtschaftsethik entfaltet und sich mancher Kritik und manchen Missverständnissen ausgesetzt.[275]

Bei diesen Grundlegungsfragen ging es mir wie Peter Ulrich jedoch nicht primär um die Theoriebildung und um ein neues Paradigma, vielmehr darum, die Lebensdienlichkeit als eigentlichen Zweck des Wirtschaftens aufzuweisen. Das heißt: Die Lebensdienlichkeit wird als Basisnorm in das Wirtschaften integriert.

---

273 Ulrich, Peter: Integrative Wirtschaftsethik. Grundlagen einer lebensdienlichen Ökonomie, Bern u. a. 1997, S. 119. (in der vierten Aufl. S. 86).
274 Ulrich, Peter: Integrative Wirtschaftsethik. Grundlagen einer lebensdienlichen Ökonomie, Bern u. a. 2008, S. 108 (1. Auflage 1997).
275 Trautnitz, Georg: Normative Grundlagen der Wirtschaftsethik. Ein Beitrag zur Bestimmung ihres Ausgangsparadigmas, Berlin 2008, S. 94, meist wörtlich: diskursethische Auflösung des Rechts ... jeder Freiraum privater Interessenverfolgung steht unter dem Damoklesschwert einer möglichen legitimatorischen Vergesellschaftung.

3. Das Konzept der radikalen Wirtschaftsethik und die Forderung nach einem konsequent lebensdienlichen Wirtschaften

Jedes Wirtschaften wird sich daran messen lassen müssen, inwiefern es der Lebensdienlichkeit als dem Hauptzweck des Wirtschaftens dient. Diese Überprüfung hat global zu erfolgen und die entsprechenden Fakten erfordern ein konsequent lebensdienliches Wirtschaften für alle, das keinen Aufschub duldet:
„Wie können wir den globalisierten Finanzkapitalismus und seine Akteure daran hindern, den Rest der Welt ihrer mörderischen Herrschaft zu unterwerfen?", so fragt Jean Ziegler zusammengefasst in seinem Buch „Der Hass auf den Westen. Wie sich die armen Völker gegen den wirtschaftlichen Weltkrieg wehren."[276] Jean Ziegler konstatiert eine „kannibalische Weltordnung" und spricht von struktureller Gewalt: „Es geht nicht um Gut und Böse, es ist ein System der strukturellen Gewalt. Ich kenne etwa Peter Brabeck, den Präsidenten von Nestlé, dem größten Lebensmittelkonzern der Welt. Er ist ein hochanständiger Mann. Aber wenn er den Shareholder Value, die Rendite auf das Kapital, nicht jedes Jahr um soundso viel Prozent hinaufjagt, ist er nach drei Monaten nicht mehr der Präsident von Nestlé."[277] Die radikalen Analysen von Jean Ziegler, als Enfant terrible diffamiert, sind die Voraussetzungen für die Gestaltung einer gerechten Welt.
Der Titelbericht im SPIEGEL 9/21.2.2015 „Der verheizte Planet. Wie die Gier nach Wachstum unser Klima zerstört" stellt infrage, dass wir einen Klimawandel aufhalten können, der unser Leben zerstört. Im Buch von Naomi Klein „Die Entscheidung – Kapitalismus vs. Klima"[278] wird der freie Markt auf der Basis des Kapitals als Feind des Klimas beschrieben. Mit kritischen Artikeln wie „Doch die Sozialistin macht es sich viel zu

---

276 München 2009. Umschlagseite; S. 15.
277 http://www.format.at/wirtschaft/international/jean-ziegler-kannibalische-weltordnung-5554523. [Status: 31.10.2107]
278 Frankfurt a. M. 2015.

einfach"²⁷⁹ werden die radikalen Analysen von Naomi Klein auf klassische Weise gekillt: Sozialismusvorwurf und fehlende Differenzierung. Diese Killerargumente werden genau dann lebensgefährlich, wenn durch sie wichtige Analysen nicht ernst genommen werden.
Im Jahre 1972 stellte der Bericht „Die Grenzen des Wachstums" an den Club of Rome den Wachstumsglauben radikal infrage. In der Folge wurden jedoch nicht die Grenzen des Wachstums beachtet, vielmehr geschah ein Wachstum der Grenzen. Das Ziel des wirtschaftlichen Wachstums – gemessen als BIP – blieb grundlegend für das Wirtschaften. Sicher gab es Fortschritte in der Nachhaltigkeit, doch der Klimawandel ist eine Tatsache. So hält der neue Bericht an den Club of Rome fest: „Der verengte Blick von Kapitalismus und Demokratie auf kurzfristige Erfolge führt dazu, dass weise Entscheidungen für das langfristige Wohlergehen nicht rechtzeitig getroffen werden."²⁸⁰

Was sind *weise* Entscheidungen? Klar ist nur, dass Systeme, die allein kurzfristige Erfolgs- und Gewinnperspektiven haben, nicht geeignet sind, um solche weise Entscheidungen rechtzeitig zu treffen. Wer trifft dann die weisen Entscheidungen und wie? Bei diesen Fragen setzt die *radikale* Wirtschaftsethik an, welche die Basisnorm der Lebensdienlichkeit der integrativen Wirtschaftsethik bereits *heute* einfordert.
Radikalität heißt weder Extremismus noch Fanatismus²⁸¹, vielmehr die sofortige, konsequente und universale Beachtung des Grundwertes der Lebensdienlichkeit. Wird dieser notorisch missachtet, so muss gehandelt werden. Empörung und Protest stehen am Anfang.²⁸² Doch: Wie lange empören wir uns schon über die inhumanen Arbeitsverhältnisse der Zulieferbetriebe von Apple, wie lange schon wissen wir um die

---

279 Ekardt, Felix: zeitonline 11. März 2015, 19:23 Uhr.
    http://www.zeit.de/wirtschaft/2015-03/naomi-klein-kapitalismus-klimawandel.
280 Randers, Jorgen: 2052. Der neue Bericht an den Club of Rome. 40 Jahre nach „Die Grenzen des Wachstums", München 2012, S. 417.
281 Siehe Rich, Arthur: Wirtschaftsethik I. Grundlagen in theologischer Perspektive, Gütersloh 1984, S. 190 f.
282 Hessel, Stéphane: Empört Euch!, Berlin 2011 (5. Aufl.).

unmenschlichen Arbeitsbedingungen bei der Rohstoffgewinnung, wie lange schon sind wir informiert über die digitalen Friedhöfe in Ghana, wie lange diskutieren wir schon über das Essen im Abfalleimer, wie lange schon kennen wir den Sachverhalt der billigen Bananen auf Kosten der Menschen in den Produktionsländern ... All diese und noch viele andere ökologischen, humane und das Tier betreffende Unmöglichkeiten sind uns bestens bekannt.

Diese Radikalität hat durch den Dieselskandal eine aktuelle Begründung erfahren: Es begann mit VW und betrifft nun fast alle deutschen Autokonzerne wie Porsche, Audi und Daimler. Jahrzehntelang haben sie ihre Abgastechnik bei ihren Dieselfahrzeugen abgesprochen. Eine spezielle Software sorgte dafür, dass die Grenzwerte für die Abgase nur auf dem Prüfstand, nicht aber auf der Straße eingehalten wurden. Der Dieselgipfel mit der Deutschen Bundesregierung Anfang August 2017 endete für die Konzerne mit minimalen Verpflichtungen: Rund fünf Millionen Dieselfahrzeuge werden mit Software-Updates nachgerüstet.[283] Der Abgasskandal zeigt: Die Autohersteller orientieren sich weder an den Bedürfnissen der Konsumenten und Konsumentinnen (Gesundheit) noch am wirtschaftsethischen Basiswert der Lebensdienlichkeit noch an den Interessen der Natur (Nachhaltigkeit). Und die Politik verzichtet auf Sanktionen im Kontext der „Too-big-to-fail-Problematik".

Auf diesen Skandal muss zunächst mit einer Empörung reagiert werden, welche die Ernsthaftigkeit des Skandals erkennt und aufdeckt. Eine solche Empörung führt zur Einsicht, die bereits Carl Friedrich von Weizsäcker in seinem Buch „Die Zeit drängt" im Jahr 1987 herausgestellt und eine Weltversammlung der Christen gefordert hat, wobei er die folgenden, auch heute noch wichtigen Punkte hervorhob:

„Die Menschheit befindet sich heute in einer Krise, deren katastrophaler Höhepunkt wahrscheinlich noch vor uns liegt. Deshalb ist entschlossenes Handeln nötig. Die Krise ist sichtbar in den drei

---

[283] http://www.zeit.de/wirtschaft/2017-08/diesel-gipfel-software-update-fuer-fuenf-millionen-dieselfahrzeuge. [Stand: 6.1.2018]

Themenbereichen Gerechtigkeit, Friede, Natur. Es gibt ethisch konsensfähige, politisch realisierbare Forderungen zum Verhalten in diesen Bereichen."[284]

C. F. v. Weizsäcker hat diese Thesen noch vor der Wende 1989 geschrieben. Ab dann realisierte sich das Konzept des Neoliberalismus 89, der sich vom Basiswert der Lebensdienlichkeit abgekoppelt hat, und es etablierte sich ein Wirtschaften ohne ethische Grundlegung. Diese Aussage verlangt eine unternehmensspezifische Differenzierung: Das Teppichgeschäft, der Blumenladen, das Elektrogeschäft, das Baugeschäft, die Fenster AG ... im Dorf S. ist lebensdienlich basiert und auch der Großverteiler COOP unternimmt über das Konzept der Produktebiographie große Anstrengungen in Bezug auf die humanökologische Nachhaltigkeit.

Trotzdem unterliegt ein Teil dieser Betriebe und Unternehmen dem ökonomischen Wachstumsimperativ, der inhumane und die natürlichen Lebensgrundlagen zerstörende Folgen zeitigt.

Radikale Wirtschaftsethik geht somit nicht bloß von der Einsicht aus, dass die Zeit drängt, sie postuliert auch nicht nur das „Ende der Geduld"[285] im Sinne eines „So kann es nicht mehr weitergehen". Radikal heißt in Bezug auf die Frage nach dem Wirtschaftssystem: Ein lebensdienliches Wirtschaften braucht eine *Marktwirtschaft*, welche das *Gewinnziel* konsequent der Lebensdienlichkeit unterordnet und in der *Fortschritt* allein als Fortschritt in der nachhaltigen Lebensdienlichkeit *für alle* ab *sofort* realisiert wird. Ein marktwirtschaftliches Prinzip dazu kann heißen: Internalisierung aller ökologischen Kosten ohne Abwälzung auf Staat, die Verbraucher und Verbraucherinnen.

---

284 Weizsäcker, Carl Friedrich von: Die Zeit drängt. Eine Weltversammlung der Christen für Gerechtigkeit, Frieden und die Bewahrung der Schöpfung, München/Wien 1986, S. 114.

285 Carl Friedrich von Weizsäckers Buch „Die Zeit drängt" löste eine Diskussion aus, die im Buch zusammengestellt ist: Das Ende der Geduld. Carl Friedrich von Weizsäckers ‚Die Zeit drängt' in der Diskussion, München/Wien 1987.

Radikalität heißt in Stichworten: Die Zeit drängt, Ende der Geduld, so kann es nicht mehr weitergehen. Radikalität führt zugleich in die Zukunft, weil sie Probleme an der Wurzel überwinden will mit dem Ziel, ein Wirtschaften zu etablieren, das lebensdienlich nicht für wenige, sondern für alle ist, heute und morgen.

4. Handlungs- und Aktionsmöglichkeiten der radikalen Wirtschaftsethik

Weil die *neoliberale* Wirtschaft ab der Wende 1989 (Reduktion der Freiheit auf Markfreiheit, Gerechtigkeit auf Wettbewerb, Fortschritt auf Wachstum BIP) die genannten human-ökologischen Probleme erzeugt, kann von dieser keine Lösung der Probleme erwartet werden. Auch die aktuelle Politik, die sich bis auf Ausnahmen (Energiewende?) den Imperativen der neoliberalen Wirtschaft unterworfen hat, kann diese Probleme nicht lösen. Die Forderung nach dem Primat der Politik (öffentliche Hand) ist somit höchst problematisch und muss sorgfältig überdacht werden.

(1) Handlungs- und Aktionsmöglichkeiten
Welche Handlungs- und Aktionsmöglichkeiten gibt es in dieser Situation, in welcher die Lebensdienlichkeit keinen konsequent systematischen und vorrangigen Stellenwert im politischen wie ökonomischen System hat?
Unterstützung von demokratischen Parteien, welche in ihrem Leitbild die globale und nachhaltige Lebensdienlichkeit verankert haben und zudem erkannt haben, dass es dazu nicht einfach Umverteilungen braucht, vielmehr eine partizipative Gerechtigkeit im Sinne einer Beteiligungsgerechtigkeit.
Es braucht innovative Unternehmen, die durch ein konsequentes Nachhaltigkeitscommitment grundgelegt sind. Dieses ist nicht konjunkturabhängig, sondern die Grundlage der Geschäftsführung

(z. B. Wenger Fenster AG in Wimmis nahe Spiez CH). Ein solches Unternehmen realisiert die kirchliche Initiative „anders wachsen"[286].
Im Film „Voices of Transition" werden Akteure des sozialökologischen Wandels in Frankreich, Großbritannien und Kuba beschrieben, die praktisch zeigen, wie Lebensdienlichkeit im Kontext von Klimawandel, Ressourcenverknappung, Hunger realisiert werden kann.[287] Solche Akteure gehen radikal neue Wege und zeigen, dass eine radikal verstandene Lebensdienlichkeit keine Utopie ist, vielmehr praktisch gelebt werden kann. Und das keineswegs als Insel der Zukunft, vielmehr als Modell von Landwirtschaft eines ganzen Staates (Kuba). Siehe dazu auch den Film „Tomorrow". Selbstverständlich müssen diese Modelle einem systematischen Faktencheck ausgesetzt werden, wobei singuläre Ferienerfahrungen in Kuba dazu wohl kaum ausreichen.

Es braucht eine Zivilgesellschaft mit starken NGOs, die Gegenmächte der Lebensdienlichkeit aufbauen und die bestehenden politischen wie ökonomischen Institutionen unter Druck setzen. Dazu gehört als eine relativ sanfte Form die Strategie des „blaming and shaming", also das öffentliche An-den-Pranger-Stellen eines Unternehmens. Bei globalen Unternehmen können nichtstaatliche Akteure so eine überraschende Wirksamkeit erzeugen, bei menschenrechtsverletzenden Regimes ist diese Strategie jedoch unwirksam, weil sich Diktaturen wenig beeindrucken lassen. Hier braucht es Widerstand. Und NGOs können z. B. die „Konzernverantwortungsinitiative" starten.

„Heiner will es wissen": Sieben Lehrer und Rentner aus dem Säuliamt wollten es genauer wissen, ob Glencore schmutzige Geschäfte in Kolumbien macht.[288] 2012 war der Glencore CEO Ivan Glasenberg im Zuge der Fusion mit Xstrata und des anschließenden Börsengangs über

---

286 Diefenbacher, Hans: Der Teich ist voll. „Postwachstum" heißt die Herausforderung für die Ökonomie des 21. Jahrhunderts, in: zeitzeichen. Evangelische Kommentare zu Religion und Gesellschaft, 6/Juni 2015, S. 22–24.
287 Siehe der Umbau zum Biolandbau ab 1990 / dritte Agrarreform in Kuba mit manchen objektiven und sichtbaren Problemen. Kubareise des Autos im Frühling 2017.
288 Die Geschichte dazu ausführlich in: Reportagen Mai 2015, S. 14 (S. 12–27).

Nacht zum mehrfachen Millionär geworden.²⁸⁹ Auf dem Höhepunkt der dreiwöchigen Reise sagt Heiner Stolz den folgenden Satz zu Mark McManus, dem CEO der Glencore-Steinkohlenmine Prodeco in Kolumbien: „Ich habe in meinem ganzen langen Leben noch nichts gesehen, was mich gleichzeitig so traurig und wütend gemacht hat wie die Situation in den Dörfern rund um Ihre Mine."²⁹⁰ Es gibt heftige Diskussionen, Verteidigungsreden der Verantwortlichen, die Komplexität des Rohstoffgeschäftes wird erkannt. Nach der Rückkehr in die Schweiz verfasst die Gruppe einen 50-seitigen Bericht. Der Rohstoffkonzern reagiert sofort und lädt die Gruppe an den Hauptsitz von Baar (ZG) ein. Glencore-Chef Ivan Glasenberg kritisiert den Bericht der Gruppe, diese bleibt hartnäckig. Nach zweieinhalb Stunden Glasenbergs Vorschlag: „Wir gehen zusammen nach Kolumbien und schauen uns diese Probleme gemeinsam an."²⁹¹

Damit ist eine konkrete Aktion einer Gruppe der Zivilgesellschaft beschrieben, von „guten" Bürgern und Bürgerinnen, die eine lebensdienliche Marktwirtschaft einfordern.²⁹² Diese Aktion verweist zugleich auf die Kennzeichnung einer *Strategie*, die diesen Aktionen zugrunde liegt.

(2) Gewaltfreie Guerilla-Verbindlichkeit

Diese *Strategie* hat Regula Grünenfelder als „Gewaltfreie Guerilla-Verbindlichkeit" beschrieben. Ausgangspunkt ist dabei die folgende Einsicht: „Zurzeit gibt es für die engagierte Zivilgesellschaft kaum

---

289 Die Geschichte dazu ausführlich in: Reportagen Mai 2015, S. 14 (S. 12–27).
290 Heiner will es wissen, in: Reportagen Mai 2015, S. 13 (S. 12–27).
291 Heiner will es wissen, a. a. O., S. 27. Die Reportage endet hier, weil der Redaktions–schluss vor der Abreise war.
292 Siehe Ulrich, Peter: Zivilisierte Marktwirtschaft. Eine wirtschaftsethische Orientierung. Aktualisierte und erweiterte Neuausgabe, Bern u. a. 2010, S. 71, 91 ff.

Hoffnung, in den etablierten Machtstrukturen eine menschliche Asyl- und Flüchtlingspolitik zu erreichen."[293]

„Guerilla" (Streit, Verwirrung) meint den politisch motivierten, revolutionären antikolonialen Kleinkrieg. „Beim Guerillakampf handelt es sich um eine ‚Waffe der Schwachen' gegen einen überlegenen Gegner. Motiv für Guerillakämpfe ist die fehlende Hoffnung, politische und soziale Forderungen in den etablierten Machtstrukturen mit politischen und rechtlichen Mitteln zu erreichen. Entscheidende Kennzeichen der Guerilla sind die Beziehungen untereinander und die hohe Motivation (wichtig: Berichte über gewaltsam eingezogene Männer, Frauen und Kinder lassen es nicht zu, Guerilla-Bewegungen zu idealisieren!). Weitere Merkmale sind ihre Mobilität."[294] Guerilla-Verbindlichkeit ist eine Perspektive, die ich nicht auf die Asylpolitik eingeschränkt sehe, sondern grundsätzlich als Modell zivilgesellschaftlichen Handelns. Dieses verharrt nicht bei der Empörung, vielmehr wird ein konkretes Engagement initiiert und organisiert.[295] Diese Perspektive setzt sich radikal für die Lebensdienlichkeit ein, für Natur, Menschen, Tiere.

Zu den grundsätzlichen Merkmalen einer engagierten Zivilgesellschaft gehören: Hohes Engagement von Personen und Gruppen, Netzwerke der Solidarität, geltendes Recht und Bürokratisierung wird momentweise und überraschend außer Kraft gesetzt, Menschen wollen das hoffnungsvoll Unmögliche bezogen auf das geltende Recht und nehmen dafür hohe Einsatzzeiten und mögliche Sanktionen auf sich.[296]

Regula Grünenfelder spricht ganz bewusst von „gewaltfreier" Guerilla-Verbindlichkeit. Dies entspricht der radikalen Wirtschaftsethik mit ihrem Basiswert der Lebensdienlichkeit. Zum Schluss muss eine heikle Frage gestellt werden:

---

293 Grünenfelder, Regula: Versuch über Erfahrungen mit gewaltfreier Guerilla-Verbindlichkeit, in: Neue Wege. Beiträge zu Religion und Sozialismus, 5/Mai 2015, S. 153 (S. 153–156).
294 Grünenfelder, Regula: a. a. O., S. 154.
295 Hessel, Stéphane: Engagiert Euch!, Berlin 2011.
296 So Grünenfelder, Regula: a. a. O., S. 154.

Wir kennen Situationen aus der Geschichte, in denen sich z. B. Dietrich Bonhoeffer dem Widerstand gegen Hitler angeschlossen hat. Dieser politische Widerstand beinhaltete Gewalt gegen die Akteure des barbarischen NS-Systems und Tyrannenmord. Können wir uns eine Situation vorstellen, in welcher das Wirtschaftssystem solche Zerstörungen von Mensch, Natur und Klima erzeugt, dass dann die Frage der Gewalt gestellt wird?

Mein Denken und Handeln bezweckt, dass sich diese Frage nicht stellt. Ich will nicht und niemals, dass eine GAF (Grüne Armee Fraktion) entsteht.

5. In Kürze mit einem Blick in die Zukunft

Die radikale Wirtschaftsethik nimmt die *Basisnorm* der *Lebensdienlichkeit* der integrativen Wirtschaftsethik auf und verweist auf die eigentliche Selbstverständlichkeit, dass alles Wirtschaften diese *Basisnorm* integriert.

Wir als Bürger und Bürgerinnen halten es für vernünftig, dass im Bereich der Politik diese *Basisnorm* grundlegend ist. Eine Abkoppelung des Wirtschaftens von dieser *Basisnorm* ist nicht zu rechtfertigen. Jede wirtschaftliche Entwicklung muss sich also daran messen, inwiefern der Fortschritt ein Fortschritt in der *Lebensdienlichkeit* darstellt. Insofern ist es vernünftig und menschlich, dass diese *Basisnorm* für den Bereich der Wirtschaft global, universal und sofort gültig ist.

Lebensdienliches Wirtschaften ist bedürfnisgerecht, gerecht, sinnvoll und wird eine kooperative, partizipative und solidarische Grundstruktur aufweisen.

Hinweis:
Hier mache ich noch einen Hinweis auf das „Manifest Globales Wirtschaftsethos. Konsequenzen und Herausforderungen für die Weltwirtschaft" (s. unten Literaturverzeichnis), welches fordert, dass die wirtschaftliche Globalisierung global geteilte transkulturelle Wertvorstellungen (Weltethos) braucht.

Dieses Manifest basiert auf den Arbeiten der Tübinger Stiftung *Weltethos* und hat eine umfangreiche wirtschaftsethische Grundlagenarbeit (transkulturelles Management, Diversity Management, Wertemanagement) angestossen.

Das heißt auch: Jede Wirtschaftsethik muss sich in der globalisierten Wirtschaft global konstituieren:

Globalisiertes Wirtschaften – Globalisierte Lebensdienlichkeit.

E

Perspektive der Radikalität

„Ein Radikaler ist ein Mensch, der mit beiden Beinen fest in der Luft steht."
Franklin D. Roosevelt

Radikalismus „ist die Überzeugung, dass wahrhaft Großes und Gutes nur aus bewusstem Rückgang auf die Wurzeln der Existenz entsteht; den Glauben an die Heilkraft der Extreme, die Methode, gegen alle traditionellen Werte und Kompromisse Front zu machen."
Helmuth Plessner

„Es gibt Situationen, da Relationalität gerade einseitige Parteinahme für bestimmte hintangestellte oder gar missachtete Grundwerte heißen muss."
Arthur Rich

VIII Perspektive der Radikalität

VIII

Die Perspektive der Radikalität

1. Nochmals: Grundhaltung und Perspektive der Radikalität

In den vorliegenden Überlegungen, Thesen, Predigten, Vorträgen, Texten habe ich die Perspektive der Radikalität vielfältig dargestellt und entworfen.[297] Zwei Ebenen der Radikalität sind bei mir zu unterscheiden:
Erstens: Die Ebene der Radikalität im theologischen Denken. Diese Radikalität lässt sich im folgenden Satz zusammenfassen:
Die atheistische Destruktion des Theismus ermöglicht den Entwurf und die Begründung einer Ethik der radikalen Liebe (s. oben II, III).

---

[297] Zu den Zitaten oben:
Plessner, Helmuth: Grenzen der Gemeinschaft. Eine Kritik des sozialen Radikalismus, Frankfurt a. M. 2002, S. 14. Zitiert nach Andersen, Svend: Radikalismus und Radikalität in der lutherischen politischen Theologie, in: Zeitschrift für Kulturphilosophie, hrsg. von Konersmann, Ralf / Westerkamp, Dirk: Bd. 6 / Jg. 2012 / Heft 2, S. 297 (S. 295–312). Die Perspektive der Radikalität kann über die aristotelische Mesotes-Lehre erläutert werden. Es geht bei der Tugendlehre von Aristoteles z. B. um die „Mitte" von Übermut und Feigheit, das ist dann die Tapferkeit. Übermut beim Handeln kann tödlicher Leichtsinn bedeuten, während Feigheit ein Zuwenig des Handelns bedeutet. Tapferkeit ist dagegen genau ein Handeln, welches zum Ziel führt, und ist somit tugendhaft. Radikalität ist dann tugendhaft, wenn sie das Extreme und Fanatische so überwindet, dass konkret das dem Leben Dienende erreicht wird.
Rich, Arthur: Wirtschaftsethik I. Grundlagen in theologischer Perspektive, Gütersloh 1984, S. 190. Relationalität heißt z. B., dass die Werte Freiheit und Gerechtigkeit in einer Beziehung stehen. Doch darf Relationalität nicht einfach mit Ausgewogenheit verwechselt werden.

Diese theologische Perspektive der Radikalität war die Grundmotivation zum Theologiestudium. Zu dieser Grundmotivation gehörte in der Zeit von 1968 auch, dass der Theologie ein großes Veränderungspotential zugesprochen wurde (s. oben IV achte Predigt, Abschiedsgottesdienst). Der radikalen Liebe kann die wirtschaftsethische Basisnorm der Lebensdienlichkeit zugeordnet werden. So besteht ein innerer und unauflösbarer Zusammenhang zwischen der ersten und der *zweiten* – ethischen – Ebene der Radikalität. Die folgenden Ausführungen beziehen sich allein auf die zweite Ebene, weil ich davon überzeugt bin, dass im Sehen und Urteilen jetzt dem Handeln, der Umsetzung (s. oben VI) Priorität zukommt.

Diese Perspektive der Radikalität der *zweiten Ebene* war schon immer in meiner Lebensgeschichte vorhanden. Mal impliziter, mal direkter. Sie hat sich aber aufgrund von politischen (zunehmender Populismus in Europa und den USA), ökonomischen Entwicklungen (Globalisierung, Automatisierung, Digitalisierung) und Krisen (Finanz-, Umwelt-, Energie-, Migrationskrise) verstärkt herausgebildet und aufgedrängt. Die Perspektive der Radikalität bezieht sich, wie im Vorwort ausgeführt, auf die konsequente, universale und sofortige Umsetzung von Gerechtigkeit, Frieden und Bewahrung der Schöpfung.

Fragen der Macht und der Zeit werden virulent. Beim UN-Klimagipfel in Marrakesch November 2016 wurde der Fahrplan für die weiteren Verhandlungen beschlossen. So wird die nächste Klimakonferenz 2017 von den Fidschi-Inseln ausgerichtet. Da sich das Pazifik-Archipel jedoch außerstande sieht, die zu erwartenden 15 000 bis 20 000 Teilnehmer und Teilnehmerinnen auf seinem Territorium an einem einzigen Ort zu versammeln, *wird* [hat ...] die Weltklimakonferenz vom vom 6. bis 17. November 2017 aus logistischen Gründen in Bonn stattfinden. Dazu der folgende Bericht:

„Überschattet wurden die Verhandlungen [in Marrakesch] vom Wahlsieg des Republikaners Donald Trump bei der US-Präsidentschaftswahl in der vergangenen Woche. Trump hatte im Wahlkampf gesagt, er werde als US-Präsident das Pariser Klimaschutzabkommen aufkündigen. Die Klimaerwärmung nannte er in einer Twitter-Mitteilung einen

‚Scherz', bei anderer Gelegenheit bezeichnete er sie als Erfindung der Chinesen.

Der Vorsitzende der Konferenz in Marrakesch, Salaheddine Mezouar, hatte Trump am letzten Verhandlungstag zu ‚Pragmatismus' in der Klimapolitik aufgefordert. Die internationale Gemeinschaft stehe in einem ‚großen Kampf für die Zukunft unseres Planeten', sagte der marokkanische Außenminister. Es gehe dabei um ‚die Würde von Abermillionen Menschen'. Die Botschaft der Konferenz an Trump laute: ‚Wir zählen auf Ihren Pragmatismus und Ihren Geist der Verpflichtung.'

Die von der Erderwärmung bedrohte Inselrepublik Fidschi lud Trump zum Besuch ein. ‚Ich erneuere mein Angebot an den designierten Präsidenten Trump, die Folgen des Klimawandels selbst in Augenschein zu nehmen', sagte Regierungschef Frank Bainimarama. ‚Wir werden diese Plattform nutzen, um weiterhin auf schärfere Kürzungen beim CO_2-Ausstoß zu drängen und um steigenden Meeresspiegeln und extremen Wetterereignissen entgegenzutreten, die die Existenz einiger Nationen bedrohen', kündigte Bainimarama an.

Manche Inselstaaten drohen wegen der steigenden Meerespegel im Ozean zu versinken. Trump müsse seine Überzeugung aufgeben, dass der Treibhauseffekt ein ‚Jux' sei, sagte der Premier der Fidschi-Inseln. Sein Land habe sich ‚in den finsteren Tagen des Zweiten Weltkriegs' Hilfe suchend an die USA gewandt. ‚Damals seid ihr gekommen, um uns zu retten', sagte Bainimarama. ‚Nun ist die Zeit gekommen, dass ihr dazu beitragt, uns heute zu retten!'"[298]

---

[298] https://www.welt.de/politik/ausland/article159604058/Klimakonferenz-beschliesst-Fahrplan-Fidschi-laedt-Trump-ein.html. Hier müssen die Hurrikankatastrophen der letzten Zeit erwähnt werden, die Zerstörung von Leben mit sich brachten: Der Hurrikan „Katrina" zerstörte im Sommer 2005 New Orleans. Für die Betroffenen eine wahre Apokalypse. Der Wirbelsturm „Sandy" traf im Oktober 2012 New Jersey und New York. Im August 2017 brachte „Harvey" in Houston Texas in wenigen Tagen Niederschlagsmengen von 1,30 Meter mit kaum vorstellbaren Wassermassen und Zerstörungen. September 2017 hinterließ der Hurrikan Irma in der Karibik (Insel Barbuda, St. Martin, Kuba ...) und dann in Florida eine extrem breite Schneise der Zerstörung. Das Entsetzen über diese Katastrophen und das Mitleiden mit den Betroffenen muss zu einer radikalen Klimapolitik führen. Und:

Der G-20-Gipfel vom 7. und 8. Juli 2017 in Hamburg offenbarte das Problem einer gemeinsamen Klimapolitik mit aller Deutlichkeit. Am 1. Juni 2017 hat Donald Trump den Ausstieg aus dem Klimaabkommen verkündet. In Hamburg wurde versucht, trotzdem eine gemeinsame Politik festzulegen mit dem Inhalt, dass die USA bereit sind, die Absichten des Pariser Klimaabkommens grundsätzlich mitzutragen, bei der Umsetzung dann Differenzen zuzulassen. Das Ergebnis in Hamburg in Bezug auf das Klima aber ist: 18 Staaten bekennen, dass das Pariser Abkommen unumkehrbar sei, während die USA und auch die Türkei das Pariser Abkommen nicht mittragen. Die USA wollen z. B. auch auf saubere Techniken für fossile Energieträger setzen.

Abb. 15: Kreativer Protest beim G-20-Gipfel vom 7. und 8. Juli 2017 in Hamburg

---

Warum gab es diesbezüglich über Kuba kaum Informationen in den „westlichen" Medien?

Das *allgemeine* Bekenntnis aller G-20-Staaten zur Reduktion von Treibhausgasen ist jedoch ein Ergebnis des G-20-Gipfels.

Die friedlichen, kreativen und gewaltfreien Proteste der Zivilgesellschaft haben unter anderem darauf aufmerksam gemacht, dass das Klima dringend geschützt werden muss. Ein *allgemeines* Bekenntnis reicht dazu nicht!

Aber auch die Krawalle der extremen Gewalt in Hamburg mit all ihren Zerstörungen, die ich grundsätzlich ablehne, bringen zum Ausdruck, welche Friktionen und Krisen in den aktuellen Gesellschaften bestehen: Finanzkrise, Energiekrise, Klimakrise.

Hier drucke ich meinen Facebook-Eintrag vom 8.7.2017 ab:
„Spiegel online 8.7.17 schreibt in Bezug auf die G-20-Auschreitungen in Hamburg am Freitag, 7.7.2017:
‚Die Linke muss sich entscheiden. Die Gewalt in Hamburg gefährdet eine Widerstandskultur, die kreativ und friedlich, solidarisch und demokratisch ist. Will sie überleben, darf sie sich nicht aufreiben in Solidaritätsgefechten für Idioten der Gewalt.'

Zuerst: Die ‚Linke' muss sich nicht entscheiden, wie in Spiegel online gefordert wird. Denn die ‚Linke' will nie und nimmer, dass Supermärkte geplündert, Kleinwagen in Brand gesetzt werden oder dass Polizisten und Polizistinnen angegriffen werden. Die ‚Linke' will vielmehr eine lebensdienliche Wirtschaft, Gerechtigkeit, Nachhaltigkeit, Frieden und Lebensqualität für alle und nicht nur für wenige. Aufpassen also, was die Berichterstattung insinuiert und was subtil gefährlich eingeflüstert wird.

Ausgehend von dieser Headline die folgenden Bemerkungen:
In den Medien wurden besonders und zuerst Bilder des Schwarzen Blockes und die Gewalttätigkeiten gezeigt. Diese Bilder – bewusst nenne ich diese Bilder nicht mehr – werden sich einprägen und den friedlichen und kreativen Protest der großen Mehrheit völlig überlagern und ersticken. Erst im Nachhinein wurden vermehrt auch Bildes des friedlichen Protestes gezeigt. Zu spät, um das erste ‚Bild' revidieren zu können. Die wichtigen friedlichen, kreativen, überlegten Proteste, Widerstände und Empörungen werden so wirkungslos.

Die Zivilgesellschaft hat gerade nach Hamburg die Aufgabe und die Pflicht, solche Treffen wie den G-20-Gipfel scharf zu kritisieren, und auf einem Plakat wurde positiv formuliert: Earth first. Damit wurden das Thema des Klimawandels und das Klimaabkommen von Paris mit Bezug auf Donald Trump aufgenommen. Durch die gewalttätigen Ausschreitungen erhält der G-20-Gipfel plötzlich eine Legitimität, die diesem von der friedlichen Zivilgesellschaft mit guten Gründen abgesprochen wird. Das heißt: Die Zivilgesellschaft muss jenseits von politischen und ökonomischen Mächten und Imperien weiterwirken, absurde und gewalttätige Feindschaften müssen aufgehoben werden mit dem Ziel, eine globale gerechte, nachhaltige und friedvolle Gesellschaft zu schaffen."

Viele Menschen sind von Armut und Klimazerstörung in ihrem Leben bedroht, viele Menschen sterben wegen Ungerechtigkeit. Solche Verhältnisse sind unmöglich, untragbar, sind für demokratische Gesellschaften unhaltbar und müssen überwunden werden. Diese Dringlichkeit habe ich immer wieder herausgestellt, eine Dringlichkeit, welche die Perspektive der Betroffenen einnimmt. Radikalität bezieht sich auf diesen Perspektivenwechsel, radikal sein bedeutet viel mehr als Solidarität praktizieren. Erst dann, wenn ich mich, wenn wir uns hineinversetzen in die Lebenssituation der Betroffenen, wird Gerechtigkeit möglich werden, werden gleichwertige Lebensverhältnisse für alle realisiert werden. Nur mit einem Beispiel will ich verdeutlichen, was dies bedeutet: Das iPhone 7 in meiner Hand wurde in China in Shanghai unter unfairen, ungesunden und unsicheren Arbeitsbedingungen produziert und: „Auch in den Zinn-Minen Indonesiens, ein entscheidender Rohstoff bei der Herstellung, trafen die [Undercover]-Journalisten auf alarmierende Verhältnisse. Kinder haben teilweise nur mit den Händen nach dem begehrten Rohstoff gegraben. Die Arbeiter sind ständig durch Sand- und Schlammlawinen gefährdet."[299]

---

299 http://rtlnext.rtl.de/cms/apple-reporter-enthuellen-unzumutbare-arbeitsbedingungen-bei-der-iphone-produktion-2199055.html. [Stand: 6.1.2018]

Insofern ist es richtig, dass unsere Art und Weise zu wirtschaften für uns in Europa z. B. sehr vorteilhaft (High Technology, nützlich, bequem, hoher Lebensstandard und gute Lebensqualität) ist, für viele Menschen jedoch tödlich.[300] Dieser Zusammenhang ist klar vorhanden und wenn die Unternehmen sagen: „Wir produzieren nur das, was unsere Konsumenten und Konsumentinnen wollen", dann ist meine Mitschuld an der Lebenssituation der Betroffenen erwiesen. Gesunde, faire und gerechte Lebensverhältnisse in den Produktionsstätten des iPhones können nur erreicht werden, wenn ich z. B. für ein iPhone *mehr* bezahle (fairer Preis), wenn Apple nur in Unternehmen produzieren lässt, die den *Bedingungen von ILO* (International Labour Organization) genügen und wenn diese Bedingungen permanent von einer unabhängigen *Kontrollstelle* überprüft werden. Bei diesen Vorschlägen, die sich immer noch innerhalb des bestehenden Systems bewegen, lässt die Perspektive der Radikalität weiterdenken. Stichworte dazu: Verzicht auf das iPhone und Kauf des „fairphone". Apple baut nur noch fairphones und verändert damit grundlegend sein Unternehmen. Vollständiger Verzicht auf den Gebrauch eines Smartphones. So gibt es Wohnsiedlungen auf genossenschaftlicher Basis, bei denen sich die Bewohner und Bewohnerinnen verpflichten, kein Auto zu besitzen. Der Besitz eines Autos wird mit einer Strafe von z. B. 30 000 Euro belegt. Autos können für bestimmte Zwecke temporär gemietet werden.

Radikale Theologie, beschrieben bei KIRCHE, GOTT und ETHIK, ermöglicht, verlangt, verstärkt diese Perspektive der Radikalität und führt zu einer speziellen Sichtweise, von der aus die bestehende Wirklichkeit gesehen wird. Diese Perspektive, dieser Standpunkt und Horizont ist eine umfassende Ehrfurcht und Verantwortung für alles Leben.

---

300 Hier muss sofort darauf hingewiesen werden, dass in den Gesellschaften Europas wie in Europa große Ungleichheiten bestehen. Zwischen den Staaten wie in den einzelnen Staaten gibt es enorme Unterschiede zwischen Arm und Reich. Siehe Stiglitz, Joseph E.: The Great Divide: Unequal Societies and What We Can Do About Them, New York 2015. Piketty, Thomas: Ökonomie der Ungleichheit. Eine Einführung, München 2016.

2. Drei Texte zur Radikalität: Bertolt Brecht, Kurt Marti, Mani Matter

Nach dieser weiteren Erwähnung der Perspektive der Radikalität werde ich mit drei Texten aus der Literatur und Musik die Grundhaltung der Radikalität weiter verstärken.

(1) Gut sein und leben können
Theodor Adorno hat die Frage gestellt, ob es ein richtiges Leben im falschen geben kann, und hat dies zunächst verneint.[301] Eine Frage, so denke ich, die in der Gegenwart eine neue Brisanz erfahren hat.
Diese Frage hat Bertolt Brecht (1898–1956) in seinem Theaterstück „Der gute Mensch von Sezuan" (Uraufführung 1952 in Frankfurt a. M.) aufgenommen: Es geht um den guten Menschen und darum, ob man als guter Mensch überhaupt – ökonomisch – leben kann:

> Drei Götter kommen auf die Erde in die Hauptstadt von Sezuan. Sie suchen verzweifelt nach einem guten Menschen. Als der Wasserverkäufer Wang, der sich ihnen hilfreich gezeigt hat, sich als Betrüger entpuppt, da der Wasser aus einem Becher mit doppeltem Boden verkauft, halten sie ihre Mission für gescheitert. Da werden sie von Shen Te, dem Freudenmädchen – der Hure –, gastfreundlich empfangen und die Götter belohnen sie dafür mit 1000 Silberdollar, für welche sie einen kleinen Tabakladen ersteht, der ihr weiterhin erlauben soll, Gutes zu tun. Sie ist freundlich zu den Leuten, verlangt keine Wucherpreise und hilft allen, wo es nur immer geht. Doch die Kunden – ob verwandt oder nicht – drängen alle an sie heran, nutzen die neue Ladenbesitzerin aus und treiben sie fast bis zum Ruin. Eines Tages ist Shen Te plötzlich verschwunden und an ihrer Stelle steht ihr Vetter Shui Ta, der mit aller Härte

---

301 Adorno, Theodor W.: Minima Moralia 1951 – richtiges Leben im falschen. In seiner Vorlesung zur Moralphilosophie vom 28.2.1957 hat er dies dann korrigiert; s. Schmid, Wilhelm: Ökologische Lebenskunst. Was jeder Einzelne für das Leben auf dem Planeten tun kann, Frankfurt a. M. 2008, S. 7.

ihren Laden vor ungerechten Mietforderungen, überhöhten Handwerkerrechnungen rettet und sämtliche Schmarotzer vertreibt. Nach einiger Zeit taucht Shen Te wieder auf, um dann wiederum zu verschwinden. Doch das Verschwinden von Shen Te lässt das Gerücht aufkommen, dass Shui Ta seine Cousine aus eigennützigen Motiven ermordet habe. Er wird verhaftet und es kommt zur Gerichtsversammlung, bei der die drei Götter den Vorsitz führen. Nach einer heftigen Diskussion sinkt der Vetter Shui Ta plötzlich in seinen Sessel, und nachdem der Saal geräumt ist, gesteht er ...:
„SHUI TA: Ich kann nicht mehr, ich will gestehen. (Er nimmt sich die Maske ab und reißt sich die Kleider weg, Shen Te steht da.)
DER ZWEITE GOTT: Shen Te!
SHEN TE: Ja, ich bin es. Shui Ta und Shen Te, ich bin beides.
Euer einstiger Befehl
Gut zu sein und doch zu leben
Zerriss mich wie ein Blitz in zwei Hälften ..."
Während die Götter auf einer rosa Wolke ganz langsam nach oben entschwinden, erlaubt der erste Gott Shen Te auf ihr verzweifeltes Flehen hin, dass sie jeden Monat einmal den Vetter brauchen darf. Der Mensch muss, so die Grundaussage bei B. Brecht, um überhaupt leben zu können, böse werden. Doch im Epilog zu seinem Stück gibt sich B. Brecht mit dieser Antwort wiederum nicht zufrieden. Er sucht nach Lösungen, formuliert, fragt, fordert:
„Soll es ein anderer Mensch sein? Oder eine andre Welt?
Vielleicht nur andere Götter? Oder keine?
Wir sind zerschmettert und nicht nur zum Scheine!
Der einzige Ausweg wär aus diesem Ungemach:
Sie selber dächten auf der Stelle nach
Auf welche Weis' dem guten Menschen man
Zu einem guten Ende helfen kann.
Verehrtes Publikum, los, such dir selbst den Schluss!
Es muss ein guter da sein, muss, muss, muss!"[302]

---

302 Brecht, Bertolt: Der gute Mensch von Sezuan, 1943 uraufgeführt, in: Werkausgabe Bd. 4., Berlin 1972, S. 1603 ff.

Bertolt Brecht fordert uns auf, darüber nachzudenken: Auf welche Weis' dem guten Menschen man zu einem guten Ende helfen kann. Die Forderung von Bertolt Brecht ist klar: Wirtschaftliches Handeln, individuell wie institutionell, muss jederzeit und überall dem Leben dienen.

(2) Gerechtigkeit hier und jetzt[303]
Kurt Marti, Pfarrer, Theologe und Schriftsteller, hat den Zusammenhang von Macht und Gerechtigkeit thematisiert. Die Herstellung von Gerechtigkeit setzt die Überwindung von Macht und Herrschaft voraus. Es geht um eine partizipative Gerechtigkeit.

Das könnte den Herren der Welt ja so passen,
wenn erst nach dem Tode Gerechtigkeit käme;
erst dann die Herrschaft der Herren,
erst dann die Knechtschaft der Knechte
vergessen wäre für immer,
vergessen wäre für immer.

Das könnte den Herren der Welt ja so passen,
wenn hier auf Erden stets alles so bliebe;
wenn hier die Herrschaft der Herren,
wenn hier die Knechtschaft der Knechte
so weiterginge wie immer,
so weiterginge wie immer.

Doch ist der Befreier vom Tod auferstanden,
ist schon auferstanden und ruft uns jetzt alle
zur Auferstehung auf Erden,
zum Aufstand gegen die Herren,
die mit dem Tod uns regieren,
die mit dem Tod uns regieren.

---

303 Gesangbuch der Evangelisch-Reformierten Kirchen der deutschsprachigen Schweiz, Basel 1998, Lied Nr. 487 / Kurt Marti, Berner Pfarrer und Schriftsteller (s. oben III 2.; IV, vierte und achte Predigt).

Die Frage der Macht, so denke ich, ist das Grundproblem unseres Wirtschaftens. Schon seit Jahrhunderten geht es um asymmetrische Handels- und Wirtschaftsbeziehungen, um Ausbeutung von Bodenschätzen, um Abhängigkeiten. Mit großer Prägnanz hat der Dichter Kurt Marti dies zur Sprache gebracht und zugleich eine Vertröstung auf das Jenseits ausgeschlossen. Die Zeitdimensionen, die aktuell entworfen werden, entsprechen einer solchen Vertröstung.

(3) Warum es allen nicht gut geht ...
Mani Matter (1936–1972), Schweizer Mundart-Liedermacher und Jurist, bringt auf eine subtile Weise in seinem Lied zum Ausdruck, warum wir in einer Scheinwelt der Zufriedenheit leben:

dene wos guet geit	denen, denen es gut geht
giengs besser	ginge es besser
giengs dene besser	ginge es denen besser
wos weniger guet geit	denen es weniger gut geht
was aber nid geit	was aber nicht geht
ohni dass's dene	ohne dass es denen
weniger guet geit	weniger gut geht
wos guet geit	denen es gut geht.
drum geit weni	darum geht [geschieht] wenig
für dass es dene	damit es denen
besser geit	besser geht
wos weniger guet geit	denen es weniger gut geht
und drum geits o	und darum geht es
dene nid besser	auch denen nicht besser
wos guet geit	denen es gut geht.

Mit dieser Dialektik wird ebenfalls das Problem der Macht aufgenommen. Zugleich weist der Liedermacher darauf hin, dass es allen besserginge, wenn es keine „divided society" (J. E. Stiglitz) gäbe, also wenn die Lebensverhältnisse für alle gleichwertig wären.

Mani Matter wollte ganz sicher kein Mitleid für die Bevorzugten, Reichen, Herrschenden erzeugen. Seine Aussagen sind grundsätzlich: Mit der Ausübung von Macht, Herrschaft und Reichtum verfehlt der Mensch sein Wesen, ist also seinem Wesen entfremdet. Diese subtile sozialpsychologische Analyse von Mani Matter darf jedoch nicht verdecken, dass es wirtschaftliche Macht mit ihren Akteuren ist, die Leben zerstört. Mani Matter fordert indes nicht den Klassenkampf, macht jedoch eine radikale Gesellschaftskritik mit Worten und Musik, wenn er mit seinem Lied sagt: Die bestehende Gesellschaft mit diesen Lebensverhältnissen ist a-menschlich, widerspricht dem Menschsein an sich.

Interessant ist, dass das Lied von Mani Matter im Lead der „Bilanz" zitiert wird, wenn es darum geht, die Zeitschrift „Bilanz" kritisch zu befragen. Dazu nur ein kurzes Zitat:

„Seit 1989 präsentiert nämlich die Zeitschrift ‚Bilanz' der Schweiz das Ranking der Reichsten im Lande. Die anfängliche Rhetorik des Aufdeckens ökonomischer Macht ist längst unbedingter Bewunderung gewichen."[304] Wenn die Darstellung der 300 Reichsten in der Schweiz wirklich nur Bewunderung auslösen sollte, dann muss eine Reichtumsdarstellung angestoßen werden, welche der Gerechtigkeit verpflichtet ist. Nicht Bewunderung darf das Ziel der „Sozialtopographie" des Reichtums sein, vielmehr die Überwindung des Reichtums. Das ist die Intention des Liedes von Mani Matter.

---

304 Dommann, Monika (Professorin für Geschichte der Neuzeit an der Universität Zürich):
http://geschichtedergegenwart.ch/dene-wos-guet-geit-schweizer-megareichtum-als-vorweihnachtsritual-1989-2015/. [Stand: 31.10.2107]

3. Wider Armut, Ungerechtigkeit, Zerstörungen des Lebens, Irrationalitäten und für lebensfreundliche Alternativen und eine Vision mit drei Punkten

Die Perspektive der Radikalität als Perspektive der vorliegenden Thesen, Predigten, Texte heißt für mich ein Dreifaches:
o Nicht mehr weiter Armut und Ungerechtigkeit, die Zerstörung der natürlichen Lebensgrundlagen zu akzeptieren. Diese Ungerechtigkeiten und Zerstörungen sind kein Naturgesetz, sie sind hausgemacht durch ein System, das auf einem grenzenlosen Wachstum beruht und welches die Basisnorm „Lebensdienlichkeit" systemisch missachtet, abblendet, zerstört.
o Nicht mehr die Irrationalität der Atomenergie zu akzeptieren, die darin besteht, dass die atomaren Abfälle für mehrere 10 000 Jahre der Verantwortung der kommenden Generationen überlassen werden. Dies ist einmalig in der Geschichte. Die Energiewende hat das Ziel, auf diesen Energieträger zu verzichten.
o Es gibt vielfältige Alternativen zu diesem lebensfeindlichen Wachstum und zu dieser unverantwortbaren Energieerzeugung. Jetzt geht es darum, alle Gruppen und Institutionen zusammenzuführen, zu vereinen, welche Gerechtigkeit, Frieden und die Bewahrung der Schöpfung wollen. Die Kirche, so wie ich sie verstehe, ist für mich eine dieser vielfältigen Alternativen. Im Jahre des Reformationsjubiläums gilt es, unter dieser Perspektive ökumenisch zu denken und zu handeln:

Die Versuchung ist groß, eine Zusammenfassung machen zu wollen. Doch Zusammenfassungen würgen den offenen und kreativen, praktischen und radikalen Blick und Schritt in die Zukunft ab. So will ich in nur drei Punkten beschreiben, was für mich ethisch wichtig ist:
1. *Ehrfurcht vor allem Leben* (Albert Schweitzer). Dazu gehört das folgende Ethikverständnis: „Ethik ist ins Grenzenlose erweiterte Verantwortung gegen alles, was lebt."[305] Ich hoffe, ich wünsche

---
305 Schweitzer, Albert: Kultur und Ethik, München 1958, S. 227.

mir, dass diese ethische Grundhaltung immer und überall erhalten bleibt, Kritik und Irritationen auslöst und die Zukunft gestalten wird. Die Basisnorm einer radikalen Wirtschaftsethik „Lebensdienlichkeit" erhält durch diese Grundhaltung ihre universal-human-ökologische Begründung und Einbettung.

2. *Care* als Konzept für zukünftiges Wirtschaften (s. oben II 13). Die Theorieentwicklung des Care-Begriffes im Rahmen der feministischen Theorie und der Frauenbewegung hat konsequent herausgestellt, dass und wie z. B. die *unbezahlte* Hausarbeit der Frauen und Mütter in einem umfassenden Sinne gesellschaftlich notwendig ist und einen lebenswichtigen Beitrag für die soziale Integration darstellt. Mir geht es hier nicht um die wichtige Reproduktionsfunktion der Care-Arbeit, vielmehr darum, dass Care heißt: *Orientierung an den Bedürfnissen der anderen*. Dazu gehören dann Fragen wie: Was dient der anderen Person am besten? Was dient wirklich dem Leben? Der Care-Gedanke hat für mich somit einen personalen, sozialethischen wie ökologischen Aspekt.[306] Die radikale Liebe *kann* als Motivationsgrundlage für die Care-Orientierung betrachtet werden und ich denke, dass Jesus das Care-Verhalten radikal und konkret lebte, immer die Betroffenen vor Augen (s. oben III 4.).

3. Mit dem Begriff „*Commons*" (s. oben III 7.) wird das Muster eines gemeinsamen Handelns beschrieben: Miteinander und nicht gegeneinander. Menschen teilen unter sich und werden nicht geteilt.[307] Eine nachhaltige, solidarische, genossenschaftliche Politik jenseits von neoliberalem Markt und Politik. Die dabei verwendete Begrifflichkeit „Commoning" als *lebendiger Prozess* will darauf hinweisen, dass nicht Ressourcen, Güter und Dinge, Wachstum im Materiellen, sondern zwischenmenschliche Beziehungen und Begegnungen, Spiritualität und nachhaltige und ästhetische Mensch-Natur-Beziehungen im Mittelpunkt stehen (s. oben III 5.)

---

306 Siehe den Verein „Wirtschaft ist care" https://wirtschaft-ist-care.org/ [Stand: 31.12.2017].
307 Siehe Apostelgeschichte 2 mit ihrem „Liebeskommunismus".

Dies beinhaltet die folgenden drei Strukturprinzipen in Wirtschaft, Politik und Bildung: ökologische Nachhaltigkeit, Gemeinschaftlichkeit, freie Kooperation. Das DorfHus der Spiezer Agenda 21 – Spiez bei CH-Bern – ist ein Ort der Begegnung und stellt eine Umsetzung des Konzepts der Commons dar.[308]

Mit diesen drei Stichworten sind für mich *Grundhaltungen, Muster, Paradigmen für die Gestaltung der Zukunft genannt*. Es gilt die Perspektive der Radikalität, und zugleich ist deutlich geworden, wie wichtig *auch* Theologie und Kirche bei diesem *lebendigen Prozess* in die Zukunft sind. Dabei bin ich überzeugt, dass gerade die Kirchen diese Radikalität als *Vision* institutionalisieren können. Am Schluss meiner Überlegungen habe ich somit noch einen Begriff platziert, den ich immer wieder aufgenommen habe: *Vision*. Ich bin überzeugt, dass jede Institution, jedes Unternehmen, jede Gesellschaft Visionen für ihr Fortbestehen braucht.[309] In diesem Zusammenhang wird dann Antoine de Saint-Exupéry zitiert: „Wenn du ein Schiff bauen willst, fang nicht an, Holz zusammenzutragen, Bretter zu schneiden und Arbeit zu verteilen, sondern wecke in den Männern die Sehnsucht nach dem großen, weiten Meer."[310] Um ein „Schiff" zu bauen, braucht es Akteure, welche die Zukunft antizipieren, eine Sehnsucht in sich tragen, sich mit Zielen, Werten und Zeitfragen auseinandersetzen. Fünf Punkte machen eine bzw. meine Vision aus:

---

308 Helfrich, Silke / Bollier, David: Ouvertüre, in: Helfrich, Silke u. a.: Die Welt der Commons, Bielefeld 2015, S. 14 f. (S. 13–23).
308 https://www.dorfhus.ch/ oder https://agenda21.jimdo.com/[Stand: 31.12.2017].
309 Ruh, Hans: Ordnung von unten. Die Demokratie neu erfinden, Zürich 2011, S. 91 ff., spricht von „Leuchttürmen für eine andere Welt", die es braucht, um unsere Gesellschaft und Wirtschaft lebensdienlich gestalten zu können. Der Begriff der Vision ist für mich radikaler.
310 Doppler, Klaus / Lautenburg, Christoph: Changemanagement. Den Unternehmenswandel gestalten, Frankfurt a. M. u. a. 1999, S. 40.

(1) Eine Vision nimmt die Grundbedürfnisse des Menschen ernst
Bei Visionen geht es nicht um allgemeine und abstrakte Vorstellungen, vielmehr bringt eine Vision Grundbedürfnisse des Individuums zum Ausdruck. Dazu gehören Wünsche, Gefühle und Ängste. Intuitionen erhalten ihren Raum. Die Heuristik der Furcht (Hans Jonas) besagt, dass Ängste betreffend Risiken von technologischen und wirtschaftlichen Entwicklungen (Atomenergie, Gentechnologie, Digitalisierung, Globalisierung) nicht technologisch weg-rationalisiert werden dürfen, vielmehr ernst genommen und ethisch wie sozialpsychologisch reflektiert werden müssen. *Es ist lebensdienlich, wenn die Grundbedürfnisse des Menschen einen grundlegenden Stellenwert erhalten.*

(2) Es werden Zukunftsbilder imaginiert
Eine Vision entwirft Bilder, symbolische, überzeichnende oder utopische Bilder. Denken wir nur an Martin Luther King und an seine berühmte Rede am 28. August 1963: „Ich habe einen Traum, dass eines Tages sogar der Staat Mississippi, ein Wüstenland, das in der Höllenhitze der Ungerechtigkeit und Unterdrückung schier verschmachtet, sich in eine Oase der Freiheit und der Gerechtigkeit verwandeln wird." Oder Jesaja 65,25: „Wolf und Lamm weiden zusammen, / der Löwe frisst Stroh wie das Rind / doch die Schlange nährt sich von Staub. Man tut nichts Böses mehr / und begeht kein Verbrechen / auf meinem ganzen heiligen Berg, spricht der Herr." Solche Bilder haben eine hohe Emotionalität und dramatisieren zugleich die Gegenwart. Durch Visionen werden Eigengesetzlichkeiten überwunden und sie gründen in der Überzeugung: Eine andere Welt ist möglich! Das Bestehende ist nicht automatisch das Richtige. Eine Vision sieht das „Ganze" und beschränkt sich nicht auf partielle Reparaturen des Bestehenden. Eine Wirtschaft, welche Wohlstand für wenige auf Kosten vieler (Mensch und Natur) schafft, kann und darf nicht als Erfolgsmodell klassifiziert werden. *In einer solchen Vision werden Alternativen entworfen.*

(3) Es wird Lebensenergie und Lebenslust aktiviert
Durch Visionen werden die Akteure zum Handeln motiviert. Mit ihren Bildern implizieren sie einen Appell zum Handeln und Verändern.

Visionen sind gruppenbildend und deshalb auch abgrenzend. Zudem tragen Visionen auch eine große Ehrlichkeit in sich: Es ist ein langer Weg, den wir vor uns haben, aber er lohnt sich, geht es doch um mehr Gerechtigkeit und Frieden, um eine nachhaltige Gesellschaft. Durch die Visionen werden die Betroffenen auf der einen Seite gefordert, auf der anderen Seite zugleich ermutigt. *Visionen erzeugen einen Willen zum Leben, eine Lebenslust und eine Ehrfurcht vor allem Leben.*

(4) Zeit- und Wertfragen werden grundlegend
Visionen stellen mit Notwendigkeit Zeit- und Wertfragen. Diese Fragestellungen enthalten Zuspitzungen und Vereinfachungen. Es gibt Skepsis und Dramatisierungen, Dualismen und Schwarz-Weiß-Zeichnungen, Utopien und Prophetien. Ganz bewusst sollen Utopien gedacht werden: Utopien sind in Raum und Zeit unerreichbare Zustände, deren Erreichbarkeit dennoch gedacht werden kann und soll. Durch eine solche Imagination soll der Gegenwart auf die Sprünge geholfen werden. Hier soll noch die Unterscheidung von apokalyptischen (reale Gegenwart ist zum vollständigen Untergang verurteilt) und utopischen (eine Anknüpfung an die Gegenwart ist möglich, jedoch keine bloße Fortschreibung der Gegenwart) Zukunftserwartungen erwähnt werden. *Die Vision bezieht sich auf die utopische Zukunftserwartung.*[311]

(5) Die Vision einer Oikumene mit Frieden, Gerechtigkeit und Bewahrung der Schöpfung
Eine Vision hat immer konkrete Inhalte. Das Wort Oikumene meint das Bewohnte. Unsere Welt muss global bewohnbar sein für alle und überall und immer. Frieden, Gerechtigkeit und die Bewahrung der Schöpfung (GFS-Vision) machen unsere Welt und unsere Erde bewohnbar. *Die GFS-Vision ist die Grundlage für den oben erwähnten lebendigen Prozess.*[312] Daraus ergibt sich auch immer die Aufgabe, GFS

---

311 Siehe Merkur Sonderheft: September/Oktober 2001: Zukunft denken – Nach den Utopien.
312 Nach diesen Ausführungen und Argumentationen wird es verständlich, dass es mich als Helmut Kaiser und Mitglied der Kantonalkirche Bern-Jura-Solothurn

in die konkrete gesellschaftliche Praxis umzusetzen.

Wenn Sie, liebe Leserin und lieber Leser, nun sagen: Bei diesem *Prozess* will ich dabei sein ... dann kann es mit Angriffigkeit und Ausdauer, Radikalität und Leichtigkeit, Elan und Überzeugung, Gelassenheit und Humor los- bzw. weitergehen ... achtsam und sorgend, gemeinsam und partizipativ, pragmatisch und visionär.
Oder wie es im neuen Bericht des Club of Rome heißt: „Come on!"[313]

---

radikal ärgert, wenn in der aktuellen Vision dieser Kirche diese GFS-Vision nicht mehr explizit festgeschrieben wird. Dies habe ich ja bereits mehrfach angemerkt. Für den Ökumenischen Rat der Kirchen ist und bleibt GFS eine Vision. Siehe oben A Hinführung 3.

313 Von Weizsäcker, Ernst Ulrich / Wijkman, Anders u. a.: Club of Rome: Der große Bericht. Wir sind dran. Was wir ändern müssen, wenn wir bleiben wollen. Eine neue Aufklärung für eine volle Welt, Gütersloh 2017.

Einen Ausblick wagen ...

Im Philosophiecafé vom 3.9.2017 der Spiezer Agenda in CH-3700 Spiez haben wir über folgendes Thema diskutiert:

Digitalisierung, Automatisierung, Roboterisierung
Welche Zukunft wollen wir?

Als Einstieg für die Diskussion wählten wir ein Bild aus „Bild der Wissenschaft 9-2017": Julie Carpenter erforscht an der California Polytechnic State University[314], wie Menschen mit Robotern umgehen bzw. umgekehrt ....

o Wollen wir, dass dies bald möglich wird? Sex mit einem Roboter?
o Wer profitiert von der Digitalisierung mit künstlicher Intelligenz (KI) und welchen Segen bzw. Fluch, Nutzen oder Schaden gibt es bei dieser Entwicklung? Zur Zeit etabliert sich die artificial intelligence mehr und mehr als Heilslehre, die alle Probleme wird lösen können.

Abb. 16: Sex mit einem Roboter

---

314 bild der wissenschaft 9-2017, S. 30.

o   Müssen wir mit Furcht und Angst reagieren oder können wir mit explorativer Hoffnung dieser Entwicklung entgegensehen?

o   Verstärkt oder verabsolutiert die Digitalisierung den technologischen Imperativ – das technisch Machbare wird immer gemacht oder can / Können implies ought / ethisches Sollen – sowie die ökonomischen Imperative wie permanentes Wirtschaftswachstum, Effizienz und Gewinnerzielung?

o   Welches Menschenbild, Technikverständnis, Gesellschaftsbild enthält diese „Vierte Industrielle Revolution"? Wird der Hybrid-Mensch – teils digitalisiert, teils organisch – bald Realität und werden wir in naher Zukunft von einem Roboter mit künstlicher Intelligenz gepflegt? Wer die sozialethisch integrierte Ich-Du-Philosophie von Martin Buber (1878–1965) als Grundlage seiner Anthropologie versteht, der will keine Entwicklung, bei der technologische und ökonomische Imperative die Lebenswelt von direkten Beziehungen auflösen. „Ehrfurcht vor allem Leben", „Care" und „Commons" sollten die Leitideen für die Gestaltung unserer gemeinsamen Zukunft sein (VIII 3.). Welchen Beitrag kann die KI dazu leisten?

Fest steht: Kirche, Theologie, Ethik, wir alle, die Gesellschaft sind radikal herausgefordert. Radikal meint, anhand der vier Fragen von Immanuel Kant über unsere gemeinsame Zukunft *nachzudenken* (s. oben Einleitung 4.) mit dem Ziel, diese lebensdienlich zu *gestalten*.[315]

---

315   Das Philosophiecafévorbereitungsteam besteht aus: Andrea Frost (Juristin), Gerlinde Michel (Schriftstellerin), Pieter Zeilstra (Bundesamt für Verkehr Schweiz BAV), Helmut Kaiser (Sozial- und Wirtschaftsethiker).
Das Philosophiecafé gibt es seit 2003. Die Spiezer Agenda ist die lokale Umsetzung der Agenda 21 von Rio de Janeiro 1992.

Anhang

Abbildungen
Literatur
Personen- und Stichwortverzeichnis

Anhang: Abbildungen, Literatur, Personen- und Stichwortverzeichnis

Abbildungen

Abb. 1:   Dreieck Kirche, Gott, Ethik, S. 11

Abb. 2:   Dreieck der ethischen Reflexivität, S. 114

Abb. 3:   Kruzifix mit Maria und Johannes dem Täufer in der Kirche von Scharnhausen bei Stuttgart aus dem Jahre 1530, S. 187
[von der Evangelischen Kirchgemeinde D-73760 Ostfildern-Scharnhausen erhalten]

Abb. 4:   Jesus als „Indianer", S. 192 [Fotografie Helmut Kaiser]

Abb. 5:   Das Kreuz und das Leben in seiner Vielfalt, S. 196 [Fotografie Helmut Kaiser]

Abb. 6:   Gang nach Emmaus, S. 207 [Quellenangabe]

Abb. 7:   Beleuchtung in der Dorfkirche CH-3700 Spiez programmiert, S. 241 [Fotografie Helmut Kaiser]

Abb. 8:   Die Zeit auf den Kopf stellen, S. 242 [Dorfkirche CH-3700 Spiez, Fotografie Helmut Kaiser]

Abb. 9:   Das Medizinrad, S. 244 [Fotografie Helmut Kaiser]

Abb. 10:   Sonnenblume und Uhr, S. 249 [Fotografie Helmut Kaiser]

Abb. 11:   Stufen beim Spiezberg CH-3700 Spiez, S. 256 [Fotografie Helmut Kaiser]

Abb. 12:   Stille, S. 266 [Fotografie Stefan Grünig; Lacs de Fenêtre, Grosser St. Bernhard Pass, Kanton Wallis Schweiz, August 2012]

Abb. 13:   Zeit als Geschenk, S. 308 [Ansichtskarte von Christine und Hans Jakob Hadorn, CH-3700 Spiez]

Abb. 14:   Elf-Stunden-Uhr, S. 308 [Fotografie Agnes und Hans Schild, CH-3700 Spiez]

Abb. 15:   Kreativer Protest beim G-20-Gipfel vom 7. und 8. Juli 2017 in Hamburg, S. 392 [Quellenangabe]

Abb. 16:   Sex mit einem Roboter, S. 407 [Quellenangabe]

Literatur

A

„Accra Bekenntnis" des Reformierten Weltbundes von 2004.
Adorno, Theodor W. / Horkheimer, Max: Dialektik der Aufklärung, Frankfurt a. M. 1944.
Adorno, Theodor W.: Minima Moralia, Frankfurt a. M. 1951.
Adorno, Theodor W.: Ästhetische Theorie, Frankfurt a. M. 1970.
AGAPE – Alternative Globalisation Adressing People and Earth. Alternative Globalisierung im Dienst von Menschen und Erde.
    Hintergrunddokument. Team für Gerechtigkeit, Frieden und Schöpfung. Ökumenischer Rat der Kirchen, Genf 2005.
Günter Altner: Die Überlebenskrise in der Gegenwart, Darmstadt 1987.
Anzenbacher, Arno: Christliche Sozialethik, Paderborn u. a. 1997.
Apple: http://rtlnext.rtl.de/cms/apple-reporter-enthuellen-unzumutbare-arbeitsbedingungen-bei-der-iphone-produktion-2199055.html [Stand: 31.10.2107].
Augustinus: De Civitate Dei, IX, 5.
Arendt, Hannah: Denktagebuch 1950–1973. Erster Band. April 1953, Nr. 32, hrsg. von Ludz, Ursula / Nordmann, Ingeborg, München u. a. 2016.

B

Barth, Ulrich: Buch mit sieben Siegeln. Warum wir im 21. Jahrhundert nicht mehr einfach so beten können, in: zeitzeichen. Evangelische Kommentare zu Religion und Gesellschaft, 11/November 2016, S. 33–36.
Bayertz, Kurt: GenEthik. Probleme der Technisierung menschlicher Fortpflanzung, Reinbek bei Hamburg 1987.
Berg, Sigrid: Arbeitsbuch Weihnachten für Schule und Gemeinde, Stuttgart/München 1988.
Bibelwissenschaft:
    http://www.bibelwissenschaft.de/bibelkunde/themenkapitel-at/weisheit/
    https://www.bibelwissenschaft.de/wibilex/das- bibellexikon/lexikon/sachwort/anzeigen/details/exodusbuch/ch/fe3e13595ee4
    9c747ed5ad36d74692f0/[Stand: 6.1.2018].
bild der wissenschaft 9-2017.
Bleisch, Barbara / Huppenbauer, Markus: Ethische Entscheidungsfindung. Ein Handbuch für die Praxis, Zürich 2011.
Böhm, Wilhelm: Vom Himmel hoch, Offenbach 1985, S. 96.
Bonhoeffer, Dietrich: Widerstand und Ergebung. Briefe und Aufzeichnungen aus der Haft, hrsg. von Bethge, Eberhard, München 1970/1951 (1. Aufl.).
Bosmans, Phil u. a.: Für jeden leuchtet ein Stern, Freiburg i. Br. 2006.
Botton, Alain de: Interview durchgeführt von Andrea Freiermuth, in: MM Magazin (Migros Schweiz) 51, 19.12.2016 / www.migrosmagazin.ch, S. 35 (S. 32–35). [Stand: 6.1.2018]

Bott, Marie-Luise: Ein Gespräch mit dem Tübinger Philosophen Walter Schulz, 18. Oktober 1991, http://www.zeit.de/1991/43/verdaechtige-kreatur-mensch/komplettansicht. [Stand: 6.1.2018]

Brecht, Bertolt: Der gute Mensch von Sezuan, 1943 uraufgeführt, in: Werkausgabe Bd. 4., Berlin 1972.

Brecht, Bertolt: Das Leben des Galilei, Frankfurt a. M. 2013 (eBook Suhrkamp Berliner Fassung 1955/56).

Brunner, Emil: Das Gebot und die Ordnungen, Zürich 1978 (4. Aufl./1932).

Bultmann, Rudolf: Neues Testament und Mythologie. Das Problem der Entmythologisierung der neutestamentlichen Verkündigung (1941), in: Bartsch, H.-W. (Hg.): Kerygma und Mythos, Band 1 (1948), 4. Aufl. Hamburg, 1960, S. 18 (15–48).

Butler, Judith: „Der Horizont der Hoffnung hat sich verengt", in: DER BUND. Tageszeitung Schweiz, 5.1.2017, S. 29 (S. 29–30). Butler, Judith: Anmerkungen zu einer performativen Theorie der Versammlung, Berlin 2016.

C

Caritas:

https://www.caritas.ch/de/was-wir-sagen/die-caritas-engagiert-sich-fuer-die-agenda-2030/?gclid=CPn0k4rhjtACFUS4GwodzXoFkg. [Stand: 6.1.2018]

CERN: Conseil Européen pour la Recherche Nucléaire. Europäische Organisation für Kernforschung. Gründung 29. September 1954.

Christliche Musterreden im Welt- und Kirchenjahr, hrsg. von Edel, Gottfried, München November 1983 f.

Claussen, Johann Hinrich: Die Mär vom Polit-Protestantismus, in: zeitzeichen. Evangelische Kommentare zu Religion und Gesellschaft, 6/Juni 2016, S. 39.

Crüsemann, Frank: Das Alte Testament als Wahrheitsraum des Neuen. Die neue Sicht der christlichen Bibel, Gütersloh 2011.

D

Dalai Lama: Der Appell des Dalai Lama an die Welt: Religion ist wichtiger als Religion, Salzburg 2015/13. Aufl. 2016.

Dalferth, Ingolf U.: Radikale Theologie, Leipzig 2010.

Das Unser Vater. Predigten, Gütersloh 1987.

Dellsperger, Rudolf: Zwischen Offenbarung und Erfahrung. Gesammelte Aufsätze zur historischen Theologie, Zürich 2015.

Diamantfeiern: http://www.woz.ch/-69b. [Stand: 6.1.2018]

Diefenbacher, Hans: Der Teich ist voll. „Postwachstum" heißt die Herausforderung für die Ökonomie des 21. Jahrhunderts, in: zeitzeichen. Evangelische Kommentare zu Religion und Gesellschaft, 6/Juni 2015, S. 22–24.

Dalferth, Ingolf U.: Der auferweckte Gekreuzigte, Tübingen 1994.

Dalferth, Ingolf U.: Radikale Theologie, Leipzig 2010.

Dommann, Monika (Professorin für Geschichte der Neuzeit an der Universität Zürich): http://geschichtedergegenwart.ch/dene-wos-guet-geit-schweizer-megareichtum-als-vorweihnachtsritual-1989-2015/.

Doppler, K. / Lautenburg, Chr.: Changemanagement. Den Unternehmenswandel gestalten, Frankfurt a. M. u. a. 1999.

Duchrow, Ulrich u. a.: Solidarisch Mensch werden. Psychische und soziale Destruktion im Neoliberalismus – Wege zu ihrer Überwindung, Hamburg 2006.

Duchrow, Ulrich u. a. (Hrsg.): Die Reformation radikalisieren, 5 Bde., Münster 2015.

Duchrow, Ulrich: Den Kapitalismus überwinden – Mit Luther, Marx und der Ökumene heute, in: Neue Wege. Beiträge zur Religion und Sozialismus, 5/Mai 2017, S. 15–19.

Duchrow, Ulrich: Mit Luther, Marx und Papst den Kapitalismus überwinden. Eine Flugschrift in Kooperation mit Publik-Forum, Hamburg 2017.

E

Edel, Gottfried: Predigthandbuch, München 1998.

Ende, Michael: Momo, Stuttgart 1973.

Enderle, Georges: Handlungsorientierte Wirtschaftsethik. Grundlagen und Anwendungen, Bern u. a. 1993.

Ekardt, Felix: zeitonline 11. März 2015 / 19:23 Uhr.

Evangelischer Erwachsenenkatechismus. Suchen – glauben – leben, hrsg. im Auftrag der Kirchenleitung der VELKD von Brummer, Andreas u. a., Hannover 2010 (8. Aufl.).

Expertenkommission Humangenetik und Reproduktionsmedizin des Bundesrates Schweiz, Bern, 19. August 1988.

F

Flake, Jeff: „Conscience of a Conservative" – Das Gewissen eines Konservativen, Random House 2017, in: http://www.derbund.ch/ausland/amerika/trump-provoziert-die-revolte/story/22040763. [Stand: 6.1.2018]

Flügge, Erik: Der Jargon der Betroffenheit. Wie die Kirche an ihrer Sprache verreckt, München 2016.

Flügge, Erik: http://www.katholisch.de/aktuelles/aktuelle-artikel/verreckt-die-kirche-an-ihrer-sprache. Gespräch mit Flügge, Erik 23.5.2016. [Stand: 31.10.2013]

Flügge, Erik: Danke, aber langsam nervt's. Ich habe Theologen volle Rotze beleidigt. Und sie bedanken sich dafür, in: zeitzeichen. Evangelische Kommentare zu Religion und Gesellschaft, 11/November 2016, S. 60.

Fromm, Erich: Die Kunst des Liebens, Frankfurt a. M. 1991/1956.

Füssel, Kuno: Drei Tage mit Jesus im Tempel. Einführung in die materialistische Lektüre der Bibel, Münster 1987.

Füssel, Kuno / Segbers, Franz (Hrsg.): „...so lernen die Völker des Erdkreises Gerechtigkeit". Ein Arbeitsbuch zu Bibel und Ökonomie, Luzern und Salzburg 1995.

G

Gesangbuch EKD.

Gemeinwohl und Eigennutz, Denkschrift EKD 1991.

Gesangbuch der Evangelisch-reformierten Kirchen der deutschsprachigen Schweiz, Basel 1998, Lied Nr. 487. Kurt Marti, Berner Pfarrer und Schriftsteller.

Goethe, Johann Wolfgang von: Goethe's poetische und prosaische Werke in Zwei Bänden, Stuttgart und Tübingen 1836, Bd. 1, S. 131.
https://play.google.com/books/reader?id=A7g9AAAAYAAJ&printsec=frontcover&output=reader&hl=de&pg=GBS.PP1. [Stand: 6.1.2018]

Gronemeyer, Marianne: Das Leben als letzte Gelegenheit. Sicherheitsbedürfnisse und Zeitknappheit, Darmstadt 1993.

Grünenfelder, Regula: Versuch über Erfahrungen mit gewaltfreier Guerilla-Verbindlichkeit, in: Neue Wege. Beiträge zu Religion und Sozialismus, 5/Mai 2015, S. 153–156.

Gsteiger, Fredy: Diamant oder Klunker? Die Eidgenossenschaft tritt mit Mobilmachungsfeiern ins Fettnäpfchen. Zeitonline 18. August 1989, 8.00 Uhr http://www.zeit.de/1989/34/diamant-oder-klunker. [Stand: 6.1.2018]

H

Habdank, Walter: „Gang nach Emmaus" 1973. © Galerie Habdank.

Habermas, Jürgen: Theorie des kommunikativen Handelns Band 1: Handlungsrationalität und gesellschaftliche Rationalisierung, Frankfurt a. M. 1981; ders.: Theorie des kommunikativen Handelns Band 2: Zur Kritik der funktionalistischen Vernunft, Frankfurt a. M. 1981.

Habermas, Jürgen: Die nachholende Revolution. Kleine Politische Schriften VII, Frankfurt a. M. 1990; zit. nach Horster, Detlef: Habermas, Jürgen, in: Bedarf, Thomas / Gerhard, Andreas (Hrsg.): Die deutsche Philosophie im 20. Jahrhundert. Ein Autorenhandbuch, Darmstadt 2013, S. 131 (S. 128–132).

Habermas, Jürgen: Wieviel Religion verträgt der liberale Staat?, in: Religion, Liberalität und Rechtsstaat. Ein offenes Spannungsverhältnis, hrsg. von Gerhard Schwarz u. a., Verlag Neue Zürcher Zeitung, Zürich 2015, S. 47–52.

Handbuch der christlichen Ethik HCE 3 Bde., hrsg. von A. Hertz, Wilhelm Korff, Trutz Rendtorff, Hermann Ringling, Gütersloh 1978–1982.

Halbfas, Hubertus: Der Glaube – erschlossen und kommentiert, Ostfildern 2010.

Handbuch der Wirtschaftsethik I, hrsg. im Auftrag der Görres-Gesellschaft von Korff, Wilhelm u. a., Gütersloh 1999.

Harari, Yuval Noah: Eine kurze Geschichte der Menschheit, München 2013 (6. Aufl.); ders.: Homo Deus. Eine kurze Geschichte von Morgen, München 2017.

Hardmeier, Christof: Die judäische Unheilsprophetie. Antwort auf einen Gesellschafts- und Normenwandel im Israel des 8. Jahrhunderts vor Christus, in: Der altsprachliche Unterricht 26 (1983), S. 20–43.

Helfrich, Silke / Böller, David / Heinrich-Böll-Stiftung (Hrsg.): Die Welt der Commens. Muster gemeinsamen Handelns, Bielefeld 2015.

Helfrich, Silke / Bollier, David: Ouvertüre, in: Helfrich, Silke u. a.: Die Welt der Commons, Bielefeld 2015, S. 13–23.
Herms, Eilert: Systematische Theologie. Das Wesen des Christentums: In Wahrheit und aus Gnade leben, Bd. 1–3, Tübingen 2017.
Hesse, Hermann: s. Schellenberger, Bernhard: Treppen. Stufen des Lebens. Würzburg 1989.
Hesse, Hermann: Mit der Reife wird man immer jünger, Berlin 2002.
Hessel, Stéphane: Empört Euch! Berlin 2011 (5. Aufl.).
Hoefer, Liese: Atmende Erde, Stuttgart 1989.
Hohler, Franz: Das Kurze. Das Einfache. Das Kindliche, München 2010, S. 18–19.
Horster, Detlef: Habermas, Jürgen, in: Bedarf, Thomas / Gerhard, Andreas (Hrsg.): Die deutsche Philosophie im 20. Jahrhundert. Ein Autorenhandbuch, Darmstadt 2013.
Huber, Wolfgang: Protestantismus und Protest. Zum Verhältnis von Ethik und Politik, Reinbek bei Hamburg 1987.
Huber, Wolfgang u. a.: Handbuch der Evangelischen Ethik HET, München 2015.
Human Family: Der Entwicklungspraktiker und Moderator von Friedensprozessen Yakubu Joseph führte auf einer Tagung der Fachstelle OeME (Ökumene, Mission und Entwicklung) der Kirche Bern-Jura-Solothurn am 20.10.2016 in Bern aus, dass nur dann, wenn wir uns als Teil einer „human family" verstehen, Armut und Ungerechtigkeit überwunden werden können. Nach Studien der Soziologie und Anthropologie sowie langer Erfahrung mit Entwicklungs- und Nothilfearbeit hat er in Tübingen doktoriert und sich dort spezifisch mit afrikanischen Perspektiven auf die Entwicklungszusammenarbeit auseinandergesetzt. Dieser anthropologisch-soziologische Ausgangspunkt beinhaltet eine völlig andere Logik im Blick auf die Logik des Wirtschaftens im kapitalbasierten Neoliberalismus 89. Das Muster des Handelns beim Neoliberalismus 89 (seit der Wende 89) heißt nicht „common", sondern „divided": Menschen werden geteilt.
Huizing, Klaas: In der Sackgasse. Die Dreieinigkeit widerspricht dem biblischen Zeugnis, in: zeitzeichen. Evangelische Kommentare zu Religion und Gesellschaft, 6/Juni 2017, S. 31–32. Dieses Heft hat die Trinitätslehre als Schwerpunktthema auf S. 22–39.
Hunold, Gerfried W.: Identitätstheorie: Die sittliche Struktur des Individuellen im Sozialen, in: Handbuch der Christlichen Ethik, hrsg. von A. Hertz u. a., Freiburg u. a. 1978, S. 177–195.

J

Joas, Hans: Kirche als Moralagentur?, München 2016.
Josephus, BJ, VI, 6. Kap., Nr. 1, S. 449.
Jüngel, Eberhard: Tod, Stuttgart und Berlin 1971.
Jüngel, Eberhard: Der Gott entsprechende Mensch, in: Neue Anthropologie Bd. 6: Philosophische Anthropologie / Erster Teil, hrsg. von Hans-Georg Gadamer und Paul Vogler, Stuttgart 1975, S. 342–372.

Jüngel, Eberhard: Entsprechungen: Gott – Wahrheit – Mensch. Theologische Erörterungen, München 1980, S. 318–321.

K

Käßmann, Margot / Bedford-Strohm, Heinrich: Die Welt verändern. Was uns der Glaube heute zu sagen hat, Frankfurt a. M. 2016.

Kaiser, Heidi (Hrsg.): Erzählbuch zur Weihnachtszeit. Für Gemeinde, Familie, Schule, Lahr/Freiburg 1986. http://www.mash-4077.info/index.php/Thread/10712-Eine-kleine-Geschichte-zu-Weihnachten. [Stand: 6.1.2018]

Kaiser, Heidi (Hrsg.): Erzählbuch zur Weihnachtszeit. Für Gemeinde, Familie, Schule, Lahr/Freiburg 1986.

Kaiser, Helmut: „Ansatzpunkte für eine normative Erweiterung der ökonomischen Rationalität – ‚Humanisierung' der ökonomischen Theorie als Aufgabe einer sich als ethische Ökonomie verstehenden Wirtschaftsethik", in: Zeitschrift für Evangelische Ethik ZEE 3/84, S. 285–320.

Kaiser, Helmut: ‚Ethische Rationalität': Konzept einer sach- und menschengerechten Risikobetrachtung. Vortrag 7.2.1990 an der ETH Zürich, in: Chakraborty, S. / Yadigaroglu, G.: Ganzheitliche Risikobetrachtungen. Technische, ethische und soziale Aspekte, Verlag TÜV Rheinland Köln, 1991, S. 04-1–04-74.

Kaiser, Helmut: Geld: Seine „ethische Rationalität", in: ZEE Heft 2/1994, S. 115–133.

Kaiser, Helmut: „Elektronische" Marktwirtschaft? Grundlegende Veränderungen durch den Electronic Commerce, in: ZEE Heft 1/2001, S. 29–46.

Kaiser, Helmut: Ökologische Wirtschaftsdemokratie. Wege zu einem lebensdienlichen Wirtschaften im Kontext der Globalisierung, Aachen 2007.

Kaiser, Helmut: Von der integrativen zur radikalen Wirtschaftsethik, in: Neue Wege. Beiträge zu Religion und Sozialismus, 7/Juli/8/August 2015, S. 215–219. Der Aufsatz in diesem Buch wurde stark überarbeitet.

Kaiser, Helmut: https://sites.google.com/site/kaiserethik/

Kant, Immanuel: Beantwortung der Frage: Was ist Aufklärung? Kapitel 1 (1784 Erstveröffentlichung).

Kant, Immanuel: Grundlegung zur Metaphysik der Sitten, Werkausgabe Bd. VII, hrsg. von Wilhelm Weischedel, Frankfurt a. M. 1978 (4. Aufl. / 1785 Erstveröffentlichung).

Katechetische Blätter KatBl 2017 / Heft 4.

Kirchhoff, Hermann: Christliches Brauchtum, München 1984.

Klein, Naomi: Die Entscheidung – Kapitalismus vs. Klima, Frankfurt a. M. 2015.

Klever, Peter: Ich zünde eine Kerze für dich an, Lahr 1990.

Klevinghaus, Wilma: s. https://de.wikipedia.org/wiki/Wilma_Klevinghaus.

Klimakonferenz:
https://www.welt.de/politik/ausland/article159604058/Klimakonferenz-beschliesst-Fahrplan-Fidschi-laedt-Trump-ein.html. [Stand: 31.10.2107]

Koch, Klaus: Die Entstehung der sozialen Kritik bei den Profeten. Die Profeten I. Assyrische Zeit, Stuttgart u. a. 1987 (2. Aufl.).
Koch, Klaus: Die Propheten II. Babylonisch-persische Zeit. Stuttgart u. a. 1987 (2. Aufl.).
Koch, Kurt: Radikaler Ernstfall. Von der Kunst, über das Leben nach dem Tod zu sprechen, Luzern/Stuttgart 1990.
Kontexte Bausteine für den Gottesdienst, Bergmoser + Höller, Verlag Aachen, Dezember 1989.
Kontexte Werkstatt für Liturgie und Predigt, Bergmoser + Höller, Aachen, Mai 1991.
Kraus, Hans-Joachim: Die prophetische Botschaft gegen das soziale Unrecht Israels, in: EvTh 15 (1955), S. 295–307.
Kunz, Ralph: Die Kompetenz der Gemeinde. Überlegungen zur erweiterten Verwendung des Kompetenzstrukturmodells, in: Schaufelberger, Thomas / Hartmann, Juliane (Hrsg.): Perspektiven für das Pfarramt. Theologische Reflexionen und praktische Impulse zu Veränderungen in Berufsbild und Ausbildung, Zürich 2016, S. 105–119.
Kunz, Ralph: Radiopredigt vom 27.11.2011, DRS 2 und DRS Musikwelle 9.30 Uhr (kath.) und um 9.45 Uhr (ref.)
https://www.radiopredigt.ch/wp-content/uploads/2017/01/radiopredigt20111127ref.pdf [Stand 31.10.2017].

L

Lang, Bernhard: Prophetie und Ökonomie im alten Israel, in: Kehrer, Günter (Hrsg.): „Vor Gott sind alle gleich": Soziale Gleichheit, soziale Ungleichheit und die Religionen, Düsseldorf 1983, S. 53–70.
Leonhard, Theodor: (http://www.mash-4077.info/index.php/Thread/10712-Eine-kleine-Geschichte-zu-Weihnachten/ [Stand: 6.1.2018].
Link, Christian: Leitartikel von Christian Link: Was bedeutet Schöpfung heute?
https://www.theologie-naturwissenschaften.de/startseite/leitartikelarchiv/schoepfung-heute.html) [Stand: 6.1.2018].
Leonhardt, Rochus: Reformation und Recht. Zum protestantischen Erbe in der gegenwärtigen Rechtswirklichkeit, in: ZEE 3 / Juli bis September 2016, S. 201–213.
Leuenberger, Robert: Der Tod. Schicksal und Aufgabe, Zürich 1973 (2. Auflage).
Lienemann, Wolfgang: Gerechtigkeit. Ökumenische Studienhefte 3, Göttingen 1995.
Luther, Martin: 95 Thesen vom 31. Oktober 1517.
Luther, Martin: http://www.sonntagsblatt.de/news/aktuell/2015_42_01_01.htm [Stand: 6.1.2018].

M

Maik, Thomas / Lunau, York (Hrsg.): Weltwirtschaftsethik. Globalisierung auf dem Prüfstand der Lebensdienlichkeit, Bern, Stuttgart, Wien 1998.
Manifest „Globales Wirtschaftsethos. Konsequenzen und Herausforderungen für die Weltwirtschaft".
Manifesto „Global Economic Ethic. Consequences and Challenges

for Global Businesses".
Küng, Hans / Leisinger, Klaus M. / Wieland, Josef (Hrsg.), München 2010.
Marquardt, Friedrich-Wilhelm: Gott oder Mammon – aber: Theologie und Ökonomie bei Martin Luther, in: Einwürfe 1 (1983), S. 176–216.
Mäder, Ueli: macht + ch. Geld und Macht in der Schweiz, Rotpunktverlag Regensburg 2015.
Marsh, Charles: Dietrich Bonhoeffer. Der verklärte Fremde, Gütersloh 2015.
Marti, Kurt: rosa loui. rebublikanische gedichte. leichenreden, Darmstadt und Neuwied 1967, S. 115.
Marti, Kurt: Fromme Geschichten, Stuttgart 1994, S. 123–126.
Marti, Kurt (Berner Pfarrer und Schriftsteller), in: Gesangbuch der Evangelisch-Reformierten Kirchen der deutschsprachigen Schweiz, Basel 1998, Lied Nr. 487.
Marti, Kurt: Heilige Vergänglichkeit. Spätsätze, Stuttgart 2010.
Marti, Kurt: OeME-Herbsttagung 2010. Kurt Marti – ein Bekenntnis. Reformierte Kirche Bern-Jura-Solothurn, Mai 2011.
Marti, Lorenz: Eine Hand voll Sternenstaub. Was das Universum über das Glück des Daseins erzählt, Freiburg i. Br. 2012.
Marx, Karl: Zur Kritik der Hegelschen Rechtsphilosophie. Einleitung / 1843–1844.
Mattig, Thomas: Healthy Economy. Neue Denkformen für eine gesunde Wirtschaft, Zürich 2014.
Merkur Sonderheft: September/Oktober 2001: Zukunft denken – Nach den Utopien.
Meyer, Elsa und Marti: Musiker in Hot Springs South Dakota, 2008.
Metzger, Martin: Grundriß der Geschichte Israels, Neukirchen 1988.
Moltmann, Jürgen: Der gekreuzigte Gott. Das Kreuz Christi als Grund und Kritik christlicher Theologie, München 1972.
Moltmann, Jürgen: „Ich lebe in der Trinität". Gespräch mit dem Systematischen Theologen Jürgen Moltmann über seine Erkenntnisse und Erfahrungen im weiten Raum der Trinität, in: zeitzeichen. Evangelische Kommentare zu Religion und Gesellschaft, 6/Juni 2017, S. 36–39. Dieses Heft hat die Trinitätslehre als Schwerpunktthema auf S. 22–39.
Müller, A. M. Klaus: Die präparierte Zeit, Stuttgart 1972.
Müller, A. M. Klaus: Geschöpflichkeitsdefizite in Naturwissenschaft und Theologie, in: ders. u. a.: Schöpfungsglaube heute, Neukirchen-Vluyn 1985, S. 9–85.

N

Nägeli, Markus: Maria – Fragezeichen?, in: Berner Oberländer Zeitung, 12.8.2017, S. 26.
Nietzsche, Friedrich: Morgenröte. Gedanken über moralische Vorurteile, 1881.
Nietzsche, Friedrich: Antichrist, Erstveröffentlichung 1895.

O

Oblau, Gotthard: Gotteszeit und Menschenzeit. Eschatologie in der Kirchlichen Dogmatik von Karl Barth, Neukirchen-Vluyn 1988.

Oeme-Herbsttagung 2010: Kurt Marti – ein Bekenntnis. Reformierte Kirche Bern-Jura-Solothurn, Mai 2011.

Obermann, Nils Ole: Anständig Geld verdienen? Eine protestantische Wirtschaftsethik, Freiburg u. a. 2014; Rezension in: ZEE 3/2016 (Juli – September), S. 217–220 von Karl-Wilhelm Dahm.

Ökumenischer Rat der Kirchen: Erklärung zum Wirtschaftsleben, in: EPD-Dokumentation Nr. 45/91 (21. Oktober 1991).

Ökumenische Konsultation (Start Januar 1998) mit dem Grundlagenpapier „Welche Zukunft wollen wir?" Die Ergebnisse dieser umfangreichen Konsultation zur sozialen und wirtschaftlichen Zukunft der Schweiz sind in einem Wort der Kirchen am 1.9.2001 in Bern der Öffentlichkeit vorgestellt worden.

Osterloh, Margrit: Ethik und Ökonomik, in: Zeitschrift 1 (Februar 1993), S. 48–57.

P

Papst Franziskus „Evangelia Gaudium" 24. November 2013.

Paulus, Jochen: Radikal aus Unsicherheit, in: bild der Wissenschaft 12-2016, S. 53–57; Petersen, Karl: Radikal aus Unsicherheit. Leserbrief zu Jochen Paulus, in: bild der Wissenschaft 2-2017, S. 24.

Peter, Hans-Balz: Sonntagsarbeit – Prototyp einer wirtschaftsethischen Frage, in: Das Ethos der Liberalität. Festschrift für Hermann Ringeling, hrsg. von Germann, Hans Ulrich u. a.: Freiburg i. Ue. / Br. 1993, S. 299–314.

Peter, Hans-Balz: Arthur Rich (1910–1992), in: Lienemann, Wolfgang / Mathwig, Frank (Hrsg.): Schweizer Ethiker im 20. Jahrhundert. Der Beitrag theologischer Denker, Zürich 2005, S. 149–177.

Piketty, Thomas: Ökonomie der Ungleichheit. Eine Einführung, München 2016.

Plessner, Helmuth: Grenzen der Gemeinschaft. Eine Kritik des sozialen Radikalismus, Frankfurt a. M. 2002, S. 14. Zitiert nach Andersen, Svend: Radikalismus und Radikalität in der lutherischen politischen Theologie, in: Zeitschrift für Kulturphilosophie, hrsg. von Ralf Konersmann / Dirk Westerkamp: Bd. 6 / Jg. 2012 / Heft 2, S. 297 (S. 295–312).

Policy des Synodalrates: Für die Globalisierung der Gerechtigkeit, Reformierte Kirche Bern-Jura-Solothurn, Bern 2003.

Pollack, Detlef: Versuchen, den Bestand zu halten. Gespräch mit dem Münsteraner Religionssoziologen Detlef Pollack über die zunehmende Konfessionslosigkeit der Kirchen und wie die Kirchen darauf reagieren sollen, in: zeitzeichen. Evangelische Kommentare zu Religion und Gesellschaft, 9/September 2016, S. 38–41.

Praetorius, Ina: Wirtschaft ist Care oder: Die Wiederentdeckung des Selbstverständlichen. Ein Essay von Ina Praetorius, in: Band 16 der Schriftenreihe Wirtschaft und Soziales. Herausgegeben von der Heinrich-Böll-Stiftung 2015.

Praetorius, Ina: Zusammenfassung der Beiträge https://www.grundeinkomen.de/wp-content/uploads/2016/09/BGE-Feministische-und-postpatriarchale-Perspektiven.pdf) des Buches Blaschke, Ronald / Praetorius, Ina / Schrupp, Antje (Hrsg.):

Das bedingungslose Grundeinkommen. Feministische und postpatriarchale Perspektiven, Sulzbach 2016 [Stand: 6.1.2018].
Prien, Hans-Jürgen: Luthers Wirtschaftsethik, Göttingen 1992.

R
Randers, Jorgen: 2052. Der neue Bericht an den Club of Rome. 40 Jahre nach „Die Grenzen des Wachstums", München 2012.
Religion, Liberalität und Rechtsstaat. Ein offenes Spannungsverhältnis, hrsg. von Gerhard Schwarz u. a., Verlag Neue Zürcher Zeitung, Zürich 2015.
Rendtorff, Trutz: Ethik II, Stuttgart u. a. 1991.
Reportagen. Das unabhängige Magazin für erzählte Gegenwart, Mai 2015, S. 12–27. Bericht von Puntas Bernet, Daniel und Rocío: Heiner will es wissen.
Retraite des Fachbereiches OEME der Kirche Bern-Jura-Solothurn CH vom 2.9.2016.
Rich, Arthur: Wirtschaftsethik Bd. I. Grundlagen in theologischer Perspektive / II. Marktwirtschaft, Planwirtschaft, Weltwirtschaft aus sozialethischer Sicht, Gütersloh 1984/1990.
Ringeling, Hermann: Umbruch der Sitten – miterlebt und mitbetrieben. Ein Ethiker blickt zurück, Zürich 2007.
Römer-Gerner, Angela: In mir die ganze Schöpfung. Mit Maria den eigenen Weg entdecken, Freiburg u. a. 2014.
Rüegg, Michael: Krise der Freiheit. Religion und westliche Welt. Plädoyer für ein gelassenes Verhältnis, Basel 2016.
Rüegger, Heinz: Der Tod kommt längst nicht mehr allein, in: reformiert. Evangelisch-reformierte Zeitung für die deutsche und rätoromanische Schweiz Nr. 8/August 2017, S. 3.
Ruh, Hans: Ordnung von unten. Die Demokratie neu erfinden, Zürich 2011.
Ruh, Hans: Ich habe mich eingemischt. Autobiografische Notizen, Zürich 2017.

S
Schaub, Mirjam: RADIKALITÄT oder DIE KUNST DES UNBEDINGTEN SELBSTGEBRAUCHS in der europäischen Kulturgeschichte. Vortrag an der Universität Hamburg, 18. Februar 2015.
http://www.dgae.de/wp-content/uploads/2015/09/Schaub_Radikalit%C3%A4t.pdf. [Stand: 6.1.2018]
Schellenberger, Bernhard: Treppen. Stufen des Lebens. Würzburg 1989.
Schmid, Wilhelm: Ökologische Lebenskunst. Was jeder Einzelne für das Leben auf dem Planeten tun kann, Frankfurt a. M. 2008.
Schmid, Wilhelm: Das Leben verstehen. Von den Erfahrungen eines philosophischen Seelsorgers, Berlin 2016.
Schmidt-Salomon, Michael: Jenseits von Gut und Böse: Warum wir ohne Moral die besseren Menschen sind, München 2009 (2. Aufl. 2012).
Schmied, Wieland / Friedrich, Caspar David: Zyklus, Zeit, Ewigkeit, München 1999.
Schottroff, Luise: Die Gleichnisse Jesu, Gütersloh 2005.

Schrage, Wolfgang: Ethik des Neuen Testament, Göttingen 1982.
Schulz, Siegfried: Neutestamentliche Ethik, Zürich 1987.
Schröder, Heinz: Jesus und das Geld. Wirtschaftskommentar zum Neuen Testament, Karlsruhe 1981 (3. Aufl.).
Schulte, Raphael: Zeit und Ewigkeit, in: Christlicher Glaube in der modernen Gesellschaft Bd. 22, Freiburg u. a. 1982, S. 117–186.
Schulz, Paul: Weltliche. Predigten, Reinbek bei Hamburg 1978.
Schulz, Rudolf: Dem Leben Raum geben. Wegmarkierungen, Neukirchen-Vluyn 1989.
Schulz, Walter: Philosophie in der veränderten Welt, Pfullingen 1972.
Segbers, Franz: Die Hausordnung der Tora. Biblische Impulse für eine theologische Wirtschaftsethik, Luzern 2000.
Seneca (ca. 1–65): De Clementia (Über die Milde II,6; Kaiser Nero gewidmete Mahnschrift).
SINUS Markt- und Sozialforschung GmbH. http://www.sinus-institut.de/ueber-uns/profil/ [Stand: 6.1.2018].
Sloterdijk, Peter: Du musst dein Leben ändern. Über Anthropotechnik, Frankfurt a. M. 2012 (2. Aufl. 2104).
Sölle, Dorothee (Hrsg.): O Grün des Fingers Gottes. Die Meditationen der Hildegard von Bingen, Wuppertal 1989.
Sozialdemokratische Partei der Schweiz. Aktuelles Motto 2016 heißt „Gerechtigkeit für alle statt für wenige".
Spescha, Plasch: Energie, Umwelt, Gesellschaft, Freiburg 1983.
Steiner, Anton / Weymann, Volker: Jesus Begegnungen, Basel u. a. 1977.
Stegmüller, Wolfgang: Hauptströmungen der Gegenwartsphilosophie. Eine kritische Einführung, Stuttgart 1969 bzw. neueste Aufl.
Stiglitz, Joseph E.: The Great Divide: Unequal Societies and What We Can Do About Them, New York 2015. Siehe Facebook-Eintrag 10.11.2016 Helmut Kaiser betreffend Analyse der US-Wahlen im November 2016.
Stolz, Fritz: Aspekte religiöser und sozialer Ordnung im alten Israel, in: ZEE 17 (1973), S. 145–15.
Stolz, Jörg / Balli, Edmée: Die Zukunft der Reformierten. Gesellschaftliche Megatrends – kirchliche Reaktionen, Zürich 2010.
Süddeutsche Zeitung vom 1.9.2001 mit ihrer neuen Serie zur Globalisierung: Die Wut wächst.
Strasser, Peter: Ontologie des Teufels. Mit einem Anhang: Über das Radikalgute, Paderborn 2016.
Strenger, Carlo: Zivilisierte Verachtung. Eine Anleitung zur Verteidigung unserer Freiheit, Frankfurt a. M. 2015.
Strenger, Carlo: „Die Freiheit muss ständig neu erkämpft werden", in: DER BUND (Tageszeitung Schweiz) vom 29.12.2016, S. 2–3.

T
Tetens, Holm: Gott denken. Ein Versuch über rationale Theologie, Stuttgart 2015 / 3. Aufl.

Theobald, Dieter: Dem Leben Farbe geben, Heilbronn 1991.
Trautnitz, Georg: Normative Grundlagen der Wirtschaftsethik. Ein Beitrag zur Bestimmung ihres Ausgangsparadigmas, Berlin 2008.
Trigo, Pedro: Schöpfung und Geschichte, 1989, in: Gottfried Edel, Predigthandbuch, München 1998.
Troll, Thaddäus: Deutschland deine Schwaben. Vordergründig und hinterrücks betrachtet, Hamburg 1970.
Trummer, Peter: Die blutende Frau. Wunderheilung im Neuen Testament, Freiburg u. a. 1991.

U
Ulrich, Peter; Integrative Wirtschaftsethik. Grundlagen einer lebensdienlichen Wirtschaft, Bern u. a. 1997 (neu bearbeitete 4. Aufl. 2008).
Ulrich, Peter: Freie oder soziale Marktwirtschaft. Gedanken zu einer lebensdienlichen Ökonomie, in: SozialAktuell. Die Fachzeitschrift für Sozialarbeit, Sozialpädagogik, Soziokulturelle Animation, Nr. 3/Februar 1999, S. 10–17.
Ulrich, Peter: Zivilisierte Marktwirtschaft. Eine wirtschaftsethische Orientierung, Bern u. a. 2010 (aktualisierte Neuausgabe).

V
Vischer, Lukas / Luz, Ulrich / Link, Christian: Ökumene im Neuen Testament und heute, Göttingen 2009.

W
Weder, Hans: Die Rede der Reden. Eine Auslegung der Bergpredigt heute, Zürich 1985.
Weizsäcker, Carl Friedrich von: Die Zeit drängt. Eine Weltversammlung der Christen für Gerechtigkeit, Frieden und die Bewahrung der Schöpfung, München/Wien 1986. Diskussionsband: Das Ende der Geduld. Carl Friedrich von Weizsäckers ‚Die Zeit drängt' in der Diskussion, München/Wien 1987.
Weizsäcker, Ernst Ulrich von / Wijkman, Anders u. a.: Club of Rome: Der große Bericht. Wir sind dran. Was wir ändern müssen, wenn wir bleiben wollen. Eine neue Aufklärung für eine volle Welt, Gütersloh 2017.
Wind, Renate / Kuch, Michael: Dietrich Bonhoeffer und Maria von Wedemeyer – die Geschichte einer Sehnsucht in Texten und Tönen, Gütersloh 2015.
Wirtschaft ist care. Verein: https://wirtschaft-ist-care.org/ [Stand: 31.12.2017].
Wittenberger Erklärung 2017, in: Neue Wege. Beiträge zu Religion und Sozialismus, 5/Mai 2017, S. 30–32.
Wittgenstein, Ludwig: Tractatus logico-philosophicus. Logisch-philosophische Abhandlung (London 1921), Frankfurt a. M. 1971.

Z
Zager, Werner: Das Religions- und Theologieverständnis des neuen Atheismus. Oder: Inwiefern ist der neue Atheismus eine Herausforderung für ein undogmatisches

Christentum? In: Zager, Werner (Hrsg.): Der neue Atheismus. Herausforderung für Theologie und Kirche, Darmstadt 2017, S. 9–33. zeitzeichen. Evangelische Kommentare zu Religion und Gesellschaft, Hefte Jahrgang 2015.

Zeindler, Matthias: Kraft – Tiefe – Dynamik. Vision und Leitsätze, in: Ensemble. Das Magazin der Reformierten Kirchen Bern-Jura-Solothurn Nr. 21/August 2017, S. 4–9.

Zeindler, Matthias: Zwischen verlorener und erhoffter Heimat. Beheimatung im Kontext von Schöpfung, Versöhnung und Erlösung, in:
Ekué, Amélé Adamavi-Aho / Mathwig, Frank / Zeindler, Matthias: Heimat(en)? Beiträge zu einer Theologie der Migration, Zürich 2017, S. 81–150.

Ziegler, Jean: in: FR Frankfurter Rundschau, 5.1.2006, S. 10.

Ziegler, Jean: Das Imperium der Macht und Schande. Der Kampf gegen Armut und Unterdrückung, München 2005.

Ziegler, Jean: Der Hass auf den Westen. Wie sich die armen Völker gegen den wirtschaftlichen Weltkrieg wehren, München 2009.

Ziegler, Jean: Kannibalische Weltordnung,
in: http://www.format.at/wirtschaft/international/jean-ziegler-kannibalische-weltordnung-5554523. [Stand: 6.1.2018]

Personen- und Stichwortverzeichnis

A

Abendmahl, 178, 179, 209, 211, 225, 237
Abgasskandal, 379
äbjonim, 349
Abschiedsgottesdienst, 270
Absolutheit des Christentums, 32
Accra Bekenntnis, 361
Accra, Generalversammlung des Reformierten Weltbundes 2004, 362
Adorno, Theodor W., 15, 144, 272, 327, 396
Advent, 270
AGAPE, 163
AGAPE-Grundlagenpapier, 162
Agapeismus, 121
AGAPE-Prozess, 140
Agenda 2030, 30, 31
Aleppo, 138
Altes Testament, 101
Althaus, Paul, 360
Altner, Günter, 158
Amos 5, 24, 358
Amos, Prophet, 107 ff., 347
Amos, Prophet Sozialkritik, 349
Andersen, Svend, 389
Ansbacher Ratschlag, 360
Ansbacher Ratschlag und Barmer Erklärung, 360
Anthropologie, Ethik, 34
Antoine de Saint-Exupéry, 403
Anzenbacher, Arno, 328
Apatheia, 343
Apostelgeschichte 2, 402
Apostelgeschichte 2,1–11, 229
Apostelgeschichte 2,42–47, 225, 238
Apple Produktionsbedingungen, 394 ff.
Arbeitshypothese Gott, 26
Arendt, Hannah, 29
Aristoteles, 28, 42, 43, 389
Arni, Hanni, 285
Arnold, Franz, 284

artificial intelligence, 407
Assmann, Hugo, 335
AStA: Allgemeiner Studentenausschuss, 44
Ästhetik, 140 ff.
Ästhetik, als Sinn und Sinnlichkeit, 144
Ataraxia, 343
Atheismus, Destruktion Theismus, 23, 38, 80, 82, 90, 100, 163, 389
Atheismus, neuer, 39
Atheismus, seine Notwendigkeit, 80
Atomenergie, 116, 401
Auferstehung, 135, 159 f., 201, 209, 210, 215, 277
Auferstehung, ein Bekenntnis, 75
Auferstehung, heute und jetzt, 201
Auferstehung, leiblich, 200
Auferstehung, widerspricht Vernunft, 214
Auffahrt, 217
Aufklärung, 15, 62
Aufklärung, Mündigkeit, Säkularisierung, 26
Aufklärung, neue, 406
Aufklärung, sapere aude, 13
Augustinus, 343
Auschwitz, 175
Autohersteller VW, Daimler, Porsche, Audi, 379
Ayer, Alfred Jules, 45

B

Bach, Johann Sebastian, 237
Ballif, Edmée, 60
Barben, Dölf, 214
Barben, Regine und Kari, 285
Barmen II, 59, 334, 360
Barmer Erklärung, 360, 361
Barmer Erklärung und Ansbacher Ratschlag, 360
Barmherziger Samariter, 128, 344

Barmherzigkeit, 343
Barth, Karl, 87, 99, 157, 359, 419
Barth, Ulrich, 81, 82
Bartsch, H.-W., 119
Bayer, Kurt, 151
Beck, Ulrich, 116
Bedford-Strohm, Heinrich, 25, 68, 70
Bedorf, Thomas, 104
Bedürfnisgerechtigkeit (justitia distributiva), 358
Befreiendes Verändern, 354
BeJuSo, Kantonalkirche Bern-Jura-Solothurn Schweiz, 46, 406
Bekennen, 339, 342
Bekennen, drei Punkte, 356
Bekennen, kontextuell, 342
Bekenntnis, 339
Bekenntnis, Accra 2004, 361 ff.
Berceuse, Gabriel Fauré, 282
Berg, Sigrid, 172
Bergpredigt Mt 6,19–34, 125, 165
Bernet, Walter, 85
Bernische Kraftwerke AG BKW, 281
Bethge, Eberhard, 15, 26, 59, 81, 89, 137, 138
Bethlehem, 118
Betroffene, 326
Bilanz, Das Schweizer Wirtschaftsmagazin, 278, 400
Bilderverbot, Exodus 20,4, 79, 146
Biodiversität, 141, 144
blaming and shaming, 382
Blaschke, Ronald, 96
Blaser, Andreas, 288, 291
Bleisch, Barbara, 115
Bloch, Ernst, 44, 52
Blumhardt, Christoph, 159
Blutflüssige Frau, 128, 344
Böhm, Wilhelm, 181
Bollier, David, 403
Bollinger, Hansjakob, 307

Bonhoeffer, Dietrich, 13, 15, 26, 39, 57, 59, 76, 81, 85 f., 89, 97, 99, 137 f., 198, 284, 287, 359
  Arbeitshypothese GOTT, 26
  Dem Rad in die Speichen greifen, 70, 356
Böse, das, 29
Bott, Marie-Luise, 43
Brabeck, Peter, 377
Brandt, Willy, Kniefall in Polen, 133
Brechbühl, Ursula und Egon, 285
Brecht, Bertolt, 15, 398, 396
Brexit, 21
Brummer, Andreas, 79
Brunner, Emil, 325, 374
Buber, Martin, 408
Büchi, Barbara, 270, 284, 291
Bultmann, Rudolf, 118, 215, 225
Butler, Judith, 19

C
Calvin, Johannes, 91
Camus, Albert, 53, 84
Care, 11, 96, 402
Carnap, Rudolph, 45
Carpenter, Julie, 407
Castellio, Sebastian, 91
Cecil B. Demille Preis, 20
CERN, 78, 89, 98
Chakraborty, S., 114, 116
Charlie Hebdo, 33
Charlottesville, 20
Christi Himmelfahrt, 223
Christnachtgottesdienst, 292
Christologie, 93, 99
Christus, 214
Clooney, Georges, 287
Club of Rome, 104, 378
Club of Rome 2052, 406
Commoning, 402
Commons, 12, 161, 402
Crüsemann, Frank, 101
CVJM, 84

D

Dähler, Vreni und Beat, 285
Dalai Lama, 39, 75, 76
Dalferth, Ingolf U., 41, 74, 80 f., 118, 139
Dallim, 349
Däniken, Erich von, 283
Dankbarkeit, 284
Däppen, Angelika, 285
däräk, 349
de Botton, Alain, 16
Deinstitutionalisierung der Kirchenreligion, 62
Dellsperger, Rudolf, 82
Demokratie, Problemlösungseffizienz, 161
Denken, wissenschaftliches, 26
Denkschrift der Evangelischen Kirche in Deutschland EKD, 327, 329
Der Name der Rose, 43
Deuteronomium 19,14, 352
Deuteronomium 23,20–21, 330, 348
Deutsches Netzwerk Wirtschaftsethik DNWE, 55
Devienne, 276
Dialektik der Aufklärung, 327
Diamantfeier, 182
Die Grenzen des Wachstums, 378
Die Zeit drängt, 379
Diefenbacher, Hans, 382
Dieselgipfel, 379
Dieselskandal, 21, 379
Digitalisierung, 407
diversity, 386
divided society Stiglitz, Joseph E., 400
Dommann, Monika, 400
Doppelgebot der Liebe Mk 12,28 f., 119, 120
Doppler, Klaus, 403
Dorfhus der Spiezer Agenda 21, 210, 273, 403
Dostojewski, F. M., 142 f.
Ethik, 401
Dreieck der ethischen Reflexivität, 114

Dreieck, ethisches, 112, 114
Dreieinigkeit, 91
Dreischritt mitleidendes Sehen, prophetisches Urteilen, befreiendes Verändern, 339
Dreischritt Sehen, Urteilen, Handeln, 339
Drewermann, Eugen, 51
Duchrow, Ulrich, 125, 333, 335, 346, 414
Dutschke, Rudi, 52

E

Eckhart, Meister, 99
Eco, Umberto, 43
Edel, Gottfried, 124
Ehrfurcht und Achtung vor allem Leben, 11, 401
Eichendorff, von Joseph, 268
Einsiedler, Gedicht von Joseph von Eichendorff, 246
Ekardt, Felix, 378
Ekué, Amélé Adamavi-Aho, 92, 302
Elert, Werner, 360
EMD, Eidgenössisches Militärdepartement, heute Eidgenössisches Departement für Verteidigung, Bevölkerungsschutz und Sport VBS, 182
Emmaus, Weg nach Emmaus, 204
Empörung, 278
Empörung, Engagement, Vernetzung, 125
Ende, Michael, 155
Enderle, Georges, 329
Engel, narrativ, 170 ff., 229 ff., 292 ff.
Engel, systematisch, 99
Entfremdung des Menschen durch Macht, Herrschaft, Reichtum, 400
Entfremdung, Karl Marx, 53
Entzauberung der Welt Max Weber, 27
Eph 4,2, 69
Ephesus, 119
Erde, Mutter Erde, 273, 279 ff., 317

Erikson, E. H., 152
Erkenntnis, 34
Ethik, 34
Ethik des Neuen Testament, 325
Ethik, 101 ff.
Ethik und Ästhetik, 141
Ethik von Jesus, 119
Ethik, advokatorische, 151
Ethik, christliche
　drei Grunddimensionen, 121
Ethik, Gegenstand, Grundfrage,
　Grundunterscheidung, Ziele, Dreieck,
　112 ff.
Ethik, wichtiger als Religion, 39, 75
Ethik, Wissenschaft, 43
Ethikkommission des Psychiatrie-
　Zentrums in Münsingen PZM bei
　Bern, 55
etsi deus non daretur, 77
Europäische Ökumenische
　Versammlung „Frieden in
　Gerechtigkeit" in Basel, 289
Europäische Union, EU,
　Friedensprojekt, 21
Evangelii Gaudium, 60
Evangelisches Stift, Tübingen, 42
Evolutionstheorie, 74
Ewigkeitssonntag, 259
Exodus 3,14, 79
Exodus 20, 105
Exodus 22, 25, 330
Expertenkommission des Bundesrats für
　Humangenetik und
　Reproduktionsmedizin, 147
Ezechiel 18,8.13.17; 22,12, 330

F
Fahrni, Vreni
Faust bei Goethe, 129
Fernandez, Béatrice, 285
Feuerbach, Ludwig, 42, 51, 78, 81
Feuz, Therese, 285
Fidschi, Inselrepublik, Klimawandel, 391

Finger, Andreas, 292
Fitze, Marc, 285, 307
Flake, Jeff, 20
Flavius Josephus, 117
Flügge, Erik, 15, 47, 48, 49, 50
Frau und GOTT, 96
Frau, sollte gesteinigt werden, Johannes
　8,1–11, 135
Freiermuth, Andrea, 16
Freud, Sigmund, 51
Friede, 302
Friede und Gerechtigkeit küssen sich, 57
Friedrich, Caspar David, 245
Fromm, Erich, 52
Frost, Andrea, 291
Frühkapitalismus, 333, 350
Fuchs, Werner, 159
Fukushima, 159
Fülle des Lebens, 356
Funktionsprinzipien (= Sachlogik) der
　Marktwirtschaft, 331
Fussabdruck, ökologischer, 104
Füssel, Kuno, 122, 123, 330, 326
Fusswaschung, 132

G
G-20 Gipfel vom 7. und 8. Juli 2017 in
　Hamburg, 392
Gadamer, Hans-Georg, 148
GAF (Grüne Armee Fraktion), 385
Galaterbrief 2,20, 93
Galaterbrief 3,28, 302, 317
Galaterbrief 3,28
　urchristliche Taufformel, Hauptsatz
　neutestamentlicher Ethik, 130
Galilei, 13
Gang nach Emmaus, 205
Gasser, Luke, 200
Gastfreundschaft, 301
GAU, 116
Gebet, 81 ff.
Gebet, a-theistisch, a-personalistisch, 85
Gebet, theistische Restbestände, 180

Gebet, Tisch- und Gutnachtgebet, 83
Gebetserfahrungen, 83
Geburtlichkeit, 95 f.
Gegenmächte der Lebensdienlichkeit, 382
Gelassenheit, 343
Geld, 330
Gelhard, Andreas, 104
Genesis 2,17, 30
Genf, 91
Gerechtigkeit, 273, 276, 329, 357
Gerechtigkeit (G), Frieden (F), Bewahrung der Schöpfung (S) GFS, 67, 329
Gerechtigkeit und Macht, 398
Gerechtigkeit, Theorie der, 358
Gerhardt, Paul, 143, 145
Germann, Hans Ulrich, 156
Gesangbuch der Evangelisch-Reformierten Kirchen der deutschsprachigen Schweiz, 109
Geschöpflichkeit, 103, 147
Gesundheit, 379
Gesundheitsbegriff der WHO, 154
GFS Gerechtigkeit, Friede, Bewahrung der Schöpfung, 22, 67 f., 273, 289
GFS–Vision, 406
Glasenberg, Ivan, 382
Glaube, Fürwahrhalten, 17
Glaube, Vertrauen, 85 f.
Glaubensbekennntis, apostolisches, 340
Glencore-Xstrata, 382
Globalisierung der Gerechtigkeit, 359
Goethe, Johann Wolfgang von, 85, 129
Goldene Regel, 152
Gore, Al, 222
Gott, 214, 334
  der gekreuzigte (Jürgen Moltmann), 44
  die Geschichte von den Erbsen (Franz Hohler), 88
Gott in der Tiefe, 170
Gott ist anders, 99

Gott ist die radikale Liebe, 100, 163
Gott oder Mammon Matthäus 6,24, 162, 332
Gott oder Mammon, Exempel des Widerspiels, 334
Gott und das Schöne, 141
Gott, Arbeitshypothese, 13, 26, 81
Gott, atheistische Destruktion des theistischen Gottes, 23, 38, 80, 82, 90, 100, 163, 389
Gott, Care, 96
Gott, christologisch, 88
Gott, der gekreuzigte, 136 ff., 152
Gott, der leidende, 97
Gott, der theistische Gott wurde gekreuzigt, 137
Gott, Destruktion des Theismus über den Atheismus, 23, 38, 80, 82, 90, 100, 163, 389
Gott, Dreieinigkeit, 91
Gott, ein Bekenntniswort, 74
Gott, ein lernbares Sprachspiel, 72
Gott, eine Vielzahl von Bildern, 73
Gott, einen Gott, den es gibt, gibt es nicht, 80
Gott, ethische Begründungsinstanz, 90
Gott, Gebet, 81
Gott, Geburtlichkeit, 95 f.
Gott, heilstheologische Aussage, 75
Gott, Herr, 181
Gott, Humor und Spaß, 97
Gott, individuelles und gesellschaftliches Konstrukt, 39
Gott, jenseits von Theismus und Atheismus, 44
Gott, Konstrukt, Erfindung, Illusion, Sinninterpretation, 78
Gott, Konstrukthaftigkeit, 90
Gott, Leerformel, 45
Gott, Liebe, 1. Joh 4,16, 79
Gott, Menschenrechte, 73
Gott, Menschwerdung, 174

Gott, niemand kommt zum Vater denn durch mich (Joh 14,6), 79
Gott, Personalität, 89
Gott, sprachliches Konstrukt, 72
Gott, theistisch, 39
Gott, Transzendenzerfahrung, 89
Gott, unendlicher Regress, 89
GOTT, weder erledigt noch tot noch bewiesen, 75
Gott, woran du dein Herz hängst (Martin Luther), 332
Gott, Wort unserer Sprache, 71
Gottebenbildlichkeit, 148
Gottesbild, Ethik, 77
Gottesbild, metaphysisch-theistisch, 17
Gottesbild, personales, 77
Gottesbild, welches ist das richtige?, 73
Gottesname, ich werde für dich dasein, 79
Gottesverständnis, a-theistisch, 88
Gottesverständnis, personales, 80
Gotthardbasistunnel, Segnung, 73
Gott-ist-tot-Philosophie, 17
Graf, Friedrich Wilhelm, 68
Grand Rapids, 55
Grenzen des Wachstums, 104, 323
Griesalp, 143
Gronemeyer, Marianne, 155
Grosskinder Benjamin, Emily, Julian, 2, 287
Grundeinkommen, bedingungsloses, 96, 156, 161
Grundlegungsreflexion einer Wirtschaftsethik, 335
Grüne Wirtschaft, 161
Grünenfelder, Regula, 383, 384
Grünig, Stefan, 265, 286
Gstaad, Palace, 278
Gsteiger, Fredy, 185
Guerilla Verbindlichkeit, 383
Guerilla Verbindlichkeit, Lebensdienlichkeit, 384
Gulbins, Max, 195

Günter, Andrea, 335
Gut und Böse, 20, 29

H
Habdank, Walter, Holzschnitt, 207 f.
Habermas, Jürgen, 27, 47, 68, 102, 104
Hadorn, Christine und Hans Jakob, 312
Halbfas, Hubertus, 79
Haldimann, Ueli, 285, 303
Händel, G. F., 278
Harari, Yuval Noah, 35
Hartmann, Juliane, 38
Hegel, Georg Wilhelm Friedrich, 42
Heidegger, Martin, 158
Heil des Menschen, 153
Heiliger Geist, 230
Heimat und Migration, 92
Heine, Heinrich, 220 f.
Heiniger, Helene, 285
Heinzer, Kathrin, 285
Helfrich, Silke, 161, 403
Hemingway, Ernest, 265
Herberge suchen, finden, gestalten, 292
Herberge und Migration, 302
Herbsttagung OeME, 339
Herms, Eilert, 92
Herr, bleibe bei uns, 208
Herrschaft, 277
Hertz, Anselm, 160
Hesse, Hermann, 237, 255, 257, 309
Gedicht Stufen, 313
Hessel, Stéphane, 125, 278, 289, 378, 384
HIFIDI
Hilfe in Finanziellen Dingen, 54
Hildegard von Bingen, 229, 231
Hilfswerk der Evangelischen Kirchen in der Schweiz HEKS, 55
Himmel, 274
Himmel, Himmel auf Erden, 217 ff., 228
Himmel, sky und heaven, 220, 275
Himmelfahrt, 217
Hinkelammert, Franz J., 335

Historismus, 32, 69
Hitler, Adolf, 183, 359
Hoefer, Liese, 250, 251
Hoffnung, die Welt ist voller Lösungen, 18
Hogar Bambi, 288
Hohler, Franz, Schöpfung, 88
Hölderlin, Friedrich, 42
Honest to God, 85, 99
Horkheimer, Max, 15, 327
Horster, Detlef, 104
Huber, Wolfgang, 68, 70, 160, 332
Huizing, Klaas, 91
human family, 18
Humanität und Religion, 32
Hunger, Hungertod, ein Verbrechen gegen die Menschheit, 346
Hunold, Gerfried W., 152
Huppenbauer, Markus, 115
Hurrikan, Katrina, Sandy, Harvey, Irma, 391
Hutzli, Pia, 241, 258, 270, 281, 285

I
Ifanger, Doris, 286
imago dei, 148
Individualisierung, 61
Ingold, Gabriela, 285
Initiative gegen Masseneinwanderung MEI, 302
Inkarnation Gottes, Fleischwerdung, 95
Inklusion, 302
Institut für Sozialethik des Schweizerischen Evangelischen Kirchenbundes ISE, 289
Integrative Wirtschaftsethik, 335
Intelligent Design, 39
Irrationalität im ökonomischen Denken, 116
IS, 30
Islam, 63

J
Jaggi, Johannes, 199, 270, 292
Jaggi, Richard, 285
Jenni, Christine, 286
Jenzer, Monika, 285
Jeremia 7,11, 123
Jesaja 1,21–26, 353
Jesaja 5,8, 351
Jesaja 5,18–23, 351
Jesaja 11,1–3a, 177
Jesaja 35, 262
Jesaja 56,7, 123
Jesaja 65,25, 404
Jesaja, Prophet, 351
Jesus, ein Fresser und Säufer, 176, 210
Jesus, 117
Jesus, Care-Verhalten, 402
Jesus, der Mittelpunkt eines Spiralenweges, 237
Jesus, Jude, 25
Joas, Hans, 68, 69
Johannes der Täufer, 176
Johannesbrief, erster 3,18, 317
Johannesevangelium 1,14, 174
Johannesevangelium 4, 276
Johannesevangelium 8,1 ff., 193
Johannesevangelium 8,3, 177
Johannesevangelium 8,4–6, 199
Johannesevangelium 10, 328, 356
Johannesevangelium 14,6, 99
Johannesevangelium 19,19 f., 188
Johannesevangelium, Das Wort ward Fleisch, 169
Joseph von Eichendorff, 246, 268, 275
Josephus, 122
Josi, Thomas, 286
Judenfrage, 356
Jung, Carl Gustav, 51
Jüngel, Eberhard, 46, 148, 150, 155, 159 f.
Jüngel, Ernst, 88
justitia distributiva, 358

K

Kairos Dokument Kapstadt 1982, 357
Kaiser
　Rosmarie, Susanne
　Madeleine, 2, 287
Kaiser, Ernst und Marianne, Eltern des Autors, 287
Kaiser, Heidi, 172
Kaiser, Helmut, 28, 60, 62, 68, 70, 97, 114, 116, 118, 164, 330 f., 375
Kandersteg BLS Zuglinie, 236
Kant, Immanuel, 13, 15, 18, 21, 34, 43, 82, 140
　vier Fragen, 34, 113
Kant, Immanuel, kategorischer Imperativ, 149
Kapstadt, Tafelberg, 312
Karfreitag, 186
Karg-Elert, Sigfrid, 191, 198
Käsemann, Ernst, 118, 225
Käßmann, Margot, 25, 68, 70
Kehrer, Günter, 348
Keller, Gottfried, 184
Kernkraftwerke, 116
Kerzen, Jahresschlussmeditation, 316
King, Martin Luther, 404
Kirche, 59
　Attraktivität, Identität, Qualität, Relevanz, 38
Kirche vor Ort, 63
Kirche, Dasein für andere (Dietrich Bonhoeffer), 60, 139
Kirche, GFS Agentur, 70
Kirche, ihre Sprache, 15
Kirche, Instanz für Sinn- und Gerechtigkeitsfragen, 67
Kirche, Kirchlichkeit, 76
Kirche, Kompetenzinstitution, 63
Kirche, konservative Kreise, 39
Kirche, Moralagentur, 68
Kirche, Religionssoziologie, 76
Kirche, republikanisch-ethische Institution, 65

Kirchhoff, Hermann, 181
Kition, 343
Klapproth, Stefan, 248, 285
Klein, Naomi, 377
Klever, Peter, 264
Klevinghaus, Wilma, 268
Klima, 137
Klimakonferenzen, 390
Klimapolitik, 392
Klimapolitik, radikale, 391
Klimawandel, 377, 390
Koch, Klaus, 108 f., 349, 350, 354
Koch, Kurt, 220
Kohelet, Prediger Kapitel 3, 79, 83, 114 ff., 157, 259 f., 309, 316
Konersmann, Ralf, 389
Könige, erstes Buch 21, 352
Könige, zweites Buch 24,14, 349
Konsequenzialismus, 115
Konzernverantwortungsinitiative, 382
Konziliarer Prozess seit Vancouver, 329
Korff, Wilhelm, 160, 335
Korinth, 119
Korintherbrief, erster 1,30, 360
Korintherbrief, erster 12,26, 345
Korintherbrief, erster 13,13, 69, 316
Korintherbrief, erster, 13,1–13, 275
Kosmos, 99
Kraus, Hans-Joachim, 352
Kreationismus, 39
Kreislaufwirtschaft, 104
Kreuz, Jesu Tod, 138 ff.
Kreuz, Jesus, 186
Kreuz, Lakota Indianer, 191
Kreuz, Scharnhausen, 187
Krieg, gerechter, 30
Krise der Gesellschaft, 40, 379, 390
Krise der Krisen, 40
Krisen, Dringlichkeit, 40
Kriterien des Menschengerechten von Arthur Rich, 334
Kritische Theorie, 327
Kruzifix, Scharnhausen, 187

Kuba, 382
Kuch, Michael, 60
Küng, Hans, 51, 386
Künstliche Intelligenz, 407
Kunz, Ralph, 38, 271
Kutzelmann, Sabine, 335
Kyoto - Bonn, 328

L
Lager, Daniela, 248, 285
Lakota Indianer, Native Americans in South Dakota, 2, 55, 144, 191, 243, 281
Lämmermoral, 344
Lang, Bernhard, 348
Lautenburg, Christoph, 403
Le Pen, Marine, 33
Lebensdienlichkeit, 21, 24, 28, 53, 62, 64, 67, 130, 161 f., 324 ff., 330, 332, 335, 337, 355, 358, 373, 374 f., 377 ff., 384 f., 393, 401, 402
Lebensdienlichkeit, Basisnorm bei Karl Marx, jüdisch-christlicher Ethik, radikaler Wirtschaftsethik, 53
Lebensdienlichkeit, Basisnorm des Wirtschaftens, 21, 376
Lebensdienlichkeit, Emil Brunner, 374
Lebensdienlichkeit, globalisiert, 386
Lebensdienlichkeit, integrative Wirtschaftsethik, 373
Lebensdienlichkeit, eigentlicher Zweck des Wirtschaftens, 375
Lebensqualität versus Überfluss und Wachstum, 18
Lebensweltperspektive, 326
Legitimationsfrage, 326
Leichte Sprache, 47
Leisinger, Klaus M., 386
Leitsätze, Kirche Vision 21, 46
Leonhard, Theodor, 170
Leonhardt, Rochus, 61
Lessing, Gotthold Ephraim, 32
Leuenberger, Robert, 159
Leviticus 25,35–37, 330

Liebe, 273
Liebe als Basisnorm, 119
Liebe, Care-Orientierung, 402
Liebe, geheimnisvolle Urkraft der Welt, 99
Liebe, Grenzen überschreitend, 132
Liebe, in Christus sein, 92
Liebe, radikal, 17, 121, 216
Liebe, radikal und ihre Praxis, 160
Liebe, radikale, 94, 132, 139, 163, 194, 271, 276
Liebe, Reflexionsinstanz, 41
Liebe, universal, 130
Liebe, zornige, 122
Lieben, 127
Lieben, grenzenlos, 130
Liebeskommunismus, 238, 402
Lienemann, Wolfgang, 329
Link, Christian, 103, 342, 356 f., 361
Sorglosigkeit, 158
Locher, Gottfried, 213, 216
Logik der Humanität, 24, 330, 331, 332, 336
Lötters, Ursula, 285
Ludz, Ursula, 29
Luhmann, Niklas, 21, 67
Lukács, Georg, 52
Lukasevangelium 2,1–14, 293
Lukasevangelium 2,10, 173
Lukasevangelium 6,35, 330
Lukasevangelium 7,33–34, 176
Lukasevangelium 10,25–37, 128, 344
Lukasevangelium 12,22–34
Lukasevangelium 17,10, 332
Lukasevangelium 19, 276
Lukasevangelium 24, 204
Lukasevangelium 24,13–34, 199
Lukasevangelium 24,50–53, 224
Lunau, York, 330
Luther, Martin, 31, 165, 332, 333
These 27, 87
Luz, Ulrich, 342, 356 f., 361

M

Maak, Thomas, 330
Macht, 277, 399
Mäder, Ueli, 110
Magnificat, 106
Maibach, Marianne, 285
Mammon, 333
Management, transkulturelles, Werte, Diversity, 386
Manifest Globales Wirtschaftsethos, 386
Marcuse, Herbert, 52
Mariä Himmelfahrt, 94
Maria, Magnificat, 106
Maria, Mutter von Jesus, 94, 95
Marienwallfahrtskirche Scherzligen, 94
Marktwirtschaft statt Marktgesellschaft, 332
Marktwirtschaft, Funktionsprinzipien, 332, 337
Marktwirtschaft, ihre Funktionsprinzipien, 330, 332
Marktwirtschaft, zivilisierte, 323
Markusevangelium 2,27, 321, 325
Markusevangelium 5,25–34, 344
Markusevangelium 11,15–17, 122
Markusevangelium 11,18, 124
Markusevangelium 14,2–9, 202
Markusevangelium 15,20b–32, 188
  Institution Sabbat, 374
Marquardt, Friedrich-Wilhelm, 333 f.
Marsh, Charles, 60
Marti, Kurt, 46, 92, 93, 99, 107, 109, 200, 216, 270 ff., 275, 288, 339, 341, 354, 396, 398, 419
Marti, Lorenz, 98
Martin Luther King, 165
Marx, Karl, 42, 43, 51, 52, 78, 139, 271
Marx, Karl, kategorischer Imperativ, 138
Mathwig, Frank, 92, 302
Matter, Mani, 396, 399, 400 ff.
Matthäusevangelium 2,1–12, 293
Matthäusevangelium 5,45, 358
Matthäusevangelium 6,24, 106, 332, 356

Matthäusevangelium 18, 329
Matthäusevangelium 20,1–16, 358
Matthäusevangelium 22,36–40, 152
Matthäusevangelium 25,31–46
Matthäusevangelium 25,31–46, 355
Mattig, Thomas, 154
McManus, Mark
  CEO der Glencore-Steinkohlenmine Prodeco in Kolumbien, 383
Mead, G. H., 152
Medizinrad, seine Farben, 244
MEI Masseneinwanderungsinitiative, 302
Meister Eckhart, 99
memento mori, 263
Mendelssohn-Bartholdy, Felix, 186
Mensch, der entfremdete, 53
Mensch, Krone der Schöpfung, 280
Menschenbild, 34
Menschenbild, acht Sinnhorizonte, 145 ff.
Menschenrechte, Vorordnung vor Gott, 75
Menschwerdung Gottes, 94
Menschwerdung und Menschsein in Solidarität, 151
Merkel, Angela, 69
Mesotes-Lehre, 389
Metzger, Martin, 350
Meyer, Christine, 248
Mezouar, Salaheddine, 391
Micha, Prophet, 351
Migration und Heimat, 92
Migration und Herberge, 302
Mikro- (Handeln des Einzelnen), Meso- (Handeln der Organisationen) und Makroebene (Handeln des Systems), 329
Milieuforschung, 50
Millenium Development Goals (MDG), 31, 40
Misericordia, 343
Mitgeschöpflichkeit, 301

Mitleid, 343
Mitleidendes Sehen, 343
Moderne, Religion, 27
Moltmann, Jürgen, 44, 46, 92, 93, 97, 136, 152, 272
moral point of view, 101
Mose, Deuteronomium 15,1 ff., 352
Mose, Genesis 1,28, 279
Mose, Genesis 8,22, 317
Mose, Levitikus 25,1 ff., 352
Mose, Levitikus 25,23, 352
Müller, A. M. Klaus, 157
Mündigkeit, I. Kant, 27
Mutter Erde, 273, 279, 317
Mutter Teresa, 357
Mystik, 99

N
Naboths Weinberg, 352
Nachhaltigkeitscommitment, 381
Nächstenliebe, 344
Nägeli, Markus, 94
Neoliberalismus 89, 30, 116, 152, 380
Nero, römischer Kaiser, 117
Nestlé, 377
NGO, 382
Nietzsche, Friedrich, 29, 42, 44, 51, 344, 345
Nordmann, Ingeborg, 29
Nowak, Dorothea und Horst, 50

O
Oblau, Gotthard, 157
OeME, 107
OeME Herbsttagung, 339
OeME Ökumene, Mission und Entwicklung, 339
Oermann, Nils Ole, 98
Oikos-Nachhaltigkeit, 19
Ökodiktatur, 355
Ökologie, 279
Ökologische Lebenskunst, 272
Ökonomie und Ethik

Der gute Mensch von Sezuan, 396
Ökonomisierung, 62
Ökumenischer Rat der Kirchen ÖRK, 55, 86, 162, 195, 329, 406
Opium des Volkes, 43, 78, 271
Option für die Armen, 329
Osterloh, Margrit, 333
Ostern, 199
Ostern, widerspricht Gesetzen der Natur, 215
Orthopraxie, 114

P
Papst Franziskus, 60, 70
Pareto-Effizienz, 328
Paulus, Apostel, 119, 120, 345
Paulus, Jochen, 31
Peeters, Flor, 198
Pegida, 33
Perspektive der Betroffenen, 327, 330
Peter, Hans-Balz, 156, 164
Petersen, Karl, 31
Petrus, Jünger von Jesus, 133
Pfarrteam:
    Brigitte Amstutz, Susanna
    Schneider Rittiner, Hansruedi
    Wenger,
    Patrick Woodford, Marianne Zbinden
    Delia Zumbrunn;
    Früher: Ansgar Kühnrich, Ivar und
    Marianne Siffert, Philipp Bernhard,
    286 f. Unterrichtende KUW
    http://www.refkirche-
    spiez.ch/startseite/unsere-
    kirchgemeinde/mitarbeitende/unterr
    ichtende-kuw.html [Stand: 6.1.2018]
Pfingsten, 229
Philosophiecafévorbereitungsteam, 72, 408
Pietismus, 239
Pietismus, Schlüssellochpietismus, 82
Pietismus, schwäbischer, 239
Piketty, Thomas, 395

435

Pine Ridge Reservat, 191
Plessner, Helmuth, 387, 389
Policy des Synodalrats BeJuSo, 359
Pollack, Detlef, 76, 77
Pontius Pilatus, 117, 188
Popper, Karl, 45
Populismus, 19
Porto Alegre, 55
Porto Alegre, Kreuz, 195
Potter, Harry, 136
Praetorius, Ina, 96, 335
Prediger, Kohelet Kapitel 3, 79, 83, 114 ff., 157, 259 f., 309, 316
Prien, Hans-Jürgen, 333
Primat der Betroffenen, 336
Primat der Ethik, 333
Primat der lebensdienlichen Marktwirtschaft, 337
Primat der Lebensdienlichkeit, 326, 335
Primat der Logik der Humanität, 336
Primat der Politik, 21, 381
Prophetie, 107 ff.
Prophetie und Ökonomie, 348
Prophetisches Urteilen, 346
Psalm 8, 148
Psalm 15,5, 330
Psalm 90,12, 159
Psalm 104, Schönheit, 141
Psychiatriezentrum Münsingen PZM, 298
Putin, Wladimir, 33

R
Rabbi, Geschichte vom Himmel, 228
Radikalität, 17 f., 21, 23, 31, 35, 51, 53, 60, 67, 70, 74 f., 80, 82, 86, 87, 89, 93 f., 96 ff., 104, 106 f., 119, 121, 124, 131, 132, 136, 139, 140, 147, 158, 161, 167, 176, 184, 194, 197, 203, 215, 271, 272, 276, 332, 346, 355, 357 ff., 362, 373, 377 ff., 381, 382, 384, 385, 387 ff., 406
Radikalität als Perspektive, 401

Radikalität der protestantischen Wirtschaftsethik, 332
Radikalität versus Extremismus, Radikalismus, Rücksichtslosigkeit, Starrsinn, Gewalt, Zerstörung, 27
Radikalität, Ausgewogenheit, Relationalität, 389
Radikalität, Bedeutung bei Arthur Rich, 28
Radikalität, Dieselskandal, 379
Radikalität, erklärt, 26
Radikalität, Fanatismus, Extremismus, 124
Radikalität, ihre Gefahren, 30
Radikalität, im Denken, 26
Radikalität, in der Theologie, 139
Radikalität, Not-Wendigkeit, 163
Radikalität, radikale Wirtschaftsethik, 377
Randers, Jorgen, 321, 323, 378
Rationalismus, Kritischer, 45
Rationalität, ökonomische, ethisch erweitert, 376
Rawls, John, 358
Rechsteiner, Paul, 335
Rechtfertigung, theologisch, ethisch, 150
Red Cloud, 191
Reformation, 62
Reformationsjubiläumsfeiern 2017, 24, 49, 70, 323
Reformierte Kirche Bern-Jura-Solothurn BeJuSo, 125, 359
Reformierter Weltbund RWB, 55
regula fidei, 357
Religion, 34
Religion und Humanität, 32
Religion, Funktion, 27
Religion, Liberalität und Rechtsstaat, 76
Religion, Moderne, 27
Religion, Prüfstein für das moderne Denken, 27
Rendtorff, Trutz, 160, 328

Rich, Arthur, 28, 70, 121, 124, 160, 164, 323 ff., 334, 374, 378, 387, 389
Rich, Arthur, Lebensdienlichkeit, 325
Richard, Esther, 284, 291
Rilke, Rainer Maria, 236
Ringeling, Hermann, 32, 53, 156, 160
Ringparabel, G.E. Lessing, 32
Risikoverständnis, 116, 158
Robinson, John A. T., 99
Rohingya, 138
Römerbrief 3,28, 150
Römerbrief 8, 290
Römerbrief 8,18–26, 345
Römerbrief 8,21, 22, 131
Römerbrief 8,22–25, 46
Römerbrief 8,31–39, 265
Römerbrief 12,15–21, 317
Römer-Gerner, Angela, 96
Römische Verträge 1957, 21
Roosevelt, Franklin D., 387
Rösti, Ernst, 285
Rüegg, Michael, 27
Rüegger, Heinz, 90
Ruh, Hans, 30, 40, 55, 141, 164, 403
Rushdie, Salman, 33

S
Sabbat- und Nobeljahre, 352
Sabbatperspektive Markusevangelium 2,27, 325
saddiq, 349
Säkularisierung, 60
Samaritanerin am Brunnen, 134
Sartre, Jean-Paul, 53, 84
Schaub, Mirjam, 29
Schäuble, Wolfgang, 66
Schaufelberger, Thomas, 38
Schellenberger, Bernhard, 237
Schelling, Friedrich Wilhelm Joseph, 42
Scherzligen Kirche bei CH-3700 Thun, 94
Schild, Agnes und Hans, 307
Schleiermacher, Friedrich, 99

Schlüssellochpietismus, 82
Schmid, Wilhelm, 145, 272, 396
Schmidt-Salomon, Michael, 29
Schmied, Wieland, 245
Schönheit, 140 ff.
Schöpfung, 46, 102, 279
Schöpfung, Befreiung Römerbrief 8,21 f., 106
Schöpfungsberichte, 74, 102
Schöpfungsbewahrung, 57
Schottroff, Luise, 359
Schrage, Wolfgang, 325
Schranz, Mirjam und Martin, 2, 287
Schröder, Heinz, 124
Schröder, M. Sabine, 37, 241, 287
Schrupp, Antje, 96
Schulte, Raphael, 157
Schulz, Paul, 181
Schulz, Rudolf, 151
Schulz, Siegfried, 325
Schulz, Walter, 42, 43, 164, 317
Schwarz, Gerhard, 76
Schweitzer, Albert, 103, 118, 144, 281, 401
Schweizer, Urs, 237, 270, 285
Schweizerischer Evangelischer Kirchenbund SEK, 213
SDG Sustainable Development Goals, 30, 40
secundum naturam vivere, 96
Segbers, Franz, 326, 329, 330
Sehen, Urteilen und Handeln, 107
Seiler, Markus, 38
Selbsteinsatz, ethischer, 53, 164
Sen, Amartya, 329
Seneca, 343
Servet, Michel, 91
Seufzen der Schöpfung, 46
Sezuan, der gute Mensch von, 396
Silvestergottesdienst, 307
Sinnfrage, 326
Sinnfrage in der Ökonomie, 324
SINUS Markt- und Sozialforschung, 50

Sinus-Milieus, 50
Slenczka, Notger, 101
Sloterdijk, Peter, 27
Smith, Adam, 375
Sölle, Dorothee, 232
Sommer, Gedicht, 250
Sonnenblume, 248
Sorgen, sehen, 126
Sorglosigkeit, 158
South Dakota, 191, 241, 243, 281
Sozialdemokratische Partei der Schweiz, 272
Sozialismus, 52
Sozialkritik, 107 ff.
Sozialkritik, der Propheten, 353
Sozialtopographie, 400
Sozialwissenschaftliches Institut (SWI) der Evangelischen Kirche in Deutschland (EKD), 24, 323
Spescha, Plasch, 151
Spiez, 136
Spirale, Symbol des Lebens, 233 ff.
Spiritualität, 241
Sprachanalyse, 42, 45
Sprache
  theologische, 48
Sprache, Intersubjektivität, 47
Sprache, leichte, 47
Sprachphilosophie, 45
Sprachphilosophie, analytische, 41
Sprachtheorie, 41
Sprüche 11,26, 348
Sprüche 14,34, 358
Sprüche 28, 330
Stegmüller, Wolfgang, 158
Steiner, Anton, 151
Steinigung, Frau im Johannesevangelium, 202
Sterblichkeit des Menschen, 158
Stettler, Marianne, 285
Stift der Evangelischen Landeskirche BW in Tübingen, 51
Stiglitz, Joseph E., 395, 400

Stolz, Fritz, 352
Stolz, Heiner, Glencore Kritiker, 383
Stolz, Jörg, 60
Strasser, Peter, 29
Streep, Meryl, 20
Strenger, Carlo, 33
Stufen, 253
Stufen, Gedicht von Hermann Hesse, 255
Süddeutsche Zeitung, 328
Sustainable Development Goals (SDG), 30, 40
Syrien, 122

T
Tacitus, 117
Tafelberg in Kapstadt, 307, 312
Teilhard de Chardin, 233
Tempelreinigung, 106
Tempelreinigung, radikale und zornige Liebe, 122
Tetens, Holm, 93, 94
Teufel, 29, 229
Theismus, Destruktion durch den Atheismus, 23, 80
Theobald, Dieter, 262
Theologie der Befreiung, 138
Theologie, radikale, 139
Theorie des kommunikativen Handelns, 47
Thun CH-3700, Scherzligenkirche, 94
Tiberius, 117
Tillich, Paul, 99
Timotheus, erster 3,16, 316
Tod, 158
Tod, natürlicher als Zielbild, 160
Tod, Verhältnislosigkeit, 159
Todesstunde, 315
Toleranz, 32, 33
Toleranzprinzip, 33
Tomorrow, Film, 18, 382
too-big-to-fail-Problematik, 300, 379
Totensonntag, 259 ff.

Transzendenzerfahrung, Für-andere-
dasein Jesu, 89
Trautnitz, Georg, 376
Trigo, Pedro, 124
Trinität, soziale, relationale, 93
Trinitätslehre, 91
Troeltsch, Ernst, 32, 69
Troll, Thaddäus, 97
Trummer, Peter, 344
Trump, Donald, 19, 20, 302, 390
Trump, Donald, Pariser
Klimaabkommen, 392
Tschanz, Markus, 186, 285
Tschernobyl, 159
Tübingen, 42, 44, 51, 52, 118, 136, 272
Tun-Ergehen-Zusammenhang, 110, 115

U
Übergänge, 243 ff.
Uhland, Ludwig, 269
Uhr, 242, 307
Ulrich, Peter, 30, 35, 67, 102, 164, 321, 323 324 ff., 328, 334 f., 373 ff., 383
Umwertung aller Werte, 44
Universalisierungs- und Diskursprinzip, 47
Universum, 99
UN-Klimagipfel in Marrakesch November 2016, 390
UNO, 346

V
Verachtung, zivilisierte, 33
Verantwortungsethik, 110, 114, 117
Vernunft, 215
Verständlichkeit, intersubjektive, 47
Vischer, Lukas, 342, 356 f., 361
Vision, 2, 18, 21 f., 25, 46, 53, 127, 162, 232, 235, 303, 342, 362, 367, 401, 403, 407, 423
Vision GFS, 406
Vision Kirche 21, 46
Vision, fünf Punkte, 403

Vision, Sprüche 29,18, 127
Vogler, Paul, 148
voices of transition, Film, 382
Vollgeldinitiative, 162
von Hofmannsthal, Hugo, 142
von Wedemeyer, Maria, 60
von Weizsäcker, Ernst Ulrich, 406

W
Wachstum, Grenzen, 323
Wachstumsimperativ, 380
Wagener, Ulrike, 335
Wahrheit, 13
Wahrheitsanspruch, absoluter, 47
Weber, Max, 117
Weder, Hans, 126, 131, 152
WEF World Economic Forum, 2
Wehrli, Therese, 285
Weiberwirtschaft, 335
Weihnachtspredigt, 169 ff.
Weischedel, Wilhelm, 34, 149
Weisheit, ethisches Dreieck, 110
Weizsäcker, Carl Friedrich von, 380
Weltethos, Hans Küng, 51, 386
Weltgericht Matthäus 25,31–46, 355
Weltordnung, kannibalische, Jean Ziegler, 377
Weltversammlung der Christen für Gerechtigkeit, Frieden und die Bewahrung der Schöpfung, 380
Wenger Fenster AG, 382
Wenger, Jovita, 285
Wertemanagement, 386
Westerkamp, Dirk, 389
Weymann, Volker, 151
Widerstand, 343
Wieland, Josef, 386
Wiener Kreis, 45
Wijkman, Anders, 406
Wind, Renate, 60
Wirtschaft, Zwecke, 374
Wirtschaften, lebensdienlich, 380
Wirtschaften, Werte schaffen, 374

Wirtschaftsethik, 373, 374
Wirtschaftsethik, grundlagenkritische
    Reflexion, 334
Wirtschaftsethik, Grundlegungen, 321 ff.
Wirtschaftsethik, integrative, 324, 373
Wirtschaftsethik, protestantische, 335
Wirtschaftsethik, Protestantismus, 323
Wirtschaftsethik, radikal, 377
Wirtschaftsethik, radikale, 373, 384
    Basisnorm der Lebensdienlichkeit, 385
Wirtschaftsethik, systematischer Ort, 331
Wittenberger Erklärung, 333
Wittgenstein, Ludwig, 41, 45
Wounded Knee, 191
Würde, 20
Würde des Menschen, 27

Wut, 343
Wut, Empörung, Zorn, 328

X
Xstrata, 383

Y
Yadigaroglu, G., 114, 116

Z
Zachäus, Oberzöllner, 276
Zager, Werner, 39
Zahrnt, Heinz, 39
Zehn vor Zehn, 10 vor 10,
    241 ff., 248 f., 253 f.
Zeindler, Matthias, 46, 92, 302
Zeit, 307
Zeit auf den Kopf stellen, 1, 242
Zeit, 155 ff.
Zeit ist Geld, 155
Zeit, Alles hat seine Zeit, Prediger 3, 310
Zeit, Fülle der Zeit, 157
Zeit, Ökonomisierung, 155
Zeitgestalten, 156
Zeitknappkeit, 155
Zeitlichkeit des Menschen, 155
Ziegler, Jean, 345, 346, 377
Ziel-Rechte-System, 329
Zifferblatt Solothurn, 307
Zinsverbot, 330, 348
Zivilgesellschaft, 382, 384
Zorn, heiliger, 278
Zweiter Weltkrieg, 182